"十二五"普通高等教育本科国家级规划教材

全国优秀畅销书　　　　　　　　　　　配套教材

东北财经大学会计学系列

国家重点学科

国家级特色专业 / 国家级一流本科专业

国家级精品课程 / 国家级精品资源共享课

8th Edition

第 8 版

Fundamental Accounting： *Exercises and Cases*

基础会计

习题与案例

陈文铭　主　编

陈　艳　副主编

东北财经大学出版社

Dongbei University of Finance & Economics Press

大连

图书在版编目（CIP）数据

基础会计习题与案例 / 陈文铭主编． —8 版． —大连：
东北财经大学出版社，2024.7（2025.7重印）
（东北财经大学会计学系列配套教材）
ISBN 978-7-5654-5286-4

Ⅰ．F230

中国国家版本馆 CIP 数据核字第 2024GX3795 号

东北财经大学出版社出版
（大连市黑石礁尖山街217号　邮政编码　116025）
网　　　址：http://www.dufep.cn
读者信箱：dufep@dufe.edu.cn

辽宁新华印务有限公司印刷　　东北财经大学出版社发行
幅面尺寸：148mm×210mm　　字数：445千字　　印张：14.5
2024年7月第8版　　　　　　2025年7月第3次印刷
责任编辑：李　彬　王芃南　周　慧　　责任校对：一　心
　　　　　王　玲
封面设计：张智波　　　　　　　　　版式设计：原　皓
定价：38.00元

第8版前言

拥有一本好的教材，还要有一本好的辅导书！

为了帮助各位同学更好地学习会计的基础知识、基本理论和实务操作技术，掌握会计专业基础课程的学习方法，抓住基础会计课程的重点及难点内容，提高各位同学分析问题、解决问题的能力以及应试能力，从而准确地把握基础会计课程的全部内容，我们根据主教材《基础会计》（陈国辉、迟旭升主编，第8版，东北财经大学出版社，2024）及该课程考试大纲的内容和要求，结合最新的会计规范，组织修订了《基础会计习题与案例》（第8版），作为主教材《基础会计》的辅导书，希望本书的出版能对各位同学走进会计学的神圣殿堂有所帮助。

为了方便各位同学对照教材循序渐进地学习基础会计课程的内容，本书采用与《基础会计》（第8版）一致的体例。本书在2021年8月第7版的基础上，以2021年之后财政部发布的《代理记账基础工作规范（试行）》（自2024年1月1日起施行）、《关于印发〈会计人员职业道德规范〉的通知》、《企业会计准则解释第17号》等会计规范的变化为依据，形成第8版的《基础会计习题与案例》。本次修订仍然强化思政引领的作用，认真落实党的二十大报告中关于高等教育的各项精神。全书各章共分六部分内容：第一部分是学习目的与要求，它的作用是指明方向，同时提出学习本章的具体要求；第二部分是预习要览，包括关键概念与关键问题，"智慧源于思考"，通过关键概念与关键问题（思考题）连贯本章内容，突出知识点；第三部分是本章重点与难点，总揽本章内容，点拨本章重点与难点；第四部分是练习题，以考试大纲为依据，根据本章的考核知识点及考核要求，以灵活的题型、全面的知识点覆盖，确定本章的各种练习题，寓实战于练习之中，旨在培养和锻炼同学们分析问题、解决问题的能力；第五部分是案例分析题，给同学们一个充分的演练空间；第六部分是练习题参考答案，供同学们做完练习题之后对照参考。另外，为了将会计基础知识连贯起来，本书还以附录的形式编写了一个会计循环综合案例，希望通过本案例的完成给同学们带来意外收获。

使用《基础会计习题与案例》，相信你会认为本书：

（1）结构严谨、内容全面。将会计学的基本理论、基本方法和基本操作技能的内容采用不同的方式进行提炼、升华，既覆盖主教材全部内容，又突出了重点和难点。

（2）原汁原味、形式新颖。全面沿袭了《基础会计》主教材的体例和风格，以点睛之笔如"本章重点与难点""关键概念""关键问题""练习题""案例"等简洁的形式同步传送主教材的内容，具有极强的可读性。

（3）理论精练、联系实际。在提炼主教材基本理论的同时，更加注重理论对实践的指导作用，因而我们以会计基本理论为依托，将实际工作中可能出现的与会计基本理论相联系的各种经济业务内容展示于本书，力求使同学们在做习题的过程中轻松掌握庞杂的会计基本理论。

（4）注重实战、案例相伴。我们将实际经济生活中出现的真实案例经过些许加工之后移植于本书，奉献给渴求知识的同学们，以激发和培养同学们的学习动力和学习兴趣，锻炼实战能力，使其尽早适应日趋复杂的经济业务和持续提高的管理难度。

东北财经大学出版社为《基础会计习题与案例》提供在线组卷功能，教师会员可以登录东北财经大学出版社网站，在"会员中心"进行在线组卷，题库内容全部来自《基础会计习题与案例》。

希望《基础会计》和《基础会计习题与案例》能成为会计学领域的常青树。

本书第一、二、九章由姚蕾蕾讲师执笔，第三章由孙光国教授执笔，第四、十二章由张娆教授执笔，第五、六、七、八、十四章以及附录由陈文铭教授执笔，第十、十一章由陈艳教授执笔，第十三章由刘英明副教授执笔。本书由东北财经大学会计学院陈文铭教授任主编，陈艳教授任副主编。在本次修订过程中，《基础会计》教材的主编陈国辉教授、迟旭升教授多次对本书修订稿进行审阅，提出了许多修改意见，使得本书内容更加丰富翔实；在我们修订本书的过程中，还得到了诸多同事的帮助，在此我们感谢所有有助于本书成为受同学们欢迎的辅导书的同仁！

由于时间仓促、水平有限，本书在体例安排和内容的表述上（特别是案例部分）可能还存在某些缺点或不足，在此诚恳地希望读者批评指正。

编　者
2024 年 6 月于大连

目　录

第一章 总 论

一、学习目的与要求

本章阐述了会计的基本理论问题，目的是使初学者对会计产生和发展的过程及原因、会计的含义、会计的职能、会计的目标、会计的任务以及会计核算所采用的方法等基本知识有所了解。通过学习，对会计基础知识应有比较清楚的认识和把握。

二、预习要览

（一）关键概念

1.会计　　　　　　　　2.会计信息系统论

3.会计管理系统论　　　　4.会计反映职能

5.会计监督职能　　　　　6.会计的任务

7.会计目标　　　　　　　8.会计的方法

9.会计核算方法　　　　　10.会计属性

（二）关键问题

1.以会计的产生与发展为前提，阐述会计与社会环境之间的关系。

2.从会计信息系统论与会计管理活动论两个方面分析什么是会计。

3.什么是会计属性？会计的双重属性各是什么？

4.会计学科体系是如何分类的？

5.会计的职能各有什么特征？

6.会计两大基本职能的关系是什么？

7.结合你对会计工作的认识，分析会计的目标是什么？会计目标与会计目的有什么不同？

8.会计的任务与作用是什么？它们之间的区别在哪里？

9.会计有哪些核算方法？它们之间有什么联系？

三、本章重点与难点

通过总论的阐述，使学生了解会计的产生、发展、特点、属性，进而掌握会计和会计学的基本概念，会计的对象、基本职能、任务、作用和目标，会计核算的方法与会计学的分支等会计基本理论；重点掌握会计对象、会计基本职能及会计属性等问题。

会计是适应生产活动发展的需要而产生的。生产活动是人类赖以生存和发展的基础，也是人类最基本的实践活动。生产活动的过程，同时也是对经济资源耗费的过程。在生产过程中，一定是先有投入（耗费），后有产出（收入）。记录生产过程的耗费与收入，并加以比较，才能判断是否有经济效益，继续生产是否有意义。收入大于耗费，经济才会发展，社会才会进步。

记录耗费与收入的活动即为会计的基本活动。在人类历史上，会计从产生至今经历了一个漫长的发展历程。旧石器时代中、晚期到奴隶社会繁盛时期称为会计的萌芽阶段或原始计量与记录时代。其特点是：一是产生了会计的萌芽；二是生产时间之外附带地记录。

从奴隶社会的繁盛时期到15世纪末称为古代会计时期。其特点是：一是剩余产品的出现及其与私有制的结合，带来了私人财富的积累，进而产生了受托责任会计；二是单式簿记应运而生。

一直以来对会计含义的界定主要有两大观点：一是会计信息系统论。会计信息系统是指在企业或其他组织范围内，旨在反映和控制企业或组织的各种经济活动，由若干具有内在联系的程序、方法和技术所组成，由会计人员管理，用以处理经济数据，提供财务信息和其他有关经济信息的有机整体。二是会计管理活动论。其认为会计的本质是一种经济管理活动。它继承了会计管理工具论的合理内核，吸收了最新的管理科学思想，从而成为当前国内外会计学界具有重要影响的观点。会计管理活动论认为会计是以货币为主要计量单位，对企、事业单位或其他组织的经济活动进行连续、系统、全面的反映和监督的一种经济管理活动。

会计具有两大基本职能，即反映职能和监督职能。会计的反映职能是指会计能够按照公认会计准则的要求，通过一定的程序和方法，全面、系统、及时、准确地将一个会计主体所发生的会计事项表现出来，以达到揭示会计事项的本质、为经营管理提供经济信息的目的。

会计的反映职能具有三个明显的特征。其一，会计是以货币为主要计量单位，从价值量方面反映各单位的经济活动情况。其二，会计反映过去已经发生的经济活动。会计反映经济活动就是要反映事实，探索并说明真相，因此，只有在每项经济业务发生或完成以后，才能取得该项经济业务完成的书面凭证，这种凭证具有可验证性，据以记录账簿，才能保证会计所提供的信息真实可靠。其三，会计反映具有连续性、系统性和全面性。会计反映职能在客观上体现为通过会计信息系统对会计信息进行优化，它是会计工作的基础。

会计的监督（控制）职能是指会计按照一定的目的和要求，利用会计信息系统所提供的信息，对会计主体的经济活动进行控制，使之达到预期目的。会计的监督职能就是监督经济活动按照有关的法规和计划进行。

会计监督职能具有三个显著的特征。其一，会计监督具有强制性和严肃性，它以国家的财经法规和财经纪律为准绳。其二，会计监督具有连续性。其三，会计监督具有完整性。会计监督不仅体现在已经发生或已经完成的经济业务方面，还体现在经济业务发生过程中及发生之前，包括事前监督、事中监督和事后监督。

会计的反映职能和监督职能是相辅相成、辩证统一的。会计反映是基础，为会计监督提供客观依据，反过来，会计反映必须以会计监督为保证。没有科学、严格的会计监督，会计工作就容易失去控制，也就难以提供真实可靠的会计信息。

会计的具体任务是反映和监督各会计主体对财经法规、会计准则和会计制度的执行情况，维护财经纪律；反映和监督各会计主体的经济活动和财务收支，提供会计信息，加强经营管理；充分利用会计信息及其他有关资料，预测经济前景，参与经营决策。

会计的作用，从正面看主要有四点：一是为国家宏观调控、制定经济政策提供信息；二是加强经济核算，为企业经营管理提供数据；三是保证企业投入资产的安全和完整；四是为投资者提供财务报告，以便投资者作出正确的投资决策。

决策有用观认为，财务会计的目标就是向信息使用者提供对其作出决策有用的信息，主要包括两方面内容：一是关于企业现金流量的信息；二是关于经营业绩及资源变动的信息。受托责任观认为，受托责任的含义可以从三个方面来理解：（1）资源的受托方接受委托，管理委托方所交付的资源，受托方承担有效地管理与应用受托资源，并使其保值增值的责任；（2）资源的受托方承担如实地向委托方报告受托责任履行过程及其结果的义务；（3）资源受托方的管理当局负有重要的社会责任。

会计的作用是指会计的各项职能在特定的历史时期、特定的社会经济制度下实现和利用后所产生的效果。会计作用的发挥取决于两个重要因素：（1）会计所处的外部环境因素，即会计工作所处的社会历史时期，以及社会政治、经济制度；（2）与会计自身的内在本质有关的因素，即会计的职能被人们所认识和利用的程度。会计的作用和会计的任务有本质区别。

会计核算方法是指会计对企业、事业单位已经发生的经济活动进行连续、系统和全面的反映和监督所采用的方法，具体包括：（1）设置账户；（2）复式记账；（3）填制和审核凭证；（4）登记账簿；（5）成本计算；（6）财产清查；（7）编制会计报表。

会计核算的各种方法是相互联系、密切配合的，在会计对经济业务进行记录和反映的过程中，不论是采用手工处理方式，还是使用计算机数据处理方法，对日常所发生的经济业务，首先要取得合法的凭证，按照所设置的账户，采用复式记账方法登记账簿，根据账簿的记录进行成本计算，通过财产清查，在保证账实相符的基础上编制会计报表。会计核算的七种方法相互联系，形成一个完整的方法体系。

会计属性是指会计的本质，即会计既有技术性又有社会性。

四、练习题

（一）单项选择题

1.下列选项中符合会计管理活动论观点的是（　　　）。

A.会计是一种经济信息活动

B.会计是一个经济信息系统

C.会计是一种管理经济系统的工具

D.会计是以提供经济信息、提高经济效益为目的的一种管理活动

2.下列选项中属于会计基本职能的是（　　　）。

A.控制与监督　　　　　　　B.反映与监督

C.反映与核算　　　　　　　D.反映与分析

3.会计作用的发挥取决于（　　　）。

A.外部环境因素和内部环境因素

B.外部环境和社会政治

C.内部环境和认识

D.正面作用和负面作用

4.下列选项中不属于会计核算专门方法的是（　　　）。

A.成本计算与复式记账

B.错账更正与评估预测

C.设置账户与填制、审核会计凭证

D.编制报表与登记账簿

5.会计方法体系的基本方法是（　　　）。

A.会计核算方法　　　　　　B.会计分析方法

C.会计监督方法　　　　　　D.会计决策方法

6.下列选项中属于近代会计史中的两个里程碑的是（　　　）。

A.帕乔利复式簿记著作的出版和会计职业的出现

B.生产活动中出现了剩余产品和会计萌芽阶段的出现

C.会计学基础理论的创立和会计理论与方法的逐渐分化

D.首次出现"会计"二字构词连用和设置了"司会"官职

7.关于会计职能的表述正确的是（　　　）。

A.一成不变的

B.随着生产关系的变更而发展

C.只有在社会主义制度下才能发展

D.随着社会的发展、技术的进步、经济关系的复杂化和管理理论
的提高而不断变化

8.会计的反映职能不具有（　　　）。

A.连续性　　　　　　　　　　B.主观性

C.系统性　　　　　　　　　　D.全面性

9.会计在反映各单位经济活动时主要使用的是（　　　）。

A.货币量度和劳动量度　　　　B.劳动量度和实物量度

C.实物量度和其他量度　　　　D.货币量度和实物量度

10.下列选项中属于会计目标的两种主要学术观点的是（　　　）。

A.决策有用观与受托责任观　　B.决策有用观与信息系统观

C.信息系统观与管理活动观　　D.管理活动观与决策有用观

11.会计具有双重属性，即（　　　）。

A.社会性与综合性　　　　　　B.综合性与系统性

C.系统性与技术性　　　　　　D.技术性与社会性

12.下列选项中属于应用会计学内容的是（　　　）。

A.财务会计、管理会计和实证会计

B.管理会计、实证会计和审计

C.实证会计、审计和财务会计

D.财务会计、管理会计和审计

（二）多项选择题

1.下列说法中正确的有（　　　）。

A.会计是适应生产活动发展的需要而产生的

B.会计是生产活动发展到一定阶段的产物

C.会计从产生、发展到现在经历了一个漫长的发展历史

D.近代会计史将复式簿记著作的出版和会计职业的出现视为两个
里程碑

E.经济越发展，会计越重要

2.下列选项中属于会计反映职能一般特征的有（　　　）。

A.反映过去已经发生的经济活动

B.以货币为主要计量单位

C.具有连续性、系统性、全面性

D.体现在记账、算账、报账三个阶段上

E.包括事前反映、事中反映、事后反映

3.下列选项中属于会计监督职能显著特征的有（　　　）。

A.谨慎性和及时性　　　　　　B.强制性和严肃性

C.连续性　　　　　　　　　　D.完整性

E.及时性和具体性

4.会计职能的"六职能"论认为会计的职能包括（　　　）。

A.反映经济情况、监督经济活动

B.核算经济状况、描述经济成果

C.控制经济过程、分析经济效益

D.计算产品成本、评价财务成果

E.预测经济前景、参与经济决策

5.下列选项中属于会计的具体任务的有（　　　）。

A.反映和监督法规、准则、制度的执行情况，维护财经纪律

B.提供会计信息，加强经营管理

C.计算产品成本，评价财务成果

D.预测经济前景，参与经营决策

E.反映和监督经营活动和财务收支

6.会计各方面的作用综合起来说，包括（　　　）。

A.为投资者提供财务报告

B.保证企业投入资产的安全和完整

C.为国家进行宏观调控、制定经济政策提供信息

D.加强经济核算，为企业经营管理提供数据

E.有时会导致会计信息失真

7.会计核算方法包括（　　　）。

A.成本计算和财产清查　　　　B.设置会计科目和复式记账

C.填制和审核会计凭证　　　　D.登记账簿和编制会计报表

E.试算平衡

8.下列选项中有关会计属性说法正确的有（　　　）。

A.会计具有技术性和社会性双重属性

B.会计的技术性体现了同生产力相联系的自然属性

C.会计的社会性体现了同生产关系相联系的社会属性

D.会计的技术性集中表现在某些方法反映了生产力的技术与组织
　要求

E.会计的社会性集中表现在会计作为一种经济管理活动上

9.下列选项中属于微观会计学的有（　　　　）。

A.社会会计 　　　　　　　　　B.企业会计

C.成本会计 　　　　　　　　　D.非营利组织会计

E.国际会计

10.下列有关会计基本职能的关系的说法中，正确的有（　　　　）。

A.反映职能是监督职能的基础

B.监督职能是反映职能的保证

C.没有反映职能提供可靠的信息，监督职能就没有客观依据

D.没有监督职能进行控制，也不可能提供真实可靠的会计信息

E.两大职能是紧密结合、辩证统一的

（三）判断题

1.会计在产生的初期，只是作为"生产职能的附带部分"，之后随着剩余产品的不断减少，会计逐渐从生产职能中分离出来，成为独立的职能。 （　　　）

2.一般认为，在会计学说史上，将帕乔利复式簿记著作的出版和会计职业的出现视为近代会计史上的两个里程碑。 （　　　）

3.会计的职能构建了会计的信息系统和会计的反映系统。 （　　　）

4.会计可反映过去已经发生的经济活动，也可反映未来可能发生的经济活动。 （　　　）

5.会计反映具有连续性，而会计监督只具有强制性。 （　　　）

6.会计的反映职能具体体现在记账、算账、报账三个阶段。 （　　　）

7.会计目标的决策有用观要求两权分离必须通过资本市场进行。 （　　　）

8.狭义的会计方法是指会计核算方法。 （　　　）

9.会计七大核算方法是一个完整的方法体系。 （　　　）

10.会计学科体系中包括理论会计学和应用会计学两大部分。 （　　　）

五、案例分析题

赵江、孙湖、李海3个人于2×23年1月1日开办了一个大学英语四六级考试培训班，由于没有培训资格，该培训班挂靠在具有法人资格和

培训资格的勤学外语培训学校名下，由于3个人均没有太多的会计专业知识，认为本培训班没有法人资格，不需要按照正规的会计主体记账，因此只对培训班的部分经济业务进行了记录。孙湖对其中的部分经济业务的处理存在疑问：（1）赵江把自己私用的电脑记到该培训班名下；（2）李海在报销时将个人的花费计入培训班费用项下；（3）聘请的外教要求以美元支付工资，因此，采用人民币和美元混合记账；（4）每年的6月和12月大学英语四六级考试结束后，由于寒暑假不开设培训班，因此，每年的1月、2月、7月、8月不记账；（5）由于业务简单每年只出一次财务报表；（6）由于经营不善，3个人打算2×24年3月停办该培训班，因此改用财产清算会计记账，但是由于还有一批学生没有培训完，因此直到6月底才正式停业。

案例要求：

请用会计相关知识指出该案例存在哪些不合理问题并解答孙湖的疑问。

案例提示

1.尽管该培训班不是法律主体，但是作为一个独立的会计主体，需要独立、完整地记账、算账、报账，不能只记录一部分经济业务。

2.赵江把私用的电脑记入该培训班会计账簿中，违反了会计主体假设中的记账要求。

3.李海将个人花费计入培训班费用项下，违反了会计主体假设中的记账要求。

4.该培训班应该以人民币作为记账本位币，不能采用人民币和美元混合记账方式。

5.企业会计准则要求即使每年的1月、2月、7月、8月不开设培训班，也必须每月记账、算账、报账。

6.即使业务简单也必须按照会计准则要求提供财务报表，例如资产负债表和利润表应按月编报。

7.由于经营不善，3个人打算2×24年3月停办该培训班，这只是个人想法，业务还在继续，因此用财产清算会计记账不符合持续经营假设要求，只能在正式停业清算的时候再采用财产清算会计记账。

六、练习题参考答案

（一）单项选择题

1.D　2.B　3.A　4.B　5.A　6.A　7.D　8.B　9.D　10.A　11.D　12.D

（二）多项选择题

1.ABCDE　2.ABCD　3.BCD　4.ACE　5.ABDE　6.ABCD　7.ABCD　8.ABCDE　9.BD　10.ABCDE

（三）判断题

1.×　2.√　3.×　4.×　5.×　6.√　7.√　8.√　9.√　10.√

第二章 会计要素与会计等式

一、学习目的与要求

本章阐述了会计对象、会计要素和会计等式三个主要问题，目的是使初学者明确会计所要反映和监督的基本内容，理解会计等式的基本原理，为深入学习会计的基本方法奠定理论基础。通过学习，应明确会计对象、会计要素和会计等式的基本内容，以及三者之间的密切联系。

二、预习要览

（一）关键概念

1.会计对象	2.货币资金
3.资金循环与周转	4.经济业务
5.会计要素	6.资产
7.流动资产	8.固定资产
9.负债	10.流动负债
11.所有者权益	12.收入
13.费用	14.期间费用
15.会计等式	16.利润

（二）关键问题

1.简述制造业企业资金运动的过程。

2.为什么要划分会计要素？我国企业会计准则和企业会计制度对会计要素是如何划分的？

3.什么是资产？资产的确认需满足哪些条件？

4.资产按其流动性的不同如何划分？

5.什么是负债？负债的确认需满足哪些条件？

6.负债按其流动性的不同如何划分？

7.所有者权益包括哪些内容？从金额上看，它与资产、负债有何关系？

8.分析所有者权益与负债的区别和联系。

9.什么是收入？收入有哪些基本特征？

10.什么是费用？费用有哪些基本特征？

11.期间费用包括哪些内容？

12.收入和费用的发生对资产、负债及所有者权益产生哪些影响？

13.什么是利润？利润是如何构成的？

14.什么是会计等式？会计等式包括哪些内容？

15.经济业务有哪些类型？各类经济业务对基本会计等式的影响是怎样的？

三、本章重点与难点

在前一章学习的基础上，本章专门阐述会计要素及其相关内容。要求了解和掌握会计要素、会计等式、经济业务类型对会计等式的影响等问题。

会计对象就是会计所要反映和监督的内容，即会计所要反映和监督的客体，在社会主义制度下，是社会再生产过程中的资金运动。资金是社会再生产过程中各项财产物资的货币表现以及货币本身。资金运动是指企业单位所拥有的资金不是闲置不动的，而是随着物资流的变化而不断地运动、变化的。

会计要素是对会计对象的基本分类，是会计对象的具体化，是反映会计主体的财务状况和经营成果的基本单位。它们又分为反映财务状况的会计要素（资产、负债、所有者权益）和反映经营成果的会计要素（收入、费用、利润）两大类。

资产是指由过去的交易或者事项形成的，由企业拥有或者控制的、预期会给企业带来经济利益的资源。该资源在未来一定会给企业带来某种直接或间接的现金和现金等价物的流入。资产的确认需满足以下几个条件，或者说，资产具有以下几个基本特征：（1）资产是由以往事项所导致的现时权利；（2）资产必须为某一特定主体所拥有或者控制；

（3）资产能为企业带来未来的经济利益。除此之外，资产作为一项经济资源，与其有关的经济利益必须很可能流入企业，而且该资源的成本或者价值能够可靠地计量。企业的资产按其流动性的不同可以划分为流动资产和非流动资产。流动资产是指可以在1年（含1年）或者超过1年的一个营业周期内变现或者耗用的资产，主要包括库存现金、银行存款、应收及预付款项、交易性金融资产、存货等。非流动资产是指不能在1年或者超过1年的一个营业周期内变现或者耗用的资产，主要包括长期股权投资、固定资产、无形资产等。

负债是指由过去的交易或事项形成的、预期会导致经济利益流出企业的现时义务。负债具有如下特征：（1）负债是由以往事项所导致的现时义务；（2）负债在将来必须以债权人所能接受的经济资源加以清偿；（3）负债与其形成现时义务有关的经济利益很可能流出企业，而且在未来流出企业，经济利益的金额能够可靠地计量。负债按照其流动性不同，可以分为流动负债和非流动负债。流动负债是指将在1年（含1年）或者超过1年的一个营业周期内偿还的债务，包括短期借款、应付及预收款项、交易性金融负债等。非流动负债是指偿还期在1年或者超过1年的一个营业周期以上的债务，包括长期借款、应付债券、长期应付款等。

所有者权益也称股东权益，是指资产扣除负债后由所有者享有的剩余权益。它在数值上等于企业全部资产减去全部负债后的余额。其实质是企业从投资者手中吸收的投入资本及其增值，同时也是企业进行经济活动的"本钱"。所有者权益包括所有者投入的资本、直接计入所有者权益的利得和损失、留存收益等。所有者投入的资本包括实收资本和资本公积。企业的实收资本是指投资者按照企业章程或合同、协议的约定，实际投入企业的资本。它是企业注册成立的基本条件之一，也是企业承担民事责任的财力保证。企业资本公积也称准资本，主要来源于资本在投入过程中所产生的溢价。资本公积主要用于转增资本（或股本）。直接计入所有者权益的利得和损失通过"其他综合收益"账户进行核算。其中：利得是指由企业非日常活动所形成的、会导致所有者权益增加的、与所有者投入资本无关的经济利益的流入；损失是指企业非日常活动发生的、会导致所有者权益减少的、与所有者分配利润无关的

经济利益的流出。留存收益一般包括盈余公积和未分配利润。盈余公积
又分为：（1）法定盈余公积，指企业按照《中华人民共和国公司法》规
定的比例从净利润中提取的盈余公积金；（2）任意盈余公积，指企业经
股东大会或类似机构批准后按照规定的比例从净利润中提取的盈余公积
金。企业的盈余公积可以用于弥补亏损、转增资本（股本）等。符合规
定条件的企业，也可以用盈余公积分派现金股利。未分配利润是指企业
留待以后年度分配的利润。

收入是指企业在日常活动中形成的、会导致所有者权益增加的、与
所有者投入资本无关的经济利益的总流入。收入只有在经济利益很可能
流入从而导致企业资产增加或者负债减少，而且经济利益的流入额能够
可靠计量时才能予以确认。收入具有以下特征：（1）收入从企业的日常
活动中产生，而不是从偶发的交易或事项中产生；（2）收入可能表现为
企业资产的增加，也可能表现为企业负债的减少，或者二者兼而有之；
（3）收入最终能导致企业所有者权益增加；（4）收入只包括本企业经济
利益的流入，而不包括为第三方或客户代收的款项。收入主要包括主营
业务收入、其他业务收入和投资收益等。

费用是指企业在日常活动中发生的、会导致所有者权益减少的、
与向所有者分配利润无关的经济利益的总流出。费用具有如下特征：
（1）费用产生于过去的交易或事项；（2）费用可能表现为资产的减少，
也可能表现为负债的增加，或者二者兼而有之；（3）费用能导致企业所
有者权益的减少，但与向所有者分配利润无关。

费用只有在经济利益很可能流出企业，而且流出额能够可靠计量时
才能确认为费用。

利润是指企业在一定会计期间的经营成果，包括收入减去费用后的
净额、直接计入当期利润的利得和损失等。利润具体包括营业利润、利
润总额和净利润。

会计等式也称为会计平衡公式，它是表明各会计要素之间基本关系
的恒等式。

基本会计等式：资产=负债+所有者权益

动态会计等式：收入−费用=利润

扩展的会计等式：资产=负债+所有者权益+（收入−费用）

资产、负债、所有者权益、收入、费用和利润这六大会计要素之间存在着一种恒等关系。会计等式反映了这种恒等关系，因而，它始终成立。任何经济业务的发生都不会破坏会计等式的平衡关系。

四、练习题

（一）单项选择题

1.下列选项中属于反映企业财务状况的会计要素是（　　）。

A.收入 　　　　　　　　　　B.所有者权益

C.费用 　　　　　　　　　　D.利润

2.企业的原材料属于会计要素中的（　　）。

A.资产 　　　　　　　　　　B.负债

C.所有者权益 　　　　　　　D.权益

3.下列选项中属于企业流动资产的是（　　）。

A.长期股权投资 　　　　　　B.固定资产

C.预付账款 　　　　　　　　D.无形资产

4.下列各项中属于流动负债的是（　　）。

A.应付债券（1年以上到期）　B.预收账款

C.应收及预付款 　　　　　　D.存货

5.企业所拥有的资产从财产权利归属来看，一部分属于投资者，另一部分属于（　　）。

A.企业职工 　　　　　　　　B.债权人

C.债务人 　　　　　　　　　D.企业法人

6.所有者权益从数量上看，是（　　）。

A.流动资产减去流动负债的余额

B.长期资产减去长期负债的余额

C.全部资产减去流动负债的余额

D.全部资产减去全部负债的余额

7.下列选项中关于一家企业的资产总额与权益总额说法正确的是（　　）。

A.必然相等 　　　　　　　　B.有时相等

C.不会相等 　　　　　　　　D.只有在期末时相等

8.下列选项中属于静态会计等式的是（　　）。

A.收入−费用=利润

B.资产=负债+所有者权益

C.资产=负债+所有者权益+利润

D.资产=负债+所有者权益+（收入−费用）

9.下列选项中关于一家企业的资产总额与所有者权益总额说法正确的是（　　）。

A.必然相等　　　　　　　　B.可能相等

C.不会相等　　　　　　　　D.只有在期末时相等

10.下列选项中关于一项资产增加、一项负债增加的经济业务发生后，会使资产与权益的总额变化的说法正确的是（　　）。

A.发生同增的变动　　　　　B.发生同减的变动

C.不会变动　　　　　　　　D.发生不等额的变动

11.某企业刚刚建立时，权益总额为80万元，现发生一笔以银行存款10万元偿还银行借款的经济业务，此时，该企业的资产总额为（　　）。

A.80万元　　　　　　　　　B.90万元

C.100万元　　　　　　　　 D.70万元

12.某企业资产总额为600万元，如果发生以下经济业务：（1）收到外单位投资40万元存入银行；（2）以银行存款支付购入材料款12万元；（3）以银行存款偿还银行借款10万元。这时企业资产总额为（　　）。

A.636万元　　　　　　　　 B.628万元

C.648万元　　　　　　　　 D.630万元

13.企业收入的增加会引起（　　）。

A.负债增加　　　　　　　　B.资产减少

C.资产增加　　　　　　　　D.所有者权益减少

14.《企业会计准则第14号——收入》规定，企业的日常经营收入不包括（　　）。

A.销售商品的收入

B.提供劳务的收入

C.他人使用本企业资产取得的收入

D.捐赠获得的收入

15.企业生产的产品属于企业的（　　　）。

A.长期资产 　　　　　　　　B.流动资产

C.固定资产 　　　　　　　　D.长期待摊费用

16.对会计对象的具体划分称为（　　　）。

A.会计科目 　　　　　　　　B.会计原则

C.会计要素 　　　　　　　　D.会计方法

17.下列选项中投资者按照企业章程等实际投入企业的是（　　　）。

A.盈余公积 　　　　　　　　B.资本公积

C.实收资本 　　　　　　　　D.未分配利润

18.关于所有者权益与负债的区别，下列说法中不正确的是（　　　）。

A.负债的求偿力高于所有者权益

B.所有者的投资收益取决于企业的经营成果

C.债权人的求偿权有固定到期日

D.所有者承受的风险小于债权人

19.经济业务发生仅涉及资产这一会计要素时，只引起该要素中某些项目发生（　　　）。

A.同增变动 　　　　　　　　B.同减变动

C.一增一减变动 　　　　　　D.不变动

20.下列会计业务中会使企业月末资产总额发生变化的是（　　　）。

A.从银行提取现金 　　　　　B.购买原材料，货款未付

C.购买原材料，货款已付 　　D.现金存入银行

21.以银行存款50 000元偿还企业前欠货款。这项经济业务所引起的会计要素变动情况属于（　　　）。

A.一项资产与一项负债同时增加

B.一项资产与一项负债同时减少

C.一项资产增加，另一项资产减少

D.一项负债增加，另一项负债减少

22.下列选项中能引起资产和权益同时减少的业务是（　　　）。

A.用银行存款偿还应付账款　　B.向银行借款直接偿还应付账款

C.购买材料货款暂未支付　　　　　D.工资计入产品成本但暂未支付

23.某企业用盈余公积转增资本，则此业务对会计要素的影响是（　　　）。

A.资产增加　　　　　　　　　　B.负债减少

C.所有者权益增加　　　　　　　D.所有者权益不变

24.以下各项属于固定资产的是（　　　）。

A.为生产产品使用的机床　　　　B.正在生产中的机床产品

C.已生产完工验收入库的机床　　D.已购入但尚未安装完毕的机床

25.下列选项中不属于利得的是（　　　）。

A.与企业日常活动无关的政府补助

B.捐赠利得

C.销售原材料获取的收益

D.盘盈利得

（二）多项选择题

1.下列等式中正确的会计等式有（　　　）。

A.资产=权益

B.资产=负债+所有者权益

C.收入-费用=利润

D.资产=负债+所有者权益+（收入-费用）

E.资产+负债-费用=所有者权益+收入

2.下列关于会计等式的说法中，正确的是（　　　）。

A."资产=负债+所有者权益"是最基本的会计等式，表明了会计主体在某一特定时期所拥有的各种资产与债权人、所有者之间的动态关系

B."收入-费用=利润"这一等式动态地反映经营成果与相应期间的收入和费用之间的关系，是企业编制利润表的基础

C."资产=负债+所有者权益"这一会计等式说明了企业经营成果对资产和所有者权益所产生的影响，体现了会计六要素之间的内在联系

D.企业各项经济业务的发生并不会破坏会计基本等式的平衡关系

E.会计等式反映了六大会计要素的恒等关系

3.下列选项中能引起会计等式左右两边会计要素变动的经济业务有（　　　）。

　　A.收到某单位前欠货款 20 000 元存入银行

　　B.以银行存款偿还银行借款

　　C.收到某单位投入机器一台，价值 80 万元

　　D.以银行存款偿还前欠货款 10 万元

　　E.购买材料 8 000 元以银行存款支付货款

4.下列选项中属于只引起会计等式左边会计要素变动的经济业务有（　　　）。

　　A.购买材料 800 元，货款暂欠

　　B.去银行提取现金 500 元

　　C.购买机器一台，以银行存款支付 10 万元货款

　　D.接受国家投资 200 万元

　　E.收到某外商捐赠货物一批，价值 80 万元

5.企业的资产按流动性可以分为（　　　）。

　　A.流动资产　　　　　　　　　B.非流动资产

　　C.长期股权投资　　　　　　　D.无形资产

　　E.长期待摊费用

6.下列选项中关于负债的表述正确的有（　　　）。

　　A.负债按其流动性不同，分为流动负债和非流动负债

　　B.负债通常是在未来某一时日通过交付资产或提供劳务来清偿

　　C.正在筹划的未来交易事项，也会产生负债

　　D.负债是企业由于过去的交易或事项而承担的将来义务

　　E.负债是企业由于过去的交易或事项而承担的现时义务

7.所有者权益与负债的本质不同是（　　　）。

　　A.两者性质不同　　　　　　　B.两者偿还期不同

　　C.两者享受的权利不同　　　　D.两者风险程度不同

　　E.两者对企业资产有要求权的顺序先后不同

8.下列选项中，属于企业所有者权益组成部分的有（　　　）。

　　A.股本　　　　　　　　　　　B.资本公积

　　C.盈余公积　　　　　　　　　D.应付股利

E.未分配利润

9.企业的收入具体表现为一定期间（　　　）。

A.现金的流入　　　　　　　　B.银行存款的流入

C.企业其他资产的增加　　　　D.企业负债的增加

E.企业负债的减少

10.企业的费用具体表现为一定期间（　　　）。

A.现金的流出　　　　　　　　B.企业其他资产的减少

C.企业负债的增加　　　　　　D.银行存款的流出

E.企业负债的减少

11.下列选项中，属于无形资产的有（　　　）。

A.期权　　　　　　　　　　　B.专利权

C.商标权　　　　　　　　　　D.土地使用权

E.著作权

12.下列经济业务中，只引起会计等式右边会计要素发生增减变动的业务有（　　　）。

A.以银行存款偿还前欠货款

B.某企业将本企业所欠货款转作投入资本

C.将资本公积转增资本

D.向银行借款，存入银行

E.投资者追加对本企业的投资

13.下列选项中关于资产特征的说法正确的有（　　　）。

A.由过去的交易或事项形成

B.必须是有形的

C.企业拥有或者控制的

D.预期能够给企业带来未来的经济利益

E.是一项经济资源

14.下列选项中，应确认为企业资产的有（　　　）。

A.购入的无形资产　　　　　　B.已霉烂变质无使用价值的存货

C.融资租入的固定资产　　　　D.计划下个月购入的材料

E.销售商品暂时尚未收回的款项

15.下列选项中属于流动资产的有（　　　）。

A.存放在银行的存款　　　　　B.存放在仓库的材料

C.厂房和机器　　　　　　　　D.企业的办公楼

E.企业的产成品

（三）判断题

1.会计六要素中既有反映财务状况的要素，也有反映经营成果的要素。　　　　　　　　　　　　　　　　　　　　　　（　　）

2.库存中已失效或已毁损的商品，由于企业对其拥有所有权并且能够实际控制，因此应该作为本企业的资产。　　　　　　　（　　）

3.非流动负债的偿还期均在1年以上，流动负债的偿还期均在1年以内。　　　　　　　　　　　　　　　　　　　　　　　（　　）

4.所有者权益是指企业投资人对企业资产的所有权。　　（　　）

5.与所有者权益相比，负债一般有规定的偿还期，而所有者权益没有。　　　　　　　　　　　　　　　　　　　　　　　　（　　）

6.与所有者权益相比，债权人无权参与企业的生产经营、管理和收益分配，而所有者则相反。　　　　　　　　　　　　　　（　　）

7.企业取得收入，便意味着利润可能形成。　　　　　（　　）

8.收入的特点之一是企业在日常活动中形成的经济利益总流入，所以企业处置固定资产、无形资产产生的经济利益流入为资产处置收益。
　　　　　　　　　　　　　　　　　　　　　　　　　（　　）

9.期间费用是资产的耗费，它与一定的会计期间相联系，而与生产哪一种产品无关。　　　　　　　　　　　　　　　　　　（　　）

10.制造费用、税金及附加、销售费用、管理费用、财务费用均属于期间费用。　　　　　　　　　　　　　　　　　　　　（　　）

11.从本质上说费用就是资产的转化形式，是企业总资产的耗费。
　　　　　　　　　　　　　　　　　　　　　　　　　（　　）

12.利润是所有收入与所有成本配比相抵后的差额，是经营成果的最终要素。　　　　　　　　　　　　　　　　　　　　　（　　）

13.企业所有的利得和损失均应计入当期损益。　　　（　　）

14.净利润是指营业利润减去所得税后的金额。　　　（　　）

15.资产、负债与所有者权益的平衡关系是反映企业资金运动的静态，如考虑收入、费用等动态要素，则资产与权益总额的平衡关系必然

被破坏。 （　　）

16.资产与负债和所有者权益实际上是企业所拥有的经济资源在同一时点上所表现的不同形式。 （　　）

17.企业的利润包括主营业务收入、其他业务收入和营业外收支净额。 （　　）

18."资产=负债+所有者权益"是静态的会计等式,而动态的会计等式则是"资产=负债+所有者权益+（收入-费用）"。 （　　）

19."资产=负债+所有者权益"体现了企业资金运动过程中某一时期的资产分布和权益构成。 （　　）

20.企业接受捐赠物资一批,计价10万元,该项经济业务会引起收入增加,权益增加。 （　　）

21.企业以存款购买设备,该项业务会引起等式左右两方会计要素发生一增一减的变化。 （　　）

22.企业收到某单位偿还欠款1万元。该项经济业务会引起会计等式左右两方会计要素发生同时增加的变化。 （　　）

23.发生资金退出企业的经济业务,会使资产和权益同时减少。 （　　）

24.不管是什么企业发生何种经济业务,会计等式的左右两方金额永不变,故永相等。 （　　）

（四）计算题

1.财东公司2×24年1月31日各项目余额如下:

（1）出纳员处存放现金1 700元。

（2）存入银行的存款2 939 300元。

（3）投资者投入的资本13 130 000元。（只考虑投入资本）

（4）向银行借入3年期的借款500 000元。（只考虑借款）

（5）向银行借入半年期的借款300 000元。（只考虑借款）

（6）原材料库存417 000元。

（7）生产车间正在加工的产品584 000元。

（8）库存产成品520 000元。

（9）应收外单位产品货款43 000元。

（10）应付外单位材料货款45 000元。

（11）对外短期投资60 000元。（只考虑投资）

（12）公司办公楼价值5 700 000元。

（13）公司机器设备价值4 200 000元。

（14）公司运输设备价值530 000元。

（15）公司的资本公积金共960 000元。

（16）盈余公积金共440 000元。

（17）外欠某企业设备款200 000元。

（18）拥有某企业发行的3年期公司债券650 000元。

（19）上年尚未分配的利润70 000元。

要求：

（1）划分各项目的类别（资产、负债或所有者权益），并将各项目金额填入表2-1中。

表2-1　　　　　　　　　　　项目类别表　　　　　　　　　　单位：元

序　号	金　额		
	资　产	负　债	所有者权益
合　计			

（2）计算资产、负债、所有者权益各要素金额合计。

2.某律师事务所2×24年现金收入6 000 000元，另有以下往来款项（见表2-2）：

表2-2　　　　　　　　　　　往来款项表　　　　　　　　　　单位：元

项　目	2×23年12月31日	2×24年12月31日
应收账款	97 000	140 000
预收账款	42 000	21 000

要求：计算该律师事务所2×24年的服务收入。

3.某企业2×24年7月初的资产总额为1 000 000元，负债总额为300 000元，所有者权益总额为700 000元，7月中旬从银行借入借款期为3个月的短期借款400 000元，应当由7月份承担的费用为60 000元，

7月末的资产总额为1 420 000元。假设7月份没有其他的经济业务。

要求：计算2×24年7月份的收入额。

4.举例说明下列各类经济业务：

（1）资产增加，负债增加。

（2）资产增加，所有者权益增加。

（3）资产类项目此增彼减。

（4）资产减少，所有者权益减少。

（5）资产减少，负债减少。

（6）费用增加，负债增加。

（7）费用增加，资产减少。

（8）收益增加，资产增加。

（9）收益增加，负债减少。

5.假设某企业2×24年12月31日的资产、负债及所有者权益的情况见表2-3。

表2-3 　　　　　　　　　　　某企业财务状况表 　　　　　　　　单位：元

资　产	金　额	负债及所有者权益	金　额
库存现金	1 000	短期借款	10 000
银行存款	27 000	应付账款	32 000
应收账款	35 000	应交税费	9 000
原材料	52 000	长期借款	B
长期股权投资	A	实收资本	240 000
固定资产	200 000	资本公积	23 000
合　计	375 000	合　计	C

要求：

（1）计算表中的A、B、C项。

（2）计算该企业的流动资产总额。

（3）计算该企业的流动负债总额。

（4）计算该企业的净资产总额。

6.某企业2×24年1月份发生如下经济业务：

（1）以银行存款支付材料款2 000元。

（2）购进并入库原材料30 000元，货款尚未支付。

（3）取得短期借款9 000元，存入银行。

（4）以银行存款偿还上月的原材料价款6 000元。

（5）从银行提取现金8 000元。

（6）以银行存款50 000元购入机器设备。

（7）投资人向企业投资40 000元存入银行。

要求：根据资料完成表2-4。

表2-4　　　　　　　　　　企业的财务状况及增减变动表　　　　　　　　单位：元

项　　目	期初余额	本月增加额	本月减少额	期末余额
库存现金	1 000			
银行存款	70 000			
原材料	20 000			
固定资产	270 000			
应付账款	6 000			
短期借款	5 000			
实收资本	350 000			

（五）业务处理题

财东公司2×24年5月31日的资产负债表显示资产总计375 000元，负债总计112 000元，该公司2×24年6月份发生如下经济业务：

（1）用银行存款购入全新机器一台，价值30 000元。

（2）投资人投入原材料，价值10 000元。

（3）以银行存款偿还所欠供应单位账款5 000元。

（4）收到供应单位所欠账款8 000元，收存银行。

（5）将一笔长期负债50 000元转为对企业的投资。

（6）按规定将20 000元资本公积金转为实收资本。

要求：

（1）根据 6 月份发生的经济业务，说明经济业务对会计要素的影响。

（2）计算 6 月末财东公司的资产总额、负债总额和所有者权益总额。

五、案例分析题

2×24 年 1 月 1 日赵海先生准备办一家校园超市，通过银行投入 100 000 元存款作为本金；1 月 1 日支付两年的租金 24 000 元，1 月 31 日产生 1 000 元租金费用；1 月 2 日用银行存款 1 000 元购买文具等作为超市自用物品；1 月 3 日用银行存款购入 60 000 元商品，到 1 月 27 日全部卖出并收到货款 90 000 元，货款已经存入银行。

案例要求：

赵海先生的超市在经过这些经济活动以后是否还存在会计恒等式中表述的恒等关系？

在 1 月末这种恒等关系如何表达？

案例提示

企业中，有一定数额的资产，必然有相应数额的权益。所以，在数量上任何一家企业的资产与负债及所有者权益的总额必定相等。用公式表示为：资产=负债+所有者权益。赵海先生的超市在经过这些经济活动以后仍然符合会计恒等式。各项经济业务对会计恒等式的影响如下：

（1）1 月 1 日投入 100 000 元存款作为本金，一方面企业的资产类项目银行存款增加 100 000 元，另一方面企业的所有者权益类项目实收资本增加 100 000 元。资产=负债+所有者权益，等式左右两边同时增加 100 000 元，等式成立。

（2）1 月 1 日支付 24 000 元银行存款作为两年的租金，资产=负债+所有者权益，左侧资产类项目长期待摊费用增加 24 000 元，同时左侧资产类项目银行存款减少 24 000 元，等式成立；1 月 31 日产生本月租金费用 1 000 元，因此费用类项目租金费用增加 1 000 元，资产类项目长期待摊费用减少 1 000 元，资产+费用=负债+所有者权益+收入，等式成立。

（3）1月2日支付各种办公费用1 000元，银行存款减少了1 000元，同时管理费用增加了1 000元。这笔业务导致资产类项目银行存款减少1 000元，同时费用类项目管理费用增加1 000元，资产+费用=负债+所有者权益+收入，会计等式仍然平衡。

（4）1月3日用银行存款购入60 000元商品，企业减少了60 000元银行存款但增加了60 000元存货，资产类项目总额保持不变，从而会计恒等式仍然成立。

（5）到1月27日，共卖出商品收到货款90 000元，银行存款增加了90 000元，同时存货减少了60 000元，资产类项目总额增加30 000元（增加银行存款90 000元，减少库存商品60 000元）；这一业务能够为企业带来利润30 000元（收入90 000元-成本60 000元）。由会计等式：资产=负债+所有者权益+（收入-费用），这笔业务导致资产类项目增加30 000元，同时收入类项目增加30 000元，等式两边同时增加相同的数量，会计等式仍然成立。

1月31日各项目的情况如下：

银行存款=100 000-24 000-1 000-60 000+90 000=105 000（元）

长期待摊费用=24 000-1 000=23 000（元）

存货=60 000-60 000=0

因此：资产总额=105 000+23 000=128 000（元）

负债=0

所有者权益=100 000（元）

收入=90 000元

费用=1 000+1 000+60 000=62 000（元）

资产+费用=负债+所有者权益+收入

128 000+62 000=0+100 000+90 000=190 000（元）

六、练习题参考答案

（一）单项选择题

1.B　2.A　3.C　4.B　5.B　6.D　7.A　8.B　9.B　10.A　11.D　12.D　13.C　14.D　15.B　16.C　17.C　18.D　19.C　20.B　21.B　22.A　23.D　24.A　25.C

（二）多项选择题

1.ABCD　2.BDE　3.BCD　4.BC　5.AB　6.ABE　7.ABCDE　8.ABCE　9.ABCE

10.ABCD　11.BCDE　12.BC　13.ACDE　14.ACE　15.ABE

（三）判断题

1.√　2.×　3.×　4.×　5.√　6.√　7.√　8.√　9.√　10.×　11.√　12.×　13.×　14.×　15.×
16.√　17.×　18.×　19.×　20.×　21.×　22.×　23.√　24.×

（四）计算题

1.（1）相关处理见表2-5。

表2-5　　　　　　　　　　　　　　　**项目类别表**　　　　　　　　　　　单位：元

序　号	金　额		
	资　产	负　债	所有者权益
（1）	1 700		
（2）	2 939 300		
（3）			13 130 000
（4）		500 000	
（5）		300 000	
（6）	417 000		
（7）	584 000		
（8）	520 000		
（9）	43 000		
（10）		45 000	
（11）	60 000		
（12）	5 700 000		
（13）	4 200 000		
（14）	530 000		
（15）			960 000
（16）			440 000
（17）		200 000	
（18）	650 000		
（19）			70 000
合　　计	15 645 000	1 045 000	14 600 000

（2）资产总计15 645 000元、负债总计1 045 000元、所有者权益总计14 600 000元。

2.该律师事务所2×24年服务收入=6 000 000+（140 000−97 000）+（42 000−21 000）
=6 064 000（元）

3.7月份的收入额=1 420 000−（300 000+400 000）−700 000+60 000=80 000（元）

4.举例说明下列各类经济业务：

（1）资产增加，负债增加：购入材料5 000元，货款暂未支付；

（2）资产增加，所有者权益增加：接受投资者投入资金2 000 000元；

（3）资产类项目此增彼减：从银行提取现金3 000元；

（4）资产减少，所有者权益减少：投资者撤回投资额300 000元；

（5）资产减少，负债减少：用银行存款偿还短期借款4 000元；

（6）费用增加，负债增加：发生广告费2 000元，款项暂未支付；

（7）费用增加，资产减少：摊销应由本月负担的保险费1 200元；

（8）收益增加，资产增加：收到被投资企业分来的利润23 000元；

（9）收益增加，负债减少：销售已预收货款的产品，价值6 000元。

5.相关处理过程如下：

（1）该企业的财务状况见表2-6。

表2-6　　　　　　　　　　某企业财务状况表　　　　　　　　　　单位：元

资　产	金　额	负债及所有者权益	金　额
库存现金		短期借款	
银行存款		应付账款	
应收账款		应交税费	
原材料		长期借款	61 000
长期投资	60 000	实收资本	
固定资产		资本公积	
合　计		合　计	375 000

（2）该企业的流动资产总额=1 000+27 000+35 000+52 000=115 000（元）

（3）该企业的流动负债总额=10 000+32 000+9 000=51 000（元）

（4）该企业的净资产总额=240 000+23 000=263 000（元）

6.相关处理见表2-7。

表2-7　　　　　　　　　企业的财务状况及增减变动表　　　　　单位：元

项　目	期初余额	本月增加额	本月减少额	期末余额
库存现金	1 000	8 000		9 000
银行存款	70 000	49 000	66 000	53 000
原材料	20 000	32 000		52 000
固定资产	270 000	50 000		320 000
应付账款	6 000	30 000	6 000	30 000
短期借款	5 000	9 000		14 000
实收资本	350 000	40 000		390 000

（五）业务处理题

（1）分析经济业务的发生对会计要素的影响，见表2-8。

表2-8　　　　　　　经济业务的发生对会计要素的影响　　　　　单位：元

会计要素项目及数量关系	期初资产　375 000	期初负债　112 000	期初所有者权益　263 000
（1）	固定资产增加30 000 银行存款减少30 000		
（2）	原材料增加10 000		实收资本增加10 000
（3）	银行存款减少5 000	应付账款减少5 000	
（4）	银行存款增加8 000 应收账款减少8 000		
（5）		长期借款减少50 000	实收资本增加50 000
（6）			实收资本增加20 000 资本公积减少20 000
期末余额	380 000	57 000	323 000

（2）从表2-8中可以看出，6月末该公司的资产总额为380 000元，负债总额为57 000元，所有者权益总额为323 000元。

第三章　会计核算基础

一、学习目的与要求

会计核算基础是会计核算的基础理论部分，是企业进行会计核算的前提和理论指导。本章主要阐述了会计假设、会计信息质量要求、会计确认与计量要求以及会计处理基础等基本问题。目的是使初学者明确会计核算应当具备的基本条件，以及在会计核算工作中应当遵循的基本原则。通过本章的学习，应当掌握会计假设、会计信息质量要求、会计确认与计量要求的基本内容及其重要意义，特别是应理解和掌握企业采用权责发生制确认收入和费用的基本方法。

二、预习要览

（一）关键概念

1. 会计假设　　　　　　2. 会计主体

3. 持续经营　　　　　　4. 会计分期

5. 货币计量　　　　　　6. 记账本位币

7. 会计信息质量要求　　8. 收益性支出

9. 资本性支出　　　　　10. 配比原则

11. 历史成本　　　　　 12. 权责发生制

13. 收付实现制

（二）关键问题

1. 什么是会计假设？为什么在进行会计核算之前，要事先设定这些假设？

2. 会计假设包括哪些内容？如何理解各假设的意义以及这些假设之间的关系？

3.如何理解会计主体与法律主体的关系？

4.我国企业会计准则中是如何规定会计期间划分的？

5.我国会计法规中，对记账本位币的选择是如何规定的？

6.你认为反映会计信息质量特征的首要原则是什么？最重要的原则是什么？

7.谨慎性原则的具体体现有哪些？为什么规定不能计提秘密准备？

8.举例说明实质重于形式原则在会计中的应用。

9.如何区分收益性支出和资本性支出？如果混淆二者的界限，对企业损益的计算有何影响？

10.会计上为什么要规定采用历史成本原则？

11.收付实现制与权责发生制在确认收入和费用方面有何区别？

12.为什么企业在进行会计核算时应采用权责发生制？

三、本章重点与难点

会计的两大基本职能是核算（反映）和监督，而对会计核算的学习主要是掌握会计核算的七种方法。在学习这七种方法之前，有一些基础知识需要掌握，而且这也是会计核算的前提条件。本章主要就会计核算的基础进行了讲述，包括会计核算的基本前提、会计信息质量要求、会计确认与计量要求以及权责发生制和收付实现制等内容。

本章的重点与难点有：

（一）会计假设

会计假设是企业会计确认、计量和报告的前提，是为了保证会计工作的正常进行和会计信息的质量，对会计核算的范围、内容、基本程序和方法所做的基本假定。我国《企业会计准则——基本准则》中明确规定了企业在组织会计核算时应遵循的会计假设，包括会计主体假设、持续经营假设、会计分期假设、货币计量假设。

1.会计主体假设

会计主体是会计工作为其服务的特定单位或组织。会计主体假设是指会计核算应当以企业发生的各项经济业务为对象，记录和反映企业本身的各项生产活动。也就是说，会计核算是反映一个特定企业的经济业务，只记本主体的账。会计主体假设明确了会计工作的空间范围。值得注意的是，会计主体与法律主体并不是同一个概念，一般来说，法律主体必然是会计主体，但会计主体不一定是法律主体。

2.持续经营假设

持续经营是指会计主体的生产经营活动将无限期地延续下去，在可以预见的未来不会因破产、清算、解散等而不复存在。持续经营假设是指会计核算应当以企业持续、正常的生产经营活动为前提，而不考虑企业是否破产清算等，在此前提下选择会计程序及会计处理方法，进行会计核算。持续经营假设明确了会计工作的时间范围。

3.会计分期假设

会计分期是指把企业持续不断的生产经营过程划分为较短的相对等距的会计期间。会计分期假设的目的在于通过会计期间的划分，分期结算账目，按期编制会计报表，从而及时地向有关方面提供反映财务状况和经营成果的会计信息，满足有关方面的需要。

会计分期假设是对会计工作时间范围的具体划分，主要是确定会计年度。我国以日历年度作为会计年度，即以每年的1月1日至12月31日为一个会计年度。会计年度确定后，一般按日历确定会计半年度、会计季度和会计月度。

4.货币计量假设

货币计量是指会计主体在会计核算过程中应采用货币作为计量单位，记录、反映会计主体的经营情况。在我国，要求企业选用一种货币作为基准，称为记账本位币。记账本位币以外的货币则称为外币。我国会计法规规定，企业会计核算以人民币为记账本位币。业务收支以人民币以外的其他货币为主的企业，也可以选定该种外币作为记账本位币，但编制的会计报表应当折算为人民币反映。

综上所述，会计假设虽然是人为确定的，但完全是出于客观的需要，有充分的客观必然性。否则，会计核算工作就无法进行。这四项假设缺一不可，既有联系也有区别，共同为会计核算工作的开展奠定了基础，也是确定会计原则的基础。

（二）会计信息质量要求

会计信息质量要求是对企业财务报告中所提供会计信息质量的基本要求，是使财务报告中所提供会计信息对投资者等使用者决策有用的保证条件。根据我国《企业会计准则——基本准则》的规定，会计信息质量要求包括以下八项：可靠性、相关性、可理解性、可比性、实质重于形式、重要性、谨慎性、及时性。

1.可靠性

可靠性，又称真实性，是指会计核算提供的信息应当以实际发生的经济业务及表明经济业务发生的合法凭证为依据，如实反映财务状况和经营成果，做到内容真实、数字准确、资料可靠。

可靠性是对会计核算工作的基本要求。可靠性要求会计核算的各个阶段，包括会计确认、计量、记录和报告，必须以实际发生的经济活动及表明经济业务发生的合法凭证为依据。

2.相关性

企业提供的会计信息应当与财务会计报告使用者的经济决策需要相关，有助于财务会计报告使用者对企业过去、现在或者未来的情况作出评价或者预测。

3.可理解性

企业提供的会计信息应当清晰明了，便于财务会计报告使用者理解和使用。提供会计信息的目的在于使用，要使用就必须了解会计信息的内涵，明确会计信息的内容，如果无法做到这一点，就谈不上对决策有用。

4.可比性

企业提供的会计信息应当具有可比性。可比性包括两个方面，即同一企业在不同时期的纵向可比，不同企业在同一时期的横向可比。要做到这两个方面的可比，就必须做到：同一企业不同时期发生的相同或者相似的交易或者事项，应当采用一致的会计政策，不得随意变更。确需变更的，应当在附注中说明。不同企业发生的相同或者相似的交易或者事项，应当采用规定的会计政策，确保会计信息口径一致、相互可比。

5.实质重于形式

企业应当按照交易或者事项的经济实质进行会计确认、计量和报告，不应仅以交易或者事项的法律形式为依据。如果要真实地反映拟反映的交易或事项，就必须根据它们的实质和经济现实，而不是仅仅根据它们的法律形式进行核算和反映。交易或事项的实质，不总是与它们的法律形式的外在面貌一致。实质重于形式要求在对会计要素进行确认和计量时，应重视交易的实质，而不管其采用何种形式。

6.重要性

企业提供的会计信息应当反映与企业财务状况、经营成果和现金流量等有关的所有重要交易或者事项。重要性是指财务报告在全面反映企业的财务状况和经营成果的同时，应当区别经济业务的重要程度，采用不同的会计处理程序和方法。具体来说，对重要的经济业务，应单独核算、分项反映，力求准确，并在财务报告中做重点说明；对不重要的经济业务，在不影响会计信息真实性的情况下，可适当简化会计核算或合并反映，以便集中精力抓好关键。

7.谨慎性

企业对交易或者事项进行会计确认、计量和报告应当保持应有的谨慎，不应高估资产或者收益、低估负债或者费用。谨慎性，又称稳健性，是指在处理不确定性经济业务时，应持谨慎态度，如果一项经济业务有多种处理方法可供选择时，应选择不夸大资产、虚增利润的方法。在进行会计核算时，应当合理预计可能发生的损失和费用，而不应预计可能发生的收入和过高估计资产的价值。

8.及时性

企业对于已经发生的交易或者事项，应当及时进行会计确认、计量和报告，不得提前或者延后。

（三）会计要素确认、计量及其要求

会计要素是对会计对象的基本分类，是会计对象的具体化，是反映会计主体的财务状况和经营成果的基本单位。会计信息的载体是财务报告。财务报告由会计要素组成，对会计要素进行报告之前必须进行会计要素的确认与计量。在对会计要素进行确认与计量时，必须遵循一定的要求。

1.会计要素的确认

确认是指决定将交易或事项中的某一项目作为一项会计要素加以记录和列入财务报告的过程，是财务会计的一项重要程序。确认主要解决某一个项目应否确认、如何确认和何时确认三个问题，它包括在会计记录中的初始确认和在财务报表中的最终确认。凡是确认必须具备一定的条件。

我国《企业会计准则——基本准则》中规定了会计要素的确认条件：

（1）初始确认条件。

会计要素的确认条件主要包括：

① 符合要素的定义。有关经济业务确认为一项要素，首先必须符合该要素的定义。

② 有关的经济利益很可能流入或流出企业。这里的"很可能"表示经济利益流入或流出的可能性在50%以上。

③ 有关的价值以及流入或流出的经济利益能够可靠地计量。如果不能可靠计量，确认就没有意义。

（2）在报表中列示的条件。

经过确认、计量之后，会计要素应该在报表中列示。资产、负债、所有者权益在资产负债表中列示，而收入、费用、利润在利润表中列示。

根据企业会计准则，在报表中列示的条件是：符合要素定义和要素确认条件的项目，才能列示在报表中；仅仅符合要素定义而不符合要素确认条件的项目，不能在报表中列示。

2.会计要素的计量

会计通常被认为是一个对会计要素进行确认、计量和报告的过程，其中，会计计量在会计确认和报告之间起着十分重要的作用。一般来说，会计计量主要由计量单位和计量属性两方面的内容构成，二者的不同组合形成了不同的计量模式。

计量单位至少存在两种形式的选择：一是名义货币单位；二是不变货币单位（一般购买力单位）。会计计量通常使用的是名义货币，即以币值稳定为基本假设。

计量属性是指要计量的某一要素的特性或外在表现形式，它是区分不同计价模式的主要标准。会计计量属性的种类包括：（1）历史成本。（2）重置成本。（3）可变现净值。（4）现值。（5）公允价值。

对五种计量属性的理解见表3-1。

表3-1　　　　　　　　　　　　　　五种计量属性

计量属性	对资产的计量	对负债的计量
历史成本	按照购置时的金额	按照承担现时义务时的金额
重置成本	按照现在购买时的金额	按照现在偿还时的金额
可变现净值	按照现在销售时的金额	—
现值	按照将来的金额折现	
公允价值	有序交易中出售资产 所能收到的价格	有序交易中转移负债 所需支付的价格

《企业会计准则——基本准则》第四十三条还规定："企业在对会计要素进行计量时，一般应当采用历史成本，采用重置成本、可变现净值、现值、公允价值计量的，应当保证所确定的会计要素金额能够取得并可靠计量。"这是对会计计量属性选择的一种限定性条件，一般应当采用历史成本，如果要用其他计量属性，必须保证金额能够取得并可靠计量。

3.会计要素确认与计量的要求

对会计要素进行确认与计量不仅要符合一定的条件，而且还要在确认与计量过程中遵循以下要求：划分收益性支出与资本性支出、收入与费用配比、历史成本计量、权责发生制。

（1）划分收益性支出与资本性支出。

会计核算应当合理划分收益性支出和资本性支出。凡支出的效益仅与本会计年度（或一个营业周期）相关，应当作为收益性支出；凡支出的效益与几个会计年度（或几个营业周期）相关，应当作为资本性支出。

（2）收入与费用配比。

正确确定一个会计期间的收入和与其相关的成本、费用，以便计算当期的损益，这是配比的要求。

收入与费用配比包括两方面的配比问题：一是收入和费用在因果关系上的配比，即取得一定的收入时发生了一定的支出，而发生这些支出的目的就是取得这些收入；二是收入和费用在时间意义上的配比，即一定会计期间的收入和费用的配比。

（3）历史成本。

历史成本原则，又称实际成本原则或原始成本原则，是指企业的各项财产物资应当按取得或购建时发生的实际支出进行计价。物价变动时，除国家另有规定，不得调整账面价值。

（四）权责发生制与收付实现制

1.权责发生制

权责发生制亦称应收应付制或应计制，是指企业按收入的权利和支出的义务是否归属于本期来确认收入、费用的标准，而不是按款项的实际收支是否在本期发生，也就是以应收应付为标准。在权责发生制下，凡是属于本期实现的收入和发生的费用，不论款项是否实际收到或实际付出，都应作为本期的收入和费用入账；凡是不属于本期的收入和费用，即使款项在本期收到或付出，也不作为本期的收入和费用处理。由于它不管款项的收付，而以收入和费用是否归属本期为准，所以称为应计制。

2.收付实现制

收付实现制亦称现收现付制，也称现金制。它以款项是否实际收到或付出作为确定本期收入和费用的标准。凡是本期实际收到款项的收入和付出款项的费用，不论其是否归属于本期，都作为本期的收入和费用处理；反之，凡本期没有实际收到款项和付出款项，即使应归属于本期，但也不作为本期收入和费用处理。由于款项的收付实际上以现金收付为准，所以一般称为现金制。

四、练习题

（一）单项选择题

1.确定会计核算工作空间范围的前提条件是（　　　）。

A.会计主体　　　　　　　　B.持续经营

C.会计分期　　　　　　　　D.货币计量

2.强调经营成果计算的企业适合采用（　　　）。

A.收付实现制　　　　　　　B.权责发生制

C.永续盘存制　　　　　　　D.实地盘存制

3.会计主体是（　　）。

A.企业单位 B.法律主体

C.企业法人 D.会计为之服务的特定单位

4.凡为形成生产经营能力，在以后各期取得收益而发生的各种支出，即支出的效益与几个会计年度相关的，应作为（　　）。

A.收益性支出 B.资本性支出

C.营业性支出 D.营业外支出

5.对应收账款在会计期末提取坏账准备金这一做法体现的原则是（　　）。

A.配比原则 B.重要性原则

C.谨慎性原则 D.可靠性原则

6.在会计年度内，如把收益性支出当作资本性支出处理会（　　）。

A.本年度虚增资产、虚增收益 B.本年度虚减资产、虚增收益

C.本年度虚增资产、虚减收益 D.本年度虚减资产、虚减收益

7.如果企业资产按照现在购买相同或者相似资产所需支付的现金或者现金等价物的金额计量，负债按照现在偿付该项债务所需支付的现金或者现金等价物的金额计量，则其采用的会计计量属性为（　　）。

A.可变现净值 B.重置成本

C.公允价值 D.现值

8.配比原则是指（　　）。

A.收入与支出相配比

B.收入与营业费用相配比

C.收入与产品成本相配比

D.收入与其相关的成本费用相配比

9.财产物资计价的原则是（　　）。

A.权责发生制原则 B.配比原则

C.历史成本原则 D.收付实现制原则

10.下列支出属于资本性支出的有（　　）。

A.支付职工工资 B.支付当月水电费

C.支付本季度房租 D.支付固定资产买价

11.下列各项会计信息质量要求中，对相关性和可靠性起着制约作

用的是（　　　）。

  A.及时性   B.谨慎性

  C.重要性   D.实质重于形式

  12.各企业单位处理会计业务的方法和程序在不同会计期间要保持前后一致，不得随意变更，这符合（　　　）。

  A.相关性原则   B.可比性原则

  C.可理解性原则   D.重要性原则

  13.企业于4月初用银行存款1 200元支付第2季度房租，4月末仅将其中的400元计入本月费用，这符合（　　　）。

  A.配比原则   B.权责发生制原则

  C.收付实现制原则   D.历史成本计价原则

  14.按照收付实现制的要求，确定各项收入和费用归属期的标准是（　　　）。

  A.实际发生的收支   B.实际收付的业务

  C.实际款项的收付   D.实现的经营成果

  15.企业的会计期间是（　　　）。

  A.自然形成的   B.人为划分的

  C.一个周转过程   D.营业年度

（二）多项选择题

  1.会计主体可以是（　　　）。

  A.一个营利性组织   B.“法人”资格的实体

  C.不具备“法人”资格的实体 D.不进行独立核算的企业

  E.非营利性组织

  2.历史成本计价原则的优点有（　　　）。

  A.交易确定的金额比较客观

  B.存货成本接近市价

  C.有原始凭证作证明可随时查证

  D.可防止企业随意改动

  E.会计核算手续简化，不必经常调整账目

  3.下列属于会计确认与计量方面的原则有（　　　）。

  A.配比原则   B.历史成本计价原则

C.可比性原则　　　　　　　　D.权责发生制原则

E.划分收益性支出与资本性支出原则

4.下列项目中，属于资本性支出的是（　　　）。

A.固定资产日常修理费

B.购置无形资产支出

C.固定资产达到预定可使用状态之前的利息支出

D.水电费支出

E.办公费支出

5.会计主体前提条件解决并确定了（　　　）。

A.会计核算的空间范围　　　　B.会计核算的时间范围

C.会计核算的计量问题　　　　D.会计为谁记账问题

E.会计核算的标准质量问题

6.下列属于保证会计信息质量要求的原则有（　　　）。

A.可靠性原则　　　　　　　　B.可比性原则

C.可理解性原则　　　　　　　D.谨慎性原则

E.及时性原则

7.按权责发生制的要求，下列项目中关于收入确认正确的是（　　　）。

A.本月销售产品一批，价值20 000元，货款尚未收到，已确认为收入

B.本月月初收到上月利息收入3 000元，确认为本月财务费用贷方3 000元

C.本月收到上月产品销售收入30 000元，已存入银行，确认为本月收入

D.本月签订一份销售合同，规定下月销售货物一批，价值50 000元，确认为本月收入

E.本月预收了下个月发货的产品销售订金30 000元，未确认收入

8.下列支出属于收益性支出的有（　　　）。

A.支付当月办公费

B.当月流动资金借款利息支出

C.购置设备支出

D.工资支出

E.销售产品的运费支出

9.可靠性要求（　　）。

A.企业应当以实际发生的交易或事项为依据进行会计确认、计量和报告

B.如实反映符合确认和计量要求的各项会计要素及其他相关信息

C.保证会计信息真实可靠、内容完整

D.企业提供的会计信息应当清晰明了，便于财务报告使用者理解和使用

E.包括在财务报告中的会计信息应当是中立的，具备无偏性的

10.按照收付实现制的要求，下列收入或费用应计入本期的有（　　）。

A.本期提供劳务已收款　　　　B.本期提供劳务未收款

C.本期欠付的费用　　　　　　D.本期预付后期的费用

E.本期支付上期的费用

11.根据谨慎性原则的要求对企业可能发生的损失和费用，作出合理预计，通常的做法有（　　）。

A.对应收账款计提坏账准备

B.固定资产加速折旧

C.对财产物资按历史成本计价

D.存货计价采用成本与可变现净值孰低法

E.对长期股权投资提取减值准备

12.会计确认的条件有（　　）。

A.符合要素的定义

B.经济利益很可能流出或流入企业

C.金额能够可靠计量

D.经济业务发生一定能带来经济利益

E.必须能用公允价值计量

13.会计计量的属性主要有（　　）。

A.历史成本　　　　　　　　　B.公允价值

C.可变现净值　　　　　　　　D.现值

E.重置成本

14.下列组织中既是一个会计主体又是一个法律主体的有（　　）。

A.合伙企业　　　　　　　　B.合营企业

C.子公司　　　　　　　　　D.有限责任公司

E.母子集团

15.可以用于负债计量的计量属性有（　　）。

A.历史成本　　　　　　　　B.公允价值

C.可变现净值　　　　　　　D.现值

E.重置成本

（三）判断题

1.会计主体是指企业法人。（　　）

2.会计计量单位只有一种，即货币计量。（　　）

3.我国所有企业的会计核算都必须以人民币作为记账本位币。

（　　）

4.谨慎性会计信息质量要求企业不仅要核算可能发生的收入，也要核算可能发生的费用和损失，以对未来的风险进行充分核算。（　　）

5.会计核算必须以实际发生的经济业务及证明经济业务发生的合法性凭证为依据，表明会计核算应当遵循可靠性原则。（　　）

6.企业进入破产清算时，按照可比性会计信息质量要求，应仍坚持原有的会计程序与方法。（　　）

7.可比性原则是指会计处理方法在不同企业以及同一企业不同会计期间应当一致，不得随意变更。（　　）

8.收付实现制和权责发生制的主要区别是确认收入和费用的标准不同。（　　）

9.会计要素的确认条件之一是有关的经济利益很可能流入或流出企业，这里的"很可能"表示经济利益流入或流出的可能性在50%以下。

（　　）

10.如果不能确认，也就不需要计量；如果不能计量，确认也就没有意义。（　　）

（四）计算题

根据下列经济业务内容按权责发生制和收付实现制计算企业本月（7月份）的收入和费用，并填入表3-2中。

表3-2　　　　　　　　　　　收入与费用的确认与计量　　　　　　　　单位：元

业务号	权责发生制		收付实现制	
	收　入	费　用	收　入	费　用
（1）				
（2）				
（3）				
（4）				
（5）				
（6）				

（1）销售产品5 000元，货款存入银行。

（2）销售产品10 000元，货款尚未收到。

（3）支付7—12月份的租金3 000元。

（4）收到6月份应收的销货款8 000元。

（5）收到购货单位预付货款4 000元，下月交货。

（6）本月应付水电费400元，下月支付。

五、案例分析题

某会计师事务所是由张新、李安合伙创建的，最近发生了下列经济业务，并由会计进行了相应的处理：

（1）6月10日，张新从事务所出纳处拿了380元现金给自己的孩子购买玩具，会计将380元记为事务所的办公费支出，理由是：张新是事务所的合伙人，事务所的钱也有张新的一部分。

（2）6月15日，会计将6月1日至15日的收入、费用汇总后计算出半个月的利润，并编制了财务报表。

（3）6月20日，事务所收到某外资企业支付的业务咨询费2 000美元，会计没有将其折算为人民币反映，而直接记到美元账户中。

（4）6月30日，采用年数总和法计提固定资产折旧，而本月前计提折旧均采用直线法。

（5）6月30日，事务所购买了一台电脑，价值12 000元，为了少计利润，少缴税，将12 000元一次性全部计入当期管理费用。

（6）6月30日，收到达成公司的预付审计费用3 000元，会计将其作为6月份的收入处理。

（7）6月30日，在事务所编制的对外报表中显示"应收账款"60 000元，但没有"坏账准备"项目。

（8）6月30日，预付下季度报刊费300元，会计将其作为6月份的管理费用处理。

案例要求：

根据上述资料，分析该事务所的会计对这些经济业务的处理是否完全正确；若有错误，主要是违背了哪项会计假设或会计原则。

案例提示

该事务所的会计人员对这些经济业务的处理不完全正确，主要表现在：

（1）张新从事务所取钱用于私人开支，不属于事务所的业务，不能作为事务所的办公费支出。这里，会计人员违背了会计主体假设。

（2）6月15日编制的6月1日至15日的财务报表是临时性的。我国会计分期假设规定的会计期间为年度、季度和月份。

（3）我国有关法规规定，企业应以人民币作为记账本位币，但企业业务收支以外币为主，可以选择某种外币作为记账本位币。而该事务所直接将2 000美元记账，需看其究竟以何种货币为记账本位币。

（4）计提折旧，前后期采用不同的计算方法，如果没有确凿证据需要变更的，违背了会计上的可比性原则。

（5）购买电脑应作为资本性支出，分期摊销其成本，不能一次性计入当期费用，违背了划分收益性支出与资本性支出原则。

（6）预收的审计费用不能作为当期的收入，应先计入负债，等为对方提供了审计服务后再结转，因此违背了权责发生制原则和配比原则。

（7）按照谨慎性原则，如无确凿证据表明该应收账款未发生减值，应对应收账款计提坏账准备，但该事务所未提。

（8）预付报刊费，应在受益期内摊销，不能计入支付当期的费用，违背了权责发生制原则。

六、练习题参考答案

（一）单项选择题

1.A 2.B 3.D 4.B 5.C 6.A 7.B 8.D 9.C 10.D 11.A 12.B 13.B 14.C 15.B

（二）多项选择题

1.ABCE 2.ACDE 3.ABDE 4.BC 5.AD 6.ABCDE 7.AE 8.ABDE 9.ABCE 10.ADE 11.ABDE 12.ABC 13.ABCDE 14.BCD 15.ABDE

（三）判断题

1.× 2.× 3.× 4.× 5.√ 6.× 7.√ 8.√ 9.× 10.√

（四）计算题

计算的本月收入和费用情况见表3-3。

表3-3　　　　　　　收入与费用的确认与计量　　　　　　单位：元

业务号	权责发生制		收付实现制	
	收　入	费　用	收　入	费　用
（1）	5 000		5 000	
（2）	10 000			
（3）		500		3 000
（4）			8 000	
（5）			4 000	
（6）		400		

第四章　账户与复式记账

一、学习目的与要求

本章重点介绍会计核算的两种基本方法——设置账户、复式记账，目的是使初学者了解会计核算采用的两种主要方法。同时介绍与会计账户的设置有关的会计科目知识，复式记账的主要内容，以及在复式记账中进行账户平行登记的方法。通过本章的学习，应重点掌握账户的基本含义及结构、借贷记账法的基本内容和账户的平行登记等内容，熟练掌握各主要账户的使用方法，以及借贷记账法和平行登记的运用方法。

二、预习要览

（一）关键概念

1. 会计账户
2. 账户的基本结构
3. 会计科目
4. 总分类科目
5. 明细分类科目
6. 复式记账
7. 借贷记账法
8. 会计分录
9. 简单会计分录
10. 复合会计分录
11. 账户对应关系
12. 对应账户
13. 试算平衡
14. 总分类账户
15. 明细分类账户
16. 平行登记

（二）关键问题

1. 什么是会计账户？
2. 会计账户的基本结构是怎样的？
3. 什么是会计科目？设置会计科目应遵循哪些原则？
4. 会计账户与会计科目的关系是怎样的？

5.什么是复式记账？复式记账的理论依据是什么？

6.采用复式记账法应遵循哪些基本原则？

7.什么是借贷记账法？借贷记账法的记账规则是怎样的？

8.什么是会计分录？简述会计分录的基本编制方法。

9.什么是试算平衡？借贷记账法的试算平衡方法主要有哪些？

10.什么是平行登记？平行登记的要点有哪些？

三、本章重点与难点

账户是由一定的结构形式组成的用以存储会计信息的工具。账户的基本结构是指在账户的全部结构中用来登记增加额、减少额和余额的那部分结构。

利用账户可以获取一系列的指标信息，包括期初余额、本期增加发生额、本期减少发生额和期末余额。账户的期初余额是指在某一会计期间开始时从上一个会计期末结转而来的余额。本期增加发生额是指在本会计期间的经济业务发生以后记录到账户中增加方的数额合计。本期减少发生额是指在本会计期间的经济业务发生以后记录到账户中减少方的数额合计。期末余额是指在某一会计期间终了时，经过计算而得到的账户的余额。

其基本的计算公式为：

期末余额=期初余额+本期增加发生额−本期减少发生额

会计科目是对会计要素进行分类所形成的具体项目。设置会计科目并在此基础上设置会计账户是会计核算的一种专门方法。

会计科目按其提供会计指标信息的详细程度，可分为以下两类：（1）总分类科目；（2）明细分类科目。

复式记账就是指对任何一项经济业务都必须以相等的金额在两个或两个以上的账户中相互联系地进行登记，借以反映会计对象具体内容增减变化的记账方法。资金运动的内在规律性是复式记账的理论依据。会计主体发生的经济业务无非是涉及资金增加和减少两个方面，每项经济业务发生以后，起码要影响两个或两个以上的会计要素，或同一个会计要素中的两个或两个以上的项目发生增减变化。这种增减变化具有两大规律，一是资产要素与权益要素同增或同减，增减金额相等；二是资产要素内部或权益要素内部有增有减，增减金额相等。资金运动增减变化的这种规律为复式记账提供了强有力的理论依据。

采用复式记账时，应遵循以下基本原则：（1）必须以会计等式作为记账基础。（2）对每项经济业务必须在两个或两个以上相互联系的账户中等额记录。（3）必须按经济业务影响会计等式的四种类型进行记录。（4）定期汇总的全部账户记录发生额、余额必须各自平衡。

借贷记账法是以"借"和"贷"作为记账符号，记录经济业务的发生和完成情况的一种复式记账方法。对于借贷记账法应重点从以下五个方面把握：

（1）借贷记账法的记账符号。记账符号是在某一种记账方法下表示"增加"或"减少"意思的符号，借贷记账法中的记账符号为"借""贷"二字。

（2）借贷记账法的账户结构。在借贷记账法下，账户的基本结构分为"借方"和"贷方"两方，分别用来登记增加数和减少数。其中资产类和费用类账户用借方登记增加数，贷方登记减少数，如果有余额登记在借方（费用类账户在期末时一般没有余额）；负债类、所有者权益类、收入类和利润类账户用贷方登记增加数，借方登记减少数，如果有余额登记在贷方（收入类账户在期末时一般没有余额）。在账户中，余额的方向一般与账户登记增加数的方向是一致的。双重性质账户一般是指在同一个账户中既用来核算资产等要素内容，又用来核算负债等要素内容的账户。即在账户的某一方中，既用来登记一种要素的增加数，也用来登记另一种要素的减少数，另一方也是如此。双重性质账户的结构相当于是两种不同性质账户结构的叠加。这类账户的期末余额方向应根据计算结果确定，或为借方余额，或为贷方余额。

（3）借贷记账法的记账规则。其记账规则是：有借必有贷，借贷必相等。"有借必有贷"指的是经济业务在账户中的登记方向；"借贷必相等"指的是经济业务在账户中登记的金额。

（4）借贷记账法的会计分录及账户对应关系。会计分录是根据经济业务的内容，在登记有关账户之前预先确定应当登记的账户名称、账户登记方向（借方或贷方）和登记金额的一种记录。它是会计语言的一种表达方式。在实际工作中，会计分录是按照一定的格式要求填写在记账凭证上的。编制会计分录一般应经过分析经济业务涉及的会计要素内容、确定经济业务应予登记的账户名称、分析会计要素的增减变化趋势、确定增减变化在账户中的登记方向、确定应予登记的金额等几个基本步骤。

（5）借贷记账法的试算平衡。试算平衡是指根据会计等式的平衡原理，按照记账规则的要求，通过汇总计算和比较，检查账户记录的正确性、完整性而采用的一种技术方法。借贷记账法的试算平衡有发生额平衡法和余额平衡法两种。试算平衡公式分别为：

全部账户的借方发生额合计=全部账户的贷方发生额合计

全部账户的借方余额合计=全部账户的贷方余额合计

在会计核算过程中，对于发生的经济业务要按照复式记账的要求登记在两个或两个以上的总分类账户中，凡是在总分类账户下设有明细分类账户的，还要记入各总分类账户所属的明细分类账户。这种做法称作平行登记。

进行总分类账户与明细分类账户的平行登记，需要把握以下要点：（1）登记的内容应相同；（2）登记的方向应相同；（3）登记的金额应相等。由于进行平行登记，总分类账户与其所属的明细分类账户的期初余额、本期发生额和期末余额之间也必然存在着相等关系。为核对平行登记的准确性，可编制"明细分类账户发生额及余额试算平衡表"，并将各指标的合计数直接与其从属的总分类账户的有关指标进行核对。

四、练习题

（一）单项选择题

1.账户的基本结构是指（　　）。

A.账户的具体格式　　　　　B.账户登记的经济内容

C.账户登记的日期　　　　　D.账户中登记增减金额的栏次

2.会计科目是对（　　）。

A.会计对象分类所形成的项目　　B.会计要素分类所形成的项目

C.会计方法分类所形成的项目　　D.会计账户分类所形成的项目

3.会计账户的设置依据是（　　）。

A.会计对象　　　　　　　　B.会计要素

C.会计科目 D.会计方法

4.在借贷记账法下，资产类账户的期末余额一般在（　　）。

　　A.借方 B.增加方

　　C.贷方 D.减少方

5.开设明细分类账户的依据是（　　）。

　　A.总分类科目 B.明细分类科目

　　C.试算平衡表 D.会计要素内容

6.进行复式记账时，对任何一项经济业务登记的账户数量应是（　　）。

　　A.一个 B.两个

　　C.三个 D.两个或两个以上

7.存在对应关系的账户称为（　　）。

　　A.一级账户 B.对应账户

　　C.总分类账户 D.明细分类账户

8.在借贷记账法下，所有者权益账户的期末余额等于（　　）。

　　A.期初贷方余额+本期贷方发生额-本期借方发生额

　　B.期初借方余额+本期贷方发生额-本期借方发生额

　　C.期初借方余额+本期借方发生额-本期贷方发生额

　　D.期初贷方余额+本期借方发生额-本期贷方发生额

9.借贷记账法试算平衡的依据是（　　）。

　　A.资金运动变化规律 B.会计等式平衡原理

　　C.会计账户基本结构 D.平行登记基本原理

10.借贷记账法的余额试算平衡公式是（　　）。

　　A.每个账户的借方发生额=每个账户的贷方发生额

　　B.全部账户本期借方发生额合计=全部账户本期贷方发生额合计

　　C.全部账户期末借方余额合计=全部账户期末贷方余额合计

　　D.全部账户期末借方余额合计=部分账户期末贷方余额合计

（二）多项选择题

1.账户中用哪一方登记增加额，哪一方登记减少额，取决于（　　）。

　　A.所记录的经济内容 B.记账人的偏好

C.公司类型　　　　　　　　　　D.所采用的记账方法

E.反映会计指标信息的详细程度

2.账户一般可以提供的金额指标有（　　　）。

A.期初余额　　　　　　　　　　B.本期增加发生额

C.期中余额　　　　　　　　　　D.本期减少发生额

E.期末余额

3.设置会计科目时应遵循的原则有（　　　）。

A.必须全面反映会计要素的内容

B.符合对外报告的要求

C.适应需要又要保持相对稳定

D.统一性与灵活性相结合

E.会计科目要简明适用

4.明细分类科目（　　　）。

A.也称一级会计科目　　　　　　B.是进行明细分类核算的依据

C.是进行总分类核算的依据　　　D.提供更加详细具体的指标

E.是对总分类科目核算内容详细分类的科目

5.借贷记账法的记账符号"贷"对于下列会计要素表示增加的
有（　　　）。

A.资产　　　　　　　　　　　　B.负债

C.所有者权益　　　　　　　　　D.收入

E.利润

6.下列账户中，在贷方登记增加数的账户有（　　　）。

A."应付账款"　　　　　　　　　B."实收资本"

C."累计折旧"　　　　　　　　　D."盈余公积"

E."本年利润"

7.采用借贷记账法时，账户的借方一般用来登记（　　　）。

A.资产的增加　　　　　　　　　B.收入的减少

C.费用的增加　　　　　　　　　D.负债的增加

E.所有者权益的减少

8.下列账户中，在会计期末一般没有余额的账户有（　　　）。

A.资产类账户　　　　　　　　　B.负债类账户

C.所有者权益类账户　　　　　D.收入类账户

E.费用类账户

9.复合会计分录是指（　　　）。

A.一借一贷的会计分录　　　　B.一借多贷的会计分录

C.多借一贷的会计分录　　　　D.多借多贷的会计分录

E.写出明细科目的会计分录

10.以下各项中，通过试算无法发现的错误有（　　　）。

A.漏记或重记某项经济业务　　B.方向正确但一方金额写少了

C.借贷记账方向彼此颠倒　　　D.记账方向正确但记错账户

E.账户正确但一方记错了方向

11.总分类账户与明细分类账户平行登记的要点有（　　　）。

A.登记的内容相同　　　　　　B.登记的时间相同

C.登记的方向相同　　　　　　D.登记的金额相同

E.登记的依据相同

12.企业用银行存款偿还应付账款，引起会计要素变化的有（　　　）。

A.资产增加　　　　　　　　　B.资产减少

C.负债增加　　　　　　　　　D.负债减少

E.收入减少

（三）判断题

1.会计科目是对会计要素分类所形成的项目。　　　　　　（　　）

2.设置会计科目应遵循统一性和灵活性相结合的原则。　　（　　）

3.会计科目只有总分类科目一个级次。　　　　　　　　　（　　）

4.会计科目是会计账户设置的依据。　　　　　　　　　　（　　）

5.账户上期期末的余额转入本期即为本期的期初余额。　　（　　）

6.定期汇总的全部账户发生额的借贷方合计数平衡说明账户记录完全正确。　　　　　　　　　　　　　　　　　　　　　　　（　　）

7.借贷记账法的记账符号表示经济业务的增减变动，也表示记账方向。　　　　　　　　　　　　　　　　　　　　　　　　　（　　）

8.收入类账户与费用类账户一般没有期末余额，但有期初余额。

（　　）

9.双重性质账户一般是指既能反映资产又能反映负债的账户。

（　　）

10.企业购入材料而货款未付，其资产与负债会同时减少。（　　）

11.会计分录包括业务涉及的账户名称、记账方向和金额三方面内容。

（　　）

12.会计分录中的账户之间的相互依存关系称为账户的对应关系。

（　　）

13.账户按提供资料的详细程度可分为总账账户和明细账户两种。

（　　）

14."有借必有贷，借贷必相等"是借贷记账法的记账规则。

（　　）

15.平行登记要点中的"同内容"指的是相同的经济业务内容。

（　　）

（四）计算题

1.某企业2×24年3月1日有关资金内容及金额如下：

（1）存放在企业的现款1 000元。

（2）存放在银行的款项300 000元。

（3）库存的各种材料19 000元。

（4）房屋900 000元。

（5）机器设备800 000元。

（6）投资者投入资本1 755 000元。

（7）购货方拖欠货款80 000元。

（8）从银行借入的半年期借款120 000元。

（9）库存的完工产品成本50 000元。

（10）拖欠供货方货款350 000元。

（11）企业留存的盈余公积75 000元。

（12）尚未完工的产品成本150 000元。

要求：根据所给资料，利用表4-1说明每一项资金内容应属于资产、负债和所有者权益中的哪一类，具体应归属于哪一个会计科目，填入各会计要素内容的相应栏次，并计算表中的合计数。

表4-1 **某企业资产、负债和所有者权益分析计算表** 单位：元

资料序号	属于会计要素类别及金额			应归属会计科目
	资　产	负　债	所有者权益	
合　计				—
				—

2. 某企业3月31日有关账户的期初余额和本期发生额情况见表4-2。

表4-2　　　　　**某企业账户的期初余额和本期发生额情况表**　　　　单位：元

账户名称	期初余额	本期增加发生额	本期减少发生额	期末余额
银行存款	200 000	②30 000	①10 000　　③1 000 ⑤20 000　　⑥80 000	（　　）
应付账款	40 000	④50 000　⑧60 000	⑥80 000	（　　）
原材料	25 000	①10 000　④50 000		（　　）
短期借款	10 000	②30 000	⑤20 000	（　　）
销售费用	0	③1 000	⑦1 000	（　　）
本年利润	50 000		⑦1 000	（　　）
固定资产	300 000	⑧60 000		（　　）

要求：根据账户期初余额、本期发生额和期末余额的计算方法，计算并填列表中4-2括号内的数字。

3.风发公司12月31日有关账户的部分资料见表4-3。

表4-3 　　　　　风发公司12月31日有关账户的部分资料表　　　　　单位：元

账户名称	期初余额		本期发生额		期末余额	
	借 方	贷 方	借 方	贷 方	借 方	贷 方
固定资产	800 000		440 000	20 000	（　　）	
银行存款	120 000		（　　）	160 000	180 000	
应付账款		160 000	140 000	120 000		（　　）
短期借款		90 000	（　　）	20 000		60 000
应收账款	（　　）		60 000	100 000	40 000	
实收资本		700 000	0	（　　）		1 240 000
其他应付款		50 000	50 000	0		（　　）

要求：根据账户期初余额、本期发生额和期末余额的计算方法，计算并填列表4-3中括号内的数字。

（五）业务处理题

1.某企业本月月初有关总分类账户的余额如下：

（1）库存现金	300元	（2）银行存款	200 000元
（3）原材料	4 700元	（4）固定资产	160 000元
（5）生产成本	15 000元	（6）短期借款	10 000元
（7）应付账款	50 000元	（8）实收资本	320 000元

该企业本月发生如下经济业务（假设不考虑增值税）：

（1）收到投资者投入的货币资金投资200 000元，已存入银行。

（2）用银行存款40 000元购入不需要安装的设备1台。

（3）购入材料一批，买价和运费计15 000元。货款尚未支付。

（4）从银行提取现金2 000元。

（5）借入短期借款20 000元，已存入银行。

（6）用银行存款35 000元偿还应付账款。

（7）生产产品领用材料一批，价值12 000元。

（8）用银行存款30 000元偿还短期借款。

要求：

（1）根据所给经济业务编制会计分录。

（2）根据有余额资料的账户开设并登记有关总分类账户（开设"T"形账户即可）。

（3）根据账户的登记结果编制"总分类账户发生额及余额试算平衡表"。

2.某企业本月月初有关账户的余额如下：

原材料：8 000元

其中：原材料——H材料　　　　　　　　6 000元

　　　　　　——Y材料　　　　　　　　2 000元

　　　应付账款：　　　　　　　　　　50 000元

其中：应付账款——东华机械厂　　　　30 000元

　　　　　　——贸发材料公司　　　　20 000元

该企业本月发生如下经济业务（假设不考虑增值税）：

（1）从东华机械厂购入设备两台，价值50 000元，货款尚未支付。

（2）从贸发材料公司购入材料一批，计18 000元，其中，H材料10 000元，Y材料8 000元。H材料货款已用银行存款支付。Y材料货款尚未支付。

（3）用银行存款偿还东华机械厂设备款60 000元。

（4）用银行存款偿还贸发材料公司材料款28 000元。

（5）发出H材料8 000元、Y材料6 000元用于A产品生产。

要求：

（1）根据所给经济业务编制会计分录。

（2）开设并登记"原材料""应付账款""生产成本"总分类账户和明细分类账户（开设"T"形账户即可）。

（3）编制"总分类账户与明细分类账户发生额及余额试算平衡表"。

五、案例分析题

小魏从某财经大学会计系毕业刚刚被聘任为广发公司的会计员。今天是他来公司上班的第一天。会计科里的那些同事们忙得不可开交，一问才知道，大家正在忙于月末结账。"我能做些什么？"会计科长看他那急于投入工作的表情，也想检验一下他的工作能力，就问："试算平衡表的编制方法在学校学过了吧？""学过。"小魏很自然地回答。

"那好吧，趁大家忙别的事情的时候，你先编一下咱们公司这个月的试算平衡表！"科长帮他找到了本公司的总账账簿，让他在早已为他准备好的办公桌前开始了工作。

不到一个小时，一张"总分类账户发生额及余额试算平衡表"就完整地编制出来了。看到表格上那三组相互平衡的数字，小魏激动的心情难以言表，于是兴冲冲地向科长交了差。

"呀，昨天销售的那批产品的单据还没记到账上去呢，这也是这个月的业务啊！"会计员李丽说道。

还没等小魏缓过神来，会计员小王手里又拿着一些会计凭证凑了过来，对科长说，"这笔账我核对过了，应当记入'应交税费'和'银行存款'账户的金额是 10 000 元，而不是 9 000 元。已经入账的那部分数字还得更改一下。"

"试算平衡表不是已经平衡了吗？怎么还有错账呢？"小魏不解地问。

科长看他满脸疑惑的神情，就耐心地开导说："试算平衡表也不是万能的，像在账户中把有些业务漏记或重记了，借贷金额记账方向彼此颠倒了，还有记账方向正确但记错了账户，这些都不会影响试算表的平衡。小李发现的漏记了经济业务、小王发现的把两个账户的金额同时记少了，也不会影响试算表的平衡。"

小魏边听边点头，心里想："这些内容好像老师在上'基础会计'课的时候也讲过。以后在实践中还得好好琢磨呀。"

经过调整，一张真实反映公司本月全部经济业务的试算平衡表又在小魏的手里完成了。

案例要求:

结合以上案例,运用学习过的试算平衡表的有关知识谈谈你的感受。

案例提示

本案例中的事例表明:"总分类账户发生额及余额试算平衡表"只是用来检查一定会计期间全部账户的登记是否正确的一种基本方法,只有在试算期间的经济业务全部登记入账的基础上才能利用该表进行试算平衡。但试算平衡表并不是万能的,试算平衡表编制完毕,如果期初余额、本期发生额和期末余额三组数字是相互平衡的,只能说明账务处理过程基本正确,而不能保证账务处理过程万无一失。这是由于通过编制"总分类账户发生额及余额试算平衡表"可能会发现账务处理过程中的某些问题,如在登记账户过程中,漏记了一笔经济业务的借方或贷方某一方的发生额,将借方或贷方某一方的发生额写多或写少,以及在记账或从账户向试算平衡表抄列金额的过程中将数字的位次搞颠倒等。但有些在账务处理过程发生的错账,如把整笔经济业务漏记或重记了,在登记账户过程中将借方、贷方金额的记账方向彼此颠倒了,或者记账方向正确但记错了账户等情况,并不会影响试算表的平衡关系。因而,一定要细心地处理好每一笔经济业务,只有保证每一笔经济业务处理的准确性,才有可能保证 "总分类账户发生额及余额试算平衡表"的正确性。

六、练习题参考答案

(一)单项选择题

1.D 2.B 3.C 4.A 5.B 6.D 7.B 8.A 9.B 10.C

(二)多项选择题

1.AD 2.ABDE 3.ABCDE 4.BDE 5.BCDE 6.ABCDE 7.ABCE 8.DE 9.BCD 10.ACD 11.ACD 12.BD

(三)判断题

1.√ 2.√ 3.× 4.√ 5.√ 6.× 7.√ 8.× 9.√ 10.× 11.√ 12.√ 13.√ 14.√ 15.√

(四)计算题

1.相关结果见表4-4。

表4-4　　　　　　**某企业资产、负债及所有者权益分析计算表**　　　　　单位：元

资料序号	属于会计要素类别及金额			应归属会计科目
	资　产	负　债	所有者权益	
（1）	1 000			库存现金
（2）	300 000			银行存款
（3）	19 000			原材料
（4）	900 000			固定资产
（5）	800 000			固定资产
（6）			1 755 000	实收资本
（7）	80 000			应收账款
（8）		120 000		短期借款
（9）	50 000			库存商品
（10）		350 000		应付账款
（11）			75 000	盈余公积
（12）	150 000			生产成本
合　计	2 300 000	470 000	1 830 000	—
		2 300 000		—

2.相关结果见表4-5。

表4-5　　　　　**某企业账户的期初余额和本期发生额情况**　　　　　单位：元

账户名称	期初余额	本期增加发生额	本期减少发生额	期末余额
银行存款	200 000	②30 000	①10 000　③1 000 ⑤20 000　⑥80 000	（119 000）
应付账款	40 000	④50 000　⑧60 000	⑥80 000	（70 000）
原材料	25 000	①10 000　④50 000		（85 000）
短期借款	10 000	②30 000	⑤20 000	（20 000）
销售费用	0	③1 000	⑦1 000	（0）
本年利润	50 000		⑦1 000	（49 000）
固定资产	300 000	⑧60 000		（360 000）

3.相关结果见表4-6。

表4-6　　　　　风发公司12月31日有关账户的部分资料表　　　　　单位：元

账户名称	期初余额		本期发生额		期末余额	
	借　方	贷　方	借　方	贷　方	借　方	贷　方
固定资产	800 000		440 000	20 000	（1 220 000）	
银行存款	120 000		（220 000）	160 000	180 000	
应付账款		160 000	140 000	120 000		（140 000）
短期借款		90 000	（50 000）	20 000		60 000
应收账款	（80 000）		60 000	100 000	40 000	
实收资本		700 000	0	（540 000）		1 240 000
其他应付款	50 000		50 000	0		（0）

（五）业务处理题

1.根据所给经济业务编制会计分录：

（1）借：银行存款　　　　　　　　　　　　　200 000

　　　　贷：实收资本　　　　　　　　　　　　　　　　200 000

（2）借：固定资产　　　　　　　　　　　　　　40 000

　　　　贷：银行存款　　　　　　　　　　　　　　　　　40 000

（3）借：原材料　　　　　　　　　　　　　　　15 000

　　　　贷：应付账款　　　　　　　　　　　　　　　　　15 000

（4）借：库存现金　　　　　　　　　　　　　　　2 000

　　　　贷：银行存款　　　　　　　　　　　　　　　　　　2 000

（5）借：银行存款　　　　　　　　　　　　　　20 000

　　　　贷：短期借款　　　　　　　　　　　　　　　　　20 000

（6）借：应付账款　　　　　　　　　　　　　　35 000

　　　　贷：银行存款　　　　　　　　　　　　　　　　　35 000

（7）借：生产成本　　　　　　　　　　　　　　12 000

　　　　贷：原材料　　　　　　　　　　　　　　　　　　12 000

（8）借：短期借款　　　　　　　　　　　　　　30 000

　　　　贷：银行存款　　　　　　　　　　　　　　　　　30 000

根据给出余额资料的账户开设并登记有关总分类账户：

库存现金

月初余额	300		
（4）	2 000		
本月合计	2 000		
月末余额	2 300		

银行存款

月初余额	200 000	（2）	40 000
（1）	200 000	（4）	2 000
（5）	20 000	（6）	35 000
		（8）	30 000
本月合计	220 000	本月合计	107 000
月末余额	313 000		

原材料

月初余额	4 700	（7）	12 000
（3）	15 000		
本月合计	15 000	本月合计	12 000
月末余额	7 700		

固定资产

月初余额	160 000		
（2）	40 000		
本月合计	40 000		
月末余额	200 000		

生产成本

月初余额	15 000		
（7）	12 000		
本月合计	12 000		
月末余额	27 000		

短期借款

（8）	30 000	月初余额	10 000
		（5）	20 000
本月合计	30 000	本月合计	20 000
		月末余额	0

应付账款

（6）	35 000	月初余额	50 000
		（3）	15 000
本月合计	35 000	本月合计	15 000
		月末余额	30 000

实收资本

		月初余额	320 000
		（1）	200 000
		本月合计	200 000
		月末余额	520 000

根据账户的登记结果编制的"总分类账户发生额及余额试算平衡表"见表4-7。

表4-7　　　　　　**总分类账户发生额及余额试算平衡表**　　　　　单位：元

账户名称	期初余额		本期发生额		期末余额	
	借　方	贷　方	借　方	贷　方	借　方	贷　方
库存现金	300		2 000		2 300	
银行存款	200 000		220 000	107 000	313 000	
原材料	4 700		15 000	12 000	7 700	
固定资产	160 000		40 000		200 000	
生产成本	15 000		12 000		27 000	
短期借款		10 000	30 000	20 000		0
应付账款		50 000	35 000	15 000		30 000
实收资本		320 000		200 000		520 000
合　计	380 000	380 000	354 000	354 000	550 000	550 000

2.根据所给经济业务编制会计分录：

(1)借：固定资产   50 000

      贷：应付账款——东华机械厂   50 000

(2)借：原材料——H材料   10 000

              ——Y材料   8 000

      贷：银行存款   10 000

         应付账款——贸发材料公司   8 000

(3)借：应付账款——东华机械厂   60 000

      贷：银行存款   60 000

(4)借：应付账款——贸发材料公司   28 000

      贷：银行存款   28 000

(5)借：生产成本——A产品   14 000

      贷：原材料——H材料   8 000

              ——Y材料   6 000

开设并登记"原材料""应付账款""生产成本"总分类账户和明细分类账户：

原材料

月初余额	8 000	(5)	14 000
(2)	18 000		
本月合计	18 000	本月合计	14 000
月末余额	12 000		

应付账款

(3)	60 000	月初余额	50 000
(4)	28 000	(1)	50 000
		(2)	8 000
本月合计	88 000	本月合计	58 000
		月末余额	20 000

生产成本

(5)	14 000		
本月合计	14 000		
月末余额	14 000		

原材料——H材料

月初余额	6 000	（5）	8 000
（2）	10 000		
本月合计	10 000	本月合计	8 000
月末余额	8 000		

原材料——Y材料

月初余额	2 000	（5）	6 000
（2）	8 000		
本月合计	8 000	本月合计	6 000
月末余额	4 000		

应付账款——东华机械厂

（3）	60 000	月初余额	30 000
		（1）	50 000
本月合计	60 000	本月合计	50 000
		月末余额	20 000

应付账款——贸发材料公司

（4）	28 000	月初余额	20 000
		（2）	8 000
本月合计	28 000	本月合计	8 000
		月末余额	0

生产成本——A产品

（5）	14 000		
本月合计	14 000		
月末余额	14 000		

编制的"总分类账户与明细分类账户发生额及余额试算平衡表"见表4-8。

表4-8　　　总分类账户与明细分类账户发生额及余额试算平衡表　　　单位：元

账户名称	期初余额		本期发生额		期末余额	
	借　方	贷　方	借　方	贷　方	借　方	贷　方
"原材料"总账	8 000		18 000	14 000	12 000	
"原材料"明细账合计	8 000		18 000	14 000	12 000	

账户名称	期初余额		本期发生额		期末余额	
	借　方	贷　方	借　方	贷　方	借　方	贷　方
H 材料	6 000		10 000	8 000	8 000	
Y 材料	2 000		8 000	6 000	4 000	
"应付账款"总账		50 000	88 000	58 000		20 000
"应付账款"明细账合计		50 000	88 000	58 000		20 000
东华机械厂		30 000	60 000	50 000		20 000
贸发材料公司		20 000	28 000	8 000		0
"生产成本"总账			14 000		14 000	
"生产成本"明细账合计			14 000		14 000	
A 产品			14 000		14 000	

第五章 企业主要经济业务的核算

一、学习目的与要求

本章以企业经济业务核算为例，进一步阐述了设置账户、复式记账方法的实际应用问题，目的是使《基础会计》课程的初学者通过实践提高应用会计核算方法的能力。学习本章，要求理解和掌握制造业企业资金筹集业务、供应过程业务、产品生产过程业务、产品销售过程业务以及财务成果形成与分配业务的具体核算内容，从而提高运用账户和复式记账方法处理企业各种经济业务的熟练程度。

二、预习要览

（一）关键概念

1.期间费用   2.库存商品
3.成本项目   4.折旧
5.销售折让   6.营业外收支
7.财务成果   8.财务费用
9.现金折扣   10.销售折扣
11.销售退回   12.所得税费用
13.未分配利润   14.销售费用
15.职工薪酬   16.短期薪酬

（二）关键问题

1.简要说明企业资金运动的内容以及由此而形成的主要经济业务内容。

2.所有者权益和负债的主要区别是什么？

3.如何对实收资本进行分类？如何确定实收资本的入账价值？

4.说明企业资本公积的主要来源、用途和核算方法。

5.如何确认和计量长、短期借款的利息？长、短期借款的利息在核算上有什么不同？

6.甲公司的财务经理经常将购买固定资产的成本直接借记有关的费用类账户，而乙公司的财务经理经常将固定资产的日常修理费借记固定资产账户，这两位财务经理知道这种行为违背了会计准则的要求，但他们还坚持这样做，为什么？说明其可能的理由。

7.原材料实际采购成本包括哪些内容？材料采购费用如何计入材料的采购成本？

8.入库材料和发出材料成本差异额的结转有什么异同？

9.说明生产费用、生产成本的含义及其相互关系。如何计算确定完工产品生产成本？

10.为什么在会计期末需要对应计未付的费用和应计预付的费用进行账项调整？

11.简述我国职工薪酬准则确定的职工范围。短期薪酬包括哪些内容？

12.怎样理解"累计折旧"账户的用途及结构？

13.收入的确认和计量分为哪五个步骤？

14.反映企业财务成果的指标有哪些？其具体构成如何？

15.借款费用资本化对企业的财务状况和经营成果有什么影响？

16.简述股份制企业利润分配的顺序。

17.公司举债经营和所有者追加投资这两种筹资方式各有什么优缺点？如何作出适当的选择？

18.结合"划分收益性支出与资本性支出"原则的内容说明借款费用资本化对企业财务状况和经营成果的影响。

19.对于利润分配的内容为何不在"本年利润"账户核算而是专设"利润分配"账户进行核算？

20.结合生产过程和销售过程核算内容说明每一种调整分录都对确定净利润有影响吗？

21.简述净利润核算的"账结法"和"表结法"。

三、本章重点与难点

本章主要是运用我们已经学习并掌握的账户和借贷记账法的知识对制造业企业发生的主要经济业务进行核算，这也是本章学习的重点，其难点是有关账户的内容及其具体应用。

制造业企业的经济业务主要有：资金筹集业务、供应过程业务、产品生产过程业务、产品销售过程业务、财务成果形成与分配业务等。

企业的资金筹集业务主要有接受投资人投入资本业务和向债权人借入资金业务，这里我们以投入资本和长、短期借款为例，说明资金筹集业务的核算。

投入资本又包括实收资本和资本公积两部分。实收资本是企业投资者按照章程或合同、协议的约定，实际投入企业的资本金。为了核算实收资本的形成及其变化情况，需要设置"实收资本"账户。其一般的会计分录为：

借：银行存款等相关资产类账户

贷：实收资本

资本公积是投资者或他人投入到企业、所有权归属投资者并且金额上超过其在注册资本或股本中所占份额的部分。为了核算资本公积的形成及其使用情况，需要设置"资本公积"账户。其一般的会计分录为：

借：固定资产等相关账户

贷：实收资本（或股本）

资本公积（资本溢价或股本溢价）

短期借款是指企业为了满足其生产经营对资金的临时需要而向银行或其他金融机构借入的偿还期限在 1 年以下（含 1 年）的各种借款。为了核算短期借款的本金和利息，需要设置"短期借款""财务费用""应付利息"等账户。其一般的会计分录为：

借：银行存款

贷：短期借款

借：财务费用

贷：银行存款或应付利息

长期借款是企业向银行及其他金融机构借入的偿还期限在1年以上或超过1年的一个营业周期的各种借款。对于按规定的利率和使用期限计算的利息[①]，一方面应作为"长期借款——利息调整"入账（注意此处与短期借款的区别），另一方面要注意利息资本化和费用化的不同。其一般的会计分录为：

借：银行存款等

　　贷：长期借款（本金）

借：在建工程（资本化的利息）

　　财务费用（费用化的利息）

　　贷：长期借款（到期付息）

　　应付利息（分期付息）

对于固定资产购入业务，要注意两点：一是固定资产原始价值的具体构成包括买价、税金、包装费、运杂费和安装费等，注意购买机器设备等固定资产涉及的增值税是可以作为进项税额予以抵扣的。二是购入的固定资产在核算时一定要区分不需要安装和需要安装两种情况。对于不需要安装的固定资产，其一般的会计分录为：

借：固定资产（机器设备）

　　应交税费——应交增值税（进项税额）

　　贷：银行存款等相关账户

对于需要安装的固定资产，其一般的会计分录为：

借：在建工程

　　应交税费——应交增值税（进项税额）

　　贷：银行存款

　　　　原材料

应付职工薪酬等账户

借：固定资产

　　贷：在建工程

对于材料采购业务，按照企业会计准则的规定，企业的材料可以按

---

① 对长期借款的利息需要区分分期付息和到期一次付息两种情况。对分期付息的长期借款利息，在没有支付时，需要通过"应付利息"账户进行核算。

实际成本计价核算，也可以按计划成本计价核算。材料按实际成本核算的，首先要注意实际成本包括的具体内容，即实际采购成本=实际买价+实际采购费用，其次要注意核算时涉及的账户及账务处理。在材料按照实际成本核算时，对于账户，其难点是对"在途物资"账户、"应交税费"账户的理解和掌握；在材料按照计划成本核算时，对于账户，其难点是"材料采购"账户。"材料采购"账户的用途：一是反映材料采购资金的支出情况；二是计算材料的采购成本。

材料按实际成本核算时，其一般的会计分录为：

借：原材料

　　应交税费——应交增值税（进项税额）

　　贷：银行存款（付款）

　　　　应付账款（未付款）等账户

如果购入的材料尚未到达企业，则编制如下会计分录：

借：在途物资

　　应交税费——应交增值税（进项税额）

　　贷：银行存款等

待材料到达企业并验收入库时，编制如下会计分录：

借：原材料

　　贷：在途物资

材料按计划成本组织收发核算时，首先，企业应结合各种原材料的特点、实际采购成本等资料确定原材料的计划单位成本；其次，平时购入或以其他方式取得的原材料，按其计划成本和计划成本与实际成本之间的差异额分别在有关账户中进行分类登记；最后，平时发出的材料按计划成本核算，月末再将本月发出材料应负担的差异额进行分摊，随同本月发出材料的计划成本记入有关账户，发出材料应负担的差异额必须按月分摊，不得在季末或年末一次分摊。原材料按计划成本组织收、发核算时，应设置"原材料"账户，原材料按计划成本核算设置的"原材料"账户与按实际成本核算设置的"原材料"账户基本相同，只是将其实际成本改为计划成本，即"原材料"账户的借方、贷方和期末余额均表示材料的计划成本；"材料采购"账户用来核算企业购入材料的实际成本和结转入库材料的计划成本，并据以计算确定购入材料成本差异额；"材料成本差异"账户的性质是资产类账户（比较特殊，注意理解！），是用来核算企业库存材料实际成本与计划成本之间的超支或节约差异额的增减变动及结余情况的账户。材料按计划成本计价核算，除上述三个账户外，其他的账户与材料按实际成本计价核算所涉及的相关账户相同。为了计算产品的实际生产成本，在会计期末，就需要将计划成本调整为实际成本。其方法是运用差异率对计划成本进行调整，以求得实际成本。材料成本差异率的计算方法有两种，即：

$$月初材料成本差异率 = \frac{月初库存材料成本差异额}{月初库存材料计划成本} \times 100\%$$

$$本月材料成本差异率 = \frac{月初库存材料成本差异额 + 本月购入材料成本差异额}{月初库存材料计划成本 + 本月入库材料计划成本} \times 100\%$$

发出材料应负担的差异额=本月材料成本差异率×发出材料的计划成本

材料按计划成本核算涉及的常见会计分录分别为：

购入材料时：

借：材料采购

　　应交税费——应交增值税（进项税额）

　　贷：银行存款等账户

材料入库结转成本及差异：

借：原材料

　　贷：材料采购

借：材料采购

　　贷：材料成本差异（实际成本小于计划成本的节约差异）

借：材料成本差异（实际成本大于计划成本的超支差异）

　　贷：材料采购

对于发出材料应负担的超支差异：

借：生产成本

　　制造费用

　　管理费用

　　贷：材料成本差异

对于发出材料应负担的节约差异，编制红字分录：

借：生产成本

　　制造费用

　　管理费用

　贷：材料成本差异

产品生产过程业务核算的核心内容是通过"生产成本"账户和"制造费用"账户归集生产费用，计算产品的生产成本。根据"生产成本"账户所核算的各项直接或间接费用，采用一定的方法即可计算出完工产品的生产成本，并随着完工产品的验收入库，其生产成本也随之转入"库存商品"账户。在生产过程的核算中，还要注意以下两点：第一，"累计折旧"账户的应用。由于固定资产在使用过程中，其价值是逐渐转移的，这种转移又不能减少固定资产的原始价值，因而对于提取的固定资产折旧，一方面将其作为一种费用记入"制造费用"等有关账户，表示折旧费用的增加；另一方面记入"累计折旧"账户，以便抵减"固定资产"账户的借方余额，求得现有固定资产的净值。第二，职工薪酬的核算。职工薪酬作为一种活劳动的耗费，要注意：第一，按照《企业会计准则第9号——职工薪酬》的要求掌握职工的范围、薪酬包括的内容，特别是短期薪酬的内容；第二，把握其核算的程序，即发放工资、月末分配薪酬费用等。当职工薪酬不能直接记入有关账户时，也可以比照制造费用的方法按照一定的标准分配计入产品成本。在将制造费用分配由各种产品成本负担之后，"生产成本"账户的借方归集了各种产品所发生的直接材料、直接人工和制造费用的全部内容。在此基础上就可以进行产品成本的计算了。完工产品成本的简单计算公式为：

完工产品生产成本=期初在产品成本+本期发生的生产费用−期末在产品成本

销售过程业务的核算内容包括主营业务和其他业务两部分。主营业务核算的主要内容就是主营业务收入的确认与计量、主营业务成本的计算与结转、销售费用的发生与归集、税金及附加的计算与缴纳，以及货款的收回等。销售过程的核算首先需要解决的就是销售收入的确认与计量问题。在计量销售商品收入的金额时，应将销售退回、销售折让、销售折扣等作为销售收入的抵减项目记账，即"销售净收入=不含税单价×销售数量−销售退回−销售折让−销售折扣"。企业在销售过程中通过销售商品等，一方面减少了库存，另一方面作为取得主营业务收入而垫支的资金，表明企业发生了费用，我们把这项费用称为主营业务成本。将销售发出的产品成本转为主营业务成本，应遵循配比原则的要求，也就是说，主营业务成本的结转不仅应与主营业务收入在同一会计期间加以确认，而且应与主营业务收入在数量上保持一致。主营业务成本的计算公式如下：

本期应结转的主营业务成本＝本期销售商品的数量×单位商品的生产成本

财务成果是企业各项收入与各项支出相互配比的结果。为了观察企业各项收支对利润或亏损的影响程度，便于分析利润构成因素的增减变动情况，企业利润指标是分层次计算确定的，因而必须牢牢记住各项利润指标的计算公式。由于构成企业利润的各项收支业务平时分散在有关损益账户中，期末计算利润时应将各损益账户"余额"转入"本年利润"账户，这里又包括"账结法"和"表结法"两种。"本年利润"账户借、贷方金额相抵后，如为贷方余额即为本期实现的净利润，否则即为亏损。这里应注意：在年度中间，"本年利润"账户的余额保留在该账户，表示截至本期，本年度累计实现的净利润或发生的亏损，年末应将该账户余额转入"利润分配"账户。对于净利润要进行合理的分配，即提取盈余公积和向投资人分配利润等，这些业务本应直接记入"本年利润"账户，直接冲减利润，如此"本年利润"账户的贷方余额只能是未分配利润，而不能提供本年累计实现的利润额，为了使"本年利润"账户既能反映利润形成的原始数据，又能借此计算企业的未分配利润余额，就需要专门设置"利润分配"账户，用以反映利润的分配（或亏损的弥补）以及历年结存的未分配利润。"利润分配"账户一般需要下设"盈余公积补亏""提取法定盈余公积""提取任意盈余公积""应付现金股利""转作资本的股利""未分配利润"等明细账户进行明细核算。年末，应将"利润分配"账户下的其他明细账户的余额转入"未分配利润"明细账户，经过结转后，除"未分配利润"明细账户有余额外，其他各明细账户均无余额。对于财务成果业务的核算，必须重点把握"本年利润"和"利润分配"两个账户的全部核算内容，特别是这两个账户的具体运用。

四、练习题

(一)单项选择题

1.我们一般将企业所有者权益中的盈余公积和未分配利润合称为（　　）。

　　A.实收资本　　　　　　　　B.资本公积

　　C.留存收益　　　　　　　　D.所有者权益

2.企业从税后利润中提取法定盈余公积时，应贷记（　　）。

　　A."营业外收入"账户　　　　B."实收资本"账户

　　C."资本公积"账户　　　　　D."盈余公积"账户

3.下列交易、事项中，能引起"资本公积"账户借方发生变动的是（　　）。

　　A.向某灾区捐赠　　　　　　B.资本公积转增资本

　　C.向投资人分派股利　　　　D.溢价发行股票

4.有限责任公司增资扩股时，如果有新的投资者加入，则新加入的投资者缴纳的出资额大于按约定比例计算的其在注册资本中所占份额部分，应记入的贷方账户是（　　）。

　　A."实收资本"账户　　　　　B."股本"账户

　　C."资本公积"账户　　　　　D."盈余公积"账户

5.企业为维持正常的生产经营所需资金而向银行等金融机构临时借入的款项称为（　　）。

　　A.长期借款　　　　　　　　B.短期借款

　　C.长期负债　　　　　　　　D.流动负债

6.企业计提短期借款的利息支出时应借记的账户是（　　）。

　　A."财务费用"账户　　　　　B."短期借款"账户

　　C."应付利息"账户　　　　　D."在建工程"账户

7.企业设置"固定资产"账户是用来反映固定资产的（　　）。

　　A.磨损价值　　　　　　　　B.累计折旧

　　C.原始价值　　　　　　　　D.净值

8.企业的盈余公积按规定应从企业的（　　）。

　　A.营业利润中提取　　　　　B.税后利润中提取

C.利润总额中提取　　　　　　　　D.税前利润中提取

9.仓库发出材料用于车间一般性消耗，应贷记（　　　）。

A.“生产成本”账户　　　　　　　B.“原材料”账户

C.“管理费用”账户　　　　　　　D.“制造费用”账户

10.某企业 2×24 年 5 月 1 日"材料成本差异"账户的贷方余额为 17 000 元，"原材料"账户的余额为 1 000 000 元，本月购入材料的实际成本为 1 690 000 元，计划成本为 1 700 000 元，本月发出材料计划成本为 1 200 000 元，则企业 5 月 31 日结存原材料的实际成本为（　　　）。

A.1 500 000 元　　　　　　　　B.1 485 000 元

C.1 566 012 元　　　　　　　　D.1 511 100 元

11.某制造业企业为增值税一般纳税人。本期外购原材料一批，发票注明买价 20 000 元，增值税税额为 2 600 元，入库前发生的挑选整理费用为 1 000 元，则该批原材料的入账价值为（　　　）。

A.20 000 元　　　　　　　　　B.22 600 元

C.21 000 元　　　　　　　　　D.23 600 元

12.某企业为增值税一般纳税人，材料按计划成本核算，甲材料计划单位成本为 35 元/千克，企业购入甲材料 500 千克，增值税专用发票注明的材料价款为 17 600 元，增值税税额为 2 288 元，企业在材料验收入库时实收 490 千克，短缺的 10 千克为运输途中的合理损耗，则该批入库材料的成本差异额为（　　　）。

A.450 元　　　　　　　　　　B.100 元

C.2 738 元　　　　　　　　　D.2 388 元

13.某有限责任公司由 A、B 两个股东各出资 50 万元设立，设立时实收资本为 100 万元，经过 3 年运营，该公司盈余公积和未分配利润合计为 50 万元，这时 C 投资者有意加盟本公司，经各方协商确定 C 投资者以 80 万元现金出资，占该公司 C 投资后的有表决权资本的 1/3，该公司在接受 C 投资者投资时，应借记"银行存款"账户 80 万元，贷记（　　　）。

A.“实收资本”账户 80 万元

B.“实收资本”账户 75 万元，“资本公积”账户 5 万元

C.“实收资本”账户 50 万元，“资本公积”账户 30 万元

D.“实收资本”账户 55 万元，“资本公积”账户 25 万元

14.下列账户中与“制造费用”账户不可能发生对应关系的是（ ）。

A.“库存现金”账户 B.“银行存款”账户

C.“应付职工薪酬”账户 D.“库存商品”账户

15.某企业 8 月末负债总额为 1 200 万元，9 月份收回欠款 150 万元，用银行存款归还借款 100 万元，用银行存款预付购货款 125 万元，则 9 月末的负债总额为（ ）。

A.1 100 万元 B.1 050 万元

C.1 125 万元 D.1 350 万元

16.企业签发并承兑的商业承兑汇票如果不能如期支付，应在票据到期并未签发新的票据时，将应付票据账面余额（ ）。

A.转入“应收账款”账户

B.转入“应付账款”账户

C.转入“坏账准备”账户

D.继续保留在“应付票据”账户中

17.下列费用中，不构成产品成本，而应直接计入当期损益的是（ ）。

A.直接材料费 B.直接人工费

C.期间费用 D.制造费用

18.企业“应付账款”账户的借方余额反映的是（ ）。

A.应付给供货单位的款项 B.预收购货单位的款项

C.预付给供货单位的款项 D.应收购货单位的款项

19.制造业企业出租固定资产取得的租金收入属于（ ）。

A.主营业务收入 B.其他业务收入

C.投资收益 D.营业外收入

20.某企业预收出租包装物租金账户 12 月 31 日的余额为 200 000 元，如果企业在 12 月末没有对本月已赚取的租金 100 000 元的收入进行调整，则对本期有关项目的影响是（ ）。

A.资产低估 100 000 元，净利润高估 100 000 元

B.负债低估 100 000 元，净利润低估 100 000 元

C.负债高估 100 000 元，净利润低估 100 000 元

D.负债高估 100 000 元,净利润高估 100 000 元

21.制造业企业发生的下列收入中属于其他业务收入的是(　　)。

A.销售商品收入　　　　　　　B.出售材料收入

C.委托代销商品收入　　　　　D.清理固定资产净收益

22.在原材料按计划成本核算时,既核算材料的计划成本,又核算材料的实际成本的明细账是(　　)。

A.“原材料”明细账　　　　　　B.“材料采购”明细账

C.“材料成本差异”明细账　　　D.“在途物资”明细账

23.年末结账后,“利润分配”账户的贷方余额表示(　　)。

A.本年实现的利润总额　　　　B.本年实现的净利润额

C.本年利润分配总额　　　　　D.年末未分配利润额

24.企业发生的下列经济业务中,能引起资产和负债同时增加的业务是(　　)。

A.用银行存款购买原材料　　　B.预收销货款存入银行

C.提取盈余公积　　　　　　　D.年终结转净利润

25.企业年初所有者权益总额为 2 000 万元,年内接受投资 160 万元,本年实现利润总额 500 万元(假设没有纳税调整项目),所得税税率为 25%,按 10% 提取盈余公积,决定向投资人分配利润 100 万元。则企业年末的所有者权益总额为(　　)。

A.2 460 万元　　　　　　　　B.2 435 万元

C.2 660 万元　　　　　　　　D.2 565 万元

26.对于采用账结法计算利润的企业,“本年利润”账户年内贷方余额表示(　　)。

A.利润总额　　　　　　　　　B.亏损总额

C.未分配利润额　　　　　　　D.累计净利润额

27.按权责发生制会计处理基础的要求,下列货款应确认为本月基本业务收入的是(　　)。

A.本月销售产品款项未收到　　B.上月销货款本月收存银行

C.本月预收下月货款存入银行　D.收到本月仓库租金存入银行

28.企业所拥有的资产,总有其提供者,即来源渠道,资产的提供者对企业资产所享有的要求权,会计上称之为(　　)。

A.投资人权益   B.债权人权益

C.所有者权益   D.权益

29.下列内容不属于企业营业外支出的是（   ）。

A.非常损失   B.坏账损失

C.公益性捐赠支出   D.固定资产盘亏损失

30.B公司为有限责任公司，于3年前成立，公司成立时注册资本为1 000万元，M公司现在欲向B公司投入资本800万元，占B公司接受投资后全部有表决权资本的1/3，则B公司接受M公司投资时的资本溢价为（   ）。

A.400万元   B.300万元

C.500万元   D.200万元

31.某企业年初未分配利润为200万元，本年实现的净利润为2 000万元，按10%计提法定盈余公积，按5%计提任意盈余公积，宣告发放现金股利160万元，则企业本年末的未分配利润为（   ）。

A.1 710万元   B.1 734万元

C.1 740万元   D.1 748万元

32.某企业为增值税一般纳税人，2×24年应交的各种税费分别为：增值税700万元，消费税300万元，城市维护建设税70万元，房产税20万元，车船税10万元，所得税500万元，上述各种税金应记入"税金及附加"账户的金额为（   ）。

A.1 070万元   B.400万元

C.1 100万元   D.370万元

33.某企业2×24年8月实现的主营业务收入为500万元，投资收益为50万元，营业外收入为40万元；发生的主营业务成本为400万元，管理费用为25万元，资产减值损失为10万元，假定不考虑其他因素，该企业8月份的营业利润为（   ）。

A.65万元   B.75万元

C.90万元   D.115万元

34.企业对于已经发出但不符合收入确认条件的商品，其成本应借记的账户是（   ）。

A."在途物资"   B."发出商品"

C.“库存商品” D.“主营业务成本”

35.某一般纳税人企业销售一批商品，增值税专用发票上标明的价款为300万元，适用的增值税税率为13%，为购买方代垫运杂费10万元，款项尚未收回，该企业确认的应收账款入账金额为（ ）。

A.300万元 B.310万元

C.339万元 D.349万元

36.企业发生的下列交易或事项，不应确认为营业外支出的是（ ）。

A.公益性捐赠支出 B.非流动资产报废损失

C.固定资产盘亏损失 D.固定资产减值损失

37.某企业年初所有者权益总额为800万元，当年以其中的资本公积转增资本180万元，当年实现净利润1 500万元，提取盈余公积150万元，向投资人分配现金股利400万元，则该企业年末的所有者权益总额为（ ）。

A.1 800万元 B.2 200万元

C.1 900万元 D.2 000万元

38.某企业只生产一种产品，2×24年5月1日期初在产品成本为7万元，5月份发生下列费用：生产产品领用材料12万元，产品生产工人薪酬4万元，制造费用2万元，管理费用3万元，销售该产品的广告费用1.6万元，月末在产品成本6万元。该企业5月份完工产品的生产成本为（ ）。

A.16.6万元 B.18万元

C.19万元 D.23.6万元

39.某企业月初结存甲材料的计划成本为500万元，材料成本差异为超支90万元，当月入库甲材料的计划成本为1 100万元，材料成本差异为节约差异170万元，当月生产车间领用甲材料的计划成本为1 200万元，则当月生产车间领用甲材料的实际成本为（ ）。

A.1 005万元 B.1 140万元

C.1 260万元 D.1 395万元

40.某企业为增值税一般纳税人，企业本月购进原材料400千克，货款为24 000元，增值税为3 120元，发生的保险费为1 400元，入库前发生的挑选整理费用为520元，验收入库时发现数量短缺10%，经

查属于运输途中的合理损耗，企业确定的该批原材料的实际单位成本
为（　　）。

A.62.80元/千克   B.66元/千克

C.70.56元/千克   D.72元/千克

41.某企业采用计划成本进行原材料的日常核算。2×24年12月初
结存甲材料计划成本为400万元，成本差异额为超支8万元；本月入
库甲材料计划成本为1 600万元，成本差异额为节约24万元；本月发
出甲材料计划成本为1 200万元。假定企业按月末材料成本差异率分
配本月发出材料应负担的材料成本差异，则企业本月结存材料的实际
成本为（　　）。

A.788万元   B.793.6万元

C.798.6万元   D.840万元

42.对于一般纳税人企业，下列各项内容中，符合收入要素确认要
求、应确认为企业其他业务收入的是（　　）。

A.出售材料收入   B.接受捐赠收入

C.出售商品收入   D.向购货方收取的增值税税额

43.企业按月计提生产车间使用的固定资产折旧时，应贷记（　　）。

A."固定资产"账户   B."制造费用"账户

C."累计折旧"账户   D."管理费用"账户

44.某企业为增值税一般纳税人，2×24年实际已缴纳税金情况如
下：增值税420万元，消费税180万元，城市维护建设税50万元，印花
税2万元，企业所得税100万元。上述各项税金在缴纳时应记入"应交
税费"账户借方的金额是（　　）。

A.752万元   B.750万元

C.332万元   D.330万元

45.下列各项内容中，应通过"其他应付款"账户核算的是（　　）。

A.应付现金股利   B.应交教育费附加

C.应付租入包装物租金   D.应付管理人员工资

46.某企业2×24年10月31日所有者权益情况如下：实收资本1 000
万元，资本公积85万元，盈余公积190万元，未分配利润160万元，则
该企业10月31日的留存收益为（　　）。

A.160万元 B.190万元

C.350万元 D.435万元

47.某企业2×24年8月份发生如下的费用：计提车间用固定资产折旧30万元，发生车间管理人员薪酬120万元，支付销售产品广告费90万元，预提短期借款利息60万元，支付管理部门业务招待费30万元，支付公益性捐赠支出20万元，则该企业本期的期间费用总额为（ ）。

A.150万元 B.180万元

C.300万元 D.350万元

48.某企业为增值税一般纳税人，采用计划成本进行原材料的日常核算，甲材料计划单位成本为18元/千克。本期购入甲材料2 000千克，收到的增值税专用发票上注明的价款为32 000元，增值税税额为4 160元，另发生装卸费1 600元，途中保险费400元。该批材料运抵企业后实际入库1 980千克，运输途中合理损耗20千克。企业本期入库甲材料的成本差异额为（ ）。

A.节约1 360元 B.超支360元

C.节约1 640元 D.超支1 450元

49.某企业月初结存甲材料的计划成本为600 000元，材料成本差异额为节约6 000元，本月入库甲材料的计划成本为600 000元，材料成本差异额为超支2 400元。本月生产车间领用甲材料的计划成本为900 000元。假定该企业按月末的材料成本差异率分配和结转材料成本差异额，则本月生产车间领用甲材料应负担的材料成本差异额为（ ）。

A.2 700元 B.-2 700元

C.6 300元 D.-6 300元

50.某企业2×24年主营业务收入为2 000万元，主营业务成本为1 200万元，税金及附加为100万元，其他业务收入为500万元，其他业务成本为300万元，期间费用为150万元，投资收益为250万元，营业外收入为180万元，营业外支出为230万元，所得税费用为300万元。则该企业的营业利润为（ ）。

A.650万元 B.1 200万元

C.1 000万元 D.950万元

51.根据企业会计准则的规定，企业的公益性捐赠应记入（　　）。

A."财务费用"账户　　　　　　B."其他业务成本"账户

C."营业外支出"账户　　　　　D."管理费用"账户

52.某企业"盈余公积"账户的年初余额为400万元，本年提取盈余公积540万元，用盈余公积转增资本320万元，则该企业"盈余公积"账户的年末余额为（　　）。

A.540万元　　　　　　　　　B.620万元

C.1 260万元　　　　　　　　　D.940万元

53.由生产产品、提供劳务负担的职工薪酬，应当计入（　　）。

A.管理费用　　　　　　　　　B.存货成本或劳务成本

C.期间费用　　　　　　　　　D.销售费用

54.某企业"生产成本"账户的期初余额为80万元，本期为生产产品发生直接材料费用640万元，直接人工费用120万元、制造费用160万元、企业行政管理费用80万元，本期结转完工产品成本640万元，假定该企业只生产一种产品。则企业期末"生产成本"账户的余额为（　　）。

A.200万元　　　　　　　　　B.280万元

C.360万元　　　　　　　　　D.440万元

55.企业购买材料时发生的途中合理损耗应（　　）。

A.由供应单位赔偿　　　　　　B.计入材料采购成本

C.由保险公司赔偿　　　　　　D.计入管理费用

56.企业发生的下列各项内容中，应作为管理费用处理的是（　　）。

A.生产车间设备折旧费

B.固定资产盘亏净损失

C.发生的业务招待费

D.专设销售机构固定资产的折旧费

57.某企业本月销售商品发生现金折扣45万元，销售税费75万元，该企业上述业务应冲减当月主营业务收入的金额为（　　）。

A.45万元　　　　　　　　　　B.60万元

C.105万元　　　　　　　　　D.135万元

58.某企业只生产和销售A产品，2×24年8月1日在产品成本为17.5

万元，8月份发生如下费用：产品领用材料30万元，产品生产工人工资10万元，负担的制造费用5万元，行政管理部门物料消耗7.5万元，专设销售机构固定资产折旧费4万元。月末在产品成本15万元。则该企业8月份完工A产品的生产成本为（　　　）。

A.45万元　　　　　　　　　　B.47.5万元

C.41.5万元　　　　　　　　　D.59万元

59.下列各项内容中，应计入其他业务成本的是（　　　）。

A.库存商品盘亏净损失

B.结转已销售的材料成本

C.向灾区捐赠的商品成本

D.火灾导致原材料毁损的净损失

60.某企业本月生产A产品耗用生产工时240小时，生产B产品耗用生产工时360小时。本月发生车间管理人员工资6万元，产品生产人员工资60万元。该企业按生产工时分配制造费用，假设不考虑其他项目，则本月B产品应负担的制造费用为（　　　）。

A.2.4万元　　　　　　　　　B.2.64万元

C.3.6万元　　　　　　　　　D.3.96万元

61.某企业年初所有者权益总额为1 200万元，本年度实现净利润为800万元，提取盈余公积200万元，向投资人分配股票股利100万元，年内用盈余公积转增资本300万元。假设不考虑其他因素，则该企业年末的所有者权益总额为（　　　）。

A.1 800万元　　　　　　　　B.1 900万元

C.2 000万元　　　　　　　　D.2 200万元

62.企业为建造工程所借入的长期借款在工程完工达到可使用状态之前发生的利息支出应计入（　　　）。

A.管理费用　　　　　　　　　B.财务费用

C.固定资产　　　　　　　　　D.在建工程

63.企业按照规定计提住房公积金时应贷记（　　　）。

A."其他应付款"账户　　　　B."管理费用"账户

C."应付职工薪酬"账户　　　D."其他应收款"账户

64.企业发生的下列税金中，与企业损益计算无关的是（　　　）。

A.消费税　　　　　　　　　　B.一般纳税人企业的增值税

C.所得税　　　　　　　　　　D.城市维护建设税

65.某企业为增值税一般纳税人，2×23年12月1日签订合同采用预收款方式销售产品，合同规定产品售价200 000元，本企业于2×23年12月10日收到购货方支付的货款（含税）226 000元，2×24年1月20日本企业按照合同规定向购货方发货并开出增值税专用发票，2×24年2月5日购货方收到货物。则本企业正确的会计处理是（　　　）。

A.2×23年12月1日确认商品销售收入200 000元

B.2×23年12月10日确认商品销售收入200 000元

C.2×24年1月20日确认商品销售收入200 000元

D.2×24年2月5日确认商品销售收入200 000元

66.依据我国企业会计准则的规定，下列有关收入和利得的表述中，正确的是（　　　）。

A.收入源于日常活动，利得也可能源于日常活动

B.收入会影响利润，利得也一定会影响利润

C.收入源于日常活动，利得源于非日常活动

D.收入会导致所有者权益增加，利得不影响所有者权益

67.一般纳税人企业本月销售一批产品，开出增值税专用发票注明的含税价款为2 779 800元，增值税税率为13%，本企业代顾客垫付运杂费5 000元，则企业应确认的主营业务收入金额为（　　　）。

A.2 779 800元　　　　　　　　B.2 465 000元

C.2 460 000元　　　　　　　　D.2 784 800元

68.下列内容中，能同时引起资产项目和负债项目发生变化的是（　　　）。

A.赊购材料　　　　　　　　　B.收回欠款

C.接受投资者投入的设备　　　D.分派股票股利

69.下列经济业务中，能引起公司股东权益总额发生变化的是（　　　）。

A.用资本公积转增资本　　　　B.向投资人分配股票股利

C.接受投资人的投资　　　　　D.用盈余公积弥补亏损

70.下列项目中，应通过"应付股利"账户核算的是（　　　）。

A.董事会宣告分派的股票股利

B.董事会宣告分派的现金股利

C.股东大会宣告分派的股票股利

D.股东大会宣告分派的现金股利

71.某公司2×24年1月1日所有者权益构成如下：实收资本600万元，资本公积54万元，盈余公积114万元，未分配利润96万元。则该公司2×24年1月1日的留存收益为（　　）。

A.96万元 　　　　　　　　　　B.114万元

C.210万元 　　　　　　　　　　D.261万元

72.某企业年初未分配利润贷方余额为500万元，本年实现利润总额为2 000万元，本年所得税费用为750万元，按净利润的10%提取法定盈余公积，提取任意盈余公积62.5万元，向投资人分配利润62.5万元。该企业年末未分配利润贷方余额为（　　）。

A.1 500万元 　　　　　　　　　B.1 625万元

C.1 562.5万元 　　　　　　　　D.1 425.5万元

73.下列各项中，会引起留存收益总额发生增减变化的是（　　）。

A.盈余公积转增资本 　　　　　　B.盈余公积补亏

C.资本公积转增资本 　　　　　　D.用税后利润补亏

74.企业用当年实现的净利润弥补亏损时，应（　　）。

A.借记"本年利润"账户，贷记"利润分配"账户

B.借记"利润分配"账户，贷记"本年利润"账户

C.借记"利润分配"账户，贷记"未分配利润"账户

D.无须作专门的会计处理

75.某企业2×23年5月份售出的产品因质量问题于2×24年6月份被退回，其冲减的销售成本应在退回当期计入（　　）。

A.以前年度损益调整 　　　　　　B.营业外支出

C.主营业务成本 　　　　　　　　D.管理费用

76.在对会计六要素进行初始确认的条件中，要求有关经济利益很可能流入或流出企业，这里的"很可能"表示经济利益流入或流出的可能性在（　　）。

A.40%以上 　　　　　　　　　　B.50%以上

C.60%以上 　　　　　　　　　　D.90%以上

77.为筹集生产经营所需资金而发生的费用称为（   ）。

A.借入资本　　　　　　　　B.投入资本

C.管理费用　　　　　　　　D.财务费用

78."生产成本"账户期末有借方余额，表示（   ）。

A.本期完工产品成本　　　　B.本期投入生产费用

C.期末库存产品成本　　　　D.期末在产品成本

79.企业支付的银行承兑汇票手续费应计入（   ）。

A.管理费用　　　　　　　　B.财务费用

C.营业外支出　　　　　　　D.其他业务成本

80.某一般纳税人企业于2×24年购入设备安装生产线。该设备的购买价格为500万元，增值税税额为65万元，支付该设备的保险、装卸等费用为5万元。该生产线在安装期间，领用原材料的实际成本为20万元（材料的增值税税率为13%），发生安装工人工资等费用6.6万元。假定生产线已达到预定可使用状态，该企业已实行增值税转型。则该设备的入账价值为（   ）。

A.529.2万元　　　　　　　B.531.6万元

C.466.6万元　　　　　　　D.599.2万元

81.某企业于2×24年5月16日从H公司赊购一批原材料并已验收入库，增值税专用发票上注明该批材料的价款为450万元，增值税税额为58.5万元，合同中约定的折扣条件为"2/10、1/20、N/30"，本企业在购货当时判断近期付款可能性不大。企业采用总价法核算现金折扣。假定计算现金折扣时不考虑增值税，本企业于2×24年5月24日付清全部款项。则企业购买材料时确定的应付账款的入账价值为（   ）。

A.441万元　　　　　　　　B.450万元

C.499.5万元　　　　　　　D.508.5万元

82.采用溢价发行方式发行股票筹集资本时，其"股本"账户登记的金额为（   ）。

A.实际收到的款项

B.实际收到的款项减去支付给证券商的筹资费用

C.实际收到的款项加上支付给证券商的筹资费用

D.股本面值乘以股份总数

83.下列各项中，影响企业营业利润金额的项目是（   ）。

　　A.营业外收入　　　　　　　B.营业外支出

　　C.投资收益　　　　　　　　D.所得税费用

84.企业销售商品时代顾客垫付的运杂费应记入（   ）。

　　A."应收账款"账户　　　　　B."预付账款"账户

　　C."其他应收款"账户　　　　D."应付账款"账户

85.增值税一般纳税人企业发生的下列税费中，不应通过"税金及附加"账户核算的是（   ）。

　　A.增值税　　　　　　　　　B.印花税

　　C.房产税　　　　　　　　　D.城市维护建设税

86.企业为购买原材料而发生的办理银行汇票的手续费，应当记入（   ）。

　　A."管理费用"账户　　　　　B."财务费用"账户

　　C."销售费用"账户　　　　　D."其他业务成本"账户

87.产品生产车间发生的制造费用经过分配之后，一般应记入（   ）。

　　A."库存商品"账户　　　　　B."生产成本"账户

　　C."原材料"账户　　　　　　D."主营业务成本"账户

88.某企业生产车间生产A、B两种产品，该车间本月发生制造费用240 000元，A产品生产工时为3 000个小时，B产品生产工时为2 000个小时。如果按生产工时分配本月发生的制造费用，则A、B产品各自应负担的制造费用分别为（   ）。

　　A.144 000元和96 000元　　　B.120 000元和120 000元

　　C.96 000元和144 000元　　　D.160 000元和80 000元

89.某企业为增值税一般纳税人，增值税税率为13%，该企业购入一台需要安装的生产经营用设备，取得的增值税专用发票中注明的设备买价为500 000元，增值税税额为65 000元，支付的包装费等25 000元，设备安装时，领用生产用材料的实际成本为50 000元，支付的职工薪酬为25 000元，则该设备安装完毕交付使用时确定的固定资产入账价值为（   ）。

　　A.605 000元　　　　　　　　B.700 000元

C.600 000元　　　　　　　　　D.665 000元

90.企业用盈余公积弥补亏损时，正确的处理是（　　　）。

A.借记"本年利润"账户，贷记"利润分配——未分配利润"账户

B.借记"利润分配——未分配利润"账户，贷记"本年利润"账户

C.借记"盈余公积"账户，贷记"利润分配——盈余公积补亏"账户

D.无须专门进行会计处理

（二）多项选择题

1.制造业企业发生的主要经济业务一般可概括为（　　　）。

A.资金筹集业务　　　　　　　B.供应过程业务

C.产品生产业务　　　　　　　D.产品销售业务

E.财务成果业务

2.下列内容属于企业职工福利费支出的有（　　　）。

A.职工的医药费　　　　　　　B.职工困难补助

C.职工退休金　　　　　　　　D.医务福利人员工资

E.职工教育经费

3.下列能引起资产和所有者权益同时增加的业务有（　　　）。

A.收到国家投资存入银行　　　B.提取盈余公积

C.收到外商投入设备一台　　　D.将资本公积转增资本

E.收到外单位的现金投资

4.一般纳税人企业购入材料的采购成本的构成内容包括（　　　）。

A.材料买价　　　　　　　　　B.增值税进项税额

C.采购费用　　　　　　　　　D.采购人员差旅费

E.销售机构经费

5.商品销售收入确认与计量的主要步骤有（　　　）。

A.识别与客户订立的合同

B.识别合同中的单项履约义务

C.确定交易价格

D.将交易价格分摊至单项履约义务

E.履行单项履约义务时确认收入

6.一般纳税人企业发生的下列税费应在"税金及附加"账户借方登记的内容有（   ）。

  A.增值税   B.消费税

  C.城市维护建设税   D.教育费附加

  E.所得税

7.下列项目应在"管理费用"账户中核算的有（   ）。

  A.工会经费   B.董事会经费

  C.业务招待费   D.车间管理人员的工资

  E.采购人员差旅费

8.企业实现的净利润应进行分配，具体的分配顺序包括（   ）。

  A.计算缴纳所得税   B.支付银行借款利息

  C.提取法定盈余公积 D.提取任意盈余公积

  E.向投资人分配利润

9.企业的资本金按其投资主体不同可以分为（   ）。

  A.货币投资   B.国家投资

  C.个人投资   D.法人投资

  E.外商投资

10.一般纳税人企业的会计人员误将当月发生的增值税进项税额计入材料采购成本，其结果会使（   ）。

  A.月末资产增加   B.月末利润增加

  C.月末负债增加   D.月末财务费用增加

  E.月末应交税费增加

11.为了具体核算企业利润分配及未分配利润情况，"利润分配"账户应设置相应的明细账户，下列属于"利润分配"明细账户的有（   ）。

  A."盈余公积补亏"明细账户

  B."提取资本公积"明细账户

  C."应付现金股利或利润"明细账户

  D."提取法定盈余公积"明细账户

  E."未分配利润"明细账户

12.关于"本年利润"账户，下列说法中正确的有（   ）。

A.借方登记期末转入的各项支出额

B.贷方登记期末转入的各项收入额

C.贷方余额为实现的累计净利润额

D.借方余额为发生的累计亏损额

E.年末（终）经结转后该账户没有余额

13.下列项目中，应计入企业销售费用的有（　　　）。

A.专设销售机构人员的工资　　　　B.专设销售机构设备折旧费

C.销售产品的广告费　　　　　　　D.产品展览费

E.代买方垫付的运杂费

14.下列账户的余额在会计期末时应结转至"本年利润"账户的有（　　　）。

A."管理费用"账户　　　　　　　B."制造费用"账户

C."营业外收入"账户　　　　　　D."所得税费用"账户

E."税金及附加"账户

15.下列账户中，月末经结转后应该没有余额的有（　　　）。

A."生产成本"账户　　　　　　　B."制造费用"账户

C."管理费用"账户　　　　　　　D."应付职工薪酬"账户

E."财务费用"账户

16.关于企业的实收资本，下列说法中正确的有（　　　）。

A.是企业实际收到投资人投入的资本金

B.是企业进行正常经营的条件

C.是企业向外投出的资产

D.应按照实际收到的投资额入账

E.在生产经营中取得的收益不得直接增加实收资本

17.与营业收入相配合进而确定营业利润的成本、费用包括（　　　）。

A.商品销售成本　　　　　　　　B.销售费用

C.税金及附加　　　　　　　　　D.管理费用

E.财务费用

18.企业在采购材料过程中发生的下列费用中，不计入材料采购成本，而是列作管理费用的有（　　　）。

A.采购人员差旅费　　　　　　　B.专设采购机构经费

C.市内采购材料的零星运杂费　　D.运输途中的合理损耗

E.外地运杂费

19.在材料采购业务核算时，与"在途物资"账户相对应的账户一般有（　　）。

A."应付账款"账户　　　　　　B."应付票据"账户

C."银行存款"账户　　　　　　D."预付账款"账户

E."应交税费"账户

20.关于"制造费用"账户，下列说法中正确的有（　　）。

A.借方登记实际发生的各项制造费用

B.贷方登记分配转入产品成本的制造费用

C.期末余额在借方，表示在产品的制造费用

D.期末结转"本年利润"账户后没有余额

E.期末一般没有余额

21."材料成本差异"账户贷方登记的内容有（　　）。

A.入库材料成本的节约差异

B.入库材料成本的超支差异

C.发出材料的计划成本

D.用红字结转发出材料应负担的节约差异

E.结转发出材料应负担的超支差异

22.在下列业务所产生的收入中，属于制造业企业的"其他业务收入"的有（　　）。

A.出售固定资产收入　　　　　B.出售材料收入

C.出售无形资产收入　　　　　D.提供产品修理服务收入

E.接受捐赠收入

23.营业收入的实现可能引起（　　）。

A.资产的增加　　　　　　　　B.所有者权益的增加

C.负债的减少　　　　　　　　D.负债的增加

E.资产和负债同时增加

24.对于共同性采购费用，应分配计入材料采购成本，下列内容可以用来作为分配材料采购费用标准的有（　　）。

A.材料的买价　　　　　　　　B.材料的种类

C.材料的名称　　　　　　　　D.材料的重量

E.材料的体积

25.产品在生产过程中发生的各项生产费用按其经济用途进行分类，构成产品生产成本的项目具体包括（　　　）。

A.直接材料费　　　　　　　　B.直接人工费

C.期间费用　　　　　　　　　D.财务费用

E.制造费用

26.确定本月完工产品成本时，影响其生产成本计算的因素主要有（　　　）。

A.月初在产品成本　　　　　　B.本月发生的生产费用

C.本月已销产品成本　　　　　D.月末在产品生产成本

E.月末库存产品成本

27.期末结存的存货计价过高，可能会导致（　　　）。

A.当期利润增加　　　　　　　B.当期利润减少

C.当期所有者权益减少　　　　D.当期所得税增加

E.期末资产增加

28.在会计上，我们一般将债权人的要求权和投资人的要求权统称为权益，但这两种权益又存在着一定的区别，其主要区别有（　　　）。

A.二者性质不同　　　　　　　B.是否需要偿还和偿还期限不同

C.金额不等　　　　　　　　　D.享受的权利不同

E.以上均可

29.股份公司形成的可供投资者分配的利润，按要求还要进行的分配有（　　　）。

A.提取法定盈余公积　　　　　B.提取资本公积

C.支付优先股股利　　　　　　D.支付普通股现金股利

E.转作股本的普通股股票股利

30.以下税种应在"税金及附加"账户核算的有（　　　）。

A.城市维护建设税　　　　　　B.房产税

C.车船税　　　　　　　　　　D.印花税

E.城镇土地使用税

31.下列各项中，影响企业当期利润总额的内容有（　　　）。

A.固定资产盘盈　　　　　　　B.确定所得税费用

C.对外捐赠固定资产　　　　　D.债务重组利得

E.提取法定盈余公积

32.下列各项内容中，不会引起所有者权益总额发生增减变动的有（　　　）。

A.宣告发放股票股利　　　　　B.资本公积转增资本

C.盈余公积转增资本　　　　　D.接受投资者追加投资

E.溢价发行股票

33.一般纳税人企业销售商品交纳的下列各项税费中，应记入"税金及附加"账户的有（　　　）。

A.消费税　　　　　　　　　　B.增值税

C.资源税　　　　　　　　　　D.城市维护建设税

E.教育费附加

34.企业交纳的下列税金中，应通过"应交税费"账户核算的有（　　　）。

A.印花税　　　　　　　　　　B.城市维护建设税

C.房产税　　　　　　　　　　D.消费税

E.所得税

35.企业发生的下列内容中，应计入营业外收入的有（　　　）。

A.原材料盘盈　　　　　　　　B.无法查明原因的现金溢余

C.政府补助　　　　　　　　　D.固定资产盘盈

E.接受捐赠

36.下列账户中，年末结账后应该没有余额的有（　　　）。

A."主营业务收入"账户　　　　B."营业外收入"账户

C."本年利润"账户　　　　　　D."利润分配"账户

E."管理费用"账户

37.下列各项支出中，不应计入产品生产成本的有（　　　）。

A.销售费用　　　　　　　　　B.管理费用

C.财务费用　　　　　　　　　D.制造费用

E.营业外支出

38.企业吸收投资人投资时，下列账户的发生额可能发生变化的有（　　　）。

A."盈余公积"账户　　　　　B."资本公积"账户

C."实收资本"账户　　　　　D."本年利润"账户

E."利润分配"账户

39.下列各项内容中,不应计入管理费用的有（　　　）。

A.行政管理部门办公楼的折旧费

B.生产设备的折旧费

C.专设销售机构人员的工资

D.专设销售机构设备折旧费

E.生产车间的水电费

40.企业因销售商品发生的应收账款,其入账价值应当包括（　　　）。

A.销售商品的价款　　　　　B.增值税销项税额

C.代购买方垫付的包装费　　D.代购买方垫付的运杂费

E.采购人员差旅费

41.下列各项中,能导致企业负债总额发生变化的有（　　　）。

A.赊销商品　　　　　　　　B.赊购商品

C.开出银行汇票　　　　　　D.分派现金股利

E.开出商业汇票

42.下列各项收入中,可能属于制造业企业其他业务收入的有（　　　）。

A.销售材料的收入　　　　　B.提供运输劳务获得的收入

C.出租固定资产的租金收入　D.出售固定资产的净收入

E.出售无形资产所有权获得的收入

43.下列各项内容中,能够影响企业营业利润的项目有（　　　）。

A.已销商品成本　　　　　　B.原材料的销售收入

C.固定资产盘亏支出　　　　D.销售商品的收入

E.捐赠支出

44.下列各项内容中,不会引起留存收益发生变动的有（　　　）。

A.盈余公积弥补亏损　　　　B.计提法定盈余公积

C.盈余公积转增资本　　　　D.计提任意盈余公积

E.盈余公积分派现金股利

45.下列各项内容中,应作为应付职工薪酬核算的有（　　　）。

A.工会经费　　　　　　　　B.职工教育经费

C.住房公积金　　　　　　　　D.医疗保险费

E.职工福利费

46.在我国的会计实务中，下列项目中构成一般纳税人企业存货实际成本的有（　　　）。

A.支付的买价　　　　　　　　B.存货入库后发生的仓储费用

C.运输途中的合理损耗　　　　D.支付的增值税

E.支付的外地运杂费

47.企业发生的下列各项内容中，应直接计入当期损益的有（　　　）。

A.制造费用　　　　　　　　　B.管理费用

C.财务费用　　　　　　　　　D.外地采购费用

E.销售费用

48.职工薪酬准则确定的企业职工范围包括（　　　）。

A.全职、兼职职工　　　　　　B.董事会成员

C.政府官员　　　　　　　　　D.内部审计委员会成员

E.劳务用工合同人员

49.下列内容中，属于所有者权益项目的有（　　　）。

A.所有者投入的资本

B.直接计入所有者权益的利得和损失

C.盈余公积

D.直接计入当期损益的利得和损失

E.未分配利润

50.制造业一般纳税人企业购入的生产经营用机器设备，其入账价值包括（　　　）。

A.购买价款　　　　　　　　　B.运杂费

C.增值税　　　　　　　　　　D.进口关税

E.安装成本

51.某股份有限公司2×24年5月份销售商品一批，增值税专用发票已开，商品已发出，且已办妥托收手续，此时得知对方企业在一次交易中发生重大损失，财务困难，短期内不能支付货款，为此该股份有限公司5月份未确认该批商品收入，这是依据（　　　）。

A.实质重于形式会计核算质量要求

B.重要性会计核算质量要求

C.谨慎性会计核算质量要求

D.相关性会计核算质量要求

E.配比性会计核算质量要求

52.按我国企业会计准则的规定，下列项目中不应确认为一般纳税人企业收入的有（　　　）。

A.销售商品代垫的运杂费

B.出售飞机票时代收的保险费

C.销售商品收取的增值税

D.旅行社代客户购买景点门票的款项

E.销售商品的价款

53.下列各项内容中，按规定应计入企业营业外支出的有（　　　）。

A.公益性捐赠支出　　　　　　B.固定资产盘亏净损失

C.出售无形资产净收益　　　　D.坏账损失

E.非常损失

54.按照我国企业会计准则的规定，应通过"应付票据""应收票据"账户核算的票据包括（　　　）。

A.银行汇票　　　　　　　　　B.银行本票

C.支票　　　　　　　　　　　D.银行承兑汇票

E.商业承兑汇票

55.下列各项中，属于收入要素特征的有（　　　）。

A.收入从日常活动中产生

B.收入可以从偶发的交易或事项中产生

C.收入可能表现为资产的增加

D.收入可能表现为负债的减少

E.收入包括代收的增值税

56.企业购入固定资产，价值8 000元，误记入"管理费用"账户，其结果会导致（　　　）。

A.费用多计8 000元　　　　　B.资产少计8 000元

C.净收益多计8 000元　　　　D.净收益少计8 000元

E.资产多计8 000元

（三）判断题

1.在总体上采用计划成本进行材料日常计价核算的企业，对某一类材料，也可以按实际成本进行核算。　　　　　　　　　　　（　　）

2.按照我国企业会计准则的规定，企业销售商品涉及现金折扣的，应当按照扣除现金折扣后的金额确定销售商品收入金额。　　（　　）

3.企业用支票支付购货款时，应通过"应付票据"账户进行核算。
　　　　　　　　　　　　　　　　　　　　　　　　　　（　　）

4.按照《企业会计准则第14号——收入》的要求，企业应当在履行了合同中的履约义务，即在客户取得了相关商品的控制权时确认收入。
　　　　　　　　　　　　　　　　　　　　　　　　　　（　　）

5.不论是"加权平均法"还是"先进先出法"，都是为了确定发出材料物资的单价而采用的计价方法，这些方法仅适用于实行实际成本计价的企业单位。　　　　　　　　　　　　　　　　　　（　　）

6.我国公司法规定，企业应按照税后利润的5%提取法定盈余公积。
　　　　　　　　　　　　　　　　　　　　　　　　　　（　　）

7.企业的原材料无论是按实际成本计价还是按计划成本计价，其计入产品生产成本的原材料成本最终均应为所耗用材料的实际成本。
　　　　　　　　　　　　　　　　　　　　　　　　　　（　　）

8.企业的短期借款是为生产经营而借入，因此其利息支出应计入管理费用。　　　　　　　　　　　　　　　　　　　　　　（　　）

9.对预收货款业务不多的企业，可以不单独设置"预收账款"账户，其发生的预收货款通过"应收账款"账户核算。　　　　　　（　　）

10.企业的消费税是以增值税应交额作为计税基数乘以适用的税率计算出来的。　　　　　　　　　　　　　　　　　　　　　（　　）

11.以银行长期借款等非流动负债购建的固定资产，发生的借款利息应全部包括在固定资产的取得成本中。　　　　　　　　　（　　）

12.企业对外出售固定资产时，获得的出售收入应记入"其他业务收入"账户。　　　　　　　　　　　　　　　　　　　　　（　　）

13.对于到期一次还本付息的长期借款，在到期前的各个会计期末计提利息时，均不应增加长期借款的账面价值。　　　　　　（　　）

14.不论短期借款的用途如何，企业发生的短期借款利息支出，均

应计入当期损益。　　　　　　　　　　　　（　　）

15.企业以当年实现的净利润弥补以前年度结转的未弥补亏损时，不需要进行专门的账务处理。　　　　　　　　　（　　）

16.企业按税后利润的一定比例提取的盈余公积可以用来弥补亏损。　　　　　　　　　　　　　　　　　　　　（　　）

17.企业从税后利润中提取盈余公积不属于利润分配的内容。　　　　　　　　　　　　　　　　　　　　　　　（　　）

18.如果成本不能可靠地计量，即使其他条件均已满足，相关的收入也不能确认。　　　　　　　　　　　　　　　（　　）

19.企业无论按照什么标准确认收入，没有收到货款就不能确认为本期收入。　　　　　　　　　　　　　　　　　（　　）

20.一般纳税人企业的增值税是企业销售收入的一个抵减项目。　　　　　　　　　　　　　　　　　　　　　　　（　　）

21.按照权责发生制会计处理基础的要求，企业收到货币资金必定意味着本月收入的增加。　　　　　　　　　　　（　　）

22.生产费用按经济内容进行分类而形成的若干个项目，在会计上称为成本项目。　　　　　　　　　　　　　　　（　　）

23.企业职工福利费可用于职工的医疗卫生费用、困难补助费以及医务福利人员的工资等。　　　　　　　　　　　（　　）

24.按现行企业会计准则的规定，企业在销售商品时产生的现金折扣在实际发生时应冲减企业的销售收入。　　　　（　　）

25.企业当期实现的净利润提取了法定盈余公积和任意盈余公积之后的差额即为企业的未分配利润。　　　　　　　（　　）

26.企业年末的未分配利润金额等于企业当年实现的税后利润加上年初的未分配利润。　　　　　　　　　　　　　（　　）

27.企业在购入材料过程中发生的采购人员的差旅费以及市内零星运杂费等不计入材料的采购成本，而是作为管理费用列支。　（　　）

28.企业的实收资本是企业独立承担民事责任的资金保证，在数量上应等于企业在市场监督管理部门登记的注册资金总额。　（　　）

29.企业向投资人分配股票股利不需要进行账务处理。　（　　）

30.企业在经营过程中所产生的各种利息收入都属于投资收益，应

在"投资收益"账户进行核算。 （　）

31.企业实现的收入能够导致所有者权益增加，但导致所有者权益增加的不一定都是收入。 （　）

32.企业在经营过程中发生的某项费用计入制造费用和计入管理费用对当期经营成果的影响是相同的。 （　）

33.企业计算缴纳的所得税费用应以净利润为基础，加或减各项纳税调整因素。 （　）

34.企业的资本公积和未分配利润也称为留存收益。 （　）

35.为了遵循配比原则的要求，企业应将营业外收入减去营业外支出进而确定营业外利润。 （　）

36.在我国任何企业外购固定资产的取得成本中均不包括购入固定资产时所支付的增值税税额。 （　）

37.企业分给投资人的利润在实际支付给投资人之前形成企业的一项长期负债。 （　）

38.在权益不变的情况下，企业资产的增加可能是由于实现利润而引起的。 （　）

39.企业的材料采购成本由材料的买价加采购费用组成；主营业务成本由已销产品生产成本加销售费用组成。 （　）

40.长期借款的利息支出应根据利息支出的具体情况予以资本化或计入当期损益。 （　）

41.企业出售原材料获得的款项扣除其成本后的净额，应当计入营业外收入或营业外支出。 （　）

42.企业向银行或其他金融机构借入的各种款项所发生的利息支出均应当计入财务费用。 （　）

43.企业采用计划成本核算原材料，平时收到原材料时应按照实际成本借记"原材料"账户，领用原材料时应按计划成本贷记"原材料"账户，期末再将发出材料调整为实际成本。 （　）

44.企业在确认商品销售收入后发生的销售折让，应在实际发生时计入财务费用。 （　）

45.企业用盈余公积向投资者分配现金股利，不会引起企业留存收益总额发生变化。 （　）

46.某企业年初未分配利润200万元，本年实现净利润1 000万元，提取法定盈余公积100万元，提取任意盈余公积50万元，则该企业年末可供投资人分配的利润为850万元。　　　　　　　　　　（　　）

47.企业发生的营业外支出，在相对应的会计期间，应当计入企业当期的营业利润。　　　　　　　　　　　　　　　　　　（　　）

48.企业短期借款利息额较大时，应按月预提，借记"财务费用"账户，贷记"短期借款"账户。　　　　　　　　　　　　　（　　）

49.企业用盈余公积转增资本或弥补亏损时，均不会引起所有者权益总额发生变动。　　　　　　　　　　　　　　　　　（　　）

50.企业销售商品发生的现金折扣和销售折让，均应在实际发生时冲减当期的主营业务收入。　　　　　　　　　　　　　（　　）

51.企业购入材料在运输过程中发生的合理损耗应作为管理费用单独进行账务处理。　　　　　　　　　　　　　　　　　（　　）

52.年度终了，除"未分配利润"明细账户外，"利润分配"账户下的其他明细账户应当没有余额。　　　　　　　　　　　（　　）

53.企业采用计划成本对原材料进行日常核算，应按月分摊发出材料应负担的成本差异，不应在季末或年末一次计算分摊。（　　）

54.企业采用"表结法"结转本年利润的，年度内每月月末损益类账户发生额合计和月末累计余额无须转入"本年利润"账户，但是要将其填入利润表，在年末时将损益类账户全年累计余额转入"本年利润"账户。　　　　　　　　　　　　　　　　　　　（　　）

55.企业产生的利得或损失可能计入当期损益，也可能直接计入所有者权益。　　　　　　　　　　　　　　　　　　　（　　）

56.收入不包括为第三方代收的款项，也不包括处置固定资产净收益和出售无形资产净收益。　　　　　　　　　　　（　　）

57.管理费用、财务费用、销售费用和制造费用均属于企业的期间费用。　　　　　　　　　　　　　　　　　　　　　（　　）

58.一般纳税人企业销售商品涉及的增值税额应作为销项税额核算。
　　　　　　　　　　　　　　　　　　　　　　　　　　（　　）

59.年度终了，只有在企业盈利的情况下，才需要将"本年利润"账户的累计余额转入"利润分配——未分配利润"账户。（　　）

60.企业对其所使用的机器设备、厂房等固定资产，只有在持续经营的前提下，才可以在机器设备等的使用年限内，按照其价值和使用情况，确定采用某一折旧方法计提折旧。（　　）

61.利得是指由企业非日常活动形成的、会导致所有者权益增加的、与所有者投入资本无关的经济利益的流入，利得一律不应计入当期损益。（　　）

62.企业出售无形资产所有权取得的收入应在"其他业务收入"账户核算。（　　）

63.企业实现收入往往表现为货币资产的流入，但是并非所有货币资产的流入都是企业的收入。（　　）

64.企业资本公积的主要来源是企业收到的所有者出资额超过其在注册资本中所占份额的部分以及直接计入当期损益的利得或损失。（　　）

（四）计算题

1.利和股份公司所属A公司2×24年年初所有者权益总额为2 318 000元，年内接受某投资人的实物投资800 000元，接受现金投资260 000元，用资本公积转增资本120 000元。

要求：计算年末公司的所有者权益总额。

2.利和股份公司期初库存材料成本278 500元，本期仓库共发出材料成本132 000元，期末结存材料成本206 500元；"应付账款"（材料款）账户期初贷方余额为218 000元，期末贷方余额为243 000元，本期没有发生偿还应付款业务，本期购入材料均已入库。

要求：计算本期购入材料中已付款的材料金额。

3.利和股份公司所属B公司2×24年年初所有者权益总额为2 640 000元。本年接受投资300 000元。1—12月累计实现利润总额为1 000 000元。1—11月累计已交所得税费用214 000元，所得税税率为25%（假设没有纳税调整因素）。年末按10%提取盈余公积，决定分配给投资人利润132 400元。

要求：计算公司12月份的应交所得税、年末未分配利润和年末所有者权益总额。

4.利和股份公司3月份甲材料月初节约差异额为620元，月初库存材料的计划成本为30 700元；3月份购入甲材料的计划成本为70 300元，实际成本为67 890元；3月份发出甲材料的计划成本为50 000元。

要求：计算甲材料的本月成本差异率和期末结存甲材料的实际成本。

5.利和股份公司所属C公司2×24年3月1日库存材料的计划成本为120 000元，实际成本为122 320元，本月收入材料的计划成本合计为500 000元，实际成本合计为480 320元，本月发出材料的计划成本为300 000元。

要求：

（1）计算本月材料成本差异率。

（2）计算发出材料应负担的材料成本差异额。

（3）计算发出材料的实际成本。

（4）计算月末结存材料的计划成本。

（5）计算月末结存材料的实际成本。

6.利和股份公司期初负债总额2 000 000元，实收资本1 600 000元，资本公积160 000元，盈余公积120 000元，未分配利润120 000元。本期发生亏损400 000元，用盈余公积弥补亏损80 000元。企业期末资产总额3 960 000元，本期内实收资本和资本公积没有发生变化。

要求：

（1）计算公司年末未分配利润数额及负债总额。

（2）分析说明本期发生的亏损对公司期末资产和负债的影响。

7.利和股份公司2×24年5月份发生下列业务：

（1）销售商品520 000元，其中，400 000元当即收款，存入银行，另120 000元尚未收到。

（2）收到上个月提供劳务的款项100 000元，存入银行。

（3）用银行存款支付本月份的水电费7 200元。

（4）用现金30 000元预付以后年度的房租。

（5）用银行存款6 000元支付本季度银行借款利息（其中本月负担2 000元）。

（6）本月提供劳务获得收入48 000元，款项未收到。

（7）按照合同规定预收客户订货款200 000元，存入银行。

（8）本月负担年初已付款的保险费 1 000 元。

（9）上个月已经预收款的产品本月发货，价款 280 000 元。

（10）本月应负担的修理费为 5 000 元（款项在下个月支付）。

要求：分别按收付实现制和权责发生制会计处理基础计算公司本月的收入、费用和利润各是多少，并对两种原则下确定的经营成果进行简要说明。

8.利和股份公司所属 M 工厂生产 A、B 两种产品，2×24 年 8 月份有关 A、B 产品的资料如下：

（1）月初在产品成本见表 5-1。

表5-1　　　　　　　　　　　月初在产品成本　　　　　　　　金额单位：元

在产品名称	数量（件）	直接材料	直接人工	制造费用	合　计
A 产品	200	48 000	12 000	6 500	66 500
B 产品	60	32 000	8 000	3 300	43 300
合　计	—	80 000	20 000	9 800	109 800

（2）本月发生的生产费用如下：

A 产品的直接材料费 165 000 元，直接人工费 58 400 元；B 产品的直接材料费 126 000 元，直接人工费 35 600 元；本月共发生制造费用 70 500 元。

（3）月末 A 产品完工 500 件，B 产品完工 300 件。

（4）月末 A 产品未完工 40 件，其总成本的具体构成为：直接材料 6 500 元，直接人工 4 200 元，制造费用 3 000 元，合计为 13 700 元；B 产品没有月末在产品。

要求：按直接人工费为标准分配制造费用，并分别计算 A、B 产品的完工总成本和单位成本。

9.（1）利和股份公司下属的某分公司 2×24 年 4 月底因意外事故造成部分账册损坏，包括"应交税费"账簿、"主营业务成本"账簿等，很多资料无法取得。为了确定这些丢失的数据，会计人员根据尚存的账簿记录进行整理，提供了有关账户记录（见表 5-2，假设不考虑增值税，各账户的期初余额是完整的，且为正常方向）的相关资料。

表5-2 　　　　　　　　　　**有关账户记录** 　　　　　　　　　单位：元

账户名称	期初余额	本期发生额		本期发生额的对应账户
		借　方	贷　方	
库存现金	1 400			
银行存款	32 000			
在途物资		68 960		银行存款
		1 040		库存现金
原材料	9 800	70 000		在途物资
生产成本	42 000	40 000		原材料
制造费用		6 000		原材料
库存商品	20 000	80 000		生产成本
固定资产	1 800 000			
累计折旧	180 000			
应付职工薪酬——工资		20 000		库存现金
应付职工薪酬——职工福利	5 200			
实收资本	1 680 000			
主营业务收入			116 000	银行存款
销售费用		1 840		银行存款
管理费用		1 200		原材料
本年利润	40 000			

（2）银行存款日记账4月30日的余额为57 200元。

（3）公司本月工资总额的70%为生产工人工资，10%为其他生产人员工资，20%为行政管理人员工资，本期发生的福利费为本月工资总额的14%。

（4）本月固定资产没有发生增减变化，生产部门固定资产原价为1 600 000元，年折旧率为6%，行政管理部门固定资产原价200 000元，年折旧率为4.8%，该企业采用直线法计提固定资产折旧（月折旧额=固定资产原价×年折旧率÷12）。

（5）产品消费税税率为5%。

（6）本月利润总额15 000元，所得税税率为25%。

要求：计算确定各有关账户的相应发生额和余额。

10.利和股份公司2×24年的"利润分配"账户的有关记录如下：

"利润分配"总账账户年初贷方余额为682 000元，本年借方全年发生额（包括年末结账发生额）为3 103 500元，年末贷方余额（结账后）为1 475 250元。公司"利润分配"账户下设3个明细账户：提取法定盈余公积、应付现金股利或利润、未分配利润，上述明细账户经过年末的最终结账，除了"未分配利润"明细账户有余额外，其他的各个明细账户均没有余额。

要求：计算公司本年实现的净利润。

11.某企业2×24年度实现的利润总额为1 000万元，其中包括本年收到的国债利息收入100万元。该企业适用的所得税税率为25%。

该企业当年按税法核定的全年计税工资为400万元，全年实发工资为360万元，当年的营业外支出中，有20万元为税收滞纳金支出。

除上述内容外，该企业再无其他纳税调整事项。

要求：

（1）计算该企业2×24年度的应纳税所得额。

（2）计算该企业2×24年度的应交所得税金额。

（3）编制该企业应交所得税、结转所得税的会计分录。

（4）计算该企业2×24年实现的净利润额。

12.某企业2×24年度的有关资料如下：

（1）年初未分配利润为200万元，本年实现的利润总额为960万元，适用的所得税税率为25%，按税法规定本年度准予扣除的业务招待费为40万元，实际发生业务招待费80万元。除此之外，没有其他纳税调整事项。

（2）该企业按税后利润的10%提取法定盈余公积。

（3）该企业提取任意盈余公积40万元。

（4）该企业向投资者分配现金股利40万元。

要求：

（1）计算该企业本期所得税费用，并编制会计分录。

（2）编制该企业提取法定盈余公积、任意盈余公积、分配现金股利的会计分录。

（3）计算年末的未分配利润。

13.某公司由A、B、C三位出资者各投资200万元设立，2×24年年末该公司所有者权益总额为870万元，其中，实收资本为600万元，资本公积为150万元，盈余公积为60万元，未分配利润为60万元。为了扩大经营规模，公司决定吸收D投资者加入本公司。D投资者投入公司货币资金300万元，A、B、C、D四位投资人的投资比例均为25%。接受D投资人投资后，公司的注册资本为800万元。

要求：计算D投资人投资时应计入实收资本和资本公积的金额。

14.甲、乙、丙、丁四家公司的本期销货情况见表5-3。

表5-3　　　　　　　　　　四家公司本期销货情况　　　　　　　　　单位：元

项　　目	甲公司	乙公司	丙公司	丁公司
期初结存A产品成本	208 000	（　　）	46 000	124 000
本期入库A产品成本	962 000	1 008 000	（　　）	520 800
本期可供销售A产品成本	（　　）	（　　）	（　　）	（　　）
期末结存A产品成本	（　　）	215 600	225 400	（　　）
本期销售A产品收入	1 300 000	（　　）	1 012 000	595 200
本期销售A产品成本	（　　）	879 200	（　　）	466 240
A产品销售收入与销售成本的差额	202 800	173 600	156 400	（　　）

要求：根据表5-3中给定的资料，计算并填列表5-3中括号内的金额。

（五）业务处理题

1.利和股份公司2×24年6月份发生下列经济业务：

（1）购入甲材料，专用发票上注明的价款为200 000元，增值税税额为 26 000 元，款项已付，材料验收入库，其计划成本为 192 000 元。

（2）公司上个月预付货款的甲材料的有关账单到达企业，专用发票注明的价款为 140 000 元，增值税税额为 18 200 元，供货单位通过银行退回余款 5 000 元，月末材料尚未到达企业。

（3）公司月末购入的甲材料到货，估计其计划成本为 100 000 元，凭证账单未到，货款未付。

（4）公司购入甲材料，发票注明的价款为 40 000 元，增值税税额为 5 200 元，该批材料的计划成本为 42 000 元。货款未付，材料入库。

（5）公司发出材料，基本生产车间生产产品领用 68 000 元，车间一般性消耗 10 000 元，公司管理部门领用 8 000 元，本月材料成本差异率为 −2%。

要求：根据上述经济业务进行相关的账务处理。

2.利和股份公司 2×24 年 7 月份发生下列经济业务：

（1）接受大力公司投资 50 000 元存入银行。

（2）收到电子公司投资，其中，设备估价 70 000 元交付使用，材料价值 15 000 元验收入库。

（3）自银行取得期限为 6 个月的借款 200 000 元存入银行。

（4）上述借款年利率为 6%，计算提取本月的借款利息。

（5）收到某外商投资投入的录像设备一台，价值 24 000 元，交付使用。

（6）经有关部门批准将资本公积 30 000 元转增资本。

（7）用银行存款 40 000 元偿还到期的银行临时借款。

要求：根据上述资料编制会计分录。

3.大地股份公司 2×24 年 1 月份发生下列经济业务：

（1）接受投资者投入企业的法定资本 180 000 元，款项存入银行。

（2）收到某投资者投入的一套全新设备，投资双方确认的价值为 200 000 元，设备交付使用；收到投资者投入企业的专利权一项，投资双方确认的价值为 500 000 元，相关手续已办妥。

（3）从银行取得期限为 4 个月的生产经营用借款 600 000 元，款项已存入开户银行。

（4）若上述借款年利率为 4%，根据与银行签署的借款协议，该项借款的利息按季度支付，本金于到期后一次归还。计算提取本月应负担的借款利息。

（5）从银行取得期限为2年的借款1 000 000元，所得借款已存入开户银行。

（6）通过银行偿还到期短期借款本金200 000元。

要求：

（1）根据上述经济业务编制会计分录。

（2）若1月初大地股份公司的资产总额为1 600 000元，计算1月末的资产总额。

4.利和股份公司所属的某企业本月发生下列固定资产购置业务：

（1）企业购入生产用不需要安装的设备一台，买价为75 000元，运杂费为1 250元，保险费为250元，全部款项已用银行存款支付。

（2）企业购入生产用需要安装的乙设备一台，买价125 000元，运杂费为2 000元。款项已用银行存款支付，设备交付安装。

（3）企业进行上述设备的安装，耗用材料为1 250元，用银行存款支付安装公司安装费为1 750元。

（4）上述设备安装完毕，经验收合格交付使用，结转工程成本。

（5）企业用从建设银行借入的长期借款自行组织力量进行产品仓库的建造，耗用材料计175 000元，分配人工费用40 000元，分配制造费用35 000元。

（6）企业接到建设银行通知，借入长期借款的利息为60 000元，用银行存款支付。

（7）产品仓库建造完毕，经验收合格交付使用，结转建造成本。

要求：根据上面所给的经济业务编制会计分录。（假设购买的设备、工程耗用的原材料均不考虑增值税）

5.大地股份公司（一般纳税人）2×24年2月份发生下列业务：

（1）购入不需要安装的生产用设备一台，买价600 000元，增值税78 000元，保险费500元，包装及运杂费1 300元，全部价款使用银行存款支付，设备购回即投入使用。

（2）购入需要安装的生产用设备一台，买价和税金共计904 000元，增值税税率为13%，包装及运杂费为1 500元，全部款项通过银行存款支付，设备购回即投入安装。

（3）上述设备安装过程中，领用甲材料2000元（不考虑增值税），用库存现金支付安装费1000元。

（4）上述设备安装完毕，达到预定可使用状态，并经验收合格交付使用。结转工程成本。

要求：根据上述经济业务编制会计分录。

6.利和股份公司8月份发生下列材料物资采购业务：

（1）公司购入甲材料3 500千克，单价8元/千克，增值税进项税额为3 640元，款项未付。

（2）用银行存款1 750元支付上述甲材料的运杂费（不考虑增值税）。

（3）购入乙材料120吨，单价420元/吨，进项税额6 552元，款项均通过银行付清。

（4）公司购进甲材料1 800千克，含税单价9.04元/千克，丙材料1 500千克，含税单价5.65元/千克，增值税税率为13%，款项均已通过银行付清，另外供应单位代垫运费3 300元（不考虑增值税，按重量分配）。

（5）用银行存款10 000元预付订购材料款。

（6）以前已预付款的丁材料本月到货，价款72 000元，增值税进项税额为9 360元。

（7）本月购入的甲、乙、丙、丁材料均已验收入库，结转其成本。

要求：编制本月发生业务的会计分录。

7.FG股份公司2×24年2月份发生下列经济业务（涉及的运输费均不考虑增值税）：

（1）从日盛公司购进甲材料1 100千克，每千克20元；乙材料900千克，每千克15元，甲、乙材料价款共计35 500元，支付运杂费4 800元，增值税进项税额4 615元。材料尚未到达，货款、运杂费及税金已用银行存款支付。（运费按材料重量比例分摊）

（2）从新星工厂购进丙材料4 800千克，每千克40元，增值税进项税额24 960元，发生运杂费2 400元（假设不考虑增值税），款项采用商业汇票结算，企业开出并承兑半年期商业承兑汇票一张，材料尚在途中。

（3）以银行存款向海河工厂预付购买乙材料货款 180 000 元。

（4）企业收到海河工厂发运的乙材料，尚未验收入库。该批材料买价 160 000 元，运杂费 1 200 元，增值税进项税额 20 800 元。除冲销原预付货款 180 000 元外，其余以银行存款支付。

（5）月末，本月采购的甲、乙、丙三种材料均已经验收入库，计算并结转已验收入库甲、乙、丙材料的实际采购成本。

要求：根据上述经济业务编制会计分录。

8.利和股份公司 2×24 年 10 月份发生下列销售业务：

（1）销售产品 18 台，每台售价 2 000 元，增值税税率为 13%，价税款暂未收到。

（2）销售产品总价款 126 000 元，增值税销项税额为 16 380 元，价税款收到并存入银行。

（3）用银行存款 1 500 元支付销售产品的广告费。

（4）预收某公司订货款 20 000 元存入银行。

（5）企业销售产品价款为 478 000 元，增值税销项税额为 62 140元，收到一张已承兑的商业汇票。

（6）结转本月已销产品成本 350 000 元。

（7）经计算本月销售产品的城市维护建设税为 1 600 元。

要求：编制本月发生业务的会计分录。

9.AB 股份公司 2×24 年 4 月份发生下列经济业务：

（1）4 月 2 日，销售甲产品 500 件，每件售价 200 元，货款 100 000元，增值税税率为 13%，货款已收到并存入银行。

（2）4 月 5 日，收到上月恒新厂所欠货款 7 000 元，存入银行。

（3）4 月 10 日，销售给恒新厂甲产品 200 件，每件售价 200 元，乙产品 100 件，每件售价 100 元，共计 50 000 元，增值税销项税额 6 500元，收到面值为 56 500 元的商业汇票一张。

（4）4 月 16 日，以银行存款支付金融机构手续费 1 000 元。

（5）4 月 17 日，销售 A 材料 4 000 千克，每千克 2.50 元，货款共计 10 000 元，增值税销项税额为 1 300 元，款项已收到并存入银行。

（6）4 月 18 日，以银行存款支付销售甲产品、乙产品的保险费用

800元、广告宣传费用1 200元。

（7）4月26日，销售给明达工厂甲产品900件，每件200元，乙产品200件，每件100元。货款共200 000元，增值税销项税额26 000元，款项尚未收到。

（8）4月30日，上述销售的甲、乙产品属于应交纳消费税的产品，假定消费税税率为5%。

（9）4月30日，结转本月已销材料成本8 000元。

（10）4月30日，结转本月已销产品的生产成本（具体内容见表5-4）。

表5-4　　　　　　　　AB股份公司甲、乙产品成本资料　　　　　　金额单位：元

计量单位：件

产品名称	数量	单位成本	总成本
甲	1 600	180	288 000
乙	300	80	24 000
合　计	—	—	312 000

要求：根据上述经济业务编制会计分录。

10.利和股份公司2×24年12月份发生下列有关利润形成与分配的业务：

（1）用现金4 500元支付厂部办公用品费。

（2）企业收到与日常活动无关的政府补助12 000元，存入银行。

（3）用银行存款6 000元支付公益性捐赠支出。

（4）报销职工差旅费200元，付给现金。

（5）计提应由本月负担的银行借款利息450元。

（6）收到捐赠收入20 000元存入银行。

（7）结转本月实现的各项收入，其中，产品销售收入148 000元，营业外收入32 000元。

（8）结转本月发生的各项费用，其中，产品销售成本40 000元，产品销售费用1 500元，产品销售税金2 000元，管理费用33 600元，财务费用450元，营业外支出22 450元。

（9）根据（7）、（8）项业务确定的利润总额按25%的税率计算所

得税并予以结转。

（10）按税后利润的10%提取法定盈余公积。

（11）将剩余利润的40%分配给投资人。

（12）年末结转本年净利润60 000元。

要求：编制上述经济业务的会计分录。

11.利和股份公司2×24年11月份发生下列经济业务：

（1）从银行取得临时借款500 000元存入银行。

（2）接受投资人投入的设备一台，原价100 000元，评估作价80 000元，设备投入使用。

（3）接受某单位法定资本投资10 000元，款项存入银行。

（4）用银行存款6 500元上交上个月欠交的税金。

（5）收回某单位所欠本企业货款8 000元存入银行。

（6）用银行存款120 000元预付明、后两年的房租。

（7）企业销售A产品总价款282 500元（含税），增值税税率为13%，已收款。

（8）供应单位发来甲材料38 000元，增值税进项税额为4 940元，款项已预付，材料验收入库。

（9）生产A产品领用甲材料3 600元，领用乙材料2 400元。

（10）车间一般性消耗材料1 200元。

（11）车间设备发生修理费800元，用现金支付。

（12）从银行提取现金30 000元直接发放工资。

（13）银行转来通知，支付企业职工药费2 200元。

（14）车间领用甲材料5 000元用于B产品的生产。

（15）用银行存款1 000元支付销售A产品广告费。

（16）企业销售B产品价款50 000元，增值税销项税额为6 500元，款项暂未收到。

（17）按5%税率计算B产品的消费税。

（18）企业购买一台车床，买价240 000元，增值税税额31 200元，运杂费1 000元（不考虑增值税），款项暂未支付，设备交付使用。

（19）开出现金支票购买车间办公用品780元。

（20）提取本月折旧，其中，车间8 100元，厂部3 200元。

（21）计提应由本月负担的银行借款利息 980 元。

（22）用银行存款 34 000 元支付上年分配给投资人的利润。

（23）分配工资费用，其中，A 产品工人工资 12 000 元，B 产品工人工资 10 000 元，车间管理人员工资 8 000 元。

（24）分配本月职工福利费，其中，A 产品负担 1 680 元，B 产品负担 1 400 元，车间管理人员负担 1 120 元。

（25）经批准将资本公积 60 000 元转增资本。

（26）本月发生制造费用 20 000 元，按生产工时（A 产品 6 000 工时、B 产品 4 000 工时）分配计入 A、B 产品成本。

（27）本月生产的 A 产品 15 台现已完工，总成本 38 500 元，验收入库，结转成本。

（28）用银行存款 5 400 元支付捐赠支出。

（29）用现金 4 300 元支付行政管理部门办公用品费。

（30）结转已销 A 产品成本 138 000 元。

（31）将本月实现的产品销售收入 300 000 元，发生的产品销售成本 138 000 元、产品销售费用 1 000 元、产品销售税金 2 500 元、管理费用 7 500 元、财务费用 980 元、营业外支出 5 400 元转入"本年利润"账户。

（32）本月实现利润总额 144 620 元，按 25% 的税率计算所得税并予以结转。

（33）按税后利润的 10% 提取法定盈余公积。

（34）将剩余利润的 40% 分配给投资人。

（35）年末结转本年净利润。

要求：

（1）编制本月业务的会计分录。

（2）编制试算平衡表。

12.SD 股份公司 2×24 年 12 月发生下列业务：

（1）向银行借入偿还期为 4 个月的借款 200 000 元，已存入开户银行。

（2）收到投资人投资的款项 40 000 元，存入开户银行。

（3）从华为工厂购入甲材料 30 吨，每吨 1 000 元；购入乙材料 20 吨，每吨 2 500 元，增值税税率为 13%。材料尚在运输途中，货款未付。

（4）购入生产用设备一台，价、税款合计为 67 800 元，增值税税率为 13%，运杂费 800 元（不考虑增值税），均已用银行存款支付，设备购回即投入使用。

（5）以库存现金支付甲、乙材料运杂费 600 元（运杂费按材料重量比例分配）。甲、乙材料均已运到并验收入库，结转其实际采购成本。

（6）用银行存款支付上月应交税费 1 500 元。

（7）车间领用材料 5 000 元，用于 A 产品生产的为 2 500 元，用于 B 产品生产的为 2 000 元，用于车间一般消耗的为 500 元。

（8）从开户银行提取现金 36 000 元。

（9）以现金发放上月员工工资 35 000 元。

（10）以银行存款支付员工各种福利费共计 4 000 元。

（11）企业销售 A 产品价款 15 000 元，增值税税率为 13%，价、税款收到已承兑商业汇票一张。

（12）用银行存款支付销售产品的广告宣传费 2 000 元。

（13）企业销售 B 产品价款 100 000 元，增值税税率为 13%，价、税款收到转账支票一张，已到银行办妥进账手续。

（14）开出现金支票 1 000 元，购买厂部办公用品。

（15）接到银行通知，明月厂前欠本公司的货款 23 200 元已收到。

（16）计提本月固定资产折旧，其中，车间计提 11 100 元，厂部计提 2 900 元。

（17）销售的上述 A 产品属于应征消费税的产品，按 5% 的税率计算 A 产品的消费税。

（18）分配本月工资费用 34 500 元，其中，A 产品生产工人 13 000 元，B 产品生产工人 12 000 元，车间管理人员 4 500 元，厂部管理人员 5 000 元。

（19）分配本月职工福利费，其中，A 产品生产工人 1 300 元，B 产品生产工人 1 400 元，车间管理人员 600 元，厂部管理人员 700 元。

（20）计提应由本月负担的银行借款利息 1 200 元。

（21）月末，按 A、B 产品生产工人工资比例分配结转制造费用。

（22）本月生产的 A、B 产品全部完工验收入库，结转其实际生产成本。

（23）结转本月已销产品成本 90 000 元，其中，A 产品 12 000 元，B 产品 78 000 元。

（24）月末，将各损益类账户余额转至"本年利润"账户。

（25）计算本月利润总额，按25%的税率计算所得税并予以结转。

（26）若公司1—11月累计实现净利润111 412.5元，计算并结转全年实现的净利润。

（27）按全年实现净利润的10%提取法定盈余公积。

（28）准备用全年剩余利润的30%向投资者分配现金股利。

（29）结转"利润分配"账户所属的相关明细分类账户。

要求：

（1）根据上述经济业务编制会计分录。

（2）根据总分类账户编制本期发生额试算平衡表。

13.某公司的存货采用计划成本核算，增值税税率为13%，A材料的计划单位成本为每千克108元，B材料的计划单位成本为每千克98元。"原材料"账户的期初余额为500 000元，"材料成本差异"账户的贷方余额为11 748元。2×24年10月份，公司发生下列经济业务：

（1）1日，外地采购A材料32 000千克，增值税发票上的材料价款为3 380 000元，销货方代垫运费4 000元，材料未运到。企业签发为期3个月的商业承兑汇票一张。

（2）10日，1日的A材料运到企业，验收的实际数量为31 800千克，短缺的数量为定额内的损耗。

（3）15日，本市采购B材料12 000千克，增值税专用发票上注明的价款为1 280 000元，货款已用支票支付，材料验收入库。

（4）19日，外地采购B材料5 000千克，增值税专用发票上注明的价款为440 000元，材料未运到，货款和增值税已支付。

（5）22日，从外地采购A材料1 100千克，材料已验收入库，发票未到，货款未付。

（6）26日，本月生产产品领用A材料28 000千克，车间一般耗用B材料400千克。

（7）28日，本月销售A材料5 000千克，每千克150元，货款及增值税未收到。

（8）31日，本月22日购入A材料的发票仍未到达。

要求：

（1）编制本月经济业务会计分录。

（2）根据上述资料计算本月材料成本差异率。

14.利和股份公司2×24年9月份发生下列经济业务：

（1）用现金购买行政管理部门的办公用品1 200元。

（2）用银行存款50 000元支付销售产品的广告费。

（3）用现金6 000元支付董事会经费。

（4）计提行政管理部门使用的固定资产折旧2 000元。

（5）提取本月银行临时借款的利息1 500元。

（6）提取本月银行长期借款的利息3 000元（该借款的工程项目已完工，利息到期支付）。

（7）用现金5 200元购买印花税票。

（8）职工报销市内交通费380元，付给现金。

（9）用银行存款支付业务招待费4 800元。

（10）摊销应由本月负担的报刊费500元。

要求：编制上述业务的会计分录。

15.ABC股份有限公司为增值税一般纳税人，适用的增值税税率为13%、所得税税率为25%，假定不考虑其他的相关税费。ABC公司主要生产和销售甲产品，原材料按实际成本核算，在销售产品时逐笔结转销售成本。2×24年度ABC公司发生下列经济业务：

（1）2月8日，公司销售甲产品一批，该批产品的实际成本为120万元，增值税专用发票上注明的价款为200万元，增值税税额为26万元，产品已经发出，提货单已交给买方，买方通过银行支付增值税税款26万元，对货款部分开具一张面值为200万元、期限为4个月的不带息商业承兑汇票。

（2）5月20日，销售甲产品，增值税专用发票上注明的价款为1 200万元，增值税税额为156万元，产品已经发出，货款和增值税已经收到并存入银行，该批产品的实际成本为600万元。

（3）本年生产产品领用原材料600万元，生产车间一般耗用原材料120万元，企业管理部门领用原材料40万元。

（4）10月8日，销售原材料一批，该批材料的实际成本为36万元，增值税专用发票上注明的货款为40万元，增值税税额为5.2万元，原材料已经发出，货款和税款已收到并存入银行。

（5）分配本年度工资费用，其中，生产工人工资200万元，车间管理人员工资80万元，企业管理人员工资80万元，在建工程人员工资40万元。

（6）按各自工资的20%计提社会保险费、10%计提住房公积金，实际发生了职工福利费（占工资的5%）。

（7）本年计提坏账准备金26万元。

（8）本年度用银行存款支付本期发生的销售产品的广告费用12万元、销售产品过程中发生的运输费用28万元、计入当期损益的利息费用及银行手续费合计8万元。

（9）本年计提固定资产折旧200万元，其中，车间140万元，管理部门60万元。

（10）本年度用银行存款缴纳增值税120万元、消费税10万元。

（11）计算并确认本年的应交所得税，假定不存在所得税纳税调整因素。

（12）将本年度的损益类账户结转至"本年利润"账户。

要求：编制ABC股份有限公司上述经济业务的会计分录。

16.某制造业企业为增值税一般纳税人，适用13%的增值税税率，商品售价中均不含增值税，商品销售的同时结转成本。本年利润采用表结法结转。2×24年11月30日损益类账户余额见表5-5。

表5-5　　　　　　　　　　损益类账户余额表　　　　　　　　单位：万元

账户名称	借方	账户名称	贷方
主营业务成本	5 425	主营业务收入	7 750
税金及附加	75	其他业务收入	80
其他业务成本	50	投资收益	110
销售费用	170	营业外收入	250
管理费用	105		
财务费用	260		
营业外支出	100		

2×24年12月份，该企业发生下列经济业务：

（1）销售商品一批，增值税专用发票上注明的价款为250万元，增值税税额为32.5万元，款项已收到并存入银行，该批商品的实际成本为187.5万元。

（2）本月发生职工薪酬870万元，其中，生产工人工资600万元，车间管理人员工资50万元，行政管理人员工资70万元，销售人员工资150万元。

（3）按各自工资额的20%计提社会保险费、10%计提住房公积金、5%计提职工福利。

（4）本月主营业务应交纳的城市维护建设税为25万元、教育费附加为2.5万元。

（5）企业按年计算交纳所得税，所得税税率为25%，假定该企业没有纳税调整事项。

要求：编制上述业务的会计分录。

17.某制造业企业为增值税一般纳税人，适用的增值税税率为13%、所得税税率为25%。该企业于2×23年11月5日正式投产营业，主要生产和销售A产品，兼营运输劳务。该企业对原材料采用计划成本核算，原材料账户2×24年1月1日借方余额为612万元，材料成本差异账户2×24年1月1日借方余额为12万元。该企业2×24年发生的经济业务如下：

（1）购入材料一批，增值税专用发票上注明的材料价款为600万元，增值税税额为78万元；材料已验收入库，企业开出商业汇票（不带利息）支付款项。该批材料的计划成本为588万元。

（2）在汇票到期时，企业用银行存款支付上述购买材料的商业汇票款678万元。

（3）企业销售产品一批，该批产品的成本为480万元，增值税专用发票上注明的销售货款为1 200万元，增值税税额为156万元。产品已经发出，提货单已经交给买方，货款及增值税税款尚未收到。

（4）上述产品销售业务中，买方用银行存款支付了款项996万元，余款则开具了一张面值为360万元、期限为4个月的不带息商业汇票。

（5）当年发出材料的计划成本为900万元，其中生产产品领用原材料计划成本为600万元；生产车间一般消耗用原材料计划成本为240万元、企业管理部门领用原材料计划成本为60万元，企业计算材料成本差异率并结转发出材料应负担的成本差异。

（6）企业当年分配并发放职工工资1 200万元，其中，生产工人工资600万元，车间管理人员工资240万元，行政管理人员工资240万元，从事运输劳务人员工资60万元，在建工程人员工资60万元。

（7）本年提供运输劳务获得收入240万元存入银行（假设不考虑增值税），假定发生的相关成本、费用（不包括工资）120万元均用银行存款支付。

（8）本年10月份转让一项专利权的所有权，获得收入120万元存入银行（假设不考虑增值税）。

（9）计提本年度坏账准备金24万元。

（10）本年度计提固定资产折旧567.6万元，其中，车间420万元，行政管理部门147.6万元。

（11）本年度用银行存款购入不需要安装的设备一台，增值税专用发票上注明的价款为480万元，增值税税额为62.4万元，设备交付使用。

（12）企业从银行取得一笔长期借款1 200万元存入银行。

（13）本年的应纳税所得额为120万元，计算本年应交所得税。

要求：编制上述业务的会计分录。

18.某企业为增值税一般纳税人企业（已实行增值税转型），增值税税率为13%，2×24年度发生的固定资产业务如下：

（1）1月20日，企业行政管理部门购入一台不需要安装的A设备，取得的增值税专用发票上注明的价款为320万元，增值税税率为13%，另发生运杂费2万元（不考虑增值税），款项均以银行存款支付。

（2）6月8日，生产车间购入一台需要安装的B设备，取得的增值税专用发票上注明的价款为500万元，增值税税额为65万元，另发生保险费4万元，款项均以银行存款支付，设备投入安装。

（3）6月15日，企业以银行存款支付B设备安装费3万元，B设备于6月30日达到预定使用状态，并投入使用。

要求：编制上述业务的会计分录。

19.M公司属于制造业企业，为增值税一般纳税人。该公司由甲、乙、丙三位股东于2×22年12月31日共同出资设立，注册资本为800万元。出资协议约定，甲、乙、丙三位股东出资比例分别为40%、35%、25%。相关资料如下：

（1）2×22年12月31日三位股东的出资方式及出资额见表5-6。

表5-6　　　　　　　　　　　三位股东出资额　　　　　　　单位：万元

出资人	货币资金	实　物
甲	270	50
乙	130	150
丙	170	30
合　计	570	230

三位股东的出资已全部到位，并经中国注册会计师验证，有关法律手续已办妥。

（2）2×23年M公司实现净利润400万元，股东大会决定分派现金股利100万元（按出资比例分配）。

（3）2×24年12月31日，M公司吸收丁股东加入本公司，并将本公司注册资本由原来的800万元增加到1 000万元。丁股东以银行存款100万元、原材料56.5万元（丁股东开具的增值税专用发票注明材料价款50万元、增值税6.5万元）出资，占增资后的注册资本10%的股份；其余的100万元增资由甲、乙、丙三位股东按原持股比例以银行存款出资。2×24年12月31日，四位股东的出资已全部到位，有关的法律手续也已办妥。

要求：

（1）编制M公司2×22年12月31日收到投资人投入资本的会计分录。

（2）编制M公司2×23年分配现金股利的会计分录。

（3）计算M公司2×24年12月31日吸收丁股东出资时产生的资本公积。

（4）编制2×24年12月31日收到各位股东出资时的会计分录。

（5）计算M公司2×24年12月31日增资扩股后各股东的持股比例。

20.某公司为增值税一般纳税人，适用的增值税税率为13%。2×24

年6月份，该企业发生下列经济业务：

（1）6月3日，本企业向甲公司赊销A产品100件，单位售价为30 000元/件，单位成本为14 000元/件。

（2）6月10日，甲企业来函提出本月3日购买的A产品部分存在质量问题，经双方反复协商达成意向：本企业给予购买单位售价10%的折让，并办理退款手续，同时开具红字增值税专用发票。

（3）6月15日，向乙企业销售材料一批，价款120 000元，增值税15 600元，该批材料的成本为80 000元。本企业当即收到一张已承兑的商业汇票。

（4）6月18日，丙企业要求退回本年4月份购买的A产品10件，该批A产品4月份的单位售价为35 000元/件，单位成本为14 000元/件，其收入已在4月份入账，款项尚未收取。经查证该批产品系发货错误，因此同意丙企业的退货要求，并办理退货手续和开具红字增值税专用发票。

（5）6月30日，收到丁企业预订本企业B产品的订金500 000元，存入银行，B产品将于下个月发货。

要求：编制上述业务的会计分录。

21.某企业为增值税一般纳税人企业，增值税税率为13%，假设不考虑其他相关税费，原材料按计划成本核算，按类别确定材料成本差异额。本企业甲类材料包括A、B两种原材料，A材料的计划单位成本为200元/千克，B材料的计划单位成本为170元/千克。入库材料的计划成本和成本差异逐笔结转。发出材料按每笔业务逐笔结转计划成本和成本差异。本企业甲类材料的月初余额为700 000元，甲类材料的成本差异额月初余额为贷方余额14 048元。该企业本月发生下列经济业务：

（1）从外地采购A材料16 000千克，增值税专用发票注明的材料价款为3 380 000元，增值税进项税额为439 400元，供货方代垫的运杂费为4 000元（不考虑增值税）。材料尚未到达，根据有关款项的总金额企业签发并承兑一张商业汇票。

（2）上述购入的A材料到达企业，验收时发现实际数量为15 920千克，经查实短缺的80千克为运输途中的合理损耗。

（3）企业从本地购入B材料8 080千克，增值税专用发票注明的价款为1 292 800元，增值税进项税额为168 064元，企业通过银行支付款项，材料验收入库。

（4）企业从外地购买 B 材料 2 500 千克，增值税专用发票注明的价款为 440 000 元，增值税进项税额为 57 200 元，材料尚未运达企业，有关款项通过银行支付。

（5）本月基本生产车间生产产品领用 A 材料 14 000 千克，车间一般性消耗 B 材料 200 千克，管理部门耗用 B 材料 800 千克。

（6）本月份在建工程领用 B 材料 2 000 千克。

（7）本月销售 A 材料 3 000 千克，单位售价 240 元/千克，材料的价款和增值税税款均已收到并存入银行。

要求：

（1）计算甲类材料的成本差异率。

（2）编制相关的会计分录。

（3）计算月末库存甲类材料的实际成本。

22.某公司 2×24 年 5 月 1 日成立开业，经过一个月的经营，至 5 月 31 日，公司有关账户的余额（结账之前）见表 5-7。

表5-7　　　　　　　　　　　　公司账户余额表　　　　　　　　单位：元

账户名称	借　　方	贷　　方
库存现金	5 160	
银行存款	363 032	
原材料	452 480	
生产成本	1 201 408	
制造费用	90 000	
长期待摊费用	96 000	
固定资产	1 600 000	
短期借款		800 000
预收账款		67 200
实收资本		1 680 000
主营业务收入		1 440 000
销售费用	91 760	
管理费用	87 360	
合　　计	3 987 200	3 987 200

按照权责发生制会计处理基础的要求，该企业在 5 月 31 日应进行调整、结转的会计事项如下：

（1）5 月初企业支付自本月起两年期的保险费 96 000 元，本月负担 1/24。

（2）按本月主营业务收入的 5% 计算销售税金（消费税）。

（3）本月应负担但尚未支付的短期借款利息 3 360 元。

（4）通过银行支付本月房租 11 200 元。

（5）本月提取固定资产折旧，其中，车间 88 000 元，行政管理部门 20 000 元。

（6）结转本月发生的制造费用。

（7）本月生产的产品完工 400 件，结转其生产成本 1 344 000 元。

（8）本月生产完工入库的产品本月销售 300 件，结转其销售成本。

（9）结转本月的损益类账户。

（10）按本月实现的利润总额的 25% 计算所得税并结转。

要求：

（1）编制本月业务的会计分录。

（2）编制结账后的试算平衡表。

五、案例分析题

案例 5-1

张士达原在某事业单位任职，月薪 1 500 元。2×24 年年初辞去公职，投资 100 000 元（该 100 000 元为张士达以个人名义从银行借入的款项，年利率为 4%）开办了一家公司，从事餐饮服务业务。该公司开业 1 年来，有关收支项目的发生情况如下：

（1）餐饮收入 420 000 元。

（2）出租场地的租金收入 50 000 元。

（3）兼营小食品零售业务收入 32 000 元。

（4）各种饮料食品的成本 260 000 元。

（5）支付各种税金 21 000 元。

（6）支付雇员工资 145 000 元。

（7）购置设备支出160 000元，其中本年应负担该批设备的磨损成本40 000元。

（8）张士达的个人支出20 000元。

案例要求：

确定该公司的经营成果，并运用你掌握的会计知识评价张士达的辞职是否合适。

案例提示

该餐饮公司2×24年的有关损益项目确定如下：

收入=420 000+50 000+32 000=502 000（元）

费用=260 000+21 000+145 000+40 000=466 000（元）

利润=502 000-466 000=36 000（元）

通过上述计算可以看出，张士达经营的餐饮公司，开业1年来实现的经营成果是盈利36 000元。由于张士达原在事业单位任职，月薪1 500元，年薪即为18 000元，显然，张士达开办的餐饮公司获得的盈利要超过其在事业单位任职的收入，也就是说，张士达辞去公职开办公司是合适的。

对于本案例需要注意，张士达个人的支出20 000元不能作为公司的开支看待。因为，按照会计主体基本假设的要求，公司的会计只核算本公司的业务，必须将公司这个会计主体的业务与公司所有者即张士达本人的业务区别开来。另外，对于张士达来说，在作出这个决策时，需要考虑一下借款投资的利息问题，在本例中，借款的年利息额为4 000元（100 000×4%），但这个利息额度比较小，所以，并不能改变最终的结果。

案例5-2

利得股份有限公司的张红，在出纳、材料会计等岗位上经过几年磨炼之后，又接手了会计稽核工作。在近半年的稽核工作实践中，张红由自视颇高到虚心学习，业务能力和职业素养有了很大的提高。张红在对利得股份有限公司2×24年12月份的有关凭单进行审核时发现了如下记录：

（1）利得股份有限公司在新产品发布会上公布了一款新研制的产品，该产品将在3个月后投产。在会上收到了两项客户订单及客户预交的订货款 500 000 元，记账凭证和账簿记录均为：

借：银行存款   500 000

　　应收账款   65 000

　　贷：主营业务收入   500 000

　　　　应交税费——应交增值税（销项税额）   65 000

（2）财务处新购进两台电脑，总价 16 800 元（假设不考虑相关税费），记账凭证和账簿记录均为：

借：管理费用   16 800

　　贷：银行存款   16 800

（3）公司新安装一台设备，发生安装工人工资费用 25 000 元，记账凭证和账簿记录均为：

借：生产成本   25 000

　　贷：应付职工薪酬   25 000

张红认为，上述记录的执行人员在损益确认的观念上存在问题，在会计主管人员的支持下，张红和相关业务处理人员进行了座谈。在座谈会上，相关人员对上述账务处理的理由陈述如下：

对于业务（1），相关人员认为，这样处理的原因有二：一是这500 000 元终究是由于销售产品而引起的，作为销售收入来处理并无太大的不当之处；二是这样处理有利于国家税收。

对于业务（2），相关人员认为，电脑使用率很高，同时也是高淘汰率产品，他自己在 3 年前购买了一台台式电脑，由于住处电压问题，买回的第二天即被击毁。无奈之下，他又重新购买了一台，但当时价格不菲的配置，今天已成"原始武器"，电脑的贬值非常快，因此作为当期费用处理是可以的。

对于业务（3），相关人员认为，由于是本企业的安装工人进行的设备安装，将这些安装工人的工资按惯例计入生产成本无可厚非。

张红在听了相关人员对上述账务处理的陈述后，根据自己在学校中学到的会计理论知识和工作实践经验，对上述问题作出了全面的阐述，相关人员在听了张红的论述后，心悦诚服，感到收获很大，他们愉快地接受了张红的意见，并做了相应的错账纠正。

案例要求：

你知道张红会怎样阐述自己的观点吗？假如你是张红，请你指出同事们账务处理的错误之处及改正方法。

案例提示

对于本案例中有关问题的处理，涉及一系列会计原则的运用，包括权责发生制原则、配比原则、划分资本性支出与收益性支出原则以及谨慎性原则等。企业在确认损益额时必须遵循上述原则，除此之外，还要受到收入准则、费用开支标准等的限制。另外，对于一个公司而言，损益确认是否正确是一个非常重要的问题，它不仅涉及企业管理当局受托责任的完成情况，而且还涉及会计信息可靠性的问题，同时还涉及检查和控制计划的执行情况、企业经营趋势的预测等。因而，必须准确把握经营损益的确认。

对于业务（1），公司相关人员的看法及其处理是错误的。会计是对已经发生的经济业务进行核算，而在新闻发布会上收到的 500 000 元款项，属于客户交来的订金，也就是公司的预收款，按照权责发生制会计处理原则的要求，对于预收的款项，在货物（或劳务）没有提供之前，是不能确认收入的。所以，公司的会计将其作为收入入账是错误的，这不仅加大了公司的经营风险，而且，从长远来看，不但不利于国家的税收，反而会破坏税源。应对此项错误纠正如下：

借：银行存款 500 000
　　应收账款 65 000
　　贷：主营业务收入 500 000
　　　　应交税费——应交增值税（销项税额） 65 000
借：银行存款 500 000
　　贷：预收账款 500 000

对于业务（2），公司会计人员的看法存在一定的错误，其处理方法也是错误的。电脑确实属于高淘汰率资产，但是，国家在制定电脑折旧年限时已经对此作了考虑，电脑的折旧年限是比较短的，所以，不能因为其淘汰速度快而将其等同于流动资产看待。另外，电脑在使用过程中的意外毁损，只是偶然，不能因此而更改电脑作为固定资产的性质。根据上述理由，应作如下更正：

借：管理费用　　　　　　　　　　　　　　　　16 800
　　贷：银行存款　　　　　　　　　　　　　　　　　16 800
借：固定资产　　　　　　　　　　　　　　　　　16 800
　　贷：银行存款　　　　　　　　　　　　　　　　　16 800

对于业务（3），公司会计人员的处理是错误的，违背了费用开支范围的规定，也不符合划分资本性支出与收益性支出原则的要求。设备属于公司的固定资产，为形成固定资产而发生的支出应作为资本性支出计入固定资产价值，不能因为是本企业工人安装的，就将这些工人的工资计入生产成本。这样处理一方面会使公司固定资产价值虚减，另一方面又会使得公司本期的生产费用虚增。应作如下纠正：

借：生产成本　　　　　　　　　　　　　　　　25 000
　　贷：应付职工薪酬　　　　　　　　　　　　　　　25 000
借：在建工程　　　　　　　　　　　　　　　　25 000
　　贷：应付职工薪酬　　　　　　　　　　　　　　　25 000

案例5-3

李先生从白先生手中购买了一处兼营刷车业务的汽车修理公司。合同规定：李先生用现金支付部分购买款项，其余所欠款项由李先生用公司每年净利润的25%偿还，并规定"以公正合理的方式计算净利润"。但李先生并不清楚净利润的基本计算方法。第1年营业期满后，李先生在计算净利润时，采用了如下规则：从客户处收到现金或支票时才确认为收入；只要公司支出了现金或开出了支票就确认为当年的费用。为此，李先生对以下收入和费用进行了处理：

（1）汽车修理业务收入现金150 000元；刷车业务收入现金8 000元。全部确认为本年的主营业务收入。

（2）为吸引客户，办理刷车优惠卡预收现金10 000元，全部确认为本年的收入。（据统计，其中5 000元已经提供了刷车服务）。

（3）部分客户尚欠本年汽车修理款40 000元，未确认为本年的收入。

（4）购买用于汽车修理的设备支出12 000元，全部确认为本年的费用。

（5）购买用于汽车修理的配件、材料本年共支出90 000元，全部确认为本年的费用。（经盘点还有6 000元配件和材料积存）。

（6）新购买二手车一辆，双方协商价格40 000元，暂付20 000元。该汽车购买时预计尚可使用5年。已付款的20 000元确认为本年的费用。

（7）公司的所得税税率为25%。

案例要求：

1.如果你是白先生，你认同李先生对本年的收入和费用进行这样的处理吗？为什么？

2.如果让你来计算该公司的净利润，你会考虑哪些因素？

3.采用上述方法确认的净利润数额与实际数比较是大还是小？按其一定比例计算的应当支付白先生的欠款数额是多还是少？

案例提示

1.不同意李先生的处理方法。因为他是按照收付实现制的要求确认收入和费用的，按照规定，企业应当采用权责发生制会计处理基础确认收入和费用。以上的确认过程也违背了收入和费用之间的配比原则，存在多计、少计当年收入和多计当年费用的问题。

2.正确的处理方法应当是：

（1）其中的刷车业务收入应属于企业的其他业务收入，不能计入主营业务收入（当然，这样处理并不影响净利润的计算）。

（2）办理刷车优惠卡预收现金10 000元不能全部确认为本年的收入。按照权责发生制会计处理基础确认收入的要求，确认为本年收入的只能是已经提供了刷车服务的那部分金额，即5 000元。

（3）按照权责发生制会计处理基础确认收入的要求，应收款应确认为本年的收入，即40 000元。

（4）用于汽车修理的设备应属于企业的固定资产，发生的支出属于资本性支出，应按照一定的方法分摊计入各受益期间，而不应全部计入本年的费用。

（5）用于汽车修理的配件、材料支出属于收益性支出，只有实际消耗了才能作为费用进行确认，积存的配件和材料不能计入本年的费用。

（6）车辆属于企业的固定资产，其消耗应按规定的折旧方法计算，并计入本年费用，而不能按实际付款多少确认为本年费用。

3.采用上述方法确认收入和费用，虽然存在着多计、少计本年收入和多计本年费用的问题，但从总体上看是少计了本年收入，根据收入、费用与利润之间的关系，计算出来的净利润数额必然比实际数小。按此净利润数的一定比例计算应当支付白先生的欠款数额显然也会少。

案例5-4

李杰于2×24年1月1日投资成立了LJ公司，并聘请具有丰富经验的张东为公司会计，张东的月薪为4 000元。经过1年的经营，公司取得了较好的经营业绩。公司为了吸引顾客，对销售的货物一律采用赊销的方式，销售货物的价格按照进价（成本）加价40%来确定。临近年末，公司的会计张东突然购买了一套50多万元的公寓，而且还是一次性付清全部房款。李杰得知此事后隐约感觉会计张东的收入能力还未达到这种水平，因此，对张东负责的应收账款核算工作产生了怀疑。李杰决定对公司年末1 505 000元的应收账款的准确性进行测试。因为李杰也学过会计，所以，李杰将公司的往来账、存货账以及销售收入账等内容进行了核查，经过李杰的整理，列出了LJ公司2×24年度的如下资料：

公司本年度共购货8次，总金额为7 500 000元；本年度共销货5次，其中已收回货款的总金额为5 625 000元；会计期末结存的存货为2 000 000元。

案例要求：

请帮助李杰估算一下公司期末的应收账款余额应为多少？与账面记录的应收账款的差额是多少？可能是什么原因造成的？

案例提示

根据李杰整理的资料可以估算出本期公司销货总额为7 700 000元（（7 500 000-2 000 000）×140%），而公司账上记录的应收账款和已收回的货款共为7 130 000元（1 505 000+5 625 000），其差额为570 000元（7 700 000-7 130 000），即短款570 000元。

案例5-5

会计小刘刚刚参加工作，对利润的计算方法虽然在学校里学过，但也忘得差不多了。为了巩固学习过的知识，他根据所在企业本月有关收入和费用资料，对有关利润指标进行了计算。他查阅本企业的账簿得到了如下资料：

主营业务收入　2 400 000元（贷）　其他业务收入　60 000元（贷）

投资收益　　　　60 000元（贷）　营业外支出　　40 000元（借）

主营业务成本　1 250 000元（借）　其他业务成本　50 000元（借）

销售费用　　　　60 000元（借）　管理费用　　　120 000元（借）

财务费用　　　　9 000元（借）

本公司适用的所得税税率为25%。

根据以上资料，小刘进行了如下计算：

（1）营业利润=2 400 000+60 000-1 250 000-50 000=1 160 000（元）

（2）利润总额=1 160 000+60 000-60 000-120 000-9 000-40 000=991 000（元）

（3）所得税费用=991 000×25%=247 750（元）

（4）净利润=991 000-247 750=743 250（元）

案例要求：

1.小刘的计算过程存在哪些问题？你能帮助他找出来吗？

2.如果让你来计算该公司的净利润，你会怎么做？

3.试说明前几个步骤的计算错误为什么不影响利润总额和净利润的计算。

案例提示

1.小刘的计算过程存在如下问题：一是在计算营业利润时，应当扣除销售费用、管理费用和财务费用，还要加上投资收益，由于小刘混淆了营业利润的组成内容，导致营业利润计算结果错误；二是计算利润总额时，将期间费用和投资收益的内容均列在计算公式中，尽管结果正确，但搞错了配比关系。

2.正确的计算方法应当是：

（1）营业利润=2 400 000+60 000-1 250 000-50 000-60 000-120 000-9 000+60 000
　　　　　　=1 031 000（元）

（2）利润总额=1 031 000-40 000=991 000（元）

（3）所得税费用=991 000×25%=247 750（元）

（4）净利润=991 000−247 750=743 250（元）

3.因为利润总额是相关的收入和费用之间配比的结果，不管中间环节出了什么问题，只要将所有的收入和费用考虑进来，就不会影响利润总额的计算结果，也就不会影响到所得税和净利润的计算。

六、练习题参考答案

（一）单项选择题

1.C　2.D　3.B　4.C　5.B　6.A　7.C　8.B　9.B　10.B　11.C　12.A　13.C　14.D　15.A　16.B　17.C　18.C　19.B　20.C　21.B　22.B　23.D　24.B　25.B　26.D　27.A　28.D　29.B　30.B　31.C　32.B　33.D　34.B　35.D　36.D　37.C　38.C　39.B　40.D　41.B　42.A　43.C　44.B　45.C　46.C　47.B　48.C　49.B　50.C　51.C　52.B　53.B　54.C　55.B　56.C　57.A　58.B　59.B　60.C　61.C　62.D　63.C　64.B　65.C　66.C　67.C　68.A　69.C　70.D　71.C　72.A　73.A　74.D　75.C　76.B　77.D　78.D　79.B　80.B　81.D　82.D　83.C　84.A　85.A　86.B　87.B　88.A　89.C　90.C

（二）多项选择题

1.ABCDE　2.ABD　3.ACE　4.AC　5.ABCDE　6.BCD　7.ABCE　8.CDE　9.BCDE　10.ACE　11.ACDE　12.ABCDE　13.ABCD　14.ACDE　15.BCE　16.ABDE　17.ABCDE　18.ABC　19.ABCD　20.ABE　21.ADE　22.BD　23.ABC　24.ADE　25.ABE　26.ABD　27.ADE　28.ABD　29.CDE　30.ABCDE　31.CD　32.ABC　33.ACDE　34.BCDE　35.BCE　36.ABCE　37.ABCE　38.BC　39.BCDE　40.ABCD　41.BDE　42.ABC　43.ABD　44.ABD　45.ABCDE　46.ACE　47.BCE　48.ABDE　49.ABCE　50.ABDE　51.AC　52.ABCD　53.ABE　54.DE　55.ACD　56.ABD

（三）判断题

1.√　2.×　3.×　4.√　5.√　6.×　7.√　8.×　9.√　10.×　11.×　12.×　13.×　14.×　15.√　16.√　17.×　18.√　19.×　20.×　21.×　22.×　23.√　24.√　25.×　26.×　27.√　28.√　29.×　30.×　31.√　32.×　33.×　34.×　35.×　36.×　37.×　38.√　39.√　40.√　41.×　42.×　43.×　44.×　45.×　46.×　47.×　48.×　49.√　50.√　51.×　52.√　53.√　54.√　55.√　56.√　57.×　58.√　59.×　60.√　61.×　62.×　63.√　64.×

（四）计算题

1.$\dfrac{\text{期末的}}{\text{所有者权益}} = \dfrac{\text{期初的}}{\text{所有者权益}} + \dfrac{\text{本期增加的}}{\text{所有者权益}} - \dfrac{\text{本期减少的}}{\text{所有者权益}}$

期末所有者权益总额=2 318 000+（800 000+260 000）=3 378 000（元）

2.根据题意可知：

（1）本月购入材料总额=（期末结存材料-期初结存材料）+本期发出材料

$$=（206\ 500-278\ 500）+132\ 000$$

$$=60\ 000（元）$$

（2）本月发生的应付购货款=（期末的应付款-期初的应付款）+本期偿还的应付款

$$=（243\ 000-218\ 000）+0$$

$$=25\ 000（元）$$

（3）本月已付款的材料=本月购入材料总额-本月发生的应付购货款

$$=60\ 000-25\ 000$$

$$=35\ 000（元）$$

3.企业的所有者权益包括实收资本、资本公积、盈余公积和未分配利润等。根据题意可知：

（1）12月份应交所得税=全年累计应交所得税-前11个月已交所得税

$$=全年累计利润总额×所得税税率-前11个月已交所得税$$

$$=1\ 000\ 000×25\%-214\ 000$$

$$=36\ 000（元）$$

（2）年末未分配利润=净利润-提取的盈余公积-分给投资人的利润

$$=750\ 000-75\ 000-132\ 400$$

$$=542\ 600（元）$$

（3）年末的所有者权益总额=2\ 640\ 000+300\ 000+75\ 000+542\ 600

$$=3\ 557\ 600（元）$$

4.本月成本差异率=$\dfrac{月初库存材料成本差异 + 本月入库材料成本差异}{月初库存材料计划成本 + 本月入库材料计划成本}×100\%$

$$=\dfrac{-620 + (67\ 890 - 70\ 300)}{30\ 700 + 70\ 300}×100\%$$

$$=-3\%$$

本月发出材料应负担的材料成本差异额=50\ 000×（-3\%）

$$=-1\ 500（元）$$

月末材料成本差异额=（-620）+（-2\ 410）-（-1\ 500）

$$=-1\ 530（元）$$

期末结存材料的实际成本=（30\ 700+70\ 300-50\ 000）-1\ 530

$$=49\ 470（元）$$

5.根据题中已给条件，进行相关计算如下：

（1）本月材料成本差异率=$\dfrac{(122\ 320 - 120\ 000) + (480\ 320 - 500\ 000)}{120\ 000 + 500\ 000}×100\%$

$$=-2.8\%$$

（2）发出材料应负担的成本差异额=300 000×（−2.8%）=−8 400（元）

（3）本月发出材料的实际成本=300 000−8 400=291 600（元）

（4）月末结存材料的计划成本=120 000+500 000−300 000=320 000（元）

（5）月末结存材料的实际成本=320 000+320 000×（−2.8%）

$$=311\ 040（元）$$

6.解答本题需要注意以下两点：一是充分利用会计等式即"资产=负债+所有者权益"；二是对资产等有关项目存在的"期末余额=期初余额+本期增加发生额−本期减少发生额"关系式。据此可做如下的计算：

（1）公司年末的未分配利润=120 000+（−400 000）+80 000

$$=−200\ 000（元）$$

公司年初的所有者权益总额=1 600 000+160 000+120 000+120 000

$$=2\ 000\ 000（元）$$

公司年末的所有者权益总额=1 600 000+160 000+（120 000−80 000）+（−200 000）

$$=1\ 600\ 000（元）$$

公司年末的负债总额=资产总额−所有者权益总额

$$=3\ 960\ 000−1\ 600\ 000$$

$$=2\ 360\ 000（元）$$

（2）说明：根据以上计算并结合题意可以看出，公司的负债由年初的2 000 000元变化为年末的2 360 000元，增加了360 000元；公司的资产由年初的4 000 000元（2 000 000+2 000 000）变化为年末的3 960 000元，减少40 000元。资产和负债的变化都是由于公司发生亏损，即由于发生亏损400 000元，使得公司的资产减少40 000元，负债增加360 000元。

7.根据题意，解答如下：

（1）收付实现制：

收入=400 000+100 000+200 000=700 000（元）

费用=7 200+30 000+6 000=43 200（元）

利润=700 000−43 200=656 800（元）

（2）权责发生制：

收入=520 000+48 000+280 000=848 000（元）

费用=7 200+2 000+1 000+5 000=15 200（元）

利润=848 000−15 200=832 800（元）

（3）由以上的计算可以看出，同一家企业同样的经济业务，按照两种不同的会计处理基础即权责发生制和收付实现制，计算出的结果不同。究其原因，就在于两种会计事项处理基础确定收入、费用的标准不同，导致最终确定的利润额也不同。收付实现制要求以实际收到或付出货币资金为标准确定本期的收入或费用，而权责发生制则以应该收到或付出货币资金为标准确定本期的收入或费用，也就是以收款的权利或付款的责任的实际发生为标准，确定本期的收入或费用。正是这种确认收入、费用标准的不同，导致了计算结果的不同。

8.根据题意，计算如下：

（1）制造费用分配率 $= \dfrac{制造费用额}{分配标准之和}$

$$= \dfrac{70\,500}{58\,400 + 35\,600} \times 100\% = 75\%$$

A产品负担的制造费用=58 400×75%=43 800（元）

B产品负担的制造费用=35 600×75%=26 700（元）

（2）因为：

完工产品成本=期初在产品成本+本期发生的生产费用-期末在产品成本

单位成本 $= \dfrac{总成本}{完工产量}$

所以：

A产品完工总成本=66 500+（165 000+58 400+43 800）-13 700

=320 000（元）

A产品单位成本=320 000÷500=640（元/件）

B产品完工总成本=43 300+（126 000+35 600+26 700）

=231 600（元）

B产品单位成本=231 600÷300=772（元/件）

9.根据题意，可对有关账户的发生额和余额计算如下：

（1）"库存现金"账户的借方发生额为20 000元（提取现金发放工资），贷方发生额为21 040元（其中1 040元为购入材料）。

期末余额=1 400+20 000-21 040=360（元）

（2）"银行存款"账户的借方发生额为116 000元（销售产品收款），贷方发生额为90 800元（其中，购入材料68 960元，支付销售费用1 840元，提取现金20 000元）。

期末余额=32 000+116 000-90 800=57 200（元）

（3）"在途物资"账户的借方发生额为70 000元（68 960+1 040），贷方发生额为70 000元，无余额。

（4）"原材料"账户的借方发生额为70 000元，贷方发生额为47 200元（其中，产品领用40 000元，车间一般消耗6 000元，行政管理部门耗用1 200元）。

期末余额=9 800+70 000-47 200=32 600（元）

（5）"生产成本"账户的借方发生额为72 240元（其中，原材料40 000元，人工费15 960元（20 000×70%+20 000×70%×14%），制造费用16 280元（6 000+2 000+280+8 000）），贷方发生额为80 000元（完工入库）。

期末余额=42 000+72 240-80 000=34 240（元）

（6）"制造费用"账户的借方发生额为16 280元（其中，原材料6 000元，人工费为2 280元（20 000×10%+20 000×10%×14%），折旧费8 000①元），贷方发生额等于借方发生额，无余额。

（7）"累计折旧"账户的贷方发生额为8 800元（1 600 000×6%÷12+200 000×4.8%÷12）。

期末余额=180 000+8 800=188 800（元）

（8）"应付职工薪酬——工资"贷方20 000元，无余额。

（9）"应付职工薪酬——职工福利"账户的贷方发生额为2 800元（20 000×14%）。

期末余额=5 200+2 800=8 000（元）

（10）"主营业务收入"账户的借方发生额为116 000元，无余额。

（11）"销售费用"账户的贷方发生额为1 840元，无余额。

（12）"管理费用"账户的借方发生额为6 560元（其中，消耗材料1 200元，工资4 000元（20 000×20%），福利费560元（4 000×14%），折旧费800元（200 000×4.8%÷12）），贷方发生额为6 560元，无余额。

（13）"税金及附加"账户的借方、贷方发生额均为5 800元（116 000×5%），无余额。由于已知利润总额为15 000元，据此可以推定"主营业务成本"账户的借方发生额为86 800元（116 000-6 560-1 840-5 800-15 000），无余额。

（14）"库存商品"账户的贷方发生额为86 800元（根据"主营业务成本"账户确定）。

期末余额=20 000+80 000-86 800=13 200（元）

（15）"所得税费用"账户的借方发生额为3 750元（15 000×25%），无余额。

（16）"应交税费"账户的贷方发生额为9 550元（3 750+5 800），期末余额为9 550元。

（17）"本年利润"贷方11 250元，余额51 250元。

10.本题主要是考察对"利润分配"账户的掌握情况，这里必须注意"利润分

---

① 固定资产折旧额=固定资产原价×折旧率，在本例中，车间固定资产月折旧额=1 600 000×6%÷12=8 000（元）。

配"账户在结构上的特殊性,即该账户借方登记的正常内容包括利润分配的具体内容和年末结账时结清"利润分配"账户所属明细账户的内容,而这两部分内容一般来说是相等的;该账户贷方登记的内容包括年末结账时转入的全年净利润(正是本题的要求)和年末结清"利润分配"账户所属明细账户的内容(与借方的该项内容是相等的)。根据题意,结合以上的分析,做如下的解答:

(1)由于"利润分配"账户的借方发生额为3 103 500元,所以,本年的利润分配额为1 551 750元(3 103 500÷2),年末结清明细账户的发生额也是1 551 750元(否则,有关明细账户不"清")。

(2)"利润分配"账户的贷方发生额为3 896 750元(1 475 250+3 103 500-682 000),而这个发生额在本题中是由两个项目组成的,即年末转来的全年净利润额和年末结清有关明细账户的发生额,根据项目(1)的计算已知年末结清额为1 551 750元,所以,全年实现的净利润额为2 345 000元(3 896 750-1 551 750)。

11.相关业务处理如下:

(1)应纳税所得额=1 000-100+20=920(万元)

(2)应纳所得税额=920×25%=230(万元)

(3)借:所得税费用   2 300 000

  贷:应交税费——应交所得税   2 300 000

借:本年利润   2 300 000

  贷:所得税费用   2 300 000

(4)企业实现的净利润=1 000-230=770(万元)

12.(1)本期所得税费用=[960+(80-40)]×25%=250(万元)

借:所得税费用   2 500 000

  贷:应交税费——应交所得税   2 500 000

(2)借:利润分配——提取法定盈余公积   710 000

      ——提取任意盈余公积   400 000

  贷:盈余公积——法定盈余公积   710 000

      ——任意盈余公积   400 000

借:利润分配——应付现金股利或利润 400 000

  贷:应付股利   400 000

(3)年末未分配利润=200+960-250-71-40-40=759(万元)

13.应计入实收资本的金额=800×25%=200(万元)

应计入资本公积的金额=300-200=100(万元)

14.根据题中所给资料,计算结果见表5-8。

项 目	甲公司	乙公司	丙公司	丁公司
期初结存A产品成本	208 000	（86 800）	46 000	124 000
本期入库A产品成本	962 000	1 008 000	（1 035 000）	520 800
本期可供销售A产品成本	（1 170 000）	（1 094 800）	（1 081 000）	（644 800）
期末结存A产品成本	（72 800）	215 600	225 400	（178 560）
本期销售A产品收入	1 300 000	（1 052 800）	1 012 000	595 200
本期销售A产品成本	（1 097 200）	879 200	（855 600）	466 240
A产品销售收入与销售成本的差额	202 800	173 600	156 400	（128 960）

（五）业务处理题

1.企业编制的会计分录如下：

（1）借：材料采购——甲材料   200 000

             应交税费——应交增值税（进项税额）   26 000

                贷：银行存款   226 000

    借：原材料——甲材料   192 000

      贷：材料采购——甲材料   192 000

    借：材料成本差异   8 000

      贷：材料采购——甲材料   8 000

（2）借：材料采购——甲材料   140 000

             应交税费——应交增值税（进项税额）   18 200

                贷：预付账款   158 200

    借：银行存款   5 000

      贷：预付账款   5 000

（3）借：原材料——甲材料   100 000

          贷：应付账款——暂估应付账款   100 000

下个月初：

借：原材料——甲材料 $\boxed{100\,000}$

    贷：应付账款——暂估应付账款 $\boxed{100\,000}$

（4）借：材料采购——甲材料   40 000

             应交税费——应交增值税（进项税额）   5 200

贷：应付账款   45 200

借：原材料——甲材料   42 000

  贷：材料采购——甲材料   42 000

借：材料采购——甲材料   2 000

  贷：材料成本差异   2 000

（5）借：生产成本   68 000

    制造费用   10 000

    管理费用   8 000

     贷：原材料——甲材料   86 000

借：生产成本   1 360

  制造费用   200

  管理费用   160

   贷：材料成本差异   1 720

2.利和股份公司7月份业务处理如下：

（1）借：银行存款   50 000

    贷：股本——大力公司   50 000

（2）借：固定资产   70 000

    原材料   15 000

     贷：股本——电子公司   85 000

（3）借：银行存款   200 000

    贷：短期借款   200 000

（4）本月借款利息=200 000×6%÷12=1 000（元）

借：财务费用   1 000

  贷：应付利息   1 000

（5）借：固定资产   24 000

    贷：股本   24 000

（6）借：资本公积   30 000

    贷：股本   30 000

（7）借：短期借款   40 000

    贷：银行存款   40 000

3.（1）编制会计分录如下：

①借：银行存款   180 000

  贷：股本   180 000

②借：固定资产   200 000

   无形资产   500 000

    贷：股本   700 000

③借：银行存款   600 000

    贷：短期借款   600 000

④本月借款利息=600 000×4%÷12=2 000（元）

借：财务费用   2 000

 贷：应付利息   2 000

⑤借：银行存款   1 000 000

    贷：长期借款   1 000 000

⑥借：短期借款   200 000

    贷：银行存款   200 000

（2）月末的资产总额=1 600 000+180 000+200 000+500 000+600 000+1 000 000−200 000

       =3 880 000（元）

4.利和股份公司所属企业本月业务的处理如下：

（1）借：固定资产   76 500

     贷：银行存款   76 500

（2）借：在建工程   127 000

     贷：银行存款   127 000

（3）借：在建工程   3 000

     贷：原材料   1 250

       银行存款   1 750

（4）借：固定资产   130 000

     贷：在建工程   130 000

（5）借：在建工程   250 000

     贷：原材料   175 000

       应付职工薪酬——工资   40 000

       制造费用   35 000

（6）借：在建工程   60 000

     贷：银行存款   60 000

（7）借：固定资产   310 000

     贷：在建工程   310 000

5.编制会计分录如下：

（1）借：固定资产　　　　　　　　　　　　　601 800

　　　　　应交税费——应交增值税（进项税额）　 78 000

　　　　贷：银行存款　　　　　　　　　　　　　　　　679 800

（2）借：在建工程　　　　　　　　　　　　　801 500

　　　　　应交税费——应交增值税（进项税额）　104 000

　　　　贷：银行存款　　　　　　　　　　　　　　　　905 500

（3）借：在建工程　　　　　　　　　　　　　　3 000

　　　　贷：原材料　　　　　　　　　　　　　　　　　2 000

　　　　　　库存现金　　　　　　　　　　　　　　　　1 000

（4）借：固定资产　　　　　　　　　　　　　804 500

　　　　贷：在建工程　　　　　　　　　　　　　　　　804 500

6.利和股份公司8月份发生业务的处理如下：

（1）借：在途物资——甲材料　　　　　　　　 28 000

　　　　　应交税费——应交增值税（进项税额）　 3 640

　　　　贷：应付账款　　　　　　　　　　　　　　　　 31 640

（2）借：在途物资——甲材料　　　　　　　　　1 750

　　　　贷：银行存款　　　　　　　　　　　　　　　　　1 750

（3）借：在途物资——乙材料　　　　　　　　 50 400

　　　　　应交税费——应交增值税（进项税额）　 6 552

　　　　贷：银行存款　　　　　　　　　　　　　　　　 56 952

（4）运杂费分配率=3 300÷（1 800+1 500）=1（元/千克）

甲材料负担运杂费=1 800×1=1 800（元）

丙材料负担运杂费=1 500×1=1 500（元）

借：在途物资——甲材料　　　　　　　　　　 16 200

　　　　　　　　——丙材料　　　　　　　　　　 9 000

　　　应交税费——应交增值税（进项税额）　　 2 847

贷：银行存款　　　　　　　　　　　　　　　　 24 747

　　　应付账款　　　　　　　　　　　　　　　　　3 300

（5）借：预付账款　　　　　　　　　　　　　 10 000

　　　　贷：银行存款　　　　　　　　　　　　　　　　 10 000

（6）借：在途物资——丁材料　　　　　　　　 72 000

　　　　　应交税费——应交增值税（进项税额）　 9 360

　　　　贷：预付账款　　　　　　　　　　　　　　　　 81 360

（7）借：原材料——甲材料   45 950

            ——乙材料   50 400

            ——丙材料   9 000

            ——丁材料   72 000

      贷：在途物资——甲材料   45 950

            ——乙材料   50 400

            ——丙材料   9 000

            ——丁材料   72 000

7. 企业编制的会计分录如下：

（1）运费的分摊率 $= \dfrac{4\ 800}{1\ 100 + 900} = 2.4$（元/千克）

其中：甲材料负担的运费 $= 2.4 \times 1\ 100 = 2\ 640$（元）

        乙材料负担的运费 $= 2.4 \times 900 = 2\ 160$（元）

借：在途物资——甲材料   24 640

           ——乙材料   15 660

     应交税费——应交增值税（进项税额）   4 615

      贷：银行存款   44 915

（2）借：在途物资——丙材料   194 400

      应交税费——应交增值税（进项税额）   24 960

       贷：应付票据——新星工厂   219 360

（3）借：预付账款——海河工厂   180 000

       贷：银行存款   180 000

（4）借：在途物资——乙材料   161 200

      应交税费——应交增值税（进项税额）   20 800

       贷：预付账款   180 000

          银行存款   2 000

（5）借：原材料——甲材料   24 640

           ——乙材料   176 860

           ——丙材料   194 400

      贷：在途物资——甲材料   24 640

           ——乙材料   176 860

           ——丙材料   194 400

8. 企业编制的会计分录如下：

（1）借：应收账款   40 680

贷：主营业务收入		36 000
应交税费——应交增值税（销项税额）		4 680
（2）借：银行存款	142 380	
贷：主营业务收入		126 000
应交税费——应交增值税（销项税额）		16 380
（3）借：销售费用	1 500	
贷：银行存款		1 500
（4）借：银行存款	20 000	
贷：预收账款		20 000
（5）借：应收票据	540 140	
贷：主营业务收入		478 000
应交税费——应交增值税（销项税额）		62 140
（6）借：主营业务成本	350 000	
贷：库存商品		350 000
（7）借：税金及附加	1 600	
贷：应交税费——应交城市维护建设税		1 600

9.企业编制的会计分录如下：

（1）借：银行存款	113 000	
贷：主营业务收入		100 000
应交税费——应交增值税（销项税额）		13 000
（2）借：银行存款	7 000	
贷：应收账款		7 000
（3）借：应收票据	56 500	
贷：主营业务收入		50 000
应交税费——应交增值税（销项税额）		6 500
（4）借：财务费用	1 000	
贷：银行存款		1 000
（5）借：银行存款	11 300	
贷：其他业务收入		10 000
应交税费——应交增值税（销项税额）		1 300
（6）借：销售费用	2 000	
贷：银行存款		2 000
（7）借：应收账款——明达工厂	226 000	
贷：主营业务收入		200 000
应交税费——应交增值税（销项税额）		26 000

（8）借：税金及附加   17 500

     贷：应交税费——应交消费税   17 500

（9）借：其他业务成本   8 000

     贷：原材料   8 000

（10）借：主营业务成本   312 000

      贷：库存商品——甲产品   288 000

               ——乙产品   24 000

10.企业编制的会计分录如下：

（1）借：管理费用   4 500

     贷：库存现金   4 500

（2）借：银行存款   12 000

     贷：营业外收入   12 000

（3）借：营业外支出   6 000

     贷：银行存款   6 000

（4）借：管理费用   200

     贷：库存现金   200

（5）借：财务费用   450

     贷：应付利息   450

（6）借：银行存款   20 000

     贷：营业外收入   20 000

（7）借：主营业务收入   148 000

        营业外收入   32 000

     贷：本年利润   180 000

（8）借：本年利润   100 000

     贷：主营业务成本   40 000

        税金及附加   2 000

        销售费用   1 500

        管理费用   33 600

        财务费用   450

        营业外支出   22 450

（9）本期应交所得税=（180 000-100 000）×25%=20 000（元）

借：所得税费用   20 000

     贷：应交税费——应交所得税   20 000

借：本年利润   20 000

贷：所得税费用   20 000

（10）提取的盈余公积=（80 000-20 000）×10%=6 000（元）

借：利润分配——提取法定盈余公积   6 000

   贷：盈余公积——法定盈余公积   6 000

（11）分给投资人的利润=（60 000-6 000）×40%=21 600（元）

借：利润分配——应付现金股利或利润   21 600

   贷：应付股利   21 600

（12）借：本年利润   60 000

       贷：利润分配——未分配利润   60 000

11.企业编制的会计分录如下：

（1）借：银行存款   500 000

     贷：短期借款   500 000

（2）借：固定资产   80 000

     贷：股本   80 000

（3）借：银行存款   10 000

     贷：股本   10 000

（4）借：应交税费   6 500

     贷：银行存款   6 500

（5）借：银行存款   8 000

     贷：应收账款   8 000

（6）借：长期待摊费用   120 000

     贷：银行存款   120 000

（7）借：银行存款   282 500

     贷：主营业务收入   250 000

         应交税费——应交增值税（销项税额）   32 500

（8）借：原材料——甲材料   38 000

         应交税费——应交增值税（进项税额）   4 940

     贷：预付账款   42 940

（9）借：生产成本——A产品   6 000

     贷：原材料——甲材料   3 600

           ——乙材料   2 400

（10）借：制造费用   1 200

     贷：原材料   1 200

（11）借：制造费用   800

    贷：库存现金   800

（12）借：库存现金   30 000

    贷：银行存款   30 000

借：应付职工薪酬——工资   30 000

  贷：库存现金   30 000

（13）借：应付职工薪酬——职工福利   2 200

    贷：银行存款   2 200

（14）借：生产成本——B产品   5 000

    贷：原材料——甲材料   5 000

（15）借：销售费用   1 000

    贷：银行存款   1 000

（16）借：应收账款   56 500

    贷：主营业务收入   50 000

      应交税费——应交增值税（销项税额） 6 500

（17）借：税金及附加（50 000×5%）   2 500

    贷：应交税费——应交消费税   2 500

（18）借：固定资产   241 000

     应交税费——应交增值税（进项税额） 31 200

    贷：应付账款   272 200

（19）借：制造费用   780

    贷：银行存款   780

（20）借：制造费用   8 100

    管理费用   3 200

    贷：累计折旧   11 300

（21）借：财务费用   980

    贷：应付利息   980

（22）借：应付股利   34 000

    贷：银行存款   34 000

（23）借：生产成本——A产品   12 000

       ——B产品   10 000

    制造费用   8 000

    贷：应付职工薪酬——工资   30 000

（24）借：生产成本——A产品　　　　　　　　　　　　　1 680

　　　　　　　——B产品　　　　　　　　　　　　　1 400

　　　制造费用　　　　　　　　　　　　　　　　　　1 120

　　　　贷：应付职工薪酬——职工福利　　　　　　　　　　　　4 200

（25）借：资本公积　　　　　　　　　　　　　　　　　60 000

　　　　贷：股本　　　　　　　　　　　　　　　　　　　　　60 000

（26）制造费用分配率=20 000÷（6 000+4 000）=2（元/工时）

A产品负担的制造费用=2×6 000=12 000（元）

B产品负担的制造费用=2×4 000=8 000（元）

借：生产成本——A产品　　　　　　　　　　　　　12 000

　　　　　　——B产品　　　　　　　　　　　　　8 000

　　贷：制造费用　　　　　　　　　　　　　　　　　　　　20 000

（27）借：库存商品——A产品　　　　　　　　　　　　38 500

　　　　贷：生产成本——A产品　　　　　　　　　　　　　　38 500

（28）借：营业外支出　　　　　　　　　　　　　　　　5 400

　　　　贷：银行存款　　　　　　　　　　　　　　　　　　　5 400

（29）借：管理费用　　　　　　　　　　　　　　　　　4 300

　　　　贷：库存现金　　　　　　　　　　　　　　　　　　　4 300

（30）借：主营业务成本　　　　　　　　　　　　　　138 000

　　　　贷：库存商品——A产品　　　　　　　　　　　　　138 000

（31）借：主营业务收入　　　　　　　　　　　　　300 000

　　　　贷：本年利润　　　　　　　　　　　　　　　　　　300 000

借：本年利润　　　　　　　　　　　　　　　　　155 380

　　贷：主营业务成本　　　　　　　　　　　　　　　　　138 000

　　　销售费用　　　　　　　　　　　　　　　　　　　　1 000

　　　税金及附加　　　　　　　　　　　　　　　　　　　2 500

　　　管理费用　　　　　　　　　　　　　　　　　　　　7 500

　　　财务费用　　　　　　　　　　　　　　　　　　　　980

　　　营业外支出　　　　　　　　　　　　　　　　　　　5 400

（32）本月应交所得税 =144 620×25%=36 155（元）

借：所得税费用　　　　　　　　　　　　　　　　36 155

　　贷：应交税费——应交所得税　　　　　　　　　　　　36 155

借：本年利润　　　　　　　　　　　　　　　　　36 155

　　贷：所得税费用　　　　　　　　　　　　　　　　　　36 155

（33）借：利润分配——提取法定盈余公积   10 846.50

   贷：盈余公积——法定盈余公积   10 846.50

（34）借：利润分配——应付现金股利或利润 39 047.40

   贷：应付股利   39 047.40

（35）借：本年利润   108 465

   贷：利润分配——未分配利润   108 465

编制的试算平衡表见表5-9。

表5-9   **总分类账户发生额试算平衡表**

2×24年11月   单位：元

账户名称	借　方	贷　方
银行存款	800 500	199 880
库存现金	30 000	35 100
应收账款	56 500	8 000
原材料	38 000	12 200
生产成本	56 080	38 500
制造费用	20 000	20 000
库存商品	38 500	138 000
预付账款		42 940
长期待摊费用	120 000	
固定资产	321 000	
累计折旧		11 300
短期借款		500 000
应付账款		272 200
应交税费	42 640	77 655
应付职工薪酬	32 200	34 200
应付利息		980
应付股利	34 000	39 047.4

账户名称	借　　方	贷　　方
股本		150 000
资本公积	60 000	
盈余公积		10 846.5
主营业务收入	300 000	300 000
主营业务成本	138 000	138 000
税金及附加	2 500	2 500
管理费用	7 500	7 500
销售费用	1 000	1 000
财务费用	980	980
营业外支出	5 400	5 400
所得税费用	36 155	36 155
本年利润	300 000	300 000
利润分配	49 893.9	108 465
合　　计	2 490 848.9	2 490 848.9

12.SD公司2×24年12月份业务处理如下：

（1）借：银行存款　　　　　　　　　　　　　200 000

　　　　贷：短期借款　　　　　　　　　　　　　　　200 000

（2）借：银行存款　　　　　　　　　　　　　40 000

　　　　贷：股本　　　　　　　　　　　　　　　　　40 000

（3）借：在途物资——甲材料　　　　　　　　30 000

　　　　　　　　　　——乙材料　　　　　　　　50 000

　　　　应交税费——应交增值税（进项税额）　10 400

　　　　贷：应付账款——华为工厂　　　　　　　　　90 400

（4）借：固定资产　　　　　　　　　　　　　60 800

　　　　应交税费——应交增值税（进项税额）　7 800

　　　　贷：银行存款　　　　　　　　　　　　　　　68 600

（5）运杂费分配率=$\frac{600}{30+20}$=12（元/吨）

其中：甲材料分配的运杂费=12×30=360（元）

乙材料分配的运杂费=12×20=240（元）

借：在途物资——甲材料	360
——乙材料	240
贷：库存现金	600
借：原材料——甲材料	30 360
——乙材料	50 240
贷：在途物资	80 600

（6）借：应交税费　　　　　　　　　　　　　　　　1 500

　　　贷：银行存款　　　　　　　　　　　　　　　　　1 500

（7）借：生产成本——A产品　　　　　　　　　　　2 500

　　　　　　　——B产品　　　　　　　　　　　2 000

　　　制造费用　　　　　　　　　　　　　　　　　500

　　　贷：原材料　　　　　　　　　　　　　　　　　5 000

（8）借：库存现金　　　　　　　　　　　　　　　36 000

　　　贷：银行存款　　　　　　　　　　　　　　　　36 000

（9）借：应付职工薪酬——工资　　　　　　　　　35 000

　　　贷：库存现金　　　　　　　　　　　　　　　　35 000

（10）借：应付职工薪酬——职工福利　　　　　　　4 000

　　　贷：银行存款　　　　　　　　　　　　　　　　4 000

（11）借：应收票据　　　　　　　　　　　　　　16 950

　　　贷：主营业务收入　　　　　　　　　　　　　15 000

　　　　应交税费——应交增值税（销项税额）　　1 950

（12）借：销售费用　　　　　　　　　　　　　　　2 000

　　　贷：银行存款　　　　　　　　　　　　　　　　2 000

（13）借：银行存款　　　　　　　　　　　　　113 000

　　　贷：主营业务收入　　　　　　　　　　　　100 000

　　　　应交税费——应交增值税（销项税额）　　13 000

（14）借：管理费用　　　　　　　　　　　　　　　1 000

　　　贷：银行存款　　　　　　　　　　　　　　　　1 000

（15）借：银行存款　　　　　　　　　　　　　　23 200

　　　贷：应收账款——明月厂　　　　　　　　　　23 200

（16）借：制造费用　　　　　　　　　　　　　　　　　11 100

　　　　管理费用　　　　　　　　　　　　　　　　　2 900

　　　　贷：累计折旧　　　　　　　　　　　　　　　　　　　　14 000

（17）借：税金及附加　　　　　　　　　　　　　　　　750

　　　　贷：应交税费——应交消费税　　　　　　　　　　　　750

（18）借：生产成本——A产品　　　　　　　　　　　　13 000

　　　　　　　　——B产品　　　　　　　　　　　　12 000

　　　　制造费用　　　　　　　　　　　　　　　　　4 500

　　　　管理费用　　　　　　　　　　　　　　　　　5 000

　　　　贷：应付职工薪酬——工资　　　　　　　　　　　　34 500

（19）借：生产成本——A产品　　　　　　　　　　　　1 300

　　　　　　　　——B产品　　　　　　　　　　　　1 400

　　　　制造费用　　　　　　　　　　　　　　　　　600

　　　　管理费用　　　　　　　　　　　　　　　　　700

　　　　贷：应付职工薪酬——职工福利　　　　　　　　　　4 000

（20）借：财务费用　　　　　　　　　　　　　　　　　1 200

　　　　贷：应付利息　　　　　　　　　　　　　　　　　　　1 200

（21）制造费用分配率= $\dfrac{500 + 11\,100 + 4\,500 + 600}{13\,000 + 12\,000}$ =0.668

其中：A产品负担的制造费用=13 000×0.668=8 684（元）

　　　　B产品负担的制造费用=12 000×0.668=8 016（元）

　　借：生产成本——A产品　　　　　　　　　　　　　8 684

　　　　　　　　——B产品　　　　　　　　　　　　　8 016

　　　贷：制造费用　　　　　　　　　　　　　　　　　　　16 700

（22）借：库存商品——A产品　　　　　　　　　　　　25 484

　　　　　　　　——B产品　　　　　　　　　　　　23 416

　　　　贷：生产成本——A产品　　　　　　　　　　　　　25 484

　　　　　　　　　——B产品　　　　　　　　　　　　23 416

（23）借：主营业务成本　　　　　　　　　　　　　　　90 000

　　　　贷：库存商品——A产品　　　　　　　　　　　　　12 000

　　　　　　　　　——B产品　　　　　　　　　　　　78 000

（24）借：主营业务收入　　　　　　　　　　　　　　　115 000

　　　　贷：本年利润　　　　　　　　　　　　　　　　　　　115 000

　　借：本年利润　　　　　　　　　　　　　　　　　　103 550

贷：主营业务成本		90 000
税金及附加		750
销售费用		2 000
管理费用		9 600
财务费用		1 200

（25）利润总额=115 000-103 550=11 450（元）

应交所得税=11 450×25%=2 862.50（元）

借：所得税费用	2 862.50	
贷：应交税费——应交所得税		2 862.50
借：本年利润	2 862.50	
贷：所得税费用		2 862.50

（26）全年的净利润=111 412.50+11 450×（1-25%）=120 000（元）

借：本年利润	120 000	
贷：利润分配——未分配利润		120 000
（27）借：利润分配——提取法定盈余公积	12 000	
贷：盈余公积——法定盈余公积		12 000
（28）借：利润分配——应付现金股利或利润	32 400	
贷：应付股利		32 400
（29）借：利润分配——未分配利润	44 400	
贷：利润分配——提取法定盈余公积		12 000
——应付现金股利或利润		32 400

编制的试算平衡表见表5-10。

表5-10　　　　　　**总分类账户发生额试算平衡表**

2×24年12月　　　　　　　　　　　　单位：元

账户名称	借　方	贷　方
银行存款	376 200	113 100
库存现金	36 000	35 600
应收票据	16 950	
应收账款		23 200
在途物资	80 600	80 600

账户名称	借　方	贷　方
原材料	80 600	5 000
生产成本	48 900	48 900
制造费用	16 700	16 700
库存商品	48 900	90 000
固定资产	60 800	
累计折旧		14 000
短期借款		200 000
应交税费	19 700	18 562.5
应付账款		90 400
应付职工薪酬	39 000	38 500
应付利息		1 200
应付股利		32 400
股本		40 000
盈余公积		12 000
主营业务收入	115 000	115 000
主营业务成本	90 000	90 000
税金及附加	750	750
管理费用	9 600	9 600
销售费用	2 000	2 000
财务费用	1 200	1 200

账户名称	借 方	贷 方
所得税费用	2 862.5	2 862.5
本年利润	226 412.5	115 000
利润分配	88 800	164 400
合 计	1 360 975	1 360 975

13.公司10月份业务处理如下：

（1）借：材料采购——A材料　　　　　　　　　3 384 000

　　　　应交税费——应交增值税（进项税额）　　439 400

　　　贷：应付票据　　　　　　　　　　　　　　　　　3 823 400

（2）该批材料的成本差异额=3 384 000−31 800×108=−50 400（元）

　　借：原材料——A材料　　　　　　　　　　　3 434 400

　　　贷：材料采购——A材料　　　　　　　　　　　3 434 400

　　借：材料采购——A材料　　　　　　　　　　　50 400

　　　贷：材料成本差异　　　　　　　　　　　　　　50 400

（3）借：材料采购——B材料　　　　　　　　　1 280 000

　　　　应交税费——应交增值税（进项税额）　　166 400

　　　贷：银行存款　　　　　　　　　　　　　　　　1 446 400

　　借：原材料——B材料　　　　　　　　　　　1 176 000

　　　贷：材料采购——B材料　　　　　　　　　　　1 176 000

　　借：材料成本差异　　　　　　　　　　　　　104 000

　　　贷：材料采购——B材料　　　　　　　　　　　104 000

（4）借：材料采购——B材料　　　　　　　　　440 000

　　　　应交税费——应交增值税（进项税额）　　57 200

　　　贷：银行存款　　　　　　　　　　　　　　　　497 200

（5）暂时不做处理。

（6）借：生产成本　　　　　　　　　　　　　　3 024 000

　　　　制造费用　　　　　　　　　　　　　　39 200

　　　贷：原材料——A材料　　　　　　　　　　　3 024 000

　　　　　　　——B材料　　　　　　　　　　　　　39 200

（7）借：应收账款　　　　　　　　　　　　　　847 500

贷：其他业务收入　　　　　　　　　　　　　　　　　　750 000

　　　　应交税费——应交增值税（销项税额）　　　　　　 97 500

（8）月末按计划成本估价入库：

借：原材料——A材料　　　　　　　　　　　　　118 800

　　贷：应付账款——暂估应付账款　　　　　　　　　　　118 800

下月初用红字冲回：

借：原材料——A材料　　　　　　　　　　　　　$\boxed{118\ 800}$

　　贷：应付账款——暂估应付账款　　　　　　　　　　　$\boxed{118\ 800}$

本月材料成本差异率$=\dfrac{-11\ 748-50\ 400+104\ 000}{500\ 000+3\ 434\ 400+1\ 176\ 000}\times 100\%\approx 0.82\%$

14.利和股份公司9月份的业务处理如下：

（1）借：管理费用　　　　　　　　　　　　　　　1 200

　　　　贷：库存现金　　　　　　　　　　　　　　　　　1 200

（2）借：销售费用　　　　　　　　　　　　　　 50 000

　　　　贷：银行存款　　　　　　　　　　　　　　　　 50 000

（3）借：管理费用　　　　　　　　　　　　　　　6 000

　　　　贷：库存现金　　　　　　　　　　　　　　　　　6 000

（4）借：管理费用　　　　　　　　　　　　　　　2 000

　　　　贷：累计折旧　　　　　　　　　　　　　　　　　2 000

（5）借：财务费用　　　　　　　　　　　　　　　1 500

　　　　贷：应付利息　　　　　　　　　　　　　　　　　1 500

（6）借：财务费用　　　　　　　　　　　　　　　3 000

　　　　贷：长期借款　　　　　　　　　　　　　　　　　3 000

（7）借：税金及附加　　　　　　　　　　　　　　5 200

　　　　贷：库存现金　　　　　　　　　　　　　　　　　5 200

（8）借：管理费用　　　　　　　　　　　　　　　　380

　　　　贷：库存现金　　　　　　　　　　　　　　　　　 380

（9）借：管理费用　　　　　　　　　　　　　　　4 800

　　　　贷：银行存款　　　　　　　　　　　　　　　　　4 800

（10）借：管理费用　　　　　　　　　　　　　　　 500

　　　　贷：长期待摊费用　　　　　　　　　　　　　　　 500

15.ABC公司本期业务的处理如下：

（1）借：应收票据　　　　　　　　　　　2 000 000

　　　　银行存款　　　　　　　　　　　　 260 000

贷：主营业务收入		2 000 000
应交税费——应交增值税（销项税额）		260 000
借：主营业务成本	1 200 000	
贷：库存商品——甲产品		1 200 000
（2）借：银行存款	13 560 000	
贷：主营业务收入		12 000 000
应交税费——应交增值税（销项税额）		1 560 000
借：主营业务成本	6 000 000	
贷：库存商品——甲产品		6 000 000
（3）借：生产成本	6 000 000	
制造费用	1 200 000	
管理费用	400 000	
贷：原材料		7 600 000
（4）借：银行存款	452 000	
贷：其他业务收入		400 000
应交税费——应交增值税（销项税额）		52 000
借：其他业务成本	360 000	
贷：原材料		360 000
（5）借：生产成本	2 000 000	
制造费用	800 000	
管理费用	800 000	
在建工程	400 000	
贷：应付职工薪酬——工资		4 000 000
（6）借：生产成本	700 000	
制造费用	280 000	
管理费用	280 000	
在建工程	140 000	
贷：应付职工薪酬——社会保险费		800 000
——住房公积金		400 000
——职工福利		200 000
（7）借：信用减值损失	260 000	
贷：坏账准备		260 000
（8）借：销售费用	400 000	
财务费用	80 000	

贷：银行存款 480 000

（9）借：制造费用 1 400 000

　　管理费用 600 000

　　贷：累计折旧 2 000 000

（10）借：应交税费——应交增值税 1 200 000

　　　　　　——应交消费税 100 000

　　贷：银行存款 1 300 000

（11）本年利润总额=（200-120）+（1 200-600）+（40-36）-40-8-（40+80+28+60）-26

　　　　　　=402（万元）

本年应交所得税=402×25%=100.5（万元）

借：所得税费用 1 005 000

　贷：应交税费——应交所得税 1 005 000

（12）借：主营业务收入 14 000 000

　　　其他业务收入 400 000

　　贷：本年利润 14 400 000

借：本年利润 11 385 000

　贷：主营业务成本 7 200 000

　　其他业务成本 360 000

　　管理费用 2 080 000

　　财务费用 80 000

　　销售费用 400 000

　　信用减值损失 260 000

　　所得税费用 1 005 000

16.企业编制的会计分录如下：

（1）借：银行存款 2 825 000

　　贷：主营业务收入 2 500 000

　　　应交税费——应交增值税（销项税额） 325 000

借：主营业务成本 1 875 000

　贷：库存商品 1 875 000

（2）借：生产成本 6 000 000

　　　制造费用 500 000

　　　管理费用 700 000

　　　销售费用 1 500 000

```
            贷：应付职工薪酬——工资                                    8 700 000
  （3）借：生产成本                              2 100 000
           制造费用                               175 000
           管理费用                               245 000
           销售费用                               525 000
            贷：应付职工薪酬——社会保险费                          1 740 000
                        ——住房公积金                            870 000
                        ——职工福利费                            435 000
  （4）借：税金及附加                            275 000
            贷：应交税费——应交城市维护建设税                      250 000
                     ——应交教育费附加                            25 000
```

（5）本年收入合计=（7 750+250）+80+110+250=8 440（万元）

本年成本
费用合计 =（5 425+187.5）+（75+27.5）+50+（170+150+52.5）+（105+70+

24.5）+260+100

=6 697（万元）

本年利润总额=8 440-6 697=1 743（万元）

本年应交所得税=1 743×25%=435.75（万元）

```
  借：所得税费用                                 4 357 500
     贷：应交税费——应交所得税                                    4 357 500
```

17.企业编制的会计分录如下：

（1）该批材料的超支差异=600-588=12（万元）

```
  借：材料采购                                   6 000 000
     应交税费——应交增值税（进项税额）             780 000
     贷：应付票据                                               6 780 000
  借：原材料                                     5 880 000
     材料成本差异                                 120 000
     贷：材料采购                                               6 000 000
  （2）借：应付票据                              6 780 000
         贷：银行存款                                            6 780 000
  （3）借：应收账款                             13 560 000
         贷：主营业务收入                                       12 000 000
             应交税费——应交增值税（销项税额）                   1 560 000
```

借：主营业务成本　　　　　　　　　　　　4 800 000
　　贷：库存商品　　　　　　　　　　　　　　　　4 800 000
（4）借：银行存款　　　　　　　　　　　　9 960 000
　　　　应收票据　　　　　　　　　　　　3 600 000
　　　贷：应收账款　　　　　　　　　　　　　　13 560 000

（5）材料成本差异率 $=\dfrac{12+12}{612+588}\times100\%=2\%$

发出材料应负担的总差异额 $=900\times2\%=18$（万元）

借：生产成本　　　　　　　　　　　　　　120 000
　　制造费用　　　　　　　　　　　　　　　48 000
　　管理费用　　　　　　　　　　　　　　　12 000
　　贷：材料成本差异　　　　　　　　　　　　　　180 000

（6）借：生产成本　　　　　　　　　　　　6 000 000
　　　　制造费用　　　　　　　　　　　　2 400 000
　　　　管理费用　　　　　　　　　　　　2 400 000
　　　　其他业务成本　　　　　　　　　　　600 000
　　　　在建工程　　　　　　　　　　　　　600 000
　　　贷：应付职工薪酬——工资　　　　　　　　12 000 000

借：应付职工薪酬——工资　　　　　　12 000 000
　　贷：银行存款　　　　　　　　　　　　　　12 000 000

（7）借：银行存款　　　　　　　　　　　　2 400 000
　　　贷：其他业务收入　　　　　　　　　　　　2 400 000

借：其他业务成本　　　　　　　　　　　1 200 000
　　贷：银行存款　　　　　　　　　　　　　　1 200 000

（8）借：银行存款　　　　　　　　　　　　1 200 000
　　　贷：营业外收入　　　　　　　　　　　　　1 200 000

（9）借：信用减值损失　　　　　　　　　　　240 000
　　　贷：坏账准备　　　　　　　　　　　　　　240 000

（10）借：制造费用　　　　　　　　　　　4 200 000
　　　　管理费用　　　　　　　　　　　1 476 000
　　　贷：累计折旧　　　　　　　　　　　　　5 676 000

（11）借：固定资产　　　　　　　　　　　4 800 000
　　　　应交税费——应交增值税（进项税额）　　624 000
　　　贷：银行存款　　　　　　　　　　　　　5 424 000

（12）借：银行存款   12 000 000

   贷：长期借款   12 000 000

（13）本年应交所得税=120×25%=30（万元）

借：所得税费用   300 000

  贷：应交税费——应交所得税   300 000

18.企业编制的会计分录如下：

（1）借：固定资产   3 220 000

    应交税费——应交增值税（进项税额） 416 000

   贷：银行存款   3 636 000

（2）借：在建工程   5 040 000

    应交税费——应交增值税（进项税额） 650 000

   贷：银行存款   5 690 000

（3）借：在建工程   30 000

   贷：银行存款   30 000

借：固定资产   5 070 000

  贷：在建工程   5 070 000

19.M公司的业务处理如下：

（1）借：银行存款   5 700 000

    固定资产   2 300 000

   贷：实收资本——甲   3 200 000

      ——乙   2 800 000

      ——丙   2 000 000

（2）借：利润分配——应付现金股利或利润 1 000 000

   贷：应付股利   1 000 000

（3）产生的资本公积=（100+56.5）-1 000×10%=56.5（万元）

借：银行存款   1 000 000

  原材料   500 000

  应交税费——应交增值税（进项税额）   65 000

  贷：实收资本——丁   1 000 000

    资本公积——资本溢价   565 000

（4）借：银行存款   1 000 000

   贷：实收资本——甲   400 000

      ——乙   350 000

      ——丙   250 000

（5）甲持股比例 $=\dfrac{320+40}{1\,000}\times100\%=36\%$

乙持股比例 $=\dfrac{280+35}{1\,000}\times100\%=31.5\%$

丙持股比例 $=\dfrac{200+25}{1\,000}\times100\%=22.5\%$

丁持股比例 $=100\%-36\%-31.5\%-22.5\%=10\%$

20.企业编制的会计分录如下：

（1）借：应收账款   3 339 000
    贷：主营业务收入   3 000 000
      应交税费——应交增值税（销项税额）   339 000

借：主营业务成本   1 400 000
  贷：库存商品   1 400 000

（2）借：主营业务收入   300 000
    应交税费——应交增值税（销项税额）   39 000
      贷：应收账款   339 000

或者：

借：应收账款   339 000
  贷：主营业务收入   300 000
    应交税费——应交增值税（销项税额）   39 000

（3）借：应收票据   135 600
    贷：其他业务收入   120 000
      应交税费——应交增值税（销项税额）   15 600

借：其他业务成本   80 000
  贷：原材料   80 000

（4）借：主营业务收入   350 000
    应交税费——应交增值税（销项税额）   45 500
      贷：应收账款   395 500

借：库存商品   140 000
  贷：主营业务成本   140 000

（5）借：银行存款   500 000
  贷：预收账款   500 000

21.某企业材料购入业务的处理如下：

甲类材料的成本差异率 $=\dfrac{-14\,048+200\,000-80\,800}{700\,000+3\,184\,000+1\,373\,600}\times100\%$

$$=\frac{105\ 152}{5\ 257\ 600}\times100\%$$

$$=2\%$$

（1）借：材料采购——A材料   3 384 000

   应交税费——应交增值税（进项税额）   439 400

    贷：应付票据   3 823 400

（2）A材料的成本差异额=3 384 000−200×15 920=200 000（元）

借：原材料——A材料   3 184 000

  材料成本差异   200 000

   贷：材料采购——A材料   3 384 000

（3）B材料的成本差异额=1 292 800−170×8 080=−80 800（元）

借：材料采购——B材料   1 292 800

  应交税费——应交增值税（进项税额）   168 064

   贷：银行存款   1 460 864

借：原材料——B材料   1 373 600

   贷：材料采购——B材料   1 292 800

    材料成本差异   80 800

（4）借：材料采购——B材料   440 000

   应交税费——应交增值税（进项税额）   57 200

    贷：银行存款   497 200

（5）借：生产成本   2 800 000

   制造费用   34 000

   管理费用   136 000

    贷：原材料——A材料   2 800 000

      ——B材料   170 000

借：生产成本   56 000

  制造费用   680

  管理费用   2 720

   贷：材料成本差异   59 400

（6）借：在建工程   340 000

    贷：原材料——B材料   340 000

借：在建工程   6 800

   贷：材料成本差异   6 800

（7）借：银行存款   813 600

贷：其他业务收入		720 000
应交税费——应交增值税（销项税额）		93 600
借：其他业务成本	600 000	
贷：原材料——A材料		600 000
借：其他业务成本	12 000	
贷：材料成本差异		12 000

"原材料"
账户期末余额 =700 000+3 184 000+1 373 600-（2 800 000+170 000+340 000+600 000）

=1 347 600（元）

"材料成本差异"
账户期末余额 =（-14 048+200 000-80 800）-（59 400+6 800+12 000）

=26 952（元）

月末A材料的实际成本=1 347 600+26 952

=1 374 552（元）

22.某公司2×24年5月份业务处理如下：

（1）借：管理费用 4 000

贷：长期待摊费用 4 000

（2）借：税金及附加 72 000

贷：应交税费——应交消费税 72 000

（3）借：财务费用 3 360

贷：应付利息 3 360

（4）借：制造费用 11 200

贷：银行存款 11 200

（5）借：制造费用 88 000

管理费用 20 000

贷：累计折旧 108 000

（6）借：生产成本 189 200

贷：制造费用 189 200

（7）借：库存商品 1 344 000

贷：生产成本 1 344 000

（8）借：主营业务成本 1 008 000

贷：库存商品 1 008 000

（9）借：主营业务收入 1 440 000

贷：本年利润 1 440 000

借：本年利润   1 286 480

  贷：主营业务成本   1 008 000

      税金及附加   72 000

      管理费用   111 360

      销售费用   91 760

      财务费用   3 360

（10）本月的利润总额=1 440 000-1 286 480

                      =153 520（元）

本月应交的所得税=153 520×25%

                   =38 380（元）

借：所得税费用   38 380

  贷：应交税费——应交所得税   38 380

借：本年利润   38 380

  贷：所得税费用   38 380

企业编制的试算平衡表见表5-11。

表5-11   **总分类账户发生额试算平衡表**

                      2×24年5月   单位：元

账户名称	借 方	贷 方
库存现金	5 160	
银行存款	363 032	11 200
原材料	452 480	
库存商品	1 344 000	1 008 000
生产成本	1 390 608	1 344 000
制造费用	189 200	189 200
长期待摊费用	96 000	4 000
固定资产	1 600 000	
累计折旧		108 000
短期借款		800 000
预收账款		67 200
应交税费		110 380

账户名称	借　方	贷　方
应付利息		3 360
实收资本		1 680 000
主营业务收入	1 440 000	1 440 000
主营业务成本	1 008 000	1 008 000
税金及附加	72 000	72 000
销售费用	91 760	91 760
管理费用	111 360	111 360
财务费用	3 360	3 360
所得税费用	38 380	38 380
本年利润	1 324 860	1 440 000
合　计	9 530 200	9 530 200

第六章　账户的分类

一、学习目的与要求

　　本章结合上一章涉及的大量账户，介绍了对账户分类的几种基本方法。目的是使初学者通过研究账户的分类，加深对这些账户之间内在联系的深刻认识。通过学习本章内容，应明确各个账户在整个账户体系中的地位和作用，掌握各种账户在提供会计核算指标上的规律，进一步提高运用账户处理各种经济业务的能力。

二、预习要览

（一）关键概念

1.账户的经济内容　　　　2.账户的用途
3.账户的结构　　　　　　4.跨期摊配账户
5.抵减账户　　　　　　　6.抵减附加账户
7.集合分配账户　　　　　8.对比账户
9.结算账户　　　　　　　10.收入计算账户

（二）关键问题

1.为什么要对账户按照不同的标志进行分类？
2.账户分类的标志有哪些？
3.科学地进行账户分类有哪些作用？
4.账户按照经济内容可以分为哪些类别？
5.账户按用途和结构可以分为哪些类别？
6.为什么要设置跨期摊配账户？其用途结构如何？
7.结算账户分为哪几种？其用途结构如何？
8.为什么要设置调整账户？调整账户的特点是什么？

9.为什么要设置集合分配账户和成本计算账户？它们之间有何区别？

10.收入计算账户、费用计算账户和财务成果计算账户之间存在什么关系？

三、本章重点与难点

本章是在第五章企业主要经济业务核算的基础上，通过研究账户的分类，掌握各种账户的共性，探讨各账户之间的内在联系，理解各个账户在整个账户体系中的地位和作用，掌握各类账户在提供会计信息方面的规律，以达到正确设置和运用账户的目的。每个账户都有其特定的核算内容，运用于特定的经济业务核算，对某一项经济业务的会计数据进行分类记录，从某一个侧面来反映会计要素的变化过程及结果。因此，任何一个账户都有其独特的经济性质、用途和结构，一般不能用其他账户代替。为了正确地设置和运用账户，就需要从理论上进一步认识各个账户的经济内容、用途结构及其在整个账户体系中的地位和作用。在了解各账户特性的基础上，了解账户的共性和相互之间的联系，掌握各账户在提供核算指标方面的规律性，从而正确地设置和运用账户，为会计信息使用者提供相应的会计信息，为此就必须研究账户分类的问题。账户分类的标志一般有：按账户的经济内容分类、按账户的用途结构分类等。科学地进行账户分类，便于设置完整的账户体系，全面地反映企业单位的经营活动和资金运动情况；便于设置会计账簿的格式；便于编制会计报表。

账户按经济内容分类，实质上是按会计对象的具体内容即资金运动分类，具体可以分为：（1）资产类账户，用来核算企业各种资产的增减变动及结余情况，按照资产的流动性又可以分为反映流动资产的账户（如"原材料"账户）、反映非流动资产的账户（如"固定资产"账户）；（2）负债类账户，用来核算企业各种负债的增减变动及结余情况，按照负债的还款期不同又可以分为反映流动负债的账户（如"短期借款"账户）、反映非流动负债的账户（如"长期借款"账户）；（3）所有者权益类账户，用来核算企业所有者权益的增减变动及结余情况，按照所有者权益的来源和构成又可以分为反映所有者原始投资的账户（如

"实收资本"账户）、反映所有者经营积累的账户（如"盈余公积"账户）、反映所有者权益其他来源的账户（如"资本公积"账户）；（4）收入类账户，用来核算企业在生产经营过程中所取得的各种经济利益（注意这里的收入是广义的收入），按照收入的不同性质和内容，又可以分为反映营业收入的账户（如"主营业务收入"账户）、反映非营业收入的账户（如"营业外收入"账户）；（5）费用类账户，用来核算企业在生产经营过程中所发生的各种费用支出（这里的费用是指广义的费用），按照费用的不同性质和内容，又可以分为反映经营费用的账户（如"生产成本"账户、"管理费用"账户等）、反映非经营费用的账户（如"营业外支出"账户）；（6）利润类账户，用来核算企业利润的形成及分配情况，又可以分为反映利润形成情况的账户（如"本年利润"账户）、反映利润分配情况的账户（如"利润分配"账户）。

账户按用途和结构可以分为基本账户、调整账户、成本账户和损益计算账户四大类。基本账户包括：（1）盘存账户，用来核算和监督企业各项财产物资和货币资金（包括有价证券）的增减变动及其实有数；（2）投资权益账户，用来核算企业投资者投资的增减变动及实有数；（3）结算账户，用来核算和监督企业与其他单位和个人之间往来账款结算业务，具体又可以分为债权结算账户、债务结算账户、债权债务结算账户；（4）跨期摊配账户，用来核算和监督应由若干个会计期间共同负担的费用，并将这些费用摊配于各个相应的会计期间。调整账户包括：（1）抵减账户，也称备抵账户，用来抵减相关账户（被调整账户）的余额，以求得被调整账户的实际余额，其调整方式是：被调整账户余额－抵减账户余额＝被调整账户实际余额；（2）抵减附加账户，也称备抵附加账户，既用来抵减又用来增加被调整账户的余额，以求得被调整账户的实际余额，其调整方式是：被调整账户余额＋调整账户的附加数－调整账户的抵减数＝被调整账户实际余额。成本账户包括：（1）集合分配账户，用来归集和分配企业经营过程中某一阶段的某种间接费用，借以核算、监督有关间接费用计划执行情况及其分配情况；（2）成本计算账户，用来核算和监督企业经营过程中应计入特定成本计算对象的经营费用，并确定各成本计算对象实际成本；（3）对比账户，用来核算企业经营过程中某一阶段某项经济业务按照两种不同的计价标准进行对比，借以确定其业务成果。损益计算账户包括：（1）收入计算账户，用来核算和监督企业在一定时期（月、季或年）内取得的各种收入和收益；（2）费用计算账户，用来核算和监督企业在一定时期（月、季或年）内发生的应计入当期损益的各项费用、成本和支出；（3）财务成果计算账户，用来核算和监督企业在一定时期（月、季或年）内全部营业活动最终成果。

账户除按以上两个主要标志分类外，还可以按账户与会计报表的关系进行分类，分为资产负债表账户和利润表账户等。

四、练习题

（一）单项选择题

1.“生产成本”账户如有借方余额，按其用途结构分类属于（　　）。

A.对比账户　　　　　　　　　　B.盘存账户

C.集合分配账户　　　　　　　　D.跨期摊配账户

2.下列不属于抵减账户的是（　　）。

A.“利润分配”账户　　　　　　B.“坏账准备”账户

C.“累计折旧”账户　　　　　　D.“应付利息”账户

3.下列不属于盘存账户的是（　　）。

A.“固定资产”账户　　　　　　B.“原材料”账户

C.“应收账款”账户　　　　　　D.“库存商品”账户

4.在下列所有者权益类账户中，反映所有者原始投资的账户是（　　）。

A.“实收资本”账户　　　　　　B.“盈余公积”账户

C.“本年利润”账户　　　　　　D.“利润分配”账户

5.“税金及附加”账户按经济内容分类属于（　　）。

A.负债类账户　　　　　　　　　B.收入类账户

C.费用计算账户　　　　　　　　D.费用类账户

6.下列账户按用途结构分类不属于费用计算账户的是（　　）。

A.“管理费用”账户　　　　　　B.“财务费用”账户

C.“制造费用”账户　　　　　　D.“销售费用”账户

7.设置“材料成本差异”账户是用来抵减附加（　　）。

A. "原材料" 账户   B. "材料采购" 账户

C. "生产成本" 账户   D. "库存商品" 账户

8.下列账户中，属于抵减附加账户的是（   ）。

A. "坏账准备" 账户   B. "材料成本差异" 账户

C. "利润分配" 账户   D. "累计折旧" 账户

9.结算账户的期末余额（   ）。

A.在借方   B.在贷方

C.可能在借方，也可能在贷方   D.以上都不对

10.下列不是按用途和结构分类的账户是（   ）。

A.成本计算账户   B.财务成果计算类账户

C.费用类账户   D.投资权益账户

11.在企业不单设 "预付账款" 账户时，对于预付款业务可在（   ）。

A. "应收账款" 账户反映   B. "预收账款" 账户反映

C. "应付账款" 账户反映   D. "其他应付款" 账户反映

12. "累计折旧" 账户按经济内容分类属于（   ）。

A.费用类账户   B.抵减账户

C.负债类账户   D.资产类账户

13.下列账户中，既属于结算账户，又属于负债类账户的是（   ）。

A. "应收账款" 账户   B. "预收账款" 账户

C. "应收票据" 账户   D. "预付账款" 账户

14.债权债务结算账户的贷方登记（   ）。

A.债权的增加   B.债务的增加，债权的减少

C.债务的增加   D.债务的减少，债权的增加

15.按用途结构分类的投资权益账户（   ）。

A.只提供货币指标

B.只提供实物指标

C.可以提供实物和货币两种指标

D.一般提供实物指标，有时也提供货币指标

16.下列账户中属于集合分配账户的是（   ）。

A. "实收资本" 账户   B. "制造费用" 账户

C. "生产成本" 账户   D. "管理费用" 账户

17.关于抵减账户和被抵减账户，下列说法中错误的是（　　）。

A.抵减账户与其被抵减账户反映的经济内容相同

B.抵减账户与其被抵减账户反映的经济内容不一定相同

C.抵减账户不能离开被抵减账户而独立存在

D.有抵减账户就有被抵减账户

18.下列属于反映利润形成情况的账户是（　　）。

A."本年利润"账户　　　　　　　B."利润分配"账户

C."制造费用"账户　　　　　　　D."管理费用"账户

19."材料采购"账户按用途结构分类，其归属的类别（　　）。

A.仅是成本计算账户

B.仅是对比账户

C.仅是费用类账户

D.既是成本计算账户，又是对比账户

（二）多项选择题

1.总分类账户分类的主要标志有（　　）。

A.账户的经济内容　　　　　　　B.账户的名称

C.账户的用途和结构　　　　　　D.账户与会计报表的关系

E.账户的统驭关系

2.账户的用途是指通过账户记录（　　）。

A.能提供什么核算指标　　　　　B.怎样记录经济业务

C.表明开设和运用账户的目的　　D.观察借贷方登记的内容

E.判断账户期末余额的方向

3.下列账户属于投资权益账户的有（　　）。

A."本年利润"账户　　　　　　　B."实收资本"账户

C."利润分配"账户　　　　　　　D."资本公积"账户

E."盈余公积"账户

4.下列账户中可能属于盘存账户的有（　　）。

A."原材料"账户　　　　　　　　B."库存商品"账户

C."银行存款"账户　　　　　　　D."固定资产"账户

E."本年利润"账户

5.下列账户中期末如有余额表现在借方的有（　　）。

A.债权结算账户   B.投资权益账户

C.盘存账户   D.成本计算账户

E.收入计算账户

6.下列账户中期末一般没有余额的有（   ）。

A.收入计算账户   B.费用计算账户

C.盘存账户   D.集合分配账户

E.结算账户

7.所谓账户的结构，是指账户如何提供核算指标，即（   ）。

A.账户期末余额的方向   B.账户余额表示的内容

C.账户借方核算的内容   D.账户贷方核算的内容

E.运用账户的目的

8."长期待摊费用"账户按不同标志分类可能属于（   ）。

A.资产类账户   B.集合分配账户

C.费用类账户   D.跨期摊配账户

E.成本计算账户

9.下列账户中反映流动资产的账户有（   ）。

A."应收账款"账户   B."应付利息"账户

C."长期待摊费用"账户   D."原材料"账户

E."库存商品"账户

10.下列账户中属于债权结算账户的有（   ）。

A."预付账款"账户   B."应付账款"账户

C."应收账款"账户   D."应收票据"账户

E."预收账款"账户

11.下列账户中属于费用类账户的有（   ）。

A."制造费用"账户   B."财务费用"账户

C."管理费用"账户   D."长期待摊费用"账户

E."应付利息"账户

12.按不同标志分类，"材料采购"账户可能属于（   ）。

A.资产类账户   B.盘存账户

C.对比账户   D.成本计算账户

E.费用类账户

13.在生产过程中，用来归集制造产品发生的生产费用，并据以计算完工产品生产成本的账户有（　　　）。

A.“制造费用”账户　　　　　　B.“库存商品”账户

C.“材料采购”账户　　　　　　D.“生产成本”账户

E.“主营业务成本”账户

14.关于“本年利润”账户，下列说法中正确的有（　　　）。

A.期末如为贷方余额，表示累计实现的净利润

B.期末如为贷方余额，表示本期实现的利润总额

C.期末如为借方余额，表示累积发生的亏损额

D.年末如为贷方余额，表示未分配利润额

E.年度内一般有余额

15.下列盘存账户中，通过设置和运用明细账可以提供数量和金额两种指标的有（　　　）。

A.“银行存款”账户　　　　　　B.“库存现金”账户

C.“原材料”账户　　　　　　　D.“库存商品”账户

E.“应付账款”账户

（三）判断题

1.按账户的用途结构分类，“制造费用”账户属于成本计算账户。

（　　　）

2.账户按经济内容划分归为一类，则按用途和结构划分也必定归为一类。

（　　　）

3.“主营业务收入”账户是反映营业收入的账户，“其他业务收入”账户是反映非营业收入的账户。

（　　　）

4.按经济内容分类分出的费用类账户是核算企业在经营过程中发生的各种费用支出的账户，这里的费用是指狭义的费用。

（　　　）

5.“本年利润”账户和“利润分配”账户按用途结构分类同属于一个类别。

（　　　）

6.调整账户按其调整方式的不同又可以分为抵减账户和抵减附加账户。

（　　　）

7.投资权益账户是用来核算投资者投资的增减变动及实有额的账户，在任何企业组织形式下，在正常情况下“投资权益”账户的期末余

额都不可能在借方。 （　　）

8.企业的利润在没有分配之前属于企业的所有者权益，所有者权益应反映在企业的资产负债表中，因而"本年利润"和"利润分配"账户均属于资产负债表账户。 （　　）

9.集合分配账户是用来归集应由某个成本计算对象负担的间接费用的账户，因而具有明显的过渡性质，期末一般都有余额。 （　　）

10.抵减附加账户的期末余额方向不是固定的，当其余额在借方时，起着抵减作用，当其余额在贷方时，起着附加作用。 （　　）

11.按账户用途结构分类，实质上是按会计对象的具体内容进行的分类。 （　　）

12."累计折旧"账户按经济内容分类属于抵减账户。 （　　）

13."资本公积"账户按经济内容分类属于投资权益账户。 （　　）

14.账户的用途是指在账户中如何记录经济业务。 （　　）

15.一般而言，账户的用途和结构都直接或间接地依附于账户的经济内容。 （　　）

16."应收账款"账户的被调整账户是"坏账准备"账户。 （　　）

17."制造费用"账户按用途结构分类属于费用类账户。 （　　）

18.在会计核算过程中，必要时可以单独设置调整账户，以取得管理所需的指标。 （　　）

19.收入计算账户除了能提供货币指标外，还可以提供实物指标。
（　　）

20.对于某一个账户而言，当其分类标志确定时，其归属的类别也是唯一的。 （　　）

（四）计算题

1.企业原材料按照计划成本组织核算，"原材料"账户期末余额为145 000元，假设：

（1）"材料成本差异"账户为借方余额3 000元。

（2）"材料成本差异"账户为贷方余额2 000元。

要求：根据上述两种情况分别计算该企业期末原材料的实际成本，并分析说明上述两个账户之间的关系。

2.企业"固定资产"账户的期末余额为256 000元，"累计折旧"账户期末余额为 70 000 元。

要求：

（1）计算固定资产净值。

（2）说明"固定资产"账户与"累计折旧"账户之间的关系。

（五）业务处理题

1.按照要求，完成表6-1中的各个项目。

表6-1   账户练习表

账户类别	账户用途	借方反映的内容	贷方反映的内容	账户举例
集合分配账户				
成本计算账户				
对比账户				

2.利和股份公司所属的某机械制造厂在材料采购业务核算中设置了"应付账款"和"预付账款"两个账户，2×24年8月份"应付账款"和"预付账款"账户及其所属明细账户的期初余额如下："应付账款"账户贷方余额为 125 000 元，其中，"应付账款——A工厂"明细账户贷方余额为 78 000 元，"应付账款——B工厂"明细账户贷方余额为 47 000 元；"预付账款"账户借方余额为 65 000 元，其中，"预付账款——C工厂"明细账户借方余额为 35 000 元，"预付账款——D工厂"明细账户借方余额为 30 000 元。该企业8月份发生下列业务：

（1）用银行存款 50 000 元归还所欠 A 工厂的货款。

（2）收到 C 工厂发来的材料，其中，材料价款 40 000 元，增值税进项税额 5 200 元，代垫外地运杂费 1 200 元（不考虑增值税），材料验收入库，款项上月已经预付 35 000 元，差额部分暂未支付。

（3）从 B 工厂购买材料价款 10 000 元，增值税进项税额 1 300 元，款项未付，材料尚未入库。

（4）通过银行补付所欠 C 工厂的差额款。

要求：编制本月业务的会计分录，开设并登记"应付账款""预付账款"总分类账户和明细分类账户。

3.承业务处理题2，如果该企业不设置"预付账款"账户，企业发生的预付账款业务在"应付账款"账户中核算，其他资料不变。

　　要求：根据上述业务编制会计分录，开设、登记"应付账款"账户并结账。

　　4.表6-2中列示了某企业的一些常见会计账户。

表6-2　　　　　　　　　会计账户一览表

序号	账户名称	归属的类别	
		按经济内容分类	按用途结构分类
1	库存现金		
2	银行存款		
3	交易性金融资产		
4	应收票据		
5	应收账款		
6	预付账款		
7	应收股利		
8	其他应收款		
9	坏账准备		
10	材料采购		
11	在途物资		
12	原材料		
13	材料成本差异		
14	周转材料		
15	在建工程		
16	长期股权投资		
17	固定资产		

序号	账户名称	归属的类别	
		按经济内容分类	按用途结构分类
18	累计折旧		
19	制造费用		
20	无形资产		
21	长期待摊费用		
22	短期借款		
23	应付票据		
24	应付账款		
25	预收账款		
26	应付职工薪酬		
27	应交税费		
28	应付股利		
29	其他应付款		
30	长期借款		
31	应付债券		
32	长期应付款		
33	实收资本		
34	资本公积		
35	盈余公积		
36	本年利润		
37	利润分配		
38	生产成本		

序号	账户名称	归属的类别	
		按经济内容分类	按用途结构分类
39	营业外支出		
40	主营业务收入		
41	其他业务收入		
42	投资收益		
43	营业外收入		
44	主营业务成本		
45	其他业务成本		
46	税金及附加		
47	管理费用		
48	销售费用		
49	财务费用		
50	资产（信用）减值损失		
51	所得税费用		

要求：对表6-2中所列出的账户分别按照经济内容和用途结构两个标志进行分类，并将各个账户归属的类别填入表6-2中的相应栏目。

五、案例分析题

2×24年2月，利得股份有限公司的会计张红在做了一段时间的会计稽核工作之后，回想起自己以前工作中存在的种种错误，决定对自己担任材料会计期间的会计记录进行稽核，看看是否存在错误。在对2×23年10月的会计记录稽核中，张红发现了下面一些会计记录：

（1）2×23年10月份公司购进并入库了一批价值250 000元的甲材料，按税法的规定，缴纳了12 500元的消费税。另外，这种原材料加工成产品后国家不再征收消费税，该批原材料在2×23年已全部加工成产品，并已全部对外销售。当时张红认为，增值税作为购进环节的流转税可以抵扣，消费税按可比性原则也应当可以抵扣。故张红编制了如下会计记录：

借：原材料　　　　　　　　　　　　　　　　250 000
　　应交税费——应交消费税　　　　　　　　 12 500
　　贷：银行存款　　　　　　　　　　　　　　　　262 500

（2）2×23年11月，公司在购进乙、丙材料时，共支付了6 800元的外地运杂费（不考虑增值税），为简化核算起见，张红把它作为管理费用，其会计处理为：

借：管理费用　　　　　　　　　　　　　　　　6 800
　　贷：银行存款　　　　　　　　　　　　　　　　6 800

（3）按利得股份有限公司的规定，丁材料按计划成本计价核算，到2×23年11月末，其账面余额为320 000元，材料成本差异账面余额为贷方8 500元，张红当时认为，按历史成本原则要求，原材料应按实际成本反映，因而，2×23年11月末，张红做了如下的账务处理：

借：材料成本差异　　　　　　　　　　　　　　8 500
　　贷：原材料　　　　　　　　　　　　　　　　　8 500

（4）2×23年11月份，在购进另外一批甲材料时，由于途中的自然损耗，验收时发现应入库1 000千克的甲材料只入库了960千克，该批材料单位购进成本为120元。张红认为没有验收入库（短缺）的原材料应作为当期损失，做账务处理如下：

借：原材料　　　　　　　　　　　　　　　　115 200
　　贷：材料采购　　　　　　　　　　　　　　　 115 200
借：管理费用　　　　　　　　　　　　　　　　4 800
　　贷：材料采购　　　　　　　　　　　　　　　　4 800

张红发现上面的会计记录后，认为这些会计记录是错误的，并做了必要的调整。

案例要求：

你认为张红会做怎样的调整？

案例提示

对于张红担任材料会计期间的错误原因及其改正方法说明如下：

（1）由于增值税存在销项税额，所以，只有购进（或加工完成等）入库材料的增值税方可作为进项税额进行反映，以待将来抵扣销项税额。而消费税没有销项税，无法抵扣，因而不可滥用可比性原则，擅自将其记入"应交税费"账户。这样处理，一方面使得公司的损益计算不准确，另一方面也影响了国家的税收。应做如下的纠正：

借：原材料　　　　　　　　　　　　　　　　　250 000
　　应交税费——应交消费税　　　　　　　　　12 500
　　贷：银行存款　　　　　　　　　　　　　　　　　262 500
借：原材料　　　　　　　　　　　　　　　　　262 500
　　贷：银行存款　　　　　　　　　　　　　　　　　262 500

（2）购进材料支付的外地运杂费按照会计制度规定应作为材料采购成本的组成部分，而不能随意将其作为期间费用处理，只有某些特殊的支出，如采购人员差旅费、采购站经费、市内小额运杂费等可以作为期间费用。另外，对于应由几种材料共同负担的采购费用，要采取适当的方法，将其在各种材料之间进行合理分配。应做如下的纠正：

借：管理费用　　　　　　　　　　　　　　　　6 800
　　贷：银行存款　　　　　　　　　　　　　　　　　6 800
借：材料采购　　　　　　　　　　　　　　　　6 800
　　贷：银行存款　　　　　　　　　　　　　　　　　6 800

（3）按照企业会计制度的规定，公司对原材料可以按实际成本核算，也可以按计划成本核算。在对材料按计划成本核算的情况下，会计报表上反映的应是材料的实际成本，但在账簿中，则是以计划成本进行反映，同时反映材料的成本差异。通过材料的计划成本与材料成本差异的结合，最终确定材料的实际成本。当公司材料的种类比较多、价格变化又比较频繁时，对材料按计划成本进行核算有利于对材料的管理，所以，如果在账簿上取消了材料的计划成本资料，必然使按计划成本对材料计价的作用消失。应对该项错误做如下的纠正：

借：材料成本差异　　　　　　　　　　　　　　8 500

贷：原材料 $\boxed{8\,500}$

（4）原材料在购买过程中发生的自然损耗（定额内损耗），按规定应该构成材料的采购成本，但对于该批材料而言，并没有因发生损耗而额外付出的代价，也就是没有改变原材料的实际总成本，只是由于发生损耗而提高了该种原材料的单位成本，即总成本不变而数量减少。所以，对于该项错误应做如下的纠正：

借：原材料 $\boxed{115\,200}$

    贷：材料采购 $\boxed{115\,200}$

借：管理费用 $\boxed{4\,800}$

    贷：材料采购 $\boxed{4\,800}$

借：原材料   120 000

    贷：材料采购   120 000

六、练习题参考答案

（一）单项选择题

1.B   2.D   3.C   4.A   5.D   6.C   7.A   8.B   9.C   10.C   11.C   12.D   13.B   14.B   15.A   16.B   17.B   18.A   19.D

（二）多项选择题

1.ACD   2.AC   3.BDE   4.ABCD   5.ACD   6.ABD   7.ABCD   8.AD   9.ADE   10.ACD   11.ABC   12.ABCD   13.AD   14.ACE   15.CD

（三）判断题

1.×   2.×   3.×   4.×   5.×   6.√   7.√   8.×   9.×   10.×   11.×   12.×   13.×   14.×   15.√   16.×   17.×   18.×   19.×   20.×

（四）计算题

1.相关处理过程如下：

（1）当"材料成本差异"账户为借方余额3 000元时（表示超支差异），材料实际成本为148 000元（145 000+3 000），此时，"材料成本差异"账户是"原材料"账户的附加调整账户。

（2）当"材料成本差异"账户为贷方余额2 000元时（表示节约差异），材料实际成本为143 000元（145 000-2 000），此时"材料成本差异"账户为"原材料"账户的备抵调整账户。

2.相关处理过程如下：

（1）固定资产净值=256 000-70 000=186 000（元）

（2）"固定资产"账户与"累计折旧"账户之间的关系是："固定资产"账户是被调整账户，"累计折旧"账户是"固定资产"账户的备抵调整账户，即抵减账户，其备抵的方式是："固定资产"账户期末余额-"累计折旧"账户期末余额=调整后实际余额，即固定资产的净值。

（五）业务处理题

1.填写的账户练习表见表6-3。

表6-3 账户练习表

账户类别	账户用途	借方反映的内容	贷方反映的内容	账户举例
集合分配账户	用来汇集和分配经营过程中某一阶段发生的间接费用，核算和监督间接费用计划执行情况以及分配情况的账户	归集间接费用的发生额	间接费用的分配额	"制造费用"账户
成本计算账户	用来核算和监督经营过程中应计入特定成本计算对象的经营费用，并确定各成本计算对象实际成本的账户	汇集应计入特定成本计算对象的全部费用（包括直接计入和先归集然后分配计入的费用）	反映转出的某一成本计算对象的实际成本	"材料采购""生产成本"账户
对比账户	用来核算经营过程中某一阶段某项经济业务按照两种不同的计价标准进行对比，借以确定其业务成果的账户	登记未入库材料的实际成本及转入"材料成本差异"账户贷方的实际成本小于计划成本的节约差异	登记入库材料的计划成本及转入"材料成本差异"账户借方的实际成本大于计划成本的超支差异	"材料采购"账户（材料按计划成本核算）

2.编制的本月业务的会计分录如下：

（1）借：应付账款——A工厂 50 000

　　贷：银行存款 50 000

（2）借：原材料 41 200

　　　应交税费——应交增值税（进项税额） 5 200

　　贷：预付账款——C工厂 46 400

（3）借：在途物资　　　　　　　　　　　　　　　　　　　　10 000
　　　　应交税费——应交增值税（进项税额）　　　　　　　1 300
　　　贷：应付账款——B工厂　　　　　　　　　　　　　　　　　　　11 300
（4）借：预付账款——C工厂　　　　　　　　　　　　　　　11 400
　　　贷：银行存款　　　　　　　　　　　　　　　　　　　　　　　　11 400

相关总账及明细账分别登记如下：

应付账款

（1）	50 000	期初余额	125 000
		（3）	11 300
		期末余额	86 300

预付账款

期初余额	65 000	（2）	46 400
（4）	11 400		
期末余额	30 000		

应付账款——A工厂

（1）	50 000	期初余额	78 000
		期末余额	28 000

应付账款——B工厂

		期初余额	47 000
		（3）	11 300
		期末余额	58 300

预付账款——C工厂

期初余额	35 000	（2）	46 400
（4）	11 400		
期末余额	0		

预付账款——D工厂

期初余额	30 000		
期末余额	30 000		

3.编制的会计分录如下：

(1) 借：应付账款——A工厂 50 000

　　贷：银行存款 50 000

(2) 借：原材料 41 200

　　　应交税费——应交增值税（进项税额） 5 200

　　贷：应付账款——C工厂 46 400

(3) 借：原材料 10 000

　　　应交税费——应交增值税（进项税额） 1 300

　　贷：应付账款——B工厂 11 300

(4) 借：应付账款——C工厂 11 400

　　贷：银行存款 11 400

"应付账款"账户及其明细账户登记如下：

应付账款

(1)	50 000	期初余额	60 000
(4)	11 400	(2)	46 400
		(3)	11 300
		期末余额	56 300

应付账款——A工厂

(1)	50 000	期初余额	78 000
		期末余额	28 000

应付账款——B工厂

		期初余额	47 000
		(3)	11 300
		期末余额	58 300

应付账款——C工厂

期初余额	35 000	(2)	46 400
(4)	11 400		
期末余额	0		

应付账款——D工厂

期初余额	30 000	
期末余额	30 000	

4. 各账户分类见表6-4。

表6-4 **会计账户一览表**

序号	账户名称	归属的类别	
		按经济内容分类	按用途结构分类
1	库存现金	资产类账户	盘存账户
2	银行存款	资产类账户	盘存账户
3	交易性金融资产	资产类账户	盘存账户
4	应收票据	资产类账户	结算账户
5	应收账款	资产类账户	结算账户
6	预付账款	资产类账户	结算账户
7	应收股利	资产类账户	结算账户
8	其他应收款	资产类账户	结算账户
9	坏账准备	资产类账户	抵减账户
10	材料采购	资产类账户	成本计算账户、对比账户
11	在途物资	资产类账户	成本计算账户
12	原材料	资产类账户	盘存账户
13	材料成本差异	资产类账户	抵减附加账户
14	周转材料	资产类账户	盘存账户
15	在建工程	资产类账户	盘存账户
16	长期股权投资	资产类账户	盘存账户
17	固定资产	资产类账户	盘存账户

序号	账户名称	归属的类别	
		按经济内容分类	按用途结构分类
18	累计折旧	资产类账户	抵减账户
19	制造费用	费用类账户	集合分配账户
20	无形资产	资产类账户	盘存账户
21	长期待摊费用	资产类账户	跨期摊配账户
22	短期借款	负债类账户	结算账户
23	应付票据	负债类账户	结算账户
24	应付账款	负债类账户	结算账户
25	预收账款	负债类账户	结算账户
26	应付职工薪酬	负债类账户	结算账户
27	应交税费	负债类账户	结算账户
28	应付股利	负债类账户	结算账户
29	其他应付款	负债类账户	结算账户
30	长期借款	负债类账户	结算账户
31	应付债券	负债类账户	结算账户
32	长期应付款	负债类账户	结算账户
33	实收资本	所有者权益类账户	投资权益账户
34	资本公积	所有者权益类账户	投资权益账户
35	盈余公积	所有者权益类账户	投资权益账户
36	本年利润	利润类账户	财务成果计算账户
37	利润分配	利润类账户	抵减账户
38	生产成本	费用类账户	成本计算账户

序号	账户名称	归属的类别	
		按经济内容分类	按用途结构分类
39	营业外支出	费用类账户	费用计算账户
40	主营业务收入	收入类账户	收入计算账户
41	其他业务收入	收入类账户	收入计算账户
42	投资收益	收入类账户	收入计算账户
43	营业外收入	收入类账户	收入计算账户
44	主营业务成本	费用类账户	费用计算账户
45	其他业务成本	费用类账户	费用计算账户
46	税金及附加	费用类账户	费用计算账户
47	管理费用	费用类账户	费用计算账户
48	销售费用	费用类账户	费用计算账户
49	财务费用	费用类账户	费用计算账户
50	资产（信用）减值损失	费用类账户	费用计算账户
51	所得税费用	费用类账户	费用计算账户

第七章 成本计算

一、学习目的与要求

本章重点阐述了会计核算的基本方法——成本计算。目的是使初学者结合制造业企业经济业务的实际内容，了解和掌握企业成本计算的基本方法。通过学习，应了解成本计算的基本原理，掌握运用成本计算方法对制造业企业供、产、销三个过程的各种计算对象进行成本计算的一般方法。

二、预习要览

（一）关键概念

1. 成本
2. 费用
3. 成本计算
4. 成本计算对象
5. 成本项目
6. 成本计算期
7. 费用要素
8. 直接材料
9. 直接人工
10. 制造费用
11. 直接费用
12. 产品销售成本

（二）关键问题

1. 如何理解成本的含义？费用与成本之间的关系如何？

2. 成本计算的基本原理的具体内容有哪些？

3. 成本计算的基本要求是什么？怎样划分支出、费用和成本的界限？

4. 成本计算的一般程序有哪些？

5. 材料采购成本由哪些具体内容构成？如何计算？

6. 产品制造成本由哪些具体内容构成？如何计算？

7.产品生产成本的成本项目有哪些？

8.发出存货成本的计价方法有哪些？

9.如何计算产品销售成本？

三、本章重点与难点

本章内容与第五章"企业主要经济业务的核算"中的部分内容有密切的联系，当然也存在一定程度上的交叉。学习本章，应重点理解成本计算的意义、原理和要求，熟悉成本计算的基本步骤，掌握成本计算的基本方法——材料采购成本的计算、产品生产成本的计算以及产品销售成本的计算等内容，其难点是产品生产成本的计算。

成本计算，就是归集一定计算对象上的全部费用，借以确定各该对象的总成本和单位成本的一种专门方法。费用和成本是两个既有联系又有区别的概念。费用是已耗生产资料的转移价值和支付给劳动者的劳动报酬，用货币来计量，表现为一定量的资金耗费，在会计上称为费用。费用是与特定的会计期间相联系的，是按照权责发生制原则的要求来确定的。成本属于价值的范畴，是新增（或已耗）资产价值的组成部分。成本与特定的计算对象相联系，是根据收益性原理和重要性原理计算出来的。企业通过成本计算，可以取得实际成本资料，并据以确定实际成本同计划成本的差异；反映和监督企业各项费用的支出情况，揭露企业经营管理中存在的问题；为企业进行下一期各项成本指标的预测和规划提供必要的参考数据。进行成本计算应遵循直接受益直接分配原则、共同受益间接分配原则、重要性原则。成本计算的基本要求是：（1）严格执行国家相关法律规章中规定的成本开支范围和费用开支标准；（2）划清支出、费用和成本的界限；（3）严格按照权责发生制会计处理基础的要求，在各个会计期间合理划分跨期间的费用；（4）做好成本核算的各项基础工作；（5）必须结合本企业具体情况，选择适合其经营特点的成本计算方法进行成本计算。

成本计算的一般程序包括：（1）收集、整理成本计算资料；（2）确定成本核算中心和成本计算对象，其中成本计算对象就是承担和归集费用的对象；（3）确定成本计算期，即间隔多长时间计算一次成本；（4）确定成本项目，即生产费用按用途分类，包括直接材料、直接人工和制造费用等；（5）正确地归集和分配费用；（6）设置和登记明细分类账户；（7）编制成本计算表。

对于制造业企业而言，其成本计算的具体内容包括原材料采购成本的计算、产品制造成本的计算和产品销售成本的计算等。

计算材料采购成本，首先应按材料的品种或类别确定成本计算对象，并在"原材料"、"在途物资"（材料按实际成本核算）或"材料采购"（材料按计划成本核算）账户下按材料的品种或类别分别设置明细分类账户，用以归集和分配应计入原材料采购成本的各种费用，编制材料采购成本计算表，借以计算确定各种材料的总成本和单位成本。原材料采购成本等于买价加采购费用。其中，买价是指供应单位开具的购货发票上标明的价格，采购费用包括运杂费、运输途中的合理损耗、入库前的整理挑选费用、应负担的税金等。在此需要注意，一般纳税人企业购入材料涉及的增值税进项税额不得计入材料采购成本。

计算产品制造成本，首先应确定成本计算期，通常是按月进行的；其次确定成本计算对象；最后将生产过程中发生的应计入产品生产成本的生产费用分配计入各相应产品，从而计算其制造总成本和单位成本。产品制造成本等于直接材料、直接人工与制造费用之和。为了归集生产费用，计算产品成本，企业应设置"生产成本"和"制造费用"等账户。本期生产费用的归集实际上包括以下过程：（1）本期产品生产过程中实际耗用的直接材料、直接人工等直接费用的金额，在"生产成本"账户中予以归集；（2）本期各生产单位为组织和管理生产过程实际发生的各种间接费用的金额，在"制造费用"账户中予以归集；（3）将以前发生的应归属本期的生产费用，以及将于以后支付应由本期负担的生产费用，按照实际的摊销额或预提额，在"制造费用"账户中予以归集。结合期初在产品和期末在产品成本资料，即可计算本期完工产品成本。

计算产品销售成本，应根据已销售产品的数量乘以产成品平均单位成本计算求得。平均单位成本的确定，可以采用"月末一次加权平均法""移动加权平均法""先进先出法"等计价方法。企业通过"主营业务成本"账户核算已销产品的成本。

四、练习题

（一）单项选择题

1.成本属于价值的范畴，是新增（　　　）。

A.成本的组成部分　　　　　　B.资产价值的组成部分

C.利润的组成部分　　　　　　D.费用的组成部分

2.下列各项费用中，不能直接记入"生产成本"账户的是（　　　）。

A.构成产品实体的原材料费用　B.生产工人的工资

C.车间管理人员的薪酬　　　　C.生产工人的福利费

3.下列的各种成本中，被称为主营业务成本的是（　　　）。

A.材料采购成本　　　　　　　B.产品生产费用

C.产品生产成本　　　　　　　D.产品销售成本

4.下列各项中，不属于材料采购成本构成项目的是（　　　）。

A.材料的买价　　　　　　　　B.外地运杂费

C.运输途中的合理损耗　　　　D.采购机构经费

5.产品制造成本的成本项目不包括（　　　）。

A.直接材料　　　　　　　　　B.直接人工

C.制造费用　　　　　　　　　D.期间费用

6.生产车间发生的制造费用经过分配之后，一般应记入（　　　）。

A."库存商品"账户　　　　　B."本年利润"账户

C."生产成本"账户　　　　　D."主营业务成本"账户

7.决定商品价格，同时也影响商品竞争能力的基本条件是（　　　）。

A.商品的外观　　　　　　　　B.商品的数量

C.商品的成本　　　　　　　　D.商品的生产周期

8.在企业经营过程中，当可以直接确定某种费用是为某项经营活动产生时，我们称这种费用为该成本计算对象的（　　　）。

A.生产费用　　　　　　　　　B.直接费用

C.间接费用　　　　　　　　　D.期间费用

9.企业购入材料发生的运杂费等采购费用，应计入（　　　）。

A.管理费用　　　　　　　　　B.材料采购成本

C.生产成本　　　　　　　　　D.销售费用

10.下列项目中，不属于材料采购费用的是（　　）。

A.材料的运输费　　　　　　B.材料的装卸费

C.材料入库前的挑选整理费　D.材料的买价

11.下列费用中，不可以计入产品生产成本的是（　　）。

A.直接材料　　　　　　　　B.管理费用

C.直接人工　　　　　　　　D.制造费用

12.某企业本期已销产品的生产成本为50 000元，销售费用为4 000元，税金及附加为6 000元，其产品销售成本（即主营业务成本）为（　　）元。

A.56 000　　　　　　　　　B.50 000

C.60 000　　　　　　　　　D.54 000

13.下列各项与存货相关的费用中，不应计入存货成本的是（　　）。

A.材料采购过程中发生的运输费用

B.材料入库前发生的挑选整理费

C.材料入库后发生的储存费用

D.材料采购过程中发生的装卸费用

14.企业基本生产车间领用的材料，如果直接用于生产产品，且数量较大，则这部分材料费用应计入（　　）。

A.生产成本　　　　　　　　B.制造费用

C.销售费用　　　　　　　　D.管理费用

15.企业基本生产车间主任和技术人员等车间管理人员的薪酬费用，应计入（　　）。

A.生产成本　　　　　　　　B.制造费用

C.管理费用　　　　　　　　D.销售费用

16.某企业只生产一种产品，本月期初在产品成本为35 000元。本月发生下列费用：生产领用原材料60 000元，生产工人工资20 000元，制造费用10 000元，管理费用15 000元，销售费用8 000元。月末在产品成本为30 000元。则企业本月完工产品成本为（　　）元。

A.83 000　　　　　　　　　B.90 000

C.95 000　　　　　　　　　D.118 000

17.应计入产品成本，但在发生时不能分清应由何种产品负担的费用，应该（   ）。

A.直接计入当期损益

B.作为管理费用处理

C.直接记入"生产成本"账户

D.计入制造费用，期末再分配计入产品成本

（二）多项选择题

1.下列内容构成材料采购成本的有（   ）。

A.材料的买价   B.采购费用

C.增值税进项税额   D.采购机构经费

E.采购人员的差旅费

2.可以用来作为分配材料采购费用标准的有（   ）。

A.材料的买价   B.材料的重量

C.材料的种类   D.材料的体积

E.以上各项均可以

3.影响本月完工产品总成本计算的因素有（   ）。

A.月初在产品成本   B.本月发生的生产费用

C.本月已销产品成本   D.月末在产品成本

E.月末在产品数量

4.产品生产成本项目包括（   ）。

A.直接费用   B.直接材料

C.直接人工   D.管理费用

E.制造费用

5.成本计算的主要程序包括（   ）。

A.确定成本计算期   B.确定成本计算对象

C.确定成本项目   D.归集和分配有关费用

E.设置并登记有关账簿

6.下列各项中，最终应计入产品生产成本的有（   ）。

A.生产工人工资

B.生产产品耗用的材料费

C.生产设备折旧费

D.按行政管理人员工资提取的住房公积金

E.销售产品的广告费

7.下列各项内容中，应计入制造费用的有（　　　）。

A.车间管理人员工资　　　　　　B.厂部管理人员工资

C.生产车间办公费　　　　　　　D.厂部办公费

E.生产产品领用的原材料

8.为了正确地划分费用与成本，制造业企业不得（　　　）。

A.将应计入产品生产成本的生产费用计入期间费用

B.将制造费用计入产品生产成本

C.将期间费用计入产品生产成本

D.将销售费用计入产品生产成本

E.将筹集资金的费用计入产品生产成本

9.对于制造业企业而言，下列内容应通过"制造费用"账户进行核算的有（　　　）。

A.生产车间管理人员的薪酬

B.生产车间生产工人的薪酬

C.生产车间固定资产折旧费

D.行政管理部门固定资产折旧费

E.生产车间一般性消耗的材料费

（三）判断题

1.产品生产成本也就是产品的制造成本。　　　　　　　　（　　　）

2.制造业企业发生的薪酬费用不一定都是生产费用。　　　（　　　）

3.一般纳税人企业购入原材料的采购成本中包括增值税进项税额。

（　　　）

4.费用和成本是既有联系又有区别的两个概念，费用与特定的计算对象相联系，而成本则与特定的会计期间相联系。　　　（　　　）

5.成本是计量经营耗费和确定补偿尺度的重要工具。　　　（　　　）

6.成本计算期的确定取决于企业生产组织的特点和管理要求。

（　　　）

7.产品销售成本=生产成本+增值税销项税额。　　　　　　（　　　）

8.成本计算对象可以是最终产品，也可以是加工到一定程度的半成品。　　　　　　　　　　　　　　　　　　　　　　　（　　　）

9.直接受益间接分配是成本计算的原理之一。　　　　　（　　）

10.产品成本计算期必须与产品的生产周期一致。　　　（　　）

11.车间管理人员的薪酬费用不属于直接人工费用，因而不能计入产品成本，而应计入期间费用。　　　　　　　　　　　　（　　）

12.产品成本计算方法一经选定，一般不得随意变动。　（　　）

13.制造费用和管理费用不同，本期发生的管理费用直接影响本期损益，而本期发生的制造费用不一定影响本期损益。　　（　　）

14.企业为组织生产经营活动而发生的一切管理活动的费用，包括车间管理费用和公司管理费用，都应作为期间费用处理。　（　　）

15."生产成本"账户的期末余额一般在借方，表示期末尚未销售出去的产品成本。　　　　　　　　　　　　　　　　　（　　）

（四）计算题

1.利和股份公司所属的某工厂只生产一种产品，2×24年9月份的有关资料如下：

（1）原材料月初余额368 000元，月末余额672 000元；在产品月初余额125 000元，月末余额158 000元；库存商品月初余额567 800元，月末余额852 000元。

（2）本月有关项目的发生额分别为：生产工人薪酬320 000元，车间管理人员薪酬100 000元，厂部行政管理人员薪酬60 000元；本月购入材料460 000元，车间一般性消耗材料72 000元（本月发出的材料均用于车间产品的生产和一般性消耗）；本月销售产品的收入合计1 280 000元；本月发生的折旧费合计32 800元，其中，机器设备折旧费16 000元，车间用房折旧费12 000元，厂部办公用房折旧费4 800元；本月发生利息费用3 000元；本月发生销售产品的广告费20 000元；本月销售产品应缴纳的税金64 000元；本月发生的保险费等合计10 000元。公司适用的所得税税率为25%。

要求：计算本月完工产品的生产成本、本月销售产品的成本和本月利润总额以及净利润。

2.利和股份公司2×24年11月份的有关资料如下：

（1）本月发生的生产费用总额1 000 000元，其中，直接材料和直接人工占80%。

（2）直接材料和直接人工的比例为4:1。

（3）期初库存材料相当于期末库存材料的50%，本期购入材料共800 000元。

（4）本月制造费用中间接材料、间接人工和其他间接费用的比例为5:3:2。

（5）在产品成本期初与期末的比例为2:1。

（6）本月完工产品的制造成本是本月生产费用的1.2倍。

要求：计算期末结存材料成本、本期完工产品成本以及期末在产品成本。

3.利和股份公司下属的民生工厂生产A、B、C三种产品，2×24年12月份的有关资料如下：

（1）上月末有A、B两种产品尚未完工，全部在产品成本为60 000元，其中，直接材料40 000元，直接人工10 000元，其余为制造费用。A、B两种在产品的费用比例为2:3。

（2）本月生产费用为901 120元，月末三种产品均无在产品。本月完工产品数量及直接材料费用如下：

产品名称	完工数量（件）	直接材料（元）
A产品	61 600	251 120
B产品	40 000	120 000
C产品	20 000	70 000

（3）本月完工产品的直接人工费用共计310 000元，按产品生产工时比例分配，其中，A、B、C三种产品单位工时分别为2.5工时/件、0.9工时/件、6工时/件。

（4）本月的制造费用以本期发生的直接人工费用为标准进行分配。

（5）本月售出B产品38 000件、C产品25 000件，C产品有期初库存10 000件，单位成本为12元/件，而A、B产品月初均无库存。

要求：

（1）计算A、B、C三种完工产品的总成本和单位成本。

（2）计算B、C两种产品销售成本，假定发出产品计价方法采用全月一次加权平均法[①]。

4.利和股份公司生产甲、乙两种产品，甲产品期初在产品成本为72 550元，本月发生材料费146 000元、生产工人工资67 500元，月末在产品成本为25 000元，完工产品数量为200件；乙产品没有期初在产品，本月发生材料费84 528元、生产工人工资44 800元，月末没有在产品，完工产品数量为500件。本月共发生制造费用336 900元（制造费用按生产工人工资比例分配）。

要求：计算甲、乙完工产品总成本和单位成本，并编制结转完工产品成本的会计分录。

5.表7-1列示了A、B、C、D、E、F六家公司2×24年8月份的生产成本等资料。

表7-1　　　　　　　　　　　六家公司相关资料　　　　　　　　　　单位：元

项　目	A公司	B公司	C公司	D公司	E公司	F公司
期初库存原材料	45 000	45 000	45 000	45 000	0	204 750
本期购入的原材料	585 000	729 000	414 000	117 000	720 000	（　）
期末库存原材料	54 000	54 000	54 000	0	45 000	216 450
本期耗用直接材料	（　）	720 000	405 000	162 000	（　）	（　）
本期发生直接人工	90 000	1 170 000	742 500	360 000	810 000	877 500
制造费用	40 500	630 000	（　）	585 000	945 000	1 316 250
期初在产品	67 500	0	54 000	58 500	270 000	280 800
期末在产品	51 750	0	202 500	13 500	（　）	380 250
期初库存商品	81 000	450 000	270 000	351 000	688 500	438 750
期末库存商品	101 250	（　）	357 750	（　）	1 026 000	511 875
本期实现销售收入	765 000	3 780 000	1 246 500	（　）	5 400 000	4 241 250
本期销售成本	（　）	（　）	（　）	1 260 000	2 025 000	（　）
销售收入与成本的差额	（　）	1 017 000	-238 500	-180 000	3 375 000	994 500

---

①　加权平均单价=（月初库存产品成本+本月入库产品成本）÷（月初库存产品数量+本月入库产品数量）。

要求：计算填列表中括号内的金额。

6.某公司2×24年6月份有关存货及其他相关资料如下：

（1）存货项目的期初、期末资料见表7-2。

表7-2   存货期初、期末结余情况表   单位：元

存货名称	6月1日结余	6月30日结余
原材料	4 953 600	4 464 000
在产品	232 200	276 480
库存商品	2 958 480	3 400 200

（2）其他资料见表7-3。

表7-3   本期发生的相关项目   单位：元

内　容	金　额
本期购入的原材料	12 823 200
本期发生的生产工人薪酬	2 649 600
本期发生的车间管理人员薪酬	990 000
企业行政管理人员薪酬	515 520
生产车间一般消耗的原材料	532 800
本期销货收入	20 973 600
本期销售税金（消费税）	1 048 680
本期负担的利息费用	86 400
车间设备折旧费用	614 000
车间房屋折旧费用	396 000
行政办公用房折旧费用	306 000
租赁生产用设备的租金	100 000
行政办公费	16 000
销售产品的广告费	1 139 600

（3）会计期末经过实地盘点，全部存货账实相符。

要求：

（1）计算本月完工产品生产成本。

（2）计算本月产品销售成本。

（3）计算本期利润总额。

（4）假如没有其他纳税调整项目，所得税税率为25%，计算本期应纳所得税额。

（五）业务处理题

1. 利和股份公司的原材料按实际成本核算，购料运杂费按材料重量比例分摊，增值税税率为13%。2×24年8月份公司发生下列材料采购业务：

（1）购入下列材料：

甲材料	100千克	单价26元/千克
乙材料	500千克	单价12元/千克
丙材料	1 000千克	单价8元/千克

款项全部通过银行支付。

（2）用现金3 200元支付上述材料的外地运杂费（不考虑增值税），材料验收入库，结转成本。

（3）购入丙材料4 000千克，单价9元/千克，款项尚未支付，材料入库。另用银行存款4 000元支付丙材料外地运杂费（不考虑增值税）。

（4）赊购下列材料：

| 甲材料 | 500千克 | 单价28元/千克 |
| 乙材料 | 900千克 | 单价12元/千克 |

（5）用银行存款1 400元支付上述甲、乙材料外地运杂费（不考虑增值税），材料验收入库，结转成本。

（6）用银行存款购入甲材料400千克，单价28元/千克，运杂费400元（不考虑增值税），材料验收入库，结转成本。

要求：

（1）根据以上资料编制会计分录。

（2）编制甲、乙、丙材料采购成本计算表。

2.利和股份公司的原材料按计划成本核算，2×24年9月份公司有关材料采购业务如下：

（1）公司赊购甲材料3 000千克，总价款96 000元，增值税12 480元。该批材料的计划单位成本为30元。材料入库，结转成本及差异额。

（2）公司签发并承兑一张商业汇票，购买乙、丙材料，其中，乙材料总价款350 000元，丙材料总价款150 000元，增值税税率为13%。

（3）用银行存款40 000元支付上述乙、丙材料的外地运杂费（假设不考虑增值税），按买价分配。乙、丙材料验收入库，结转其成本及差异额。其中，乙材料的计划成本为370 000元，丙材料的计划成本为160 000元。

（4）用银行存款购入丁材料5 000千克，发票注明价款200 000元，增值税进项税额26 000元。该批材料在验收入库时发现短缺100千克，经查属于定额内损耗。丁材料的计划单位成本为38元。结转丁材料的采购成本及差异额。

要求：编制本月购入材料的会计分录。

3.利和股份公司对原材料按实际成本核算，2×24年10月份发生下列材料购入业务：

（1）购入甲材料200千克，单价150元/千克，外地运杂费1 800元（不考虑增值税），增值税进项税额3 900元，款项通过银行支付。材料验收入库。

（2）购入乙材料500千克，单价98元/千克，增值税税率为13%，外地运杂费2 450元（不考虑增值税），验收入库时发现短缺10千克，经查系运输途中合理损耗，款项未付。

（3）购入甲材料800千克，丙材料1 000千克，发票注明甲材料价款84 000元，丙材料价款38 000元，增值税税率为13%。两种材料共发生外地运杂费9 000元（不考虑增值税），全部款项通过银行支付（运杂费按重量分配）。

（4）丙材料验收入库时发生整理挑选费用3 000元，用现金支付。

要求：

（1）编制本月业务的会计分录。

（2）根据上述资料编制甲、乙、丙材料采购成本计算表。

4.某企业第二生产车间生产甲、乙、丙三种产品，2×24年1月份车间制造费用实际发生额为83 720元，本月各产品实际耗用生产工时如下：甲产品1 500小时，乙产品1 100小时，丙产品2 000小时。

要求：采用生产工时比例法在甲、乙、丙三种产品之间分配制造费用，并编制相应的会计分录。

5.利和股份公司下属的光明灯泡厂是一家生产普通灯泡的企业，其灯泡由铁头、泡壳、三管和三丝（钨丝、紫铜丝、铂丝）装配而成。2×24年12月份发生下列经济业务（假设所有业务均不涉及增值税）：

（1）公出人员出差预借差旅费5 000元，付给现金。

（2）向黎民工厂购入A60泡壳50万只，每万只500元；三管5 000千克，每千克8元。材料均已验收入库（A60泡壳每百只5.5千克）。款项通过银行支付。

（3）向黎民工厂购入的材料应该共同负担的外地运杂费共300元，以支票支付。

（4）银行通知，向浦东金属材料厂购入的三丝材料款已全部支付，购入的材料包括：钨丝400万米，每万米200元；紫铜丝350千克，每千克12元；铂丝50万米，每万米250元。钨丝每千米160克，铂丝每千米100克。

（5）用银行存款50 000元预付给锦江工厂订购铁头。

（6）公出人员出差归来报销差旅费4 500元，余额退回现金。

（7）用银行存款支付从黎民工厂购入材料的买价及运杂费，其中，A60泡壳80万只，每万只500元；三管2 000千克，每千克8元；外地运杂费200元。材料验收入库。

（8）本月从浦东工厂购入的三丝材料验收入库。

（9）锦江工厂退回多余的预付款1 000元，并附有发票及运费单据，发票注明购入铁头160万个，每万个305元，运杂费200元。

（10）上述铁头验收入库时发现损坏一包计2 000个，经查应由铁路部门负责，已向铁路部门要求赔偿。

（11）用银行存款120元支付本月购入的三丝外地运杂费。

（12）用现金100元支付本月购入的三丝、铁头的市内运杂费。

（13）月末结转本月购入材料的采购成本。

各种材料的外地运杂费按照材料的重量进行分配。

要求：编制本月业务的会计分录，并编制本月购入材料的采购成本计算表。

6.利和股份公司下属的大通工厂生产A、B两种产品，2×24年11月1日有关在产品成本资料见表7-4。

表7-4　　　　　　　　　　期初在产品成本资料　　　　　　　　　单位：元

产品名称	直接材料	直接人工	制造费用	合　计
A	4 500	3 800	1 200	9 500
B	10 000	9 600	6 000	25 600
合　计	14 500	13 400	7 200	35 100

本月发生的生产费用如下：

（1）仓库发出材料的相关资料如下：

	甲材料	乙材料
A产品耗用	6 000元	4 000元
B产品耗用	12 500元	7 500元
车间一般耗用	2 000元	400元

（2）本月发生的工资费用如下：

A产品生产工人工资　　　　18 000元

B产品生产工人工资　　　　32 000元

车间管理人员工资　　　　　8 000元

（3）本月发生职工福利费8 120元，其中：A产品负担2 520元，B产品负担4 480元，车间管理人员发生福利费1 120元。

（4）用银行存款支付车间办公费1 000元，水电费880元。

（5）用银行存款支付应由本月负担的车间设备租金1 000元。

（6）用现金支付车间主任市内交通费600元。

（7）计提车间用设备折旧1 000元。

（8）将本月发生的制造费用按生产工人的工资比例分配计入A、B产品制造成本。

（9）本月生产的A产品20台、B产品50台完工，验收入库，结转成本，假设没有期末在产品。

要求：

（1）编制有关业务的会计分录。

（2）编制A、B产品生产成本计算单。

7.M公司属于一般纳税人企业，专门生产A、B两种产品，2×24年10月份有关A、B产品生产成本的资料如下：

（1）月初在产品成本资料见表7-5。

表7-5　　　　　　　　　　　月初在产品成本　　　　　　　　金额单位：元

产品名称	数量（件）	成本项目			
		直接材料	直接人工	制造费用	合　计
A产品	400	74 180	30 900	24 720	129 800
B产品	150	47 550	16 100	12 880	76 530
合　计	—	121 730	47 000	37 600	206 330

（2）公司本月发生的生产费用见表7-6。

表7-6　　　　　　　　　　本月发生的生产费用　　　　　　　　单位：元

产品名称	直接材料	直接人工	制造费用
A产品	442 500	140 000	152 650
B产品	201 000	37 500	
合　计	643 500	177 500	152 650

（3）月末完工A产品2 500件、B产品800件，两种完工产品均已验收入库。

（4）月末A产品未完工500件，其单位成本的组成如下：直接材料180元/件，直接人工65元/件，制造费用52.5元/件。B产品已全部完工。

要求：

（1）按本月直接人工费用的比例分配、结转本月发生的制造费用。

（2）计算并结转本月完工的A、B产品生产成本。

8.某企业的基本生产车间生产甲、乙、丙三种产品，2×24年5月份发生下列与制造费用等内容相关的经济业务：

（1）根据工资结算汇总表，本月职工薪酬中的工资总额为390 000元，其中，基本生产车间生产工人工资为325 000元，车间管理人员工资为26 000元，行政管理人员工资为39 000元。本企业职工福利费、社会保险费（包括医疗保险、工伤保险、生育保险等）、住房公积金、工会经费、职工教育经费分别按照各自工资总额的7%、25%、8%、2%、8%计提。

（2）通过银行支付本月办公费27 924元，其中，生产车间办公费为12 324元，行政管理部门办公费为15 600元。

（3）本月计提的固定资产折旧总额为52 000元，其中，生产车间折旧额为39 000元，行政管理部门折旧额为13 000元。

（4）发出材料汇总表显示，本月领用材料实际总成本为520 000元，其中，生产车间生产产品耗用材料468 000元，车间一般性消耗材料32 500元，行政管理部门耗用材料19 500元。

（5）基本生产车间主任报销本月差旅费3 900元，结清原借款3 000元，补付现金900元。

（6）用银行存款6 500元支付基本生产车间本月固定资产租赁费。

（7）用银行存款10 400元支付生产车间本月办公用品费。

（8）用银行存款45 500元支付本月水电费，其中，生产车间生产产品直接耗用32 500元，车间一般性消耗5 200元，行政管理部门消耗7 800元。

要求：

（1）编制上述业务的会计分录。

（2）按生产工时分配本月发生的制造费用，其中，甲产品生产工时1 500小时，乙产品生产工时2 500小时，丙产品生产工时2 000小时（制造费用分配表见表7-7）。

表7-7　　　　　　　　　　　　　制造费用分配表

生产单位：基本生产车间　　　　　　2×24年5月　　　　　　金额单位：元

产品名称	分配标准（小时）	分配率	分配金额
甲产品			
乙产品			
丙产品			
合　计			

五、案例分析题

案例7-1

利和股份公司所属的滨城工厂是一家一般纳税人企业，生产A产品，其产品主要在国内各大城市销售。该企业的所得税按月计算，适用的所得税税率为25%。2×24年11月初，该企业的税务专管员张涛到滨城工厂检查10月份的纳税情况，会计刘毅提供了下述有关资料：

（1）存货项目的期初、期末余额见表7-8。

表7-8　　　　　　　　　　存货项目期初、期末余额表　　　　　　　　单位：元

项　　目	10月1日	10月31日
原材料	275 200	248 000
在产品	12 900	15 360
产成品	164 360	188 900

（2）本月发生的各项收入和支出见表7-9。

表7-9　　　　　　　　　　　各项收入和支出表　　　　　　　　单位：元

项　目	金　额	项　目	金　额
生产工人的薪酬	147 200	本期销售收入	1 193 840
车间管理人员的薪酬	55 000	保险费用	1 040
行政管理人员的薪酬	28 640	利息费用	4 800
车间一般消耗材料	29 600	销售费用	12 900
折旧费用——机器设备	33 000	办公费用	200
——生产部门	22 000	销售税金	58 260
——行政部门	17 000	差旅费	1 200
本期购入材料	712 400	所得税费用	17 840

经过简单查对，税务专管员张涛认为滨城工厂的所得税计算有错误。

案例要求：

请帮助会计刘毅找出错误所在，正确的应纳所得税额应该是多少？

案例提示

企业所得税的计算，首先应该确定应纳税所得额，在没有纳税调整事项时，即为利润总额。利润总额是由营业利润、营业外收支净额组成的，式子中最重要的项目就是营业利润，而营业利润的计算准确与否，除了受收入确认的影响之外，还取决于销售成本的结转是否正确。本期销售产品成本=期初库存产成品成本+本期完工产品成本-期末库存产成品成本。式中期初、期末库存产成品成本题中已给定，只需要计算本期完工产品成本。由以上分析可以看出，本题的关键就在于本期完工产品成本、本期销售产品成本的计算和结转是否正确。

首先，应计算本期完工产品成本。本期完工产品成本=期初在产品成本+本期发生的生产费用-期末在产品成本。式中期初、期末在产品成本题中已给定，只需要把本期发生的生产费用予以正确归集，而本期发生的生产费用包括直接材料、直接人工和制造费用，分别计算如下：

$$\text{本期消耗的}\atop\text{材料成本}=\text{期初库存}\atop\text{材料成本}+\text{本期购入}\atop\text{材料成本}-\text{期末库存}\atop\text{材料成本}$$

$$=275\,200+712\,400-248\,000=739\,600（元）$$

本期消耗的材料包括生产产品消耗和车间一般性消耗的材料两部分，题中已知车间一般性消耗的材料为29 600元，故：

生产产品消耗的直接材料=739 600-29 600=710 000（元）

生产产品消耗的直接人工=147 200元

根据题中所给各个费用项目可知：

本月发生的制造费用=55 000+29 600+33 000+22 000=139 600（元）

故而可知：

本期为生产产品而发生的生产费用总额=710 000+147 200+139 600

$$=996\,800（元）$$

由此可以计算出：

本期完工产品成本=12 900+996 800-15 360=994 340（元）

其次，计算本期销售产品成本。

$$\text{本期销售}\atop\text{产品成本}=\text{期初库存}\atop\text{产成品成本}+\text{本期完工}\atop\text{产品成本}-\text{期末库存}\atop\text{产成品成本}$$

$$=164\,360+994\,340-188\,900=969\,800（元）$$

根据题中所给项目，本期实现的销售收入为1 193 840元，本期发生的销售税金为58 260元，则：

产品销售利润=1 193 840-969 800-58 260=165 780（元）

本月发生的管理费用=28 640+17 000+1 040+200+1 200=48 080（元）

销售费用为12 900元，财务费用为4 800元，该企业没有投资收益，所以可以计算出：

营业利润=165 780-48 080-12 900-4 800=100 000（元）

由于该企业没有营业外收支项目，所以营业利润即为利润总额。另外，根据题中所给资料，没有其他纳税调整项目，因而利润总额就是应纳税所得额，据此计算出应纳所得税额。

应纳所得税额=100 000×25%=25 000（元）

而该企业会计计算出的应纳所得税额为17 840元，显然是错误的。会计刘毅在计算上出现了错误。我们可以采取倒推的方法来寻找错误：按照刘毅的计算，应纳所得税额为17 840元，即应纳税所得额为71 360

元（17 840÷25%），与正常的利润总额相差 28 640 元，而这个数字恰好是该企业行政管理人员的工资，也就是说，会计刘毅在计算利润总额时重减了行政管理人员的工资费用，导致利润总额虚减 28 640 元。

案例 7-2

利和股份公司所属的宏远工厂生产 M 产品，构成 M 产品实体的主要材料为乙材料，其次为甲材料和丙材料。该工厂对原材料采取定向采购策略，其中，甲材料自友谊工厂购入，乙材料自胜利工厂购入，丙材料自捷达工厂购入。本月各种材料只购入一次。该工厂的会计在按照平行登记的原则记账时，误记了有关的明细账户，导致了总分类账户与相关明细分类账户记录结果不符的错误，其不符的记录如下：

原材料总账余额：　　　　　　　72 800 元

其中：甲材料　　　　　　　　　25 300 元

　　　乙材料　　　　　　　　　11 000 元

　　　丙材料　　　　　　　　　　6 500 元

应付账款总账余额：　　　　　　50 200 元

其中：友谊工厂　　　　　　　　15 000 元

　　　胜利工厂　　　　　　　　28 700 元

　　　捷达工厂　　　　　　　　　6 500 元

公司的会计人员在对有关明细账进行检查时，发现下列有助于查找错误的内容：自友谊工厂购入甲材料时即付 15 000 元，乙材料中现购 7 600 元，原材料明细账户中只有一个明细账户记错。

案例要求：

假如你是宏远工厂的会计，请指出记账过程中的错误所在，并予以更正。

案例提示

根据总分类账户与明细分类账户平行登记原则的要求，应检查记入总分类账户的金额是否等于其所属的各个明细分类账户的金额之和。以此为基础再去查找是否存在记错明细账户等错误。具体解答如下：

依据平行登记原则的要求，原材料总分类账户的金额应等于其所属的各个明细分类账户的金额之和，可以确定原材料明细账户漏记 30 000 元（72 800-（25 300+11 000+6 500））。另外，根据题意可以确定，丙材料明细账户和捷达工厂明细账户的记录是正确的（否则无法解答）。乙材料是构成M产品实体的主要材料，意味着乙材料的用量最大，当然购入量最多。由于题中已经限定三种原材料中只有一种原材料明细账户记错，理所当然是乙材料漏记30 000元。甲材料从友谊工厂购入时即付15 000元，而本月购入甲材料25 300元，所以欠友谊工厂的应付款应为10 300元（25 300−15 000），其明细账户的账面记录为15 000元，多记4 700元，导致胜利工厂明细账户少记4 700元，正确的余额应为33 400元（28 700+4 700），即：

（1）将乙材料明细账户的账面余额11 000元改为41 000元；

（2）将友谊工厂明细账户的账面余额15 000元改为10 300元；

（3）将胜利工厂明细账户的账面余额28 700元改为33 400元。

案例7-3

某大学会计学院的小李刚毕业，就在K公司找到了一份会计工作，被安排在财务处负责成本核算工作。本月终了时，他通过查阅账簿资料掌握了以下有关成本核算的情况：K公司的主营业务是生产和销售A产品。本月A产品月初在产品成本的余额为16 000元，本月生产A产品发生的费用总额为200 000元，月末在产品成本的余额为20 000元。本月完工的A产品为160件。于是就对以下指标进行了计算：

本月完工A产品总成本=200 000−20 000=180 000（元）

本月完工A产品单位成本=180 000÷160=1 125（元/件）

成本管理科的王科长看了这个计算结果，笑着对小李说："你的基本计算步骤是对的，但计算的结果有误。你再好好考虑考虑，看错在了什么地方？"

案例要求：

小李的计算结果为什么是错的？如果是你，你将怎样计算A产品完工成本？

案例提示

小李的计算结果是错误的，因为小李在计算本月完工产品成本时，只考虑了本月生产A产品发生的费用和月末在产品成本的余额，而遗漏了A产品的月初在产品成本余额资料，这样就造成了完工A产品总成本计算上的错误，进而引起了该产品单位成本计算上的错误。

正确的计算方法应当是：全面考虑与完工产品成本计算相关的所有因素，在此基础上进行完工A产品成本的计算。

本月完工A产品总成本=16 000+200 000-20 000=196 000（元）

本月完工A产品单位成本=196 000÷160=1 225（元/件）

六、练习题参考答案

（一）单项选择题

1.B　2.C　3.D　4.D　5.D　6.C　7.C　8.B　9.B　10.D　11.B　12.B　13.C　14.A　15.B　16.C　17.D

（二）多项选择题

1.AB　2.ABD　3.ABD　4.BCE　5.ABCDE　6.ABC　7.AC　8.ACDE　9.ACE

（三）判断题

1.√　2.√　3.×　4.×　5.√　6.√　7.×　8.√　9.×　10.×　11.×　12.√　13.√　14.×　15.×

（四）计算题

1.根据题意解答如下：

本月生产产品耗用的材料=368 000+460 000-672 000-72 000=84 000（元）

本月发生的制造费用=100 000+72 000+16 000+12 000=200 000（元）

本月完工产品成本=125 000+（84 000+320 000+200 000）-158 000

$\qquad$=571 000（元）

本月销售产品成本=567 800+571 000-852 000=286 800（元）

本月利润总额=1 280 000-286 800-64 000-（60 000+4 800+10 000）-3 000-20 000

$\qquad$=831 400（元）

应纳所得税额=831 400×25%=207 850（元）

本月净利润=831 400-207 850=623 550（元）

2.根据题意解答如下：

（1）假设本期生产费用中直接材料费为x，则直接人工费为1 000 000×80%-x，由于两者的比例为4：1，故而可计算出直接材料费为640 000元，直接人工费为160 000元。

（2）本月完工产品的制造成本是本月生产费用的1.2倍，即1 200 000元，假设期末在产品成本为y，那么期初在产品成本为2y，则：y=2y+1 000 000-1 200 000，y=200 000元。

（3）由于本月发生的生产费用总额为1 000 000元，其中直接材料费和直接人工费为800 000元，所以制造费用为200 000元，间接材料、间接人工、其他间接费用的比例为5∶3∶2，因而可以计算出间接材料费为100 000元，据此可知本期消耗的材料总额为740 000元（640 000+100 000），又因为期初库存材料相当于期末库存材料的50%，本月购入材料总额为800 000元，设期初库存材料为z，则2z=z+800 000−740 000，z=60 000元。

综合以上的全部计算可知：期末结存材料成本为120 000元；本期完工产品成本为1 200 000元；期末在产品成本为200 000元。

3.根据题意解答如下。

根据资料（1）可以计算出：期初A在产品成本为24 000元（60 000×2/5），其中，直接材料费为16 000元，直接人工费为4 000元，制造费用为4 000元；期初B在产品成本为36 000元，其中，直接材料费为24 000元，直接人工费为6 000元，制造费用为6 000元。

根据资料（3）可知，本月完工产品中的直接人工费共为310 000元，按照生产工时比例分配，A、B、C产品的生产工时分别为154 000工时（61 600×2.5）、36 000工时（40 000×0.9）、120 000工时（20 000×6），则直接人工费的分配可计算如下：

分配率=310 000÷（154 000+36 000+120 000）=1（元/工时）

A产品负担的直接人工费=1×154 000=154 000（元）

B产品负担的直接人工费=1×36 000=36 000（元）

C产品负担的直接人工费=1×120 000=120 000（元）

由于A、B产品有期初在产品，其中，A在产品中的直接人工费为4 000元，B在产品中的直接人工费为6 000元，故本月发生的直接人工费分别为A产品150 000元、B产品30 000元、C产品120 000元，共计300 000元。因为没有月末在产品，所以本月完工产品成本中只包括期初在产品成本和本月发生的费用。题中所给完工产品成本中的直接材料费分别为A产品251 120元、B产品120 000元、C产品70 000元，而A产品期初在产品成本中的直接材料费为16 000元、B产品期初在产品成本中的直接材料费为24 000元，故本月发生的直接材料费分别为A产品235 120元、B产品96 000元、C产品70 000元，共计401 120元。据此可以计算出本月发生的制造费用为200 000元（901 120−401 120−300 000）。对此进行分配：

分配率=200 000÷（150 000+30 000+120 000）=2/3

A产品负担的制造费用=2/3×150 000=100 000（元）

B产品负担的制造费用=2/3×30 000=20 000（元）

C产品负担的制造费用=2/3×120 000=80 000（元）

由上述的全部分析可以计算出：

A产品完工总成本=24 000+（235 120+150 000+100 000）=509 120（元）

A产品单位成本=509 120÷61 600=8.26（元/件）

B产品完工总成本=36 000+（96 000+30 000+20 000）=182 000（元）

B产品单位成本=182 000÷40 000=4.55（元/件）

C产品完工总成本=70 000+120 000+80 000=270 000（元）

C产品单位成本=270 000÷20 000=13.50（元/件）

本月销售B产品38 000件，由于没有月初库存，所以B产品销售成本为172 900元（4.55×38 000），C产品有期初库存，需要计算其加权平均单位成本：

C产品平均单位成本=（10 000×12+20 000×13.50）÷（10 000+20 000）

=13（元/件）

C产品销售成本=13×25 000=325 000（元）

4.根据题意解答如下：

首先对本月发生的制造费用进行分配：

制造费用分配率=336 900÷（67 500+44 800）=3

甲产品负担的制造费用=3×67 500=202 500（元）

乙产品负担的制造费用=3×44 800=134 400（元）

其次，计算甲、乙产品的总成本和单位成本：

甲产品总成本=72 550+（146 000+67 500+202 500）－25 000=463 550（元）

甲产品单位成本=463 550÷200=2 317.75（元/件）

乙产品总成本=84 528+44 800+134 400=263 728（元）

乙产品单位成本=263 728÷500=527.46（元/件）

借：库存商品——甲产品　　　　　　　　　　　463 550

　　　　　　——乙产品　　　　　　　　　　　　　　　263 728

　　贷：生产成本——甲产品　　　　　　　　　　　　　　　463 550

　　　　　　　　——乙产品　　　　　　　　　　　　　　　　　263 728

5.根据题中已给资料，经过计算，表中括号内的金额填列见表7-10。

表7-10　　　　　　　　　　　　六家公司相关资料　　　　　　　　　　单位：元

项　目	A公司	B公司	C公司	D公司	E公司	F公司
期初库存原材料	45 000	45 000	45 000	45 000	0	204 750
本期购入的原材料	585 000	729 000	414 000	117 000	720 000	（1 237 275）
期末库存原材料	54 000	54 000	54 000	0	45 000	216 450

项　目	A公司	B公司	C公司	D公司	E公司	F公司
本期耗用直接材料	（576 000）	720 000	405 000	162 000	（675 000）	（1 225 575）
本期发生直接人工	90 000	1 170 000	742 500	360 000	810 000	877 500
制造费用	40 500	630 000	（573 750）	585 000	945 000	1 316 250
期初在产品	67 500	0	54 000	58 500	270 000	280 800
期末在产品	51 750	0	202 500	13 500	（337 500）	380 250
期初库存商品	81 000	450 000	270 000	351 000	688 500	438 750
期末库存商品	101 250	（207 000）	357 750	（243 000）	1 026 000	511 875
本期实现销售收入	765 000	3 780 000	1 246 500	（1 080 000）	5 400 000	4 241 250
本期销售成本	（702 000）	（2 763 000）	（1 485 000）	1 260 000	2 025 000	（3 246 750）
销售收入与成本的差额	（63 000）	1 017 000	-238 500	-180 000	3 375 000	994 500

6.根据题意解答如下：

（1）本月耗用的材料费用=4 953 600+12 823 200-4 464 000

　　　　　　　　　=13 312 800（元）

其中：

产品耗用材料费=13 312 800-532 800=12 780 000（元）

车间一般性消耗材料费=532 800（元）

本月发生的制造费用=990 000+532 800+614 000+396 000+100 000

　　　　　　　　=2 632 800（元）

本月完工产品生产成本=232 200+（12 780 000+2 632 800+2 649 600）-276 480

　　　　　　　　=18 018 120（元）

（2）本月产品销售成本=2 958 480+18 018 120-3 400 200

　　　　　　　　=17 576 400（元）

（3）本期利润总额=20 973 600-17 576 400-1 048 680-（515 520+306 000+

　　　　　16 000）-86 400-1 139 600

　　　　　=285 000（元）

（4）本期应纳所得税额=285 000×25%

　　　　　　　　=71 250（元）

（五）业务处理题

1.编制的会计分录如下：

（1）借：在途物资——甲材料   2 600

          ——乙材料   6 000

          ——丙材料   8 000

     应交税费——应交增值税（进项税额）   2 158

    贷：银行存款   18 758

（2）分配运杂费：

分配率=3 200÷（100+500+1 000）=2（元/千克）

甲材料负担的运杂费=2×100=200（元）

乙材料负担的运杂费=2×500=1 000（元）

丙材料负担的运杂费=2×1 000=2 000（元）

借：在途物资——甲材料   200

          ——乙材料   1 000

          ——丙材料   2 000

    贷：库存现金   3 200

借：原材料——甲材料   2 800

       ——乙材料   7 000

       ——丙材料   10 000

    贷：在途物资——甲材料   2 800

           ——乙材料   7 000

           ——丙材料   10 000

（3）借：原材料——丙材料   40 000

     应交税费——应交增值税（进项税额）   4 680

    贷：应付账款   40 680

       银行存款   4 000

（4）借：在途物资——甲材料   14 000

          ——乙材料   10 800

     应交税费——应交增值税（进项税额）   3 224

    贷：应付账款   28 024

（5）分配运杂费：

分配率=1 400÷（500+900）=1（元/千克）

甲材料负担的运杂费=1×500=500（元）

乙材料负担的运杂费=1×900=900（元）

借：在途物资——甲材料   500

           ——乙材料   900

  贷：银行存款   1 400

借：原材料——甲材料   14 500

           ——乙材料   11 700

  贷：在途物资——甲材料   14 500

              ——乙材料   11 700

（6）借：原材料——甲材料   11 600

      应交税费——应交增值税（进项税额）   1 456

    贷：银行存款   13 056

编制的甲、乙、丙材料采购成本计算表见表7-11。

表7-11   **材料采购成本计算表**   金额单位：元

项 目	甲材料（1 000千克）		乙材料（1 400千克）		丙材料（5 000千克）	
	总成本	单位成本	总成本	单位成本	总成本	单位成本
买价	27 800	27.80	16 800	12	44 000	8.80
采购费用	1 100	1.10	1 900	1.36	6 000	1.20
采购成本	28 900	28.90	18 700	13.36	50 000	10

2.会计分录如下：

（1）借：材料采购——甲材料   96 000

      应交税费——应交增值税（进项税额）   12 480

    贷：应付账款   108 480

借：原材料——甲材料   90 000

  贷：材料采购   90 000

借：材料成本差异   6 000

  贷：材料采购   6 000

（2）借：材料采购——乙材料   350 000

             ——丙材料   150 000

      应交税费——应交增值税（进项税额）   65 000

    贷：应付票据   565 000

（3）采购费用分配率=40 000÷（350 000+150 000）=0.08

乙材料负担的采购费用=0.08×350 000=28 000（元）

丙材料负担的采购费用=0.08×150 000=12 000（元）

借：材料采购——乙材料	28 000	
——丙材料	12 000	
贷：银行存款		40 000
借：原材料——乙材料	370 000	
——丙材料	160 000	
贷：材料采购——乙材料		370 000
——丙材料		160 000
借：材料成本差异	10 000	
贷：材料采购		10 000
（4）借：材料采购——丁材料	200 000	
应交税费——应交增值税（进项税额）	26 000	
贷：银行存款		226 000
借：原材料——丁材料	186 200	
贷：材料采购——丁材料		186 200
借：材料成本差异	13 800	
贷：材料采购		13 800

3.会计分录如下：

（1）借：在途物资——甲材料	31 800	
应交税费——应交增值税（进项税额）	3 900	
贷：银行存款		35 700
借：原材料——甲材料	31 800	
贷：在途物资——甲材料		31 800
（2）借：在途物资——乙材料	51 450	
应交税费——应交增值税（进项税额）	6 370	
贷：应付账款		57 820
借：原材料——乙材料	51 450	
贷：在途物资——乙材料		51 450
（3）借：在途物资——甲材料	84 000	
——丙材料	38 000	
应交税费——应交增值税（进项税额）	15 860	
贷：银行存款		137 860

采购费用分配率=9 000÷（800+1 000）=5（元/千克）

甲材料负担的采购费用=5×800=4 000（元）

丙材料负担的采购费用=5×1 000=5 000（元）

借：在途物资——甲材料   4 000

         ——丙材料   5 000

  贷：银行存款   9 000

借：原材料——甲材料   88 000

        ——丙材料   43 000

  贷：在途物资——甲材料   88 000

          ——丙材料   43 000

（4）借：在途物资——丙材料   3 000

    贷：库存现金   3 000

借：原材料——丙材料   3 000

  贷：在途物资——丙材料   3 000

编制的材料采购成本计算表见表7-12。

表7-12   **材料采购成本计算表**   单位：元

项 目	甲材料（1 000千克）		乙材料（490千克）		丙材料（1 000千克）	
	总成本	单位成本	总成本	单位成本	总成本	单位成本
买价	114 000	114	49 000	100	38 000	38
采购费用	5 800	5.80	2 450	5	8 000	8
采购成本	119 800	119.80	51 450	105	46 000	46

4.制造费用的分配：

制造费用分配率=83 720÷（1 500+1 100+2 000）=18.20（元/小时）

甲产品负担的制造费用=18.20×1 500=27 300（元）

乙产品负担的制造费用=18.20×1 100=20 020（元）

丙产品负担的制造费用=18.20×2 000=36 400（元）

会计分录如下：

借：生产成本——甲产品   27 300

        ——乙产品   20 020

        ——丙产品   36 400

  贷：制造费用   83 720

5.编制的会计分录如下：

（1）借：其他应收款   5 000

    贷：库存现金   5 000

（2）借：在途物资——A60泡壳　　　　　　　　　　　25 000

　　　　　　　——三管　　　　　　　　　　　　　40 000

　　　贷：银行存款　　　　　　　　　　　　　　　　　　　65 000

（3）运杂费分配率=300÷（50×550+5 000）=0.0092（元/千克）

A60泡壳负担的运杂费=0.0092×27 500=253（元）

三管负担的运杂费=300-253=47（元）

借：在途物资——A60泡壳　　　　　　　　　　　253

　　　　　　　——三管　　　　　　　　　　　　　47

　贷：银行存款　　　　　　　　　　　　　　　　　　300

（4）借：在途物资——钨丝　　　　　　　　　　　80 000

　　　　　　　——紫铜丝　　　　　　　　　　　4 200

　　　　　　　——铂丝　　　　　　　　　　　　12 500

　　　贷：银行存款　　　　　　　　　　　　　　　　　96 700

（5）借：预付账款——锦江工厂　　　　　　　　　50 000

　　　贷：银行存款　　　　　　　　　　　　　　　　　50 000

（6）借：管理费用　　　　　　　　　　　　　　　4 500

　　　库存现金　　　　　　　　　　　　　　　　　500

　　　贷：其他应收款　　　　　　　　　　　　　　　　5 000

（7）借：在途物资——A60泡壳　　　　　　　　　40 000

　　　　　　　——三管　　　　　　　　　　　　　16 000

　　　贷：银行存款　　　　　　　　　　　　　　　　　56 000

运杂费分配率=200÷（80×550+2 000）=0.0043（元/千克）

A60泡壳负担的运杂费=0.0043×44 000=189.20（元）

三管负担的运杂费=200-189.20=10.80（元）

借：在途物资——A60泡壳　　　　　　　　　　　189.20

　　　　　　　——三管　　　　　　　　　　　　　10.80

　贷：银行存款　　　　　　　　　　　　　　　　　　200

（8）暂不作处理。

（9）借：银行存款　　　　　　　　　　　　　　　1 000

　　　在途物资——铁头　　　　　　　　　　　　49 000

　　　贷：预付账款——锦江工厂　　　　　　　　　　　50 000

（10）对于损坏部分，应索赔：

借：其他应收款　　　　　　　　　　　　　　　　61

贷：在途物资——铁头

其余部分暂不作处理。

（11）运杂费分配率=120÷（400×1.60+350+50×1）=0.1154（元/千克）

钨丝负担的运杂费=0.1154×400×1.60=73.86（元）

紫铜丝负担的运杂费=0.1154×350=40.39（元）

铂丝负担的运杂费=120-73.86-40.39=5.75（元）

借：在途物资——钨丝　　　　　　　　　　　　　73.86

　　　　　——紫铜丝　　　　　　　　　　　　40.39

　　　　　——铂丝　　　　　　　　　　　　　　5.75

贷：银行存款　　　　　　　　　　　　　　　　　　　　120

（12）借：管理费用　　　　　　　　　　　　　　　　100

贷：库存现金　　　　　　　　　　　　　　　　　　　100

（13）首先编制材料采购成本计算表（见表7-13）。

表7-13　　　　　　　　　材料采购成本计算表　　　　　　单位：元

项目 ＼ 材料	买　价	采购费用	总成本
A60泡壳	65 000	442.20	65 442.20
三管	56 000	57.80	56 057.80
钨丝	80 000	73.86	80 073.86
紫铜丝	4 200	40.39	4 240.39
铂丝	12 500	5.75	12 505.75
铁头	48 739	200	48 939
合　计	266 439	820	267 259

借：原材料——A60泡壳　　　　　　　　　　65 442.20

　　　　　——三管　　　　　　　　　　　　56 057.80

　　　　　——钨丝　　　　　　　　　　　　80 073.86

　　　　　——紫铜丝　　　　　　　　　　　4 240.39

　　　　　——铂丝　　　　　　　　　　　　12 505.75

　　　　　——铁头　　　　　　　　　　　　48 939

贷：在途物资——A60泡壳	65 442.20
——三管	56 057.80
——钨丝	80 073.86
——紫铜丝	4 240.39
——铂丝	12 505.75
——铁头	48 939

6.编制的会计分录如下：

（1）借：生产成本——A产品 10 000

——B产品 20 000

制造费用 2 400

贷：原材料——甲材料 20 500

——乙材料 11 900

（2）借：生产成本——A产品 18 000

——B产品 32 000

制造费用 8 000

贷：应付职工薪酬——工资 58 000

（3）借：生产成本——A产品 2 520

——B产品 4 480

制造费用 1 120

贷：应付职工薪酬——职工福利 8 120

（4）借：制造费用 1 880

贷：银行存款 1 880

（5）借：制造费用 1 000

贷：银行存款 1 000

（6）借：制造费用 600

贷：库存现金 600

（7）借：制造费用 1 000

贷：累计折旧 1 000

（8）本月发生的制造费用额=2 400+8 000+1 120+1 880+1 000+600+1 000

=16 000（元）

制造费用分配率=16 000÷（18 000+32 000）=0.32

A产品负担的制造费用=0.32×18 000=5 760（元）

B产品负担的制造费用=0.32×32 000=10 240（元）

借：生产成本——A产品　　　　　　　　　　　　　　5 760

　　　　　　——B产品　　　　　　　　　　　　　10 240

　　贷：制造费用　　　　　　　　　　　　　　　　　　　　16 000

（9）首先，编制完工产品成本计算单，见表7-14。

表7-14　　　　　　　　　完工产品成本计算单　　　　　　单位：元

成本项目	A产品（20台）		B产品（50台）	
	总成本	单位成本	总成本	单位成本
直接材料	14 500	725	30 000	600
直接人工	24 320	1 216	46 080	921.6
制造费用	6 960	348	16 240	324.8
生产成本	45 780	2 289	92 320	1 846.4

其次，根据完工产品成本计算单，即可编制结转成本的会计分录：

借：库存商品——A产品　　　　　　　　　　　　　45 780

　　　　　　——B产品　　　　　　　　　　　　　92 320

　　贷：生产成本——A产品　　　　　　　　　　　　　　45 780

　　　　　　　——B产品　　　　　　　　　　　　　　92 320

7.相关处理过程如下：

（1）分配本月发生的制造费用：

制造费用分配率=152 650÷（140 000+37 500）=0.86

A产品负担的制造费用=0.86×140 000=120 400（元）

B产品负担的制造费用=0.86×37 500=32 250（元）

结转本月发生的制造费用：

借：生产成本——A产品　　　　　　　　　　　　　120 400

　　　　　　——B产品　　　　　　　　　　　　　32 250

　　贷：制造费用　　　　　　　　　　　　　　　　　　　152 650

（2）计算本月完工产品成本：

A产品月末在产品成本=（180+65+52.5）×500=148 750（元）

A产品完工总成本=129 800+442 500+140 000+120 400−148 750=683 950（元）

B产品完工总成本=76 530+201 000+37 500+32 250=347 280（元）

结转本月完工产品成本：

借：库存商品——A产品　　　　　　　　　　　　　683 950

　　　　　　——B产品　　　　　　　　　　　　　347 280

贷：生产成本——A产品　　　　　　　　　683 950

　　　　　　　　　——B产品　　　　　　　　347 280

8.编制的会计分录如下：

（1）借：生产成本　　　　　　　　　　　325 000

　　　　　制造费用　　　　　　　　　　　 26 000

　　　　　管理费用　　　　　　　　　　　 39 000

　　　　　贷：应付职工薪酬——工资　　　　　　　390 000

　　借：生产成本　　　　　　　　　　　　162 500

　　　　制造费用　　　　　　　　　　　　 13 000

　　　　管理费用　　　　　　　　　　　　 19 500

　　　　贷：应付职工薪酬——职工福利　　　　　　 27 300

　　　　　　　　　　　——社会保险费　　　　　　 97 500

　　　　　　　　　　　——住房公积金　　　　　　 31 200

　　　　　　　　　　　——工会经费　　　　　　　　7 800

　　　　　　　　　　　——职工教育经费　　　　　 31 200

（2）借：制造费用　　　　　　　　　　　 12 324

　　　　　管理费用　　　　　　　　　　　 15 600

　　　　　贷：银行存款　　　　　　　　　　　　　 27 924

（3）借：制造费用　　　　　　　　　　　 39 000

　　　　　管理费用　　　　　　　　　　　 13 000

　　　　　贷：累计折旧　　　　　　　　　　　　　 52 000

（4）借：生产成本　　　　　　　　　　　468 000

　　　　　制造费用　　　　　　　　　　　 32 500

　　　　　管理费用　　　　　　　　　　　 19 500

　　　　　贷：原材料　　　　　　　　　　　　　　520 000

（5）借：制造费用　　　　　　　　　　　　3 900

　　　　　贷：其他应收款　　　　　　　　　　　　　3 000

　　　　　　　库存现金　　　　　　　　　　　　　　 900

（6）借：制造费用　　　　　　　　　　　　6 500

　　　　　贷：银行存款　　　　　　　　　　　　　　6 500

（7）借：制造费用　　　　　　　　　　　 10 400

　　　　　贷：银行存款　　　　　　　　　　　　　 10 400

（8）借：生产成本　　　　　　　　　　　 32 500

　　　　　制造费用　　　　　　　　　　　　5 200

　　　　　管理费用　　　　　　　　　　　　7 800

贷：银行存款   45 500

编制的制造费用分配表见表7-15。

表7-15

制造费用分配表

生产单位：基本生产车间   2×24年5月   金额单位：元

产品名称	分配标准（小时）	分配率	分配金额
甲产品	1 500		37 206
乙产品	2 500		62 010
丙产品	2 000		49 608
合　计	6 000	24.804	148 824

第八章 会计凭证

一、学习目的与要求

本章重点介绍了会计核算的基本方法——填制和审核凭证。目的是使初学者明确会计凭证是进行会计核算的依据这一基本问题，掌握填制和审核会计凭证的基本技能。通过本章内容的学习，应熟悉会计凭证的含义及种类，熟练掌握原始凭证和记账凭证的填制要求与填制方法。

二、预习要览

（一）关键概念

1. 会计凭证
2. 原始凭证
3. 记账凭证
4. 外来原始凭证
5. 自制原始凭证
6. 一次凭证
7. 累计凭证
8. 汇总原始凭证
9. 通用记账凭证
10. 专用记账凭证
11. 收款凭证
12. 付款凭证
13. 转账凭证
14. 复式记账凭证
15. 汇总记账凭证
16. 科目汇总表
17. 汇总收款凭证
18. 汇总转账凭证

（二）关键问题

1. 为什么要取得或填制原始凭证？原始凭证的作用是什么？
2. 如何对原始凭证进行分类？它们之间的关系是怎样的？
3. 为什么要编制记账凭证？它与原始凭证的关系是怎样的？
4. 如何对记账凭证进行分类？它们之间的关系是怎样的？
5. 说明原始凭证的一般内容和审核办法。

6.说明记账凭证的一般内容和审核办法。

7.说明记账凭证的编号方法及不同编号方法的优缺点。

8.什么是汇总记账凭证？比较科目汇总表与汇总记账凭证。

9.什么是会计凭证的传递与保管？如何进行会计凭证的传递与保管？

10.会计凭证销毁时应注意哪些问题？

三、本章重点与难点

本章主要阐述会计凭证的有关内容。重点掌握会计凭证的含义、分类、基本内容、填制方法、审核以及会计凭证的传递与保管。其难点是会计凭证按不同标志进行的分类以及凭证的审核等内容。

会计凭证是用来记录经济业务、明确经济责任并据以登记账簿的一种证明文件。在手工会计条件下，会计凭证一般以书面形式表现；在网络会计环境下，会计凭证将主要以电子凭证方式出现。

会计凭证按填制程序和用途不同可以分为原始凭证和记账凭证两大类。原始凭证是在经济业务发生或完成时，由经济业务的经办者取得或填制，载明经济业务具体情况和发生及完成情况，明确经济责任的一种具有法律效力的证明文件。原始凭证按来源不同，可分为自制原始凭证和外来原始凭证。自制原始凭证是在经济业务发生或完成时，由本单位的经济业务当事者填制的；外来原始凭证是在经济业务发生或完成时，由外单位的经济业务当事者填制的。自制原始凭证按填制手续、内容、使用次数不同，可分为一次凭证、累计凭证、汇总原始凭证（原始凭证汇总表）和记账编制凭证四种。外来的原始凭证一般都是一次性的。

原始凭证的基本内容包括凭证名称、编制凭证的日期及编号、接受凭证单位的名称、经济业务的数量和金额、填制凭证单位的名称和有关人员的签章等。

原始凭证的填制要求是记录真实、手续完备、内容齐全、书写规范及填制及时。审核原始凭证时要审查它的合法性、合规性和合理性，审查其填制是否符合要求等。

记账凭证是根据原始凭证归类、整理而来，用会计语言表述的会计分录凭证，以书面借、贷会计科目及相关金额形式表现。记账凭证按用途不同，可分为通用记账凭证和专用记账凭证。专用记账凭证按反映的内容不同可分为收款凭证、付款凭证和转账凭证三种。按填列科目的记账方向分类，记账凭证可分为单式记账凭证和复式记账凭证。单式记账凭证按涉及会计科目的借贷方不同，可分为借项凭证和贷项凭证。按记账凭证包括的内容分类，它还可分为单一记账凭证、汇总记账凭证、科目汇总表。汇总记账凭证按汇总的内容不同，可分为汇总收款凭证、汇总付款凭证和汇总转账凭证。

记账凭证的基本内容包括：凭证名称、填制凭证的日期及凭证编号、经济业务内容摘要、记账符号、账户名称及金额、所附原始凭证的张数、填制单位的名称及有关人员的签章。

收付款凭证是根据反映货币资金收付业务的原始凭证编制的；转账凭证是根据反映非货币资金收付业务的原始凭证编制的；有的转账凭证是根据账簿记录编制的。汇总收款凭证是按相关收款凭证的借方科目设置，按贷方科目归类汇总的；汇总付款凭证是按相关付款凭证的贷方科目设置，按借方科目归类汇总的；汇总转账凭证也是按相关付款凭证的贷方科目设置，按借方科目归类汇总的。

在填制记账凭证时，摘要应简明扼要，科目运用要恰当，金额计量要正确，应连续编号，附件要齐全，有关项目的填列要完整。

记账凭证在平时应合理传递，以提高会计信息的加工速度和质量。期末要及时装订成册并妥善保管，借阅记账凭证时应按相关手续办理，保管期满要按有关规定销毁。

四、练习题

(一) 单项选择题

1.领料汇总表属于会计凭证中的 (　　)。

A.一次凭证　　　　　　　　B.累计凭证

C.单式凭证　　　　　　　　D.汇总原始凭证

2.下列单证中属于外来原始凭证的是 (　　)。

A.入库单　　　　　　　　　B.发料汇总表

C.银行收账通知单　　　　　D.出库单

3.下列项目不属于会计凭证的是 (　　)。

A.发货票   B.领料单

C.购销合同   D.住宿费收据

4.自制原始凭证按其填制手续不同可以分为（   ）。

A.一次凭证和汇总凭证

B.单式凭证和复式凭证

C.收款凭证、付款凭证、转账凭证

D.一次凭证、累计凭证、汇总原始凭证和记账编制凭证

5.原始凭证的基本内容中，不包括（   ）。

A.日期及编号   B.内容摘要

C.实物数量及金额   D.会计科目

6.原始凭证和记账凭证的相同点是（   ）。

A.反映经济业务的内容相同   B.编制时间相同

C.所起作用相同   D.经济责任的当事人相同

7.下列业务应编制转账凭证的是（   ）。

A.支付购买材料价款   B.支付材料运杂费

C.收回出售材料款   D.车间领用材料

8.企业将现金存入银行应编制（   ）。

A.银行存款付款凭证   B.现金付款凭证

C.银行存款收款凭证   D.现金收款凭证

9.下列科目可能是收款凭证借方科目的是（   ）。

A."材料采购"科目   B."应收账款"科目

C."银行存款"科目   D."长期待摊费用"科目

10.外来原始凭证一般都是（   ）。

A.一次凭证   B.累计凭证

C.汇总原始凭证   D.记账凭证

11.下列科目可能是收款凭证贷方科目的是（   ）。

A."制造费用"科目   B."长期待摊费用"科目

C."应收账款"科目   D."坏账准备"科目

12.将会计凭证划分为原始凭证和记账凭证的依据是（   ）。

A.填制时间   B.取得来源

C.填制的程序和用途   D.反映的经济内容

13.记账凭证中不可能有（　　　）。

A.接受单位的名称　　　　　　B.记账凭证的编号

C.记账凭证的日期　　　　　　D.记账凭证的名称

14.原始凭证是（　　　）。

A.登记日记账的根据　　　　　B.编制记账凭证的根据

C.编制科目汇总表的根据　　　D.编制汇总记账凭证的根据

15.制造费用分配表属于原始凭证中的（　　　）。

A.外来原始凭证　　　　　　　B.通用记账凭证

C.累计凭证　　　　　　　　　D.记账编制凭证

16.将记账凭证分为收款凭证、付款凭证、转账凭证的依据是（　　　）。

A.凭证填制的手续　　　　　　B.凭证的来源

C.凭证所反映的经济业务内容　D.所包括的会计科目是否单一

17.根据账簿记录和经济业务的需要而编制的自制原始凭证是（　　　）。

A.转账凭证　　　　　　　　　B.累计凭证

C.限额领料单　　　　　　　　D.记账编制凭证

18.会计凭证登账后的整理、装订和归档存查称为（　　　）。

A.会计凭证的传递　　　　　　B.会计凭证的保管

C.会计凭证的编制　　　　　　D.会计凭证的销毁

19.根据一定期间的全部记账凭证汇总填制的凭证是（　　　）。

A.汇总原始凭证　　　　　　　B.科目汇总表

C.复式凭证　　　　　　　　　D.累计凭证

20.填制原始凭证时应做到大小写数字符合规范，填写正确。如大写金额"壹仟零壹元伍角整"，其小写应为（　　　）。

A.1 001.50 元　　　　　　　　B.￥1 001.50

C.￥1 001.50元　　　　　　　 D.￥1 001.5

21.企业记账凭证的编制人员是（　　　）。

A.出纳人员　　　　　　　　　B.会计人员

C.经办人员　　　　　　　　　D.主管人员

22.下列各项中，作为出纳人员付出货币资金依据的凭证是（　　　）。

A.收款凭证　　　　　　　　　B.付款凭证

C.转账凭证　　　　　　　　　D.原始凭证

23.下列各项中，不属于一次凭证的是（　　）。

A.销售商品时开具的增值税专用发票

B.购进材料时开具的入库单

C.限额领料单

D.领料单

24.产品生产领用材料，应编制的专用记账凭证是（　　）。

A.收款凭证　　　　　　　　　B.付款凭证

C.转账凭证　　　　　　　　　D.一次凭证

25.以银行存款归还银行借款的业务，应编制（　　）。

A.转账凭证　　　　　　　　　B.收款凭证

C.付款凭证　　　　　　　　　D.以上均可

26.销售产品一批，部分货款已收回并存入银行，另有部分货款尚未收回，应填制的专用记账凭证是（　　）。

A.收款凭证和转账凭证　　　　B.付款凭证和转账凭证

C.收款凭证和付款凭证　　　　D.两张转账凭证

27.借记"库存现金"，贷记"银行存款"的会计分录，应编制的专用记账凭证是（　　）。

A.现金收款凭证　　　　　　　B.现金付款凭证

C.银行存款收款凭证　　　　　D.银行存款付款凭证

28.借记"应收账款"，贷记"应收票据"的会计分录，应编制的专用记账凭证是（　　）。

A.收款凭证　　　　　　　　　B.付款凭证

C.转账凭证　　　　　　　　　D.汇总记账凭证

29.借记"库存现金"，贷记"其他应收款"的会计分录，应编制的专用记账凭证是（　　）。

A.现金收款凭证　　　　　　　B.现金付款凭证

C.银行存款收款凭证　　　　　D.转账凭证

30.下列账户中不可能成为付款凭证贷方账户的是（　　）。

A."库存现金"账户

B."银行存款"账户

C."库存现金"或"银行存款"账户

D. "制造费用"账户

(二) 多项选择题

1.下列各项中，属于一次原始凭证的有（　　）。

A.限额领料单　　　　　　　　B.领料单

C.领料汇总表　　　　　　　　D.购货发票

E.销货发票

2.记账凭证编制的依据可以有（　　）。

A.收付款凭证　　　　　　　　B.一次凭证

C.累计凭证　　　　　　　　　D.汇总原始凭证

E.转账凭证

3.企业购入材料一批，货款已付，材料验收入库，则应编制的全部会计凭证有（　　）。

A.收料单　　　　　　　　　　B.累计凭证

C.收款凭证　　　　　　　　　D.付款凭证

E.转账凭证

4.下列各项中，属于原始凭证的有（　　）。

A.发出材料汇总表　　　　　　B.汇总收款凭证

C.购料合同　　　　　　　　　D.限额领料单

E.收料单

5.原始凭证审核时应注意（　　）。

A.凭证反映的业务是否合法

B.所运用的会计科目是否正确

C.凭证上各项目是否填列齐全完整

D.各项目的填写是否正确

E.数字计算有无错误

6.下列科目中可能成为付款凭证借方科目的有（　　）。

A. "库存现金"科目　　　　　　B. "银行存款"科目

C. "应付账款"科目　　　　　　D. "应交税费"科目

E. "销售费用"科目

7.转账凭证属于（　　）。

A.记账凭证　　　　　　　　　B.专用记账凭证

C.会计凭证　　　　　　　　　D.复式记账凭证

E.通用记账凭证

8.涉及现金与银行存款相互划转的业务应编制的专用记账凭证

有（　　）。

A.现金收款凭证　　　　　　　B.现金付款凭证

C.银行存款收款凭证　　　　　D.银行存款付款凭证

E.转账凭证

9.填制原始凭证时应符合的一般要求有（　　）。

A.记录真实　　　　　　　　　B.手续完备

C.内容齐全　　　　　　　　　D.书写规范

E.填制及时

10.下列凭证中，属于复式记账凭证的有（　　）。

A.单科目凭证　　　　　　　　B.收款凭证

C.付款凭证　　　　　　　　　D.转账凭证

E.通用记账凭证

11.下列属于外来凭证的有（　　）。

A.购入材料的发票　　　　　　B.出差住宿费收据

C.银行结算凭证　　　　　　　D.收款凭证

E.转账凭证

12.收款凭证和付款凭证是（　　）。

A.登记库存现金、银行存款日记账的依据

B.编制报表的直接依据

C.调整和结转有关账项的依据

D.成本计算的依据

E.出纳人员办理收、付款项的依据

13.记账凭证的编号方法有（　　）。

A.顺序编号法　　　　　　　　B.分类编号法

C.奇偶数编号法　　　　　　　D.任意编号法

E.分数编号法

14.正确地组织会计凭证的传递的意义在于（　　）。

A.可以及时地反映和监督经济业务的发生和完成情况

B.合理有效地组织经济活动

C.有利于原始凭证的编制

D.可以加强经济管理责任制

E.有利于研究会计发展历史

15.自制原始凭证按其填制程序和内容不同，可以分为（　　）。

A.外来凭证　　　　　　　　　B.一次凭证

C.累计凭证　　　　　　　　　D.汇总原始凭证

E.记账编制凭证

16.外来原始凭证是（　　）。

A.从企业外部取得的　　　　　B.由企业会计人员填制的

C.一次凭证　　　　　　　　　D.盖有填制单位公章的

E.累计凭证

17.填制原始凭证时应做到（　　）。

A.遵纪守法　　　　　　　　　B.记录真实

C.填写认真　　　　　　　　　D.内容完整

E.会计科目正确

18.记账凭证应该是（　　）。

A.由经办业务人员填制的　　　B.由会计人员填制的

C.在经济业务发生时填制的　　D.登记账簿的直接依据

E.根据审核无误的原始凭证填制的

19.在编制记账凭证时，错误的做法有（　　）。

A.编制复合会计分录

B.一年内的记账凭证连续编号

C.将不同类型业务的原始凭证合并编制一张记账凭证

D.从银行提取现金时只填现金收款凭证

E.更正错账的记账凭证可以不附原始凭证

20.会计凭证的保管应做到（　　）。

A.定期归档以便查阅　　　　　B.查阅会计凭证要有手续

C.由企业随意销毁　　　　　　D.保证会计凭证的安全完整

E.办理了相关手续后方可销毁

21.下列各项中，属于会计凭证按编制程序和用途分类的有（　　）。

A.原始凭证   B.累计凭证

C.记账凭证   D.转账凭证

E.一次凭证

22.下列凭证中，属于原始凭证的有（   ）。

A.产品成本计算单   B.发出材料汇总表

C.发货票   D.付款凭证

E.收款凭证

23.下列凭证中，属于自制原始凭证的有（   ）。

A.购货发票   B.销货发票

C.发出材料汇总表   D.差旅费报销单

E.银行进账单

24.下列各项中，属于原始凭证基本内容的有（   ）。

A.原始凭证名称

B.原始凭证填制日期

C.交易双方单位（个人）的名称

D.经办人员的签章

E.交易或者事项内容、计量单位、数量、单价和金额

25.专用记账凭证按其反映交易或者事项的内容不同，可分为（   ）。

A.汇总记账凭证   B.收款凭证

C.付款凭证   D.转账凭证

E.非汇总记账凭证

26.收款凭证的作用有（   ）。

A.出纳人员据此收入货币资金

B.出纳人员据此付出货币资金

C.出纳人员据此登记库存现金日记账

D.出纳人员据此登记银行存款日记账

E.会计人员据此登记库存现金和银行存款总账

27.下列各项中，属于领用材料应填制的原始凭证有（   ）。

A.入库单   B.发出材料汇总表

C.送货单   D.领料单

E.购货发票

28.下列凭证中，办理银行存款的收、付业务可能涉及的有（　　）。

A.现金收款凭证　　　　　　B.现金付款凭证

C.银行存款收款凭证　　　　D.银行存款付款凭证

E.转账凭证

29."收料单"按照不同的标志分类可能属于（　　）。

A.外来原始凭证　　　　　　B.自制原始凭证

C.一次凭证　　　　　　　　D.累计凭证

E.汇总原始凭证

30."限额领料单"按照不同的标志分类可能属于（　　）。

A.外来原始凭证　　　　　　B.自制原始凭证

C.一次凭证　　　　　　　　D.累计凭证

E.汇总原始凭证

31.下列交易或者事项中，应填制转账凭证的有（　　）。

A.国家以厂房对企业投资　　B.外商以货币资金对企业投资

C.购买材料未付款　　　　　D.销售商品收到商业汇票一张

E.收回前欠货款

32.下列交易或者事项中，应填制付款凭证的有（　　）。

A.从银行提取现金备用　　　B.购买材料预付订金

C.将现金存入银行　　　　　D.以银行存款支付前欠某单位货款

E.销售商品未收款

33.下列说法中正确的有（　　）。

A.原始凭证必须记录真实、内容完整

B.原始凭证发生错误，必须按规定办法更正

C.原始凭证金额有错误的，应当由出具单位重开，不得在原始凭证上更正

D.购买大额资产的原始凭证，必须有验收证明

E.一式几联的原始凭证，应当注明各联的用途

34.办公室职工李明报销差旅费800元，交回剩余现金200元，对此经济业务应填制的专用记账凭证有（　　）。

A.现金收款凭证，金额200元

B.管理费用转账凭证，金额800元

C.可以只填制一张转账凭证

D.必须填制两张专用记账凭证

E.现金付款凭证，金额200元

35.购买材料时收到的"增值税专用发票"（　　　　）。

A.属于自制原始凭证

B.属于外来原始凭证

C.是由税务部门统一印制的

D.必须有开票单位的盖章才能有效

E.其增值税金额为进项税额

（三）判断题

1.一次凭证是指只反映一项经济业务的凭证，如"领料单"。（　　　）

2.累计凭证是指在一定时期内连续记载若干项同类经济业务，其填制手续是随着经济业务发生而分次完成的凭证，如"限额领料单"。（　　　）

3.汇总原始凭证是指在会计核算工作中，为简化记账凭证编制工作，将一定时期内若干份记录同类经济业务的记账凭证加以汇总，用以集中反映某项经济业务总括发生情况的会计凭证。（　　　）

4.在一项经济业务中，如果既涉及现金和银行存款的收付，又涉及转账业务，应同时填制收付款凭证和转账凭证。（　　　）

5.汇总记账凭证是登记日记账、明细账的根据。（　　　）

6.制造费用分配表属于记账编制凭证。（　　　）

7.将记账凭证分为收款凭证、付款凭证、转账凭证的依据是凭证填制的手续和凭证的来源。（　　　）

8.根据账簿记录和经济业务的需要编制的自制原始凭证是记账编制凭证。（　　　）

9.会计凭证在登账后整理、装订和归档2年后可销毁。（　　　）

10.将一定期间的记账凭证全部汇总填制的凭证如"科目汇总表"是一种累计凭证。（　　　）

11.所有会计凭证都是登记账簿的直接依据。（　　　）

12.自制原始凭证都是一次凭证。（　　　）

13.为简化核算，可将反映同类交易或者事项的原始凭证，汇总编制一张汇总原始凭证。   （   ）

14.企业编制专用记账凭证时，与货币收付无关的业务一律编制转账凭证。   （   ）

15.从银行提取现金时，按规定可以编制现金收款凭证。（   ）

16.记账凭证的填制日期应是交易或者事项发生或完成的日期。

                                                      （   ）

17.汇总记账凭证即记账凭证汇总表，二者的编制方法相同。（   ）

18.登记总账的依据只能是科目汇总表。   （   ）

19.填制和审核会计凭证是会计核算的一种专门方法。   （   ）

20.记账凭证只能根据一张原始凭证编制。   （   ）

21.各种原始凭证的填制，都应由会计人员填写，非会计人员不得填写，以保证原始凭证填制的正确性。   （   ）

（四）业务处理题

1.某企业2×24年6月份发生下列经济业务：

（1）6月2日，接受A投资者投资240 000元，存入银行。

（2）6月10日，以银行存款60 000元购买甲材料，材料已验收入库（不考虑增值税）。

（3）6月11日，以银行存款100 000元购买不需要安装的乙设备（不考虑增值税）。

（4）6月15日，以银行存款偿还前欠B企业的货款200 000元。

（5）6月18日，收回M公司前欠货款180 000元，存入银行。

（6）6月20日，从银行提取现金5 000元备用。

（7）6月22日，企业管理人员张毅预借差旅费3 000元，以现金支付。

（8）6月24日，以银行存款200 000元偿还短期借款。

（9）6月25日，企业管理人员张毅出差回来，报销费用1 800元，余额退回现金。

（10）6月29日，从银行借入短期借款100 000元存入银行。

要求：根据上述经济业务编制会计分录和通用记账凭证。

2.某企业2×24年8月份发生的部分交易或者事项如下：

（1）8月1日，从D银行取得一年期借款500 000元，存入银行。

（2）8月5日，职工张林预借差旅费2 000元，付给现金。

（3）8月12日，仓库发出E材料一批，其中，生产车间生产F产品领用100 000元，管理部门领用4 000元。

（4）8月18日，以银行存款支付本月厂部办公费12 000元。

（5）8月31日，计算本月应纳所得税额75 000元。

（6）8月31日，计算本月固定资产折旧费，其中，生产车间设备折旧费10 000元，管理用固定资产折旧费6 000元。

（7）8月31日，从银行提取现金8 000元备用。

要求：根据上述交易或者事项编制专用记账凭证的会计分录，并按现收、银收、现付、银付、转字进行编号。专用记账凭证的具体格式见表8-1、表8-2、表8-3。

表8-1 　　　　　　　　　**收款凭证**　　　　　　　　 凭证编号_____

出纳编号_____

2×24年×月×日　　　　　　借方科目：

摘要	结算方式	票号	贷方科目		金额	记账符号
			总账科目	明细科目		
附单据　　　　　张			合　　计			

会计主管人员：　　记账：　　稽核：　　制单：　　出纳：　　交款人：

表8-2 　　　　　　　　　**付款凭证**　　　　　　　　 凭证编号_____

出纳编号_____

2×24年×月×日　　　　　　贷方科目：

摘要	结算方式	票号	借方科目		金额	记账符号
			总账科目	明细科目		
附单据　　　　　张			合　　计			

会计主管人员：　　记账：　　稽核：　　制单：　　出纳：　　交款人：

表8-3   **转账凭证**

                          2×24年×月×日   凭证编号_____

摘要	借方科目		贷方科目		金额	记账符号
	总账科目	明细科目	总账科目	明细科目		
附单据 张	合 计					

会计主管人员：   记账：   稽核：   制单：

3.某公司2×24年9月份发生下列经济业务：

（1）9月2日，财务科长张健预借差旅费5 000元，付给现金。

（2）9月5日，收到HK公司的投资800 000元（均作为法定资本），已办理银行进账手续。

（3）9月8日，从红日商店购入甲材料2 000千克，单价10元/千克，增值税税率为13%，款项上个月已经预付，材料验收入库。

（4）9月10日，从银行提取现金8 000元备用。

（5）9月12日，开出转账支票预付明后两年的房租48 000元。

（6）9月18日，从东方工厂购入乙材料3 000千克，单价20元/千克，增值税税率为13%，款项未付，材料未到。

（7）9月22日，销售给中德公司A产品200件，单位售价5 000元/件，增值税税率为13%，款项收到一张已承兑商业汇票。

（8）9月30日，结转本月销售A产品的成本600 000元。

要求：根据上述经济业务内容，编制通用记账凭证。通用记账凭证的格式见表8-4。

表8-4   **通用记账凭证**

                      2×24年×月×日   凭证编号_____

摘要	借方科目		贷方科目		金额	记账符号
	总账科目	明细科目	总账科目	明细科目		
附单据　张	合　计					

会计主管人员：　　　记账：　　　稽核：　　　制单：

五、案例分析题

案例8-1

利和股份公司所属的东大公司2×24年9月1日有关账户（全部为正常方向）余额如下：库存现金2 000元；银行存款52 600元；原材料158 000元；应收账款12 000元；固定资产275 000元；其他应收款3 000元；短期借款80 000元；应付账款24 000元；盈余公积46 000元；库存商品、资本公积和实收资本3个账户的余额缺失。

东大公司9月份发生的全部经济业务如下：

① 从银行取得期限为6个月的借款100 000元，存入银行。

② 用银行存款28 250元（含税价，税率13%）购入一台全新生产用设备，直接交付车间使用。

③ 接受某外商投资投入的全新设备价值50 000元（不考虑增值税），设备交付使用。

④ 企业员工因公出差预借差旅费1 000元，付给现金。

⑤ 经企业的权力机构批准将资本公积金转增资本100 000元。

⑥ 收回某单位所欠本企业的货款10 000元，存入银行。

⑦ 用银行存款50 000元偿还到期的银行临时借款。

⑧ 购入一批原材料，价款 22 000 元（不考虑增值税），其中，20 000 元开出支票支付，余款用现金支付。

⑨ 接受某投资人的投资 600 000 元（均作为法定资本），其中，一台全新设备 150 000 元（不考虑增值税）投入使用，一项专利权作价 380 000 元，剩余部分通过银行划转。

⑩ 开出现金支票从银行提取现金 5 000 元备用。

东大公司的会计对本月发生的经济业务进行了相关的处理，并编制了月末的总分类账户发生额及余额试算平衡表，但由于时间仓促，加之会计对制造业企业有关经济业务的处理不是很熟练，因而发生了某些账务处理上的错误，其不平衡的试算表见表8-5。

表8-5 　　　　　　　总分类账户本期发生额及余额试算平衡表　　　　　　单位：元

会计科目	期初余额		本期发生额		期末余额	
	借方	贷方	借方	贷方	借方	贷方
库存现金	2 000		5 000	1 000	6 000	
银行存款	52 600		180 000	80 250	152 350	
原材料	158 000		2 000		160 000	
库存商品						
应收账款	12 000		10 000		22 000	
固定资产	275 000		245 000		520 000	
其他应收款	3 000		1 000		4 000	
短期借款		80 000	50 000	100 000		130 000
应付账款		24 000		25 000		49 000
应交税费			3 250		3 250	
资本公积			100 000			100 000
盈余公积		46 000				46 000
实收资本				750 000		750 000
无形资产			380 000		380 000	
合　计	502 600	150 000	977 000	957 000	1 047 600	1 075 000

面对不平衡的试算表，会计对其核算过程进行了全面的检查，针对错误并结合其他资料一并提供了以下的信息：本公司月初的净资产为446 000元。有关错误包括余额的计算错误和账务处理的错误，其中，本月业务在处理过程中共发生4处错误，涉及"库存现金""银行存款""原材料""应收账款""固定资产""应付账款"账户。账务处理的错误影响到账户记录的错误，进而造成上述试算表不平衡。

案例要求：

（1）编制本月业务的会计分录，注明每笔业务应编制的专用记账凭证。

（2）计算"库存商品"、"资本公积"和"实收资本"账户的月初余额。

（3）指出错误所在并编制正确的试算平衡表。

案例提示

（1）编制本月业务的会计分录，同时注明每笔业务应涉及的专用记账凭证名称。

①借：银行存款　　　　　　　　　　　　　　100 000

　　贷：短期借款　　　　　　　　　　　　　　　　100 000

（编制银行存款收款凭证）

②借：固定资产　　　　　　　　　　　　　　25 000

　　　应交税费——应交增值税（进项税额）　　3 250

　　贷：银行存款　　　　　　　　　　　　　　　　28 250

（编制银行存款付款凭证）

③借：固定资产　　　　　　　　　　　　　　50 000

　　贷：实收资本　　　　　　　　　　　　　　　　50 000

（编制转账凭证）

④借：其他应收款　　　　　　　　　　　　　1 000

　　贷：库存现金　　　　　　　　　　　　　　　　1 000

（编制现金付款凭证）

⑤借：资本公积　　　　　　　　　　　　　　100 000

　　贷：实收资本　　　　　　　　　　　　　　　　100 000

（编制转账凭证）

⑥借：银行存款 10 000

　　贷：应收账款 10 000

（编制银行存款收款凭证）

⑦借：短期借款 50 000

　　贷：银行存款 50 000

（编制银行存款付款凭证）

⑧借：原材料 20 000

　　贷：银行存款 20 000

（编制银行存款付款凭证）

借：原材料 2 000

　贷：库存现金 2 000

（编制现金付款凭证）

⑨借：固定资产 150 000

　　无形资产 380 000

　　贷：实收资本 530 000

（编制转账凭证）

借：银行存款 70 000

　贷：实收资本 70 000

（编制银行存款收款凭证）

⑩借：库存现金 5 000

　　贷：银行存款 5 000

（编制银行存款付款凭证）

（2）根据给定的月初资料，结合本月业务的处理可知，"资本公积"账户本月记录没有发生错误，其期末余额为100 000元，则期初余额为200 000元，而已知月初净资产为446 000元，所以"实收资本"和"资本公积"两个账户的月初余额之和为400 000元（446 000−46 000），而"资本公积"账户的期初余额为200 000元，据此可以计算出"实收资本"账户的月初余额为200 000元。根据"资产总额=负债总额+所有者权益总额"的会计等式，就可以计算出库存商品账户的月初余额为47 400元。

（3）编制正确的总分类账户本期发生额及余额试算平衡表见表8-6。

表8-6　　　　　　总分类账户本期发生额及余额试算平衡表　　　　　　单位：元

会计科目	期初余额		本期发生额		期末余额	
	借方	贷方	借方	贷方	借方	贷方
库存现金	2 000		5 000	3 000	4 000	
银行存款	52 600		180 000	103 250	129 350	
原材料	158 000		22 000		180 000	
库存商品	47 400				47 400	
应收账款	12 000			10 000	2 000	
固定资产	275 000		225 000		500 000	
其他应收款	3 000		1 000		4 000	
短期借款		80 000	50 000	100 000		130 000
应付账款		24 000				24 000
应交税费				3 250		3 250
资本公积		200 000	100 000			100 000
盈余公积		46 000				46 000
实收资本		200 000		750 000		950 000
无形资产			380 000		380 000	
合　计	550 000	550 000	966 250	966 250	1 250 000	1 250 000

说明：该企业会计编制的试算表之所以不平衡，其原因有两个方面：一是在"库存商品"、"资本公积"和"实收资本"账户的月初余额没有计算出来的情况下，编制的试算表自然不平衡。二是根据本月有关业务记录进行账务处理乃至编制试算表时发生错误，导致在试算表中将某些账户的发生额和余额确定错误，即：①将"库存现金"账户贷方发生额2 000元误记入"银行存款"账户；②将"银行存款"账户贷方发生额25 000元误记入"应付账款"账户；③将"应收账款"账户贷方发

生额10 000元误记入其借方；④将"原材料"账户借方发生额20 000元误记入"固定资产"账户。

案例8-2

DL市某酒店在纳税管理上实行定期、定额管理方式，税务部门为该酒店核定征收税款。为了检查该酒店的纳税情况，主管该酒店的税务部门做了以下几项工作：

（1）税务人员利用突击检查的方式取得了该酒店的银行账号与银行结账单，到该酒店的开户银行调取银行对账单。

（2）反方向寻找线索，在该酒店所在地区的10余家经常与该酒店有业务往来的单位进行外调。

（3）详细检查、鉴别了该酒店开出的1 000多份发票。

结果发现，该酒店开出的1 000多份发票中存在问题的有10多份，税务部门根据《中华人民共和国税收征收管理法》第63条的规定，认定该酒店的违法行为已构成偷税，同时违反了《中华人民共和国发票管理办法》第37条的规定，决定对该酒店查补税款124 571元，处以罚款499 571元。

经查，该酒店的惯用做法主要有：

（1）张冠李戴。很多企业经常使用这种方式，也就是使用其他企业、行业发票到消费单位结账，如使用广告业发票、汽车维修发票、商业零售发票等。这些发票都是通过关系获取的正规发票，被利用之后，其违法行为就披上了"合法"的外衣。在检查中发现，该酒店利用上述外单位发票违规涉税金额达150多万元。

（2）投其所好。酒店业主为了迎合消费单位避免业务招待费超标而多缴税的要求，经常利用其他行业发票将餐饮支出列成其他支出项目入账，如将业务招待费变换成广告费、汽车维修费、办公用品费等。

（3）债务转移。该酒店的某消费单位在一汽车维修公司维修汽车，而维修公司又欠该酒店的消费款，该酒店的业主便从中协调，消费单位的维修款直接汇给了该酒店。由于维修公司实行定期定额管理方式核定征收税款，未建账，所以，酒店业主减少了应收账款，账面营业收入也未增加，同时还"节约"了发票，一举数得。

案例要求：

（1）企业利用发票偷税手段多样，你了解到的有哪些？

（2）为什么说该酒店采用的发票作假的手段比较老到？

案例提示

（1）企业利用发票偷税形式较多，主要包括伪造、倒卖发票，尤其是餐饮业的发票和运输业的车票；不按照规定使用正式发票，如使用过期或作废发票；非法代开发票；大头小尾，即开抽芯发票；发票混用、乱用，不按范围、对象使用发票。另外，很多企业以低价销售或以给经办人回扣为诱饵吸引对方不要发票，个别企业甚至拒开发票。

（2）该酒店的发票作假手段比较老到，主要是因为从表面上看是使用了正式发票，但未按规定使用发票，如利用发票逃税来拉拢客户，利用征税方式不同钻税收征管的空子等。从本例看，该酒店有恶意使用发票之嫌，必须予以打击。

案例8-3

某公司是一家规模较小的、从事贸易活动的单位，其日常发生的业务不多，该公司会计因公出差未能按时处理公司发生的业务，出纳员试着对公司2×24年8月份的经济业务进行了处理，在专用记账凭证中编制了相应的会计分录，见表8-7。

表8-7　　　　　　　　　　　业务处理结果

业务序号	业务内容	专用记账凭证	会计分录
1	公司职工出差预借差旅费5 600元，支付现金	现金付款凭证	借：其他应收款　　5 600 　　贷：库存现金　　　　5 600
2	开出现金支票提取现金14 000元	现金收款凭证	借：库存现金　　14 000 　　贷：银行存款　　　14 000
3	使用银行存款购买办公用品11 760元	转账凭证	借：管理费用　　11 760 　　贷：银行存款　　　11 760
4	收到某单位抵付欠款的商业汇票84 000元	银行存款收款凭证	借：银行存款　　84 000 　　贷：应收账款　　　84 000
5	从开户银行借入临时借款252 000元	现金收款凭证	借：库存现金　　252 000 　　贷：银行存款　　　252 000

为了检验账务处理是否正确，公司出纳员进行了试算平衡，其结果显示账户的发生额和余额均平衡。待公司会计上班后，出纳员将其所作的账务处理交给公司会计，并强调对结果已试算平衡。公司会计对出纳员的处理过程简单检查后，认为出纳员的会计处理存在问题。

　　案例要求：

　　指出公司出纳在账务处理过程中存在哪些问题。

案例提示

　　第一笔业务的处理没有问题。

　　第二笔业务虽然会计分录正确，但不应编制现金收款凭证，而应编制银行存款付款凭证。

　　第三笔业务编制的会计分录正确，但不应编制转账凭证，而应编制银行存款付款凭证。

　　第四笔业务编制的会计分录和专用记账凭证均发生错误，应在转账凭证中编制会计分录：借记"应收票据"账户，贷记"应收账款"账户。

　　第五笔业务编制的会计分录和专用记账凭证均发生错误，应在银行存款收款凭证中编制会计分录：借记"银行存款"账户，贷记"短期借款"账户。

六、练习题参考答案

（一）单项选择题

1.D　2.C　3.C　4.D　5.D　6.A　7.D　8.B　9.C　10.A　11.C　12.C　13.A 14.B　15.D　16.C　17.D　18.B　19.B　20.B　21.B　22.B　23.C　24.C　25.C　26.A 27.D　28.C　29.A　30.D

（二）多项选择题

1.BDE　2.BCD　3.ADE　4.ADE　5.ACDE　6.ABCDE　7.ABCD　8.BD　9.ABCDE 10.BCDE　11.ABC　12.AE　13.ABE　14.ABD　15.BCDE　16.ACD　17.ABCD　18.BDE 19.BCD　20.ABDE　21.AC　22.ABC　23.BCD　24.ABCDE　25.BCD　26.ACDE 27.BD　28.BCD　29.BC　30.BD　31.ACD　32.ABCD　33.ABCDE　34.ABD　35.BCDE

（三）判断题

1.×　2.√　3.×　4.√　5.×　6.√　7.×　8.√　9.×　10.×　11.×　12.×　13.√　14.√ 15.×　16.×　17.×　18.×　19.√　20.×　21.×

(四) 业务处理题

1.编制的会计分录及专用记账凭证如下：

(1) 借：银行存款　　　　　　　　　　　　240 000

　　　贷：实收资本——A投资者　　　　　　　　　　240 000

(2) 借：原材料——甲材料　　　　　　　　　60 000

　　　贷：银行存款　　　　　　　　　　　　　　　60 000

(3) 借：固定资产——乙设备　　　　　　　100 000

　　　贷：银行存款　　　　　　　　　　　　　　　100 000

(4) 借：应付账款——B企业　　　　　　　200 000

　　　贷：银行存款　　　　　　　　　　　　　　　200 000

(5) 借：银行存款　　　　　　　　　　　　180 000

　　　贷：应收账款——M公司　　　　　　　　　　180 000

(6) 借：库存现金　　　　　　　　　　　　　5 000

　　　贷：银行存款　　　　　　　　　　　　　　　　5 000

(7) 借：其他应收款——张毅　　　　　　　　3 000

　　　贷：库存现金　　　　　　　　　　　　　　　　3 000

(8) 借：短期借款　　　　　　　　　　　　200 000

　　　贷：银行存款　　　　　　　　　　　　　　　200 000

(9) 借：管理费用　　　　　　　　　　　　　1 800

　　　　库存现金　　　　　　　　　　　　　1 200

　　　贷：其他应收款——张毅　　　　　　　　　　　3 000

(10) 借：银行存款　　　　　　　　　　　　100 000

　　　贷：短期借款　　　　　　　　　　　　　　　100 000

编制的通用记账凭证见表8-8至表8-17（单位：元）。

表8-8　　　　　　　　　　　　通用记账凭证

2×24年6月2日　　　　　　　　　　　　凭证编号＿＿1＿＿

摘要	借方科目		贷方科目		金额	记账符号
	总账科目	明细科目	总账科目	明细科目		
收到投资者投资	银行存款				240 000	
			实收资本	A投资者	240 000	
附单据　张		合　　计			240 000	

会计主管人员：　　　记账：　　　稽核：　　　制单：

表8-9   **通用记账凭证**

2×24年6月10日   凭证编号 __2__

摘要	借方科目		贷方科目		金额	记账符号
	总账科目	明细科目	总账科目	明细科目		
购买原材料	原材料	甲材料			60 000	
			银行存款		60 000	
附单据 张	合 计				60 000	

会计主管人员：   记账：   稽核：   制单：

表8-10   **通用记账凭证**

2×24年6月11日   凭证编号 __3__

摘要	借方科目		贷方科目		金额	记账符号
	总账科目	明细科目	总账科目	明细科目		
购买设备	固定资产	乙设备			100 000	
			银行存款		100 000	
附单据 张	合 计				100 000	

会计主管人员：   记账：   稽核：   制单：

表8-11   **通用记账凭证**

2×24年6月15日   凭证编号 __4__

摘要	借方科目		贷方科目		金额	记账符号
	总账科目	明细科目	总账科目	明细科目		
偿还B企业货款	应付账款	B企业			200 000	
			银行存款		200 000	
附单据 张	合 计				200 000	

会计主管人员：   记账：   稽核：   制单：

表8-12   **通用记账凭证**

2×24年6月18日   凭证编号 __5__

摘要	借方科目		贷方科目		金额	记账符号
	总账科目	明细科目	总账科目	明细科目		
收回货款	银行存款				180 000	
			应收账款	M公司	180 000	
附单据 张	合 计				180 000	

会计主管人员: 记账: 稽核: 制单:

表8-13   **通用记账凭证**

2×24年6月20日   凭证编号 __6__

摘要	借方科目		贷方科目		金额	记账符号
	总账科目	明细科目	总账科目	明细科目		
银行提现	库存现金				5 000	
			银行存款		5 000	
附单据 张	合 计				5 000	

会计主管人员: 记账: 稽核: 制单:

表8-14   **通用记账凭证**

2×24年6月22日   凭证编号 __7__

摘要	借方科目		贷方科目		金额	记账符号
	总账科目	明细科目	总账科目	明细科目		
预借差旅费	其他应收款	张毅			3 000	
			库存现金		3 000	
附单据 张	合 计				3 000	

会计主管人员: 记账: 稽核: 制单:

表8-15 **通用记账凭证**

2×24年6月24日 凭证编号___8___

摘要	借方科目		贷方科目		金额	记账符号
	总账科目	明细科目	总账科目	明细科目		
偿还短期借款	短期借款				200 000	
			银行存款		200 000	
附单据 张		合 计			200 000	

会计主管人员: 记账: 稽核: 制单:

表8-16 **通用记账凭证**

2×24年6月25日 凭证编号___9___

摘要	借方科目		贷方科目		金额	记账符号
	总账科目	明细科目	总账科目	明细科目		
报销差旅费	管理费用				1 800	
	库存现金				1 200	
			其他应收款	张毅	3 000	
附单据 张		合 计			3 000	

会计主管人员: 记账: 稽核: 制单:

表8-17 **通用记账凭证**

2×24年6月29日 凭证编号___10___

摘要	借方科目		贷方科目		金额	记账符号
	总账科目	明细科目	总账科目	明细科目		
从银行借款	银行存款				100 000	
			短期借款		100 000	
附单据 张		合 计			100 000	

会计主管人员: 记账: 稽核: 制单:

2.编制的会计分录及专用记账凭证如下：

（1）借：银行存款　　　　　　　　　　　　　　　　500 000

　　　　贷：短期借款——D银行　　　　　　　　　　　　　　500 000

（2）借：其他应收款——张林　　　　　　　　　　　　2 000

　　　　贷：库存现金　　　　　　　　　　　　　　　　　　　2 000

（3）借：生产成本——F产品　　　　　　　　　　　　100 000

　　　　管理费用　　　　　　　　　　　　　　　　　4 000

　　　　贷：原材料——E材料　　　　　　　　　　　　　　　104 000

（4）借：管理费用　　　　　　　　　　　　　　　　　12 000

　　　　贷：银行存款　　　　　　　　　　　　　　　　　　　12 000

（5）借：所得税费用　　　　　　　　　　　　　　　　75 000

　　　　贷：应交税费——应交所得税　　　　　　　　　　　　75 000

（6）借：制造费用　　　　　　　　　　　　　　　　　10 000

　　　　管理费用　　　　　　　　　　　　　　　　　6 000

　　　　贷：累计折旧　　　　　　　　　　　　　　　　　　　16 000

（7）借：库存现金　　　　　　　　　　　　　　　　　8 000

　　　　贷：银行存款　　　　　　　　　　　　　　　　　　　8 000

编制的专用记账凭证见表8-18至表8-24（单位：元）。

表8-18　　　　　　　　　　　**收款凭证**　　　　　　　　　凭证编号<u>银收1</u>

　　　　　　　　　　　　　　　　　　　　　　　　　　　　出纳编号_____

　　　　　　　　　　　　　2×24年8月1日　　　　　借方科目：银行存款

摘要	结算方式	票号	贷方科目		金额	记账符号
			总账科目	明细科目		
借入银行存款			短期借款	D银行	500 000	
附单据　　　　张			合　　计		500 000	

会计主管人员：　　记账：　　稽核：　　制单：　　出纳：　　缴款人：

表8-19 **付款凭证** 凭证编号<u>现付1</u>

出纳编号_____

2×24年8月5日 贷方科目：库存现金

摘要	结算方式	票号	借方科目		金额	记账符号
			总账科目	明细科目		
职工预借差旅费			其他应收款	张林	2 000	
附单据 张			合 计		2 000	

会计主管人员： 记账： 稽核： 制单： 出纳： 领款人：

表8-20 **转账凭证**

2×24年8月12日 凭证编号 <u>转1</u>

摘要	借方科目		贷方科目		金额	记账符号
	总账科目	明细科目	总账科目	明细科目		
领用材料	生产成本	F产品			100 000	
	管理费用				4 000	
			原材料	E材料	104 000	
附单据 张			合 计		104 000	

会计主管人员： 记账： 稽核： 制单：

表8-21 **付款凭证** 凭证编号<u>银付1</u>

出纳编号_____

2×24年8月18日 贷方科目：银行存款

摘要	结算方式	票号	借方科目		金额	记账符号
			总账科目	明细科目		
支付厂部办公费			管理费用		12 000	
附单据 张			合 计		12 000	

会计主管人员： 记账： 稽核： 制单： 出纳： 领款人：

表8-22   **转账凭证**

2×24年8月31日   凭证编号　转2　

摘要	借方科目		贷方科目		金额	记账符号
	总账科目	明细科目	总账科目	明细科目		
计算本月应纳所得税	所得税费用				75 000	
			应交税费	应交所得税	75 000	
附单据　张	合　　计				75 000	

会计主管人员：　　　记账：　　　稽核：　　　制单：

表8-23   **转账凭证**

2×24年8月31日   凭证编号　转3　

摘要	借方科目		贷方科目		金额	记账符号
	总账科目	明细科目	总账科目	明细科目		
计提折旧	制造费用				10 000	
	管理费用				6 000	
			累计折旧		16 000	
附单据　张	合　　计				16 000	

会计主管人员：　　　记账：　　　稽核：　　　制单：

表8-24   **付款凭证**   凭证编号<u>银付2</u>

出纳编号____

2×24年8月31日   贷方科目：银行存款

摘要	结算方式	票号	借方科目		金额	记账符号
			总账科目	明细科目		
提现金			库存现金		8 000	
附单据　　　张			合　　计		8 000	

会计主管人员：　　　记账：　　　稽核：　　　制单：　　　出纳：　　　领款人：

3.编制的通用记账凭证见表8-25至表8-32（单位：元）。

表8-25

通用记账凭证

2×24年9月2日

凭证编号___1___

摘要	借方科目		贷方科目		金额	记账符号
	总账科目	明细科目	总账科目	明细科目		
预借差旅费	其他应收款	张健			5 000	
			库存现金		5 000	
附单据　张	合　计				5 000	

会计主管人员：　　　记账：　　　稽核：　　　制单：

表8-26

通用记账凭证

2×24年9月5日

凭证编号___2___

摘要	借方科目		贷方科目		金额	记账符号
	总账科目	明细科目	总账科目	明细科目		
收到投资	银行存款				800 000	
			实收资本	HK公司	800 000	
附单据　张	合　计				800 000	

会计主管人员：　　　记账：　　　稽核：　　　制单：

表8-27

通用记账凭证

2×24年9月8日

凭证编号___3___

摘要	借方科目		贷方科目		金额	记账符号
	总账科目	明细科目	总账科目	明细科目		
购入原材料	原材料	甲材料			20 000	
	应交税费	应交增值税（进项税额）			2 600	
			预付账款	红日商店	22 600	
附单据　张	合　计				22 600	

会计主管人员：　　　记账：　　　稽核：　　　制单：

表8-28　　　　　　　　　　　　　　**通用记账凭证**

2×24年9月10日　　　　　　　　　　凭证编号　_4_

摘要	借方科目		贷方科目		金额	记账符号
	总账科目	明细科目	总账科目	明细科目		
提现金	库存现金				8 000	
			银行存款		8 000	
附单据　张		合　计			8 000	

会计主管人员：　　　记账：　　　稽核：　　　制单：

表8-29　　　　　　　　　　　　　　**通用记账凭证**

2×24年9月12日　　　　　　　　　　凭证编号　_5_

摘要	借方科目		贷方科目		金额	记账符号
	总账科目	明细科目	总账科目	明细科目		
预付两年房租	长期待摊费用				48 000	
			银行存款		48 000	
附单据　张		合　计			48 000	

会计主管人员：　　　记账：　　　稽核：　　　制单：

表8-30　　　　　　　　　　　　　　**通用记账凭证**

2×24年9月18日　　　　　　　　　　凭证编号　_6_

摘要	借方科目		贷方科目		金额	记账符号
	总账科目	明细科目	总账科目	明细科目		
购入原材料	在途物资	乙材料			60 000	
	应交税费	应交增值税（进项税额）			7 800	
			应付账款	东方工厂	67 800	
附单据　张		合　计			67 800	

会计主管人员：　　　记账：　　　稽核：　　　制单：

表8-31 　　　　　　　　　　　**通用记账凭证**

　　　　　　　　　　　　　2×24年9月22日　　　　　　　　　　凭证编号　__7__

摘要	借方科目		贷方科目		金额	记账符号
	总账科目	明细科目	总账科目	明细科目		
销售货物	应收票据	中德公司			1 130 000	
			主营业务收入	A产品	1 000 000	
			应交税费	应交增值税（销项税额）	130 000	
附单据　张	合　　计				1 130 000	

会计主管人员：　　　　记账：　　　稽核：　　　　制单：

表8-32 　　　　　　　　　　　**通用记账凭证**

　　　　　　　　　　　　　2×24年9月30日　　　　　　　　　　凭证编号　__8__

摘要	借方科目		贷方科目		金额	记账符号
	总账科目	明细科目	总账科目	明细科目		
结转成本	主营业务成本				600 000	
			库存商品	A产品	600 000	
附单据　张	合　　计				600 000	

会计主管人员：　　　　记账：　　　稽核：　　　　制单：

第九章 会计账簿

一、学习目的与要求

本章重点介绍了会计核算的基本方法——登记账簿。目的是使初学者了解会计账簿的有关知识，掌握运用账簿登记经济业务的基本技能。通过学习应了解会计账簿的含义、会计账簿的设置原则和会计账簿的种类。熟练掌握序时账簿、分类账簿的格式及其登记方法，以及账簿的登记规则、错账的更正方法、结账与对账的方法等。

二、预习要览

（一）关键概念

1.账簿   2.序时账簿

3.分类账簿   4.备查账簿

5.特种日记账   6.平行登记

7.划线更正法   8.红字更正法

9.补充登记法   10.结账

11.对账   12.账簿更换

（二）关键问题

1.为什么要设置账簿？账簿的作用是什么？

2.账簿按用途可分为哪几类？按外表形式可分为哪几类？其优缺点各是什么？

3.日记账的登记依据是什么？日记账可分为哪几大类？

4.什么是特种日记账？目前常用的种类以及主要格式是什么？

5.明细分类账有哪几种格式？各种格式的明细分类账的适应条件各是什么？

· 257 ·

6.什么是总分类账和明细分类账的平行登记？平行登记的要点是什么？总分类账和明细分类账之间的数量关系是怎样的？

7.账簿的启用规则有哪些？账簿的登记规则有哪些？

8.什么是结账？结账包括哪些内容？

9.三种错账更正方法的适用条件是什么？如何应用每种错账的更正方法？

10.错账的查找方法有哪几种？各种方法的主要特点是什么？

11.什么是对账？对账包括哪些内容？

12.什么是账簿的更换？如何进行账簿的更换？

三、本章重点与难点

本章主要阐述会计账簿的意义及种类、账簿的格式与登记、记账规则、错账的更正以及结账和对账等问题。

账簿是指以会计凭证为依据，序时、连续、系统、全面地记录和反映企业、行政和事业等单位经济活动全部过程的簿籍。账簿按用途分为序时账簿、分类账簿、备查账簿；按外表形式分为订本式账簿、活页式账簿、卡片式账簿。

不同的账簿，应使用不同的账页格式反映相关的内容。目前，应用较广泛的特种日记账一般有：库存现金日记账和银行存款日记账。账页格式有：三栏式账页格式和多栏式账页格式两种。三栏式账页格式是指借方栏（或收入栏）、贷方栏（或付出栏）及结余栏。多栏式账页格式是按借方和贷方所对应的会计科目来设置专栏的。账页设计原理类同于分栏式账页，因此大中型企业一般不运用多栏式账页。

总账只反映货币计量指标，不反映实物计量指标。因此，总账的格式一般为三栏式。三栏式总账的登记，可按记账凭证逐笔登记，也可按一定的方法（编制科目汇总表或编制汇总记账凭证）按日、按旬或按月汇总登记。总账的格式也可按会计科目（或按经济业务性质）设置专栏，设置多栏式账页，但因如上所述的多栏式账页的缺点，很少有企业使用这种账页格式。

明细分类账的格式，按所反映的经济业务内容不同，有三栏式、数量金额式和多栏式之分。三栏式明细账适用于那些只需提供货币计量指标，不需（或不能）提供实物计量指标的经济业务（如应收账款明细账、应付账款明细账等）；数量金额式明细账则适用于那些既需提供货币计量指标，又需提供实物计量指标的经济业务（如固定资产、原材料明细账等）；多栏式明细账则适用于那些需按经济业务明细项目提供详细资料的经济业务（如制造费用明细账、管理费用明细账等）。

为了保证账簿记录的质量，会计应遵循账簿启用规则、账簿交接规则和账簿登记规则。

账簿记录发生错误时要加以更正。有四种账簿记录错误：一是会计凭证没有错误，在登记账簿时发生错误；二是记账凭证上的会计科目运用错误；三是记账凭证上的金额大于正确的金额；四是记账凭证上的金额小于正确的金额。对于第一种错误，可用划线更正法更正；对于第二种和第三种错误，可用红字更正法更正；对于第四种错误，可用补充更正法更正。

在每个会计期末（月末、季末和年末），为了保证账簿记录的真实性，及时总结企业的经营状况和财务状况，企业要进行对账和结账。所谓对账，是指采用核对、盘存和查询的方法，对财产物资（包括有形的和无形的）、货币资金和债权、债务进行检查，查明其账存数与实存数是否一致，并根据实存数修正账面记录的会计方法。对账的内容有账证核对、账账核对、账实核对等内容。对账时，要注意将全部经济业务内容及时入账。

对账之后，在账簿记录正确的基础上，要进行结账。所谓结账，就是把一定时期内发生的经济业务在全部登记入账的基础上，计算出每个账户的本期发生额和期末余额（如果有余额），并将余额结转下期的会计方法。按结账的时间不同，结账可分为月结、季结和年结三种。

年度终了时要将主要会计账簿更换为新账簿。旧账簿应妥善保管，定期归档。保管期满的会计账簿，应按规定的手续销毁。

四、练习题

（一）单项选择题

1.下列选项中属于特种日记账的是（　　　）。

A.序时登记全部经济业务和多种经济业务的日记账

B.专门用来登记货币资金的日记账

C.专门用来登记某一类经济业务的日记账

D.对常见的经济业务分设专栏登记

2.银行存款日记账的收入方除了根据银行存款收款凭证登记外，有时还要根据（　　）。

　A.银行存款付款凭证登记　　　　B.现金收款凭证登记

　C.现金付款凭证登记　　　　　　D.转账凭证登记

3.下列选项中适用于多栏式明细分类账的是（　　）。

　A.应收账款明细账　　　　　　　B.产成品明细账

　C.原材料明细账　　　　　　　　D.主营业务成本明细账

4.下列选项中适用于总分类账的外表形式的是（　　）。

　A.订本式　　　　　　　　　　　B.活页式

　C.多栏式　　　　　　　　　　　D.数量金额式

5.下列选项中不适用于三栏式账页的是（　　）。

　A.总账　　　　　　　　　　　　B.应付账款明细账

　C.库存现金日记账　　　　　　　D.原材料明细账

6.下列选项中适用于数量金额式账页的是（　　）。

　A.生产成本明细账　　　　　　　B.库存商品明细账

　C.应收账款明细账　　　　　　　D.产品销售成本明细账

7.应在存货分类账簿中登记的事项是（　　）。

　A.购入一台机器设备　　　　　　B.采购原材料一批

　C.代销其他企业的商品　　　　　D.接受一批委托加工材料

8.记账后，如果发现记账错误是由于记账凭证所列示的会计科目和金额错误引起的，可采用的更正错账方法是（　　）。

　A.红字更正法　　　　　　　　　B.划线更正法

　C.补充登记法　　　　　　　　　D.AB均可

9.下列选项中必须逐日逐笔登记的账簿是（　　）。

　A.明细账　　　　　　　　　　　B.总账

　C.日记账　　　　　　　　　　　D.备查账

10.记账凭证上记账栏中的"√"记号表示（　　）。

　A.已经登记入账　　　　　　　　B.不需登记入账

C.此凭证作废 D.此凭证编制正确

11."生产成本"明细账应该采用的格式是（   ）。

A.三栏式 B.多栏式

C.数量金额式 D.任意格式

12."应交税费——应交增值税"明细账应该采用的格式是（   ）。

A.借方多栏式 B.贷方多栏式

C.借方贷方双方多栏式 D.三栏式

13."营业外收入"明细账应该采用的格式是（   ）。

A.三栏式 B.多栏式

C.数量金额式 D.任意格式

14.适用于总分类账与特种日记账的外表形式的是（   ）。

A.活页式 B.卡片式

C.订本式 D.任意外表形式

15.下列科目的明细账中应采用"借方多栏式"的是（   ）。

A.营业外收入 B.原材料

C.应交税费 D.制造费用

16.期末根据账簿记录，计算并记录各账户的本期发生额和期末余额，在会计上称为（   ）。

A.对账 B.结账

C.调账 D.查账

17.下列选项中可以作为编制会计报表直接依据的账簿是（   ）。

A.序时账簿 B.备查账簿

C.总分类账簿 D.特种日记账

18.序时账簿按其记录内容的不同可以分为（   ）。

A.库存现金日记账和普通日记账

B.普通日记账和日记总账

C.普通日记账和特种日记账

D.三栏式日记账和多栏式日记账

19.总账和明细账之间进行平行登记的原因是总账与明细账的（   ）。

A.格式相同 B.登记时间相同

C.反映经济业务的内容相同　　　　D.提供指标详细程度相同

20.将账簿划分为序时账、分类账、备查账的依据是（　　　）。

A.账簿的登记方式　　　　　　　　B.账簿的用途

C.账簿登记的内容　　　　　　　　D.账簿的外表形式

（二）多项选择题

1.企业到银行提取现金500元，此项业务应登记（　　　）。

A.库存现金日记账　　　　　　　　B.银行存款日记账

C.总分类账　　　　　　　　　　　D.明细分类账

E.备查账

2.下列选项中可以作为库存现金日记账登记依据的有（　　　）。

A.现金收款凭证　　　　　　　　　B.现金付款凭证

C.银行存款收款凭证　　　　　　　D.银行存款付款凭证

E.转账凭证

3.红字更正法的要点有（　　　）。

A.用红字金额填写一张与错误记账凭证完全相同的记账凭证并用
红字记账

B.用红字金额填写一张与错误原始凭证完全相同的记账凭证并用红
字记账

C.用蓝字金额填写一张与错误原始凭证完全相同的记账凭证并用蓝
字记账

D.再用红字重填一张正确的记账凭证，登记入账

E.再用蓝字重填一张正确的记账凭证，登记入账

4.登记账簿的要求有（　　　）。

A.账簿书写的文字和数字上面要留适当空距，一般应占格距二分之一

B.登记账簿要用圆珠笔、蓝黑或黑色墨水笔书写

C.不得用铅笔

D.各种账簿按页次顺序连续登记，不得跳行、隔页

E.登记后，要在记账凭证上签名或盖章，并注明已登账的符号，表
示已记账

5.采用划线更正法，其要点有（　　　）。

A.在错误的文字或数字（单个数字）上划一条红线注销

B.在错误的文字或数字（整个数字）上划一条红线注销

C.在错误的文字或数字上划一条蓝线注销

D.将正确的文字或数字用蓝字写在划线的上端

E.更正人在划线处盖章

6.多栏式明细分类账又可以分为（　　）。

A.借方多栏式明细账　　　　　　B.贷方多栏式明细账

C.借方贷方双方多栏式明细账　　D.对方科目多栏式明细账

E.全部科目多栏式明细账

7.可使用补充登记法更正差错的情况有（　　）。

A.在登记完记账凭证后发现凭证有错误

B.所填金额大于应填金额

C.发现记账凭证中应借、应贷科目有错

D.发现记账凭证中应借、应贷科目无错

E.所填金额小于应填金额

8.在会计工作中红色墨水笔可用于（　　）。

A.记账　　　　　　　　　　　　B.结账

C.对账　　　　　　　　　　　　D.冲账

E.算账

9.会计上允许使用的更正错误的方法有（　　）。

A.划线更正法　　　　　　　　　B.红字更正法

C.补充登记法　　　　　　　　　D.用涂改液修正

E.刮擦挖补

10.账簿按用途不同可分为（　　）。

A.序时账簿　　　　　　　　　　B.分类账簿

C.联合账簿　　　　　　　　　　D.备查账簿

E.活页式账簿

11.明细分类账的格式有三栏式、多栏式、数量金额式，相应地各适用于（　　）。

A.债权债务明细账　　　　　　　B.卡片式明细账

C.收入、费用成本式明细账　　　D.活页式明细账

E.材料物资类明细账

12.总账和明细账之间的登记应该做到（　　　）。

A.登记的原始依据相同　　　　　B.登记的方向相同

C.登记的金额相同　　　　　　　D.登记的人员相同

E.登记的时点相同

13.对账的内容包括（　　　）。

A.账证核对　　　　　　　　　　B.账表核对

C.表表核对　　　　　　　　　　D.账账核对

E.账实核对

14.银行存款日记账的登记依据一般为（　　　）。

A.银行存款收款凭证　　　　　　B.银行存款付款凭证

C.转账凭证　　　　　　　　　　D.现金付款凭证

E.现金收款凭证

15.多栏式明细账适用于（　　　）。

A.制造费用明细分类核算　　　　B.其他应收款明细分类核算

C.营业外支出明细分类核算　　　D.生产成本明细分类核算

E.主营业务收入明细分类核算

16.登记会计账簿时应该做到（　　　）。

A.一律使用蓝黑墨水钢笔书写

B.不得使用铅笔或圆珠笔书写

C.在某些特定条件下可以使用铅笔

D.在规定范围内可以使用红色墨水笔

E.未结账数字可以使用红色墨水笔书写

17.记账后发现记账凭证中应借、应贷会计科目正确，只是金额发生错误，可以用的更正方法有（　　　）。

A.划线更正法　　　　　　　　　B.横线登记法

C.红字更正法　　　　　　　　　D.补充登记法

E.金额更正法

18.下列各项中，可以采用三栏式明细账的有（　　　）。

A.其他应收款　　　　　　　　　B.长期待摊费用

C.应收账款　　　　　　　　　　D.短期借款

E.原材料

19.年度结束后，对于账簿的保管应该做到（　　　）。

A.装订成册　　　　　　　　　B.加上封面

C.统一编号　　　　　　　　　D.当即销毁

E.归档保管

20.明细分类账的登记依据可以有（　　　）。

A.原始凭证　　　　　　　　　B.汇总原始凭证

C.记账凭证　　　　　　　　　D.汇总记账凭证

E.科目汇总表

（三）判断题

1.在整个账簿体系中，日记账和分类账是主要账簿，备查账为辅助账簿。（　　　）

2.三栏式账簿一般适用于费用、成本等明细账。（　　　）

3.企业对受托代销的商品，可以设置备查账簿进行登记。（　　　）

4.多栏式日记账实际上是普通日记账的一种特殊形式。（　　　）

5.结账之前，如果发现账簿中所记文字或数字有过账笔误或计算错误，而记账凭证并没有错，可用划线更正法更正。（　　　）

6.账簿即会计账户。（　　　）

7.经营性租入的固定资产不能在"固定资产"分类账中登记，而应在备查账簿中登记，因此，在编制资产负债表时，"固定资产原值"项目应是"固定资产"分类账与备查账簿的金额之和。（　　　）

8.就现金业务而言，目前我国企业设库存现金日记账和库存现金总分类账，同时还应设库存现金明细分类账。（　　　）

9.总分类账、库存现金及银行存款日记账一般采用活页式账簿。（　　　）

10.普通日记账既可以取代记账凭证，也可以取代总分类账。（　　　）

11.货币资金的日记账可以取代其总账。（　　　）

12.总分类账可采用三栏式账页，而明细分类账则应根据其经济业务的特点采用不同格式的账页。（　　　）

13.平行登记要求总账与其相应的明细账必须同一时刻登记。（　　　）

14.明细账必须逐日逐笔登记，总账必须定期汇总登记。（　　　）

15.为了加强对租入固定资产的管理，记录租入、使用、归还情况，

企业需要开设分类账簿进行核算。					（　　　）

16.订本式账簿的优点是适用性强，便于汇总，可以根据需要开设，利于会计分工，提高工作效率。					（　　　）

17.卡片式账簿的优点是能够避免账页散失，防止不合法地抽换账页。					（　　　）

18.分类账簿是对全部业务按收款业务、付款业务和转账业务进行分类登记的账簿。					（　　　）

19.订本式账簿是指在记完账后，把记过账的账页装订成册的账簿。					（　　　）

20.平行登记是指经济业务发生后，根据会计凭证，一方面要登记有关的总分类账户，另一方面要登记该总分类账户所属的各明细分类账户。					（　　　）

（四）计算题

1.某企业"原材料"账户5月1日余额为36 500元。其中：甲材料650千克，单价20元/千克；乙材料2 350千克，单价10元/千克。本月发生下列原材料收发业务：

（1）5月10日购入甲材料480千克，单价20元/千克；乙材料1 000千克，单价10元/千克，假设购入的材料不考虑增值税。材料已经验收入库，货款已付。

（2）5月11日仓库发出材料各类用途如下：生产产品领用甲材料360千克、乙材料1 500千克，车间领用甲材料200千克，行政管理部门领用乙材料500千克。

要求：

（1）编制本月业务的会计分录。

（2）开设并登记原材料总账（T形账户）和明细分类账。

（3）编制总分类账户与明细分类账户发生额及余额对照表。

2.某企业生产A、B两种产品，2×24年5月份有关资料如下：

（1）期初结存的未完工A产品各成本项目余额如下：直接材料1 212元、直接人工1 140元、制造费用4 437.5元，共计6 789.5元。

（2）本月为生产A、B产品发生的费用如下：

A产品耗用甲材料100千克、乙材料50千克，B产品耗用乙材料30千克（设甲材料单位成本为32.58元/千克，乙材料单位成本为83.5元/千克）。

A产品生产工人工资为5 000元，B产品生产工人工资为3 000元。

制造部门本月共发生间接费用10 500元，以生产工人工资比例为标准分配。

本月生产的100件A产品全部制造完工，50件B产品也已制造完工，尚有10件B产品没有完工。在产品每件按下列标准计价：直接材料8元/件、直接人工6元/件、制造费用2.05元/件，共计16.05元/件。

要求：

（1）编制有关业务的会计分录。

（2）编制制造费用分配表。

（3）登记A、B产品生产成本明细分类账。

（4）编制完工产品成本计算表。

（五）业务处理题

某企业2×24年5月查账时发现下列错账：

（1）从银行提取现金3 500元，过账后，原记账凭证没错，账簿错将金额记为5 300元。

（2）接受某企业投资固定资产，评估确认价值70 000元。查账时发现凭证与账簿均记为：

借：固定资产   70 000

 贷：资本公积   70 000

（3）用银行存款5 000元购入5台小型计算器，查账时发现凭证与账簿均记为：

借：固定资产   5 000

 贷：银行存款   5 000

（4）以银行存款偿还短期借款4 000元，查账时发现凭证与账簿中科目没有记错，但金额均记为40 000元。

（5）以一张商业承兑汇票抵付应付账款，查账时发现科目没错，但凭证与账簿均多记54 000元。

（6）将一部分盈余公积按规定程序转为实收资本，查账时发现凭证与账簿均少记72 000元。

要求：按正确的方法更正以上错账。

五、案例分析题

在手工会计记账的条件下，账簿是会计数据的储存转换器，也是实现内部控制、明确经济责任的重要工具。账簿的运用分为启用、日常登记、错账更正、对账、结账、交接等环节。要使账簿能够及时、有效地提供有用的会计信息，明确相关经济责任，发挥内部控制制度的效用，就必须加强账簿的启用、日常登记、错账更正、对账、结账、交接等环节的控制管理。正确填写或登记从账簿封面、扉页到账页的全部内容，及时进行对账、更正错账和结账，在记账人员更换时，要按要求办理相关的财物和账簿交接手续，在盘存相关财物后，填制财物交接清册，并在相关账簿的扉页上详尽记录交接内容，履行相关交接手续。

资料：2×24年12月7日，启明公司的王明（此前，王明已于2×24年9月1日开始担任了3个月的出纳员工作。当时的启明公司财务负责人为赵青，此前的出纳员为钱江）被调离了出纳岗位，接任材料会计工作，新接任出纳工作的是孙河，前任材料会计为李湖。王明和李湖对各自的原工作做了他们认为必要的处理，并办理了交接手续，办理完交接手续后库存现金日记账和材料明细账的扉页及相关账页资料如下：

库存现金日记账的扉页见表9-1。

表9-1 　　　　　　　　　　　　账簿使用登记表

单位名称	启明公司			
账簿名称	库存现金日记账			
册次及起止页数	自壹页起至　　　　页止共　　　页			
启用日期	2×24年1月1日			
停用日期	年　月　日			
经管人员名称	接管日期	交出日期	经管人员盖章	会计主管人员盖章
王明、孙河	2×24年9月1日	2×24年12月7日	王明、孙河	赵青
	年　　月　　日	年　　月　　日		
	年　　月　　日	年　　月　　日		
	年　　月　　日	年　　月　　日		
	年　　月　　日	年　　月　　日		
备注			单位公章 启明公司财务专用章	

原材料明细账的扉页见表9-2。

表9-2 **账簿使用登记表**

单位名称	启明公司			
账簿名称	原材料明细账			
册次及起止页数	自壹页起至　　页止共　　页			
启用日期	2×24年1月1日			
停用日期	年　月　日			
经管人员姓名	接管日期	交出日期	经管人员盖章	会计主管人员盖章
李湖	2×24年8月5日	2×24年12月7日	李湖	赵青
王明	2×24年12月7日	2×24年12月31日	王明	赵青
	年　月　日	年　月　日		
	年　月　日	年　月　日		
	年　月　日	年　月　日		
备注			单位公章 启明公司财务专用章	

库存现金日记账见表9-3。

表9-3 **库存现金日记账**

2×24年 月	2×24年 日	凭证号	摘要	对方科目	借方	贷方	核对号	借或贷	余额
9	1	略	期初余额						5 000
	2	略	零星销售	主营业务收入	8 000				13 000
	12	略	报差旅费	管理费用		5 000			8 000
	13	略	零星销售	主营业务收入	5 000				13 000
	13	略	付广告费	销售费用		4 000			9 000

案例要求：

指出王明所做的会计处理的不当之处，并加以纠正。

案例提示

错误1：王明是2×24年9月1日接任出纳工作的，但在库存现金日记账的扉页中没有王明接任出纳工作前的相关记录及王明接任时的账簿交接记录。

错误2：在原材料明细账的扉页中，李湖的接管日前的账簿使用人与接管日不明，王明交出日期为2×24年12月31日不一定正确，2×24年12月31日尚未到，2×24年12月31日会计主管人员赵青的监交记录不应该有。

错误3：在库存现金日记账中，2×24年9月1日的现金结余数是5 000元，在2×24年9月12日报销差旅费时全部支出，从2×24年9月1日至9月13日，企业没有从银行提取现金，但2×24年9月13日又从企业金库中支取现金4 000元，王明至少坐支现金4 000元，违反了有关现金管理规定。

六、练习题参考答案

（一）单项选择题

1.C 2.C 3.D 4.A 5.D 6.B 7.B 8.A 9.C 10.A 11.B 12.C 13.B 14.C 15.D 16.B 17.C 18.C 19.C 20.B

（二）多项选择题

1.ABC 2.ABD 3.AE 4.ACDE 5.BDE 6.ABC 7.ADE 8.BD 9.ABC 10.ABD 11.ACE 12.ABC 13.ABDE 14.ABD 15.ACDE 16.ABD 17.CD 18.ABCD 19.ABCE 20.ABC

（三）判断题

1.√ 2× 3.√ 4.√ 5.√ 6.× 7.× 8.× 9.× 10.× 11.× 12.√ 13.× 14.× 15.× 16.× 17.× 18.× 19.× 20.√

（四）计算题

1.相关处理过程如下。

（1）编制的会计分录如下：

①借：原材料——甲材料　　　　　　　　　　　　　9 600
　　　　　　——乙材料　　　　　　　　　　　　　10 000
　　贷：银行存款　　　　　　　　　　　　　　　　　　19 600

②借：生产成本   22 200

制造费用   4 000

管理费用   5 000

    贷：原材料——甲材料   11 200

           ——乙材料   20 000

（2）登记原材料总账（T形账户）和明细分类账（见表9-4、表9-5）。

原材料总账

期初余额	36 500		
（1）	19 600	（2）	31 200
期末余额	24 900		

表9-4   **原材料明细分类账**   金额单位：元

材料名称：甲材料   计量单位：千克

年		凭证号	摘要	收入			发出			结存		
月	日			数量	单价	金额	数量	单价	金额	数量	单价	金额
5	1		期初余额							650	20	13 000
5	10	（1）	入库	480	20	9 600				1 130	20	22 600
5	11	（2）	出库				560	20	11 200	570	20	11 400
			期末余额							570	20	11 400

表9-5   **原材料明细分类账**   金额单位：元

材料名称：乙材料   计量单位：千克

年		凭证号	摘要	收入			发出			结存		
月	日			数量	单价	金额	数量	单价	金额	数量	单价	金额
5	1		期初余额							2 350	10	23 500
5	10	（1）	入库	1 000	10	10 000				3 350	10	33 500
5	11	（2）	出库				2 000	10	20 000	1 350	10	13 500
			期末余额							1 350	10	13 500

（3）编制的总分类账户与明细分类账户发生额及余额对照表见表9-6。

表9-6　　　　总分类账户与明细分类账户发生额及余额对照表　　　　单位：元

账户名称	月初余额		本月发生额		月末余额	
	借方	贷方	借方	贷方	借方	贷方
甲材料	13 000		9 600	11 200	11 400	
乙材料	23 500		10 000	20 000	13 500	
合　计	36 500		19 600	31 200	24 900	

2.相关处理过程如下。

（1）编制的会计分录如下：

①发出材料：

借：生产成本——A产品　　　　　　　　　　　　　　　　7 433

　　　　——B产品　　　　　　　　　　　　　　　　2 505

　贷：原材料——甲材料　　　　　　　　　　　　　　　　　　3 258

　　　　——乙材料　　　　　　　　　　　　　　　　　　6 680

②应付工资：

借：生产成本——A产品　　　　　　　　　　　　　　　　5 000

　　　　——B产品　　　　　　　　　　　　　　　　3 000

　贷：应付职工薪酬——工资　　　　　　　　　　　　　　　　8 000

③以生产工人工资为标准分配制造费用：

借：生产成本——A产品　　　　　　　　　　　　　　　　6 562.5

　　　　——B产品　　　　　　　　　　　　　　　　3 937.5

　贷：制造费用　　　　　　　　　　　　　　　　　　　　10 500

④结转完工产品成本：

借：库存商品——A产品　　　　　　　　　　　　　　　　25 785

　　　　——B产品　　　　　　　　　　　　　　　　9 282

　贷：生产成本——A产品　　　　　　　　　　　　　　　　25 785

　　　　——B产品　　　　　　　　　　　　　　　　9 282

（2）编制的制造费用分配表见表9-7。

表9-7 **制造费用分配表** 金额单位：元

产品名称	分配标准	制造费用	
		分配率	分配额
A产品	5 000		6 562.5
B产品	3 000	1.3125	3 937.5
合　计	8 000	1.3125	10 500

其中：制造费用以生产工人工资比例为标准分配，分配率=制造费用÷工人工资=10 500÷8 000=1.3125。

（3）登记的生产成本明细分类账见表9-8、表9-9。

表9-8 **A产品生产成本明细分类账** 单位：元

2×24年		凭证	摘　要	借　　方			
月	日	号数		直接材料	直接人工	制造费用	合　计
5	1		期初余额	1 212	1 140	4 437.5	6 789.5
			直接材料	7 433			7 433
			应付职工薪酬		5 000		5 000
			分配制造费用			6 562.5	6 562.5
			本期发生额	7 433	5 000	6 562.5	18 995.5
			完工产品成本	8 645	6 140	11 000	25 785

表9-9 **B产品生产成本明细分类账** 单位：元

2×24年		凭证	摘　要	借　　方			
月	日	号数		直接材料	直接人工	制造费用	合　计
5			直接材料	2 505			2 505
			应付职工薪酬		3 000		3 000
			分配制造费用			3 937.5	3 937.5
			本期发生额	2 505	3 000	3 937.5	9 442.5
			完工产品成本	2 425	2 940	3 917	9 282
			期末余额	80	60	20.5	160.5

注意：尚有10件B产品没有完工。在产品每件按下列标准计价：直接材料8元/件、直接人工6元/件、制造费用2.05元/件，共计16.05元/件。

（4）编制的完工产品成本计算表见表9-10。

表9-10　　　　　　　　完工产品成本计算表　　　　　　　　　单位：元

成本项目	A产品（100件）		B产品（50件）	
	总成本	单位成本	总成本	单位成本
直接材料	8 645	86.45	2 425	48.5
应付职工薪酬	6 140	61.4	2 940	58.8
制造费用	11 000	110	3 917	78.34
完工产品成本	25 785	257.85	9 282	185.64

（五）业务处理题

更正错账：

（1）划线更正法：　　　　　　　　　　　　　　　　　　　　　3 500

　　　　　　　　　　　　　　　　　　　　　　　　　　5 300 印章

在账簿上用红字划掉5 300，用蓝字写明3 500并加盖印章。

（2）借：固定资产　　　　　　　　　　　　　　　　　　　70 000

　　　贷：资本公积　　　　　　　　　　　　　　　　　　　　70 000

借：固定资产　　　　　　　　　　　　　　　　　　　　70 000

　贷：实收资本　　　　　　　　　　　　　　　　　　　　　70 000

（3）借：固定资产　　　　　　　　　　　　　　　　　　　5 000

　　　贷：银行存款　　　　　　　　　　　　　　　　　　　　5 000

借：管理费用　　　　　　　　　　　　　　　　　　　　5 000

　贷：银行存款　　　　　　　　　　　　　　　　　　　　　5 000

（4）借：短期借款　　　　　　　　　　　　　　　　　　　36 000

　　　贷：银行存款　　　　　　　　　　　　　　　　　　　　36 000

（5）借：应付账款　　　　　　　　　　　　　　　　　　　54 000

　　　贷：应付票据　　　　　　　　　　　　　　　　　　　　54 000

（6）借：盈余公积　　　　　　　　　　　　　　　　　　　72 000

　　　贷：实收资本　　　　　　　　　　　　　　　　　　　　72 000

第十章　财产清查

一、学习目的与要求

本章重点介绍了会计核算的基本方法——财产清查。目的是使初学者明确财产清查对于保证会计核算质量的重要作用。通过学习，应了解财产清查的含义与种类，熟练掌握在实地盘存制和永续盘存制下确定期末存货数量、期末存货成本的基本方法，以及财产清查结果的账务处理方法等内容。

二、预习要览

（一）关键概念

1.财产清查　　　　　　　2.全部清查

3.局部清查　　　　　　　4.定期清查

5.不定期清查　　　　　　6.实地盘存制

7.永续盘存制　　　　　　8.未达账项

9.实地盘点法

（二）关键问题

1.财产清查的必要性是什么？

2.财产清查有哪些种类？全部清查应在哪几种情况下进行？

3.永续盘存制与实地盘存制有何不同？各自具有什么优缺点？

4.正式清查前，应做好哪些准备工作？

5.如何进行现金的清查？

6.如何进行银行存款的清查？如何编制"银行存款余额调节表"？

7.如何进行实物财产的清查？

8.如何进行债权债务的清查？

9.财产清查的核算需要设置的主要账户有哪些？如何核算？

10.如何进行财产清查结果的处理？

三、本章重点与难点

财产清查是会计核算的一种专门方法，也是财产管理的一项重要制度，它是为了核算和监督账簿记录的真实性和财产保管使用的合理性而进行的。

本章的重点内容主要体现在以下几个方面：

1.财产清查的概念、必要性和种类，以及进行全部清查的几种情况。

2.存货的盘存制度。存货的盘存制度包括实地盘存制和永续盘存制两种。如何确定期末存货成本和本期销售或耗用成本是本章的重点内容之一。

3.财产清查的内容和方法。财产清查主要包括货币资金的清查、银行存款的清查、实物财产的清查和应收应付款的清查。其中，银行存款的清查是重点内容之一。对在银行存款清查时出现的未达账项，可编制银行存款余额调节表来调整，但该表只起到对账作用，不能作为调节账面余额的原始凭证。

4.财产清查结果的处理。该部分内容是本章的重点内容，应注意存货与固定资产盘盈、盘亏结果处理的区别。

本章的难点主要包括如何确认在实际工作中存在未达账项的四种情况，以及如何编制银行存款余额调节表。同时，按实地盘存制和永续盘存制确认期末存货成本和本期销售或耗用成本也是本章的难点之一，尤其是需要掌握存货本期销售或耗用成本的计价方法。如何在永续盘存制下采用先进先出法、加权平均法和移动加权平均法等计算销售或耗用成本，并对其计价方法进行比较分析是个难点问题，也是一个重点问题。这里，需要正确地运用"待处理财产损溢"账户，该账户期末一般无余额，因此在编制资产负债表时没有列示此项目。此外，需要正确地区分各项资产清查结果的会计处理的不同点，尤其是固定资产与存货的清查结果的不同处理。

四、练习题

（一）单项选择题

1.现金清查的方法是（　　　）。

A.技术推算法　　　　　　　　B.实地盘点法

C.外调核对法　　　　　　　　D.与银行对账单相核对

2.实地盘存制与永续盘存制的主要区别是（　　　）。

A.盘点的方法不同　　　　　　B.盘点的目的不同

C.盘点的工具不同　　　　　　D.盘亏结果处理不同

3.一般而言，单位撤销、合并时，要进行（　　　）。

A.定期清查　　　　　　　　　B.全面清查

C.局部清查　　　　　　　　　D.实地清查

4.对于现金的清查，应将其结果及时填列（　　　）。

A.盘存单　　　　　　　　　　B.实存账存对比表

C.现金盘点报告表　　　　　　D.对账单

5.银行存款清查的方法是（　　　）。

A.日记账与总分类账核对　　　B.日记账与收付款凭证核对

C.日记账和对账单核对　　　　D.总分类账和收付款凭证核对

6.对于大量成堆难以清点的财产物资，应采用的清查方法是（　　　）。

A.实地盘点法　　　　　　　　B.抽样盘点法

C.询证核对法　　　　　　　　D.技术推算法

7.在记账无误的情况下，导致银行对账单和银行存款日记账不一致的原因是（　　　）。

A.应付账款　　　　　　　　　B.应收账款

C.未达账项　　　　　　　　　D.外埠存款

8.实存账存对比表是调整账面记录的（　　　）。

A.记账凭证　　　　　　　　　B.转账凭证

C.原始凭证　　　　　　　　　D.累计凭证

9.下列项目的清查应采用询证核对法的是（　　　）。

A.原材料　　　　　　　　　　B.应付账款

C.实收资本　　　　　　　　　D.短期投资

10.对于盘亏的固定资产，按规定程序批准后，应按盘亏固定资产的净值借记的会计科目是（　　　）。

A."待处理财产损溢"　　　　　B."营业外支出"

C."累计折旧"　　　　　　　　D."固定资产清理"

11.对财产物资的收发都有严密的手续，且在账簿中有连续的记载便于确定结存数量的制度是（　　）。

A.实地盘存制 　　　　　　　　B.权责发生制

C.永续盘存制 　　　　　　　　D.收付实现制

12.对于盘盈的固定资产的净值应贷记的会计科目是（　　）。

A."以前年度损益调整" 　　　　B."营业外支出"

C."管理费用" 　　　　　　　　D."待处理财产损溢"

13.采用备抵法时，企业对于无法收回的应收账款应借记的会计科目是（　　）。

A."财务费用" 　　　　　　　　B."营业外支出"

C."待处理财产损溢" 　　　　　D."坏账准备"

14."待处理财产损溢"账户期末（　　）。

A.余额在借方 　　　　　　　　B.余额在贷方

C.一般没有余额 　　　　　　　D.可能在借方，也可能在贷方

15.采用实地盘存制，平时账簿记录中不能反映（　　）。

A.财产物资的购进业务 　　　　B.财产物资的减少数额

C.财产物资的增加和减少数额　 D.财产物资的盘盈数额

16.核销存货的盘盈时，应贷记的会计科目是（　　）。

A."管理费用" 　　　　　　　　B."营业外收入"

C."待处理财产损溢" 　　　　　D."其他业务收入"

17.对债权债务的清查应采用的方法是（　　）。

A.询证核对法 　　　　　　　　B.实地盘点法

C.技术推算法 　　　　　　　　D.抽样盘存法

18.永续盘存制的优点是（　　）。

A.简化了存货的日常核算工作

B.有利于加强对存货的日常管理

C.省去了记录存货发出的经济业务

D.在品种规格多的企业存货明细账登记工作量小

（二）多项选择题

1.导致企业银行存款日记账余额大于银行对账单余额的未达账项是（　　）。

A.企业先收款记账而银行未收款未记账的款项

B.银行先收款记账而企业未收款未记账的款项

C.企业和银行同时收款的款项

D.银行先付款记账而企业未付款未记账的款项

E.企业先付款记账而银行未付款未记账的款项

2.财产物资的盘存制度有（　　　）。

A.收付实现制　　　　　　　　B.权责发生制

C.永续盘存制　　　　　　　　D.实地盘存制

E.岗位责任制

3.财产清查按照清查的时间可分为（　　　）。

A.全面清查　　　　　　　　　B.局部清查

C.定期清查　　　　　　　　　D.不定期清查

E.内部清查

4.企业进行全部清查主要发生的情况有（　　　）。

A.年终决算后　　　　　　　　B.清产核资时

C.关停并转时　　　　　　　　D.更换现金出纳时

E.单位主要负责人调离时

5.财产清查按照清查的执行单位不同，可分为（　　　）。

A.内部清查　　　　　　　　　B.局部清查

C.定期清查　　　　　　　　　D.不定期清查

E.外部清查

6."银行存款余额调节表"是（　　　）。

A.原始凭证　　　　　　　　　B.盘存表的表现形式

C.只起到对账作用　　　　　　D.银行存款清查的方法

E.调整账面记录的原始依据

7.常用的实物财产清查方法包括（　　　）。

A.实地盘点法　　　　　　　　B.技术推算法

C.函证核对法　　　　　　　　D.抽样盘点法

E.永续盘存法

8.按清查范围不同，可将财产清查分为（　　　）。

A.全面清查　　　　　　　　　B.局部清查

C.定期清查　　　　　　　　　D.内部清查

E.外部清查

9.采用实地盘点法进行清查的项目有（　　　）。

A.固定资产　　　　　　　　　B.产成品

C.银行存款　　　　　　　　　D.往来款项

E.现金

10.定期清查的时间一般是（　　　）。

A.年末　　　　　　　　　　　B.单位合并

C.中外合资时　　　　　　　　D.季末

E.月末

11.核对账目法适用于（　　　）。

A.固定资产的清查　　　　　　B.现金的清查

C.银行存款的清查　　　　　　D.短期借款的清查

E.预付账款的清查

12.进行财产清查的作用是（　　　）。

A.便于宏观管理

B.保证各项财产物资的安全完整

C.提高会计资料的质量，保证其真实可靠

D.有利于改善企业经营管理，挖掘财产物资潜力

E.有利于准确地编制收付款凭证

13.全面清查的对象包括（　　　）。

A.货币资金　　　　　　　　　B.各种实物资产

C.往来款项　　　　　　　　　D.在途材料、商品

E.委托加工、保管的物资

14.编制"银行存款余额调节表"时，计算调节后的余额应以企业
银行存款日记账余额（　　　）。

A.加企业未入账的收入款项　　B.加银行未入账的收入款项

C.加双方都未入账的收入款项　D.加企业未入账的支出款项

E.减企业未入账的支出款项

15.财产清查结果的处理步骤是（　　　）。

A.核准数字，查明原因　　　　B.调整凭证，做到账实相符

C.调整账簿，做到账实相符　　　D.进行批准后的账务处理

E.销毁账簿资料

16.对于盘亏的财产物资，经批准后进行账务处理，可能涉及的借方账户有（　　　）。

A."管理费用"　　　　　　　　B."营业外支出"

C."营业外收入"　　　　　　　D."其他应收款"

E."待处理财产损溢"

17.进行不定期清查的情况有（　　　）。

A.更换财产和现金保管人员时

B.发生自然灾害和意外损失时

C.会计主体发生改变或隶属关系变动时

D.税务部门对本单位进行会计检查时

E.企业关停并转、清产核资、破产清算时

18.下列可用作原始凭证、调整账簿记录的有（　　　）。

A.实存账存对比表　　　　　　B.未达账项登记表

C.库存现金盘点报告表　　　　D.银行存款余额调节表

E.结算款项核对登记表

19."实存账存对比表"是（　　　）。

A.财产清查的重要报表　　　　B.会计账簿的重要组成部分

C.调整账簿的原始凭证　　　　D.资产负债表的附表之一

E.分析盈亏原因，明确经济责任的重要依据

（三）判断题

1.会计部门要在财产清查之后将所有的经济业务登记入账并结出余额，做到账账相符、账证相符，为财产清查提供可靠的依据。（　　　）

2.采用先进先出法，在物价上涨时，会低估企业的当期利润和存货价值；反之，会高估企业存货价值和当期利润。（　　　）

3.采用加权平均法，平时无法从账上提供发出和结存存货的单价及金额，因而不利于加强对存货的管理。所以，它只是理论上的一种方法，一般不为企业所采用。（　　　）

4.对在银行存款清查时出现的未达账项，可编制银行存款余额调节表来调整，该表是调节账面余额的原始凭证。（　　　）

5.存货发出的计价方法不同，不仅会影响企业资产负债表中的负债和损益项目，同时也会影响企业资产负债表中的资产项目。　（　　）

6.实地盘存制是指平时根据会计凭证在账簿中登记各种财产的增加数和减少数，在期末时再通过盘点实物来确定各种财产的数量，并据以确定账实是否相符的一种盘存制度。　（　　）

7.未达账项是指在企业和银行之间，由于凭证的传递时间不同，导致记账时间不一致，即一方已接到有关结算凭证已经登记入账，而另一方尚未接到有关结算凭证而未入账的款项。　（　　）

8.为了反映和监督各单位在财产清查过程中查明的各种资产的盈亏及报经批准后的转销数额，应设置"待处理财产损溢"账户，该账户属于负债类账户。　（　　）

（四）业务处理及计算题

1.某企业2×24年3月31日的银行存款日记账账面余额为691 600元，而银行对账单上企业存款余额为681 600元，经逐笔核对，发现以下未达账项：

（1）3月26日，企业开出转账支票3 000元，持票人尚未到银行办理转账，银行尚未登记入账。

（2）3月28日，企业委托银行代收款项4 000元，银行已收款入账，但企业未接到银行的收款通知，因而未登记入账。

（3）3月29日，企业送存购货单位签发的转账支票15 000元，企业已登记入账，银行尚未登记入账。

（4）3月30日，银行代企业支付水电费2 000元，企业尚未接到银行的付款通知，故未登记入账。

要求：根据以上有关内容，编制"银行存款余额调节表"，并分析调节后是否需要编制有关会计分录。

2.X企业2×24年经财产清查，发现盘盈A材料3 200吨。经查明，是由于计量上的错误造成的，按计划成本每吨2元入账。

要求：对X企业盘盈A材料作出批准前和批准后的账务处理。

3.Y企业2×24年经财产清查，发现盘亏B材料100吨，单价200元/吨。经查明，属于定额内合理损耗的共计1 000元；属于由过失责任人赔偿的共计8 000元；其余的属于自然灾害造成的损失，应由保险公司赔偿 6 000 元。

要求：对 Y 企业盘亏 B 材料进行批准前和批准后的账务处理。

4.W 企业 2×24 年在财产清查中，发现盘盈机器设备一台，估计原值为 300 000 元，估计已提折旧额为 50 000 元。

要求：对 W 企业盘盈固定资产进行账务处理。

5.W 企业 2×24 年在财产清查中发现盘亏机器设备一台，账面原值为 280 000 元，已提折旧额为 100 000 元。

要求：对 W 企业盘亏固定资产进行批准前和批准后的账务处理。

6.某企业 2×24 年 1 月份某存货的期初数额与购进数额如下：

1 月 1 日，上期转入 100 吨，单价 20 元/吨。

1 月 10 日，购入 80 吨，单价 21 元/吨。

1 月 30 日，购入 100 吨，单价 22 元/吨。

假定月末存货数量为 150 吨。

要求：分别采用先进先出法和加权平均法计算在实地盘存制下月末结存存货成本和本月发出存货成本。

7.某企业自 2×22 年年末开始计提坏账准备。2×22 年年末应收账款余额为 500 000 元，2×23 年 3 月份发生坏账损失 5 300 元，2×23 年年末应收账款余额为 600 000 元，2×24 年 2 月份收回已转销的坏账 8 000 元，2×24 年年末应收账款余额为 400 000 元。假设该企业各年坏账准备提取比例均为 3%。

要求：计算该企业各年的坏账准备补提或冲销数额并进行相应的账务处理。

五、案例分析题

案例 10-1

在某百货批发部，出纳与会计由一人担任。该批发部根据业务特点，有时需以优惠价格销售电冰箱以照顾关系单位及有关人员，但必须由经理批条。会计依据批条上的数量、价格开具发票，并保管以备查。审计人员抽查了该批发部 2×24 年 6 月份的账目，抽查电视机的 20 笔销售业务，发现有 18 笔业务是按优惠价销售的，审计人员对此产生怀疑，于是询问经理。经理证实，在 6 月份根本没有批准按优惠价格销售电视机。审计人员抓住线索，对全年销售业务的原始凭证进行审查，查出多笔没有批条却按优惠价销售的业务，共计 3 806.73 元，在事实面前，会计人员承认了自己的贪污行为。

案例要求：

请说明你的处理意见。

案例提示

限期追回被贪污的款项 3 806.73 元，吊销该会计人员相关证书并处以 3 000 元以上 50 000 元以下的罚款。

案例 10-2

A 企业出纳员张秋收到 B 单位签发的一张转账支票 2 084 元后，签发了一张金额为 2 084 元的现金支票，然后一并到银行办理银行存款进账业务和提取现金业务。

案例要求：

（1）出纳员的这种做法是否属于正常的经济业务范畴？为什么？

（2）对这两笔经济业务如何进行账务处理？

（3）你作为一名审计人员，对这类经济业务应如何查处？

案例提示

出纳员的这种做法一般情况下属于异常的经济业务。值得注意的是，出纳员可能利用银行存款同时进行一增一减两笔相同金额的业务，使银行存款余额没有变化，其与银行对账单余额相符，不易看出漏洞，从而达到贪污公款的目的。因此，对这种贪污行为，审计人员应将银行存款日记账上的收支业务逐笔与银行对账单核对，如果发现银行对账单上有金额相同且时间间隔不长的一收一付两笔业务而银行存款日记账上没有记录，应特别注意，询问会计人员是什么原因造成的，如果查不清原因，可到银行调查该收付业务的具体内容，进而确定有无贪污公款的行为。

案例 10-3

B 企业 2×20 年 1 月销售一批产品给 W 企业，价款共计 10 万元，款项尚未收到，2×23 年仍未收回该项货款。于是，会计人员便将此应收账款作为坏账处理了。2×24 年 2 月 W 企业将应付 B 企业货款 10 万元偿还给 B 企业，但会计人员没有入账，反而将 10 万元私下侵吞。

案例要求：

（1）会计人员的这种做法属于什么行为？

（2）会计人员将应收账款作为坏账处理应如何编制会计分录？

（3）当 W 企业将款项支付给 B 企业时，会计人员应如何进行正确的账务处理？

案例提示

（1）会计人员的这种行为属于贪污行为。

（2）会计人员将应收账款转为坏账时，应编制的会计分录是：

借：坏账准备   100 000

  贷：应收账款   100 000

（3）当收到 W 企业偿还的货款时，应编制的会计分录是：

借：应收账款   100 000

  贷：坏账准备   100 000

借：银行存款   100 000

  贷：应收账款   100 000

案例 10-4

M 企业 2×24 年发生了亏损 8 万元，经理为了表明其工作业绩，要求会计人员在账面上"扭亏为盈"。于是，会计人员在年底虚报盘盈库存商品 80 吨，价值 16 万元，进行的账务处理是：

发现时：

借：库存商品   160 000

  贷：待处理财产损溢   160 000

核销时：

借：待处理财产损溢   160 000

  贷：营业外收入   160 000

案例要求：

审计人员在次年发现了这笔弄虚作假的业务，应如何调整上年利润和库存商品？

案例提示

审计人员应编制的调整分录为：

借：利润分配——未分配利润   160 000

　　　　贷：库存商品　　　　　　　　　　　　　　　　160 000
　　案例10-5
　　审计人员在对G企业进行审计时发现，G企业2×24年12月份以更新机器设备为名报废了8台正常运转的机器设备。8台设备原值共计160万元，已提折旧70万元，会计人员按照厂长的指示对8台设备进行了固定资产清理的账务处理，即：
　　借：固定资产清理　　　　　　　　　　900 000
　　　　累计折旧　　　　　　　　　　　　700 000
　　　　贷：固定资产　　　　　　　　　　　　　1 600 000
　　借：营业外支出　　　　　　　　　　　900 000
　　　　贷：固定资产清理　　　　　　　　　　　900 000
　　案例要求：
　　（1）审计人员应怎样审查G企业的这种行为？
　　（2）G企业这样做的动机是什么？
　　（3）审计人员应责成G企业进行怎样的账务调整？
　　案例提示
　　（1）第一步，审计人员应审阅固定资产清理明细账，对设备未到年限却做清理处理予以高度重视，同时审查企业在账簿记录中有没有清理费用和残料价值或变价收入。第二步，审计人员应到现场，实地查看和盘点已做清理处理的机器设备，看其是否还在使用中。
　　（2）G企业提前报废正在使用的固定资产的目的是减少当年利润，达到少交所得税的目的，从而缓解企业资金不足的矛盾。
　　（3）账务调整的会计分录为：
　　借：固定资产　　　　　　　　　　　1 600 000
　　　　贷：累计折旧　　　　　　　　　　　　700 000
　　　　　　利润分配——未分配利润　　　　　900 000
　　案例10-6
　　审计人员在审查N企业2×24年的资产负债表时发现，有一笔待处理流动资产净损失20万元，审查其明细账得知是部分库存材料盘亏，但在审查会计凭证时却发现N企业10月15日23#凭证购买装饰材料时，编制如下的会计分录：

借：原材料   200 000

 应交税费——应交增值税   26 000

 贷：银行存款   226 000

10月15日25#记账凭证后未附有原始凭证，但编制的会计分录是：

借：待处理财产损溢——待处理流动资产损溢 280 000

 贷：原材料   200 000

  其他应付款   80 000

10月18日编制的记账凭证是：

借：管理费用   280 000

 贷：待处理财产损溢——待处理流动资产损溢 280 000

  上述会计分录的可疑之处在于，N企业为何将8万元的材料损失记入"其他应付款"账户？审计人员对"其他应付款"的明细账进行了审查，发现有一笔应付给C装饰公司的装饰用工费值得怀疑。审计人员实际查看了N企业的会议室，从外观上看是最近装修的，但从账簿、会计凭证中未发现有任何记录。于是，审计人员找到C装饰公司于经理询问此事。据于经理反映，他们为N企业装饰会议室不仅出了工，而且还购买了装饰材料。

  案例要求：

  根据这些证据，你认为N企业有哪些违法行为？N企业应如何真实地记录该项经济业务？

  案例提示

  N企业为装饰会议室，投资了28万元。为了不从账面反映出这一铺张行为，便将购料费和用工费28万元通过资产盘亏处理。这样做的结果是：（1）抵扣了不应抵扣的增值税，偷漏了增值税；（2）虚增了当期费用，虚减了当期利润，少缴了所得税。

  正确的做法是：

  当购进装饰材料时：

借：工程物资   226 000

 贷：银行存款   226 000

  当领用工程物资并发生用工费时：

借：在建工程   306 000

贷：工程物资　　　　　　　　　　　　　　　　226 000

　　其他应付款　　　　　　　　　　　　　　　80 000

六、练习题参考答案

（一）单项选择题

1.B　2.B　3.B　4.C　5.C　6.D　7.C　8.C　9.B　10.B　11.C　12.A　13.D
14.C　15.B　16.A　17.A　18.B

（二）多项选择题

1.AD　2.CD　3.CD　4.ABCE　5.AE　6.CD　7.ABCD　8.AB　9.ABE　10.ADE
11.CDE　12.ABCD　13.ABCDE　14.AE　15.ACD　16.ABD　17.ABCDE　18.AC
19.ACE

（三）判断题

1.×　2.×　3.×　4.×　5.×　6.×　7.√　8.×

（四）业务处理及计算题

1.编制银行存款余额调节表（见表10-1）。

表10-1　　　　　　　　　　　**银行存款余额调节表**

2×24年3月31日　　　　　　　　　　　　　　　单位：元

项　　目	金额	项　　目	金额
企业银行存款日记账余额	691 600	银行对账单余额	681 600
加：银行已收企业未收款项	4 000	加：企业已收银行未收款项	15 000
减：银行已付企业未付款项	2 000	减：企业已付银行未付款项	3 000
调节后的存款余额	693 600	调节后的存款余额	693 600

　　"银行存款余额调节表"只是银行存款清查的方法，它只起到对账作用，不能作为调节账面余额的原始凭证。银行存款日记账的登记，还应待收到有关原始凭证后再进行。

　　2.报经批准前的账务处理（账面调整）为：

　　借：原材料　　　　　　　　　　　　　　　　6 400

　　　贷：待处理财产损溢　　　　　　　　　　　　　　6 400

　　报经批准后的会计处理（核销）为：

　　借：待处理财产损溢　　　　　　　　　　　　6 400

　　　贷：管理费用　　　　　　　　　　　　　　　　6 400

3.报经批准前的会计处理（账面调整）为：

借：待处理财产损溢   22 600

  贷：原材料   20 000

    应交税费——应交增值税（进项税额转出）   2 600

报经批准后的会计处理（核销）为：

对于属于定额内合理损耗的处理：

借：管理费用   1 000

  贷：待处理财产损溢   1 000

对属于由责任人赔偿的处理：

借：其他应收款   8 000

  贷：待处理财产损溢   8 000

对属于自然灾害造成的损失的处理：

借：营业外支出   7 600

    其他应收款——保险公司   6 000

  贷：待处理财产损溢   13 600

4.有关的会计处理如下：

借：固定资产   300 000

  贷：累计折旧   50 000

    以前年度损益调整   250 000

借：以前年度损益调整   62 500

  贷：应交税费——应交所得税   62 500

借：以前年度损益调整   187 500

  贷：盈余公积——法定盈余公积   18 750

    利润分配——未分配利润   168 750

5.有关的会计处理如下：

报经批准前的会计处理（账面调整）为：

借：待处理财产损溢   180 000

  累计折旧   100 000

  贷：固定资产   280 000

报经批准后的会计处理（核销）为：

借：营业外支出   180 000

  贷：待处理财产损溢   180 000

6.先进先出法下，期末结存存货成本为3 250元（100×22+50×21），本期发出存货成本为 2 630 元（2 000+3 880-3 250）。

加权平均法下，期末结存存货成本为 3 150 元（150×（2 000+3 880）÷280），本期发出存货成本为 2 730 元（2 000+3 880-3 150）。

7.有关会计处理如下：

（1）2×22 年年末提取坏账准备=500 000×3%=15 000（元）

借：信用减值损失   15 000

    贷：坏账准备   15 000

（2）2×23 年 3 月份发生坏账损失 5 300 元。

借：坏账准备   5 300

    贷：应收账款   5 300

（3）2×23 年年末补提坏账准备=600 000×3%-（15 000-5 300）

                          =8 300（元）

借：信用减值损失   8 300

    贷：坏账准备   8 300

（4）2×24 年 2 月份收回已转销坏账 8 000 元。

借：应收账款   8 000

    贷：坏账准备   8 000

借：银行存款   8 000

    贷：应收账款   8 000

（5）2×24 年年末冲减坏账准备=18 000+8 000-400 000×3%=14 000（元）

借：坏账准备   14 000

    贷：信用减值损失   14 000

第十一章 财务会计报告

一、学习目的与要求

本章重点介绍了会计核算的基本方法——编制财务会计报告。目的是使初学者了解财务会计报告的基本概念，掌握财务会计报告的基本编制方法。通过学习应了解财务会计报告的定义和作用，较为熟练地掌握利润表和资产负债表的基本编制方法。

二、预习要览

（一）关键概念

1. 会计报表
2. 静态会计报表
3. 动态会计报表
4. 个别会计报表
5. 合并会计报表
6. 内部会计报表
7. 外部会计报表
8. 资产负债表
9. 利润表
10. 所有者权益变动表
11. 现金流量表
12. 附注

（二）关键问题

1. 财务会计报告的作用是什么？
2. 财务会计报告包括哪些具体要求？
3. 我国利润表的结构和内容是如何规定的？
4. 怎样填制利润表"本期金额"一栏的各个项目？
5. 为什么要编制资产负债表？资产负债表的结构和内容如何？
6. 资产负债表项目的填列方法有哪几种？试举例说明之。
7. 所有者权益变动表有何作用？它包括哪些主要内容？
8. 我国现金流量表的结构和内容是如何规定的？

9.会计报表附注主要包括哪些内容？

三、本章重点与难点

本章通过对财务会计报告的概念及具体要求的阐述，要求学生重点掌握各种会计报表的结构原理和编制方法。本章重点阐述了以下几个内容：

（一）财务会计报告的定义、作用与种类

财务会计报告，又称财务报告，是指企业对外提供的反映企业某一特定日期财务状况和某一会计期间经营成果、现金流量等会计信息的文件。

财务会计报告的主要作用是向财务会计报告使用者提供真实、公允的信息，用于落实和考核企业领导人经济责任的履行情况，并有助于包括所有者在内的财务会计报告使用者进行经济决策。我国《企业财务会计报告条例》规定，企业不得编制和对外提供虚假的或者隐瞒重要事实的财务会计报告；企业负责人对本企业财务会计报告的真实性、完整性负责。

我国《企业财务会计报告条例》还规定，财务会计报告分为年度、半年度、季度和月度财务会计报告。月度、季度财务会计报告是指月度和季度终了提供的财务会计报告；半年度财务会计报告是指在每个会计年度的前6个月结束后对外提供的财务会计报告；年度财务会计报告是指年度终了对外提供的财务会计报告。其中，将半年度、季度和月度财务会计报告统称为中期财务会计报告。

（二）财务会计报告包括的内容

关于财务会计报告应包括哪些内容，《企业会计准则——基本准则》第44条规定：财务会计报告包括会计报表及其附注和其他应当在财务会计报告中披露的相关信息和资料。企业对外提供的财务会计报告的内容、会计报表的种类和格式、会计报表附注的主要内容等，由会计准则规定；企业内部管理需要的会计报表由企业自行规定。

财务报表至少包括下列组成部分：资产负债表、利润表、现金流量表、所有者权益（或股东权益）变动表、附注。

附注是对在资产负债表、利润表、现金流量表和所有者权益变动

等报表中列示项目的文字描述或明细资料，以及对未能在这些报表中列示项目的说明等。

（三）财务会计报告的基本要求

财务会计报告的基本要求包括财务会计报告的质量要求、时间要求、形式要求和编制要求。

（四）会计报表的编制

1.资产负债表

（1）资产负债表的概念、结构与内容

资产负债表属于静态报表，是反映企业在某一特定日期财务状况的报表，主要提供有关企业财务状况方面的信息。按照我国现行企业会计制度规定，资产负债表一般采用账户式。

资产负债表包括：企业的各项资产的总额及其构成，包括流动资产和非流动资产；负债总额及其构成，包括流动负债和非流动负债；所有者权益总额及其构成，包括投资者投入的资本以及留存收益。

（2）资产负债表的编制方法

在我国，资产负债表的"年初余额"栏内各项目数字，应根据上年末资产负债表"期末余额"栏内所列数字填列。

资产负债表的"期末余额"栏内各项目主要是根据有关账户期末余额记录编制的，其数据主要通过以下几种方式取得：

① 根据总账余额直接填列，如"短期借款"等项目。

② 根据总账余额计算填列。如"货币资金"项目，需要根据"库存现金""银行存款""其他货币资金"账户的期末余额合计数填列。

③ 根据明细账余额计算填列。如"应付账款"项目，需要根据"应付账款""预付账款"账户所属相关明细账的期末贷方余额计算填列。

④ 根据总账和明细账余额分析计算填列。如"长期借款"项目，需要根据长期借款总账期末余额，扣除长期借款总账所属明细账中反映的、将于一年内到期的长期借款部分，分析计算填列。

⑤ 根据有关账户余额减去其备抵账户余额后的净额填列。如"长期应收款"项目，应根据"长期应收款"科目的期末余额，减去相应的"未实现融资收益"科目和"坏账准备"科目所属相关明细科目的期末

余额后的金额填列。

2.利润表

（1）利润表的概念、结构和内容

利润表是反映企业在一定期间经营成果的会计报表。它是会计的主要报表。

我国企业采用的是多步式利润表格式。一般情况下，利润表主要反映以下几方面的内容：①构成营业利润的各项要素。从营业收入出发，减去营业成本、税金及附加、期间费用，加上公允价值变动收益（减去公允价值变动损失）和投资收益（减去投资损失）等项目，从而计算出营业利润。②构成利润总额的各项要素。在营业利润的基础上，加减营业外收支等项目后得出利润总额。③构成净利润的各项要素。在利润总额的基础上，减去所得税费用后得出净利润。

（2）利润表的编制方法

在我国，利润表中"本期金额"栏反映各项目的本期实际发生数。在编报某月、某季度、某半年利润表时，填列上年同期实际发生数；在编报年度利润表时，填列上年全年实际发生数。如果上年度利润表与本年度利润表的项目名称和内容不相一致，应对上年度利润表项目的名称和数字按本年度的规定进行调整，填入本表"上期金额"栏。

利润表中各项目的"本期金额"一般是根据有关账户的本期发生额来填列的，具体填列方法如下：

①"营业收入"项目，反映企业经营主要业务和其他业务所取得的收入总额。本项目应根据"主营业务收入"账户和"其他业务收入"账户的发生额合计分析填列。

②"营业成本"项目，反映企业经营主要业务和其他业务发生的实际成本总额。本项目应根据"主营业务成本"账户和"其他业务成本"账户的发生额合计分析填列。

③"税金及附加"项目，反映企业经营业务应负担的消费税、城市维护建设税、资源税、教育费附加及房产税、城镇土地使用税、车船税、印花税等。本项目应根据"税金及附加"账户的发生额分析填列。

④"销售费用"项目，反映企业在销售商品过程中发生的包装费、广告费等费用和为销售本企业商品而专设的销售机构的职工薪酬、业务

费等经营费用。本项目应根据"销售费用"账户的发生额分析填列。

⑤ "管理费用"项目,反映企业为组织和管理生产经营发生的管理费用。本项目应根据"管理费用"账户的发生额分析填列。

⑥ "研发费用"项目,反映企业研究与开发过程中发生的费用化支出,以及计入管理费用的自行开发无形资产的摊销。该项目应根据"管理费用"账户下的"研发费用"明细账户的发生额,以及"管理费用"账户下的"无形资产摊销"明细账户的发生额分析填列。

⑦ "财务费用"项目,反映企业筹集生产经营所需资金等而发生的利息支出。本项目应根据"财务费用"账户的发生额分析填列。"其中:利息费用"项目,反映企业为筹集生产经营所需资金等而发生的应予费用化的利息支出。该项目应根据"财务费用"账户的相关明细账户的发生额分析填列。"利息收入"项目,反映企业确认的利息收入。该项目应根据"财务费用"账户的相关明细账户的发生额分析填列。

⑧ "资产减值损失"项目,反映企业因资产减值而发生的损失。本项目应根据"资产减值损失"账户的发生额分析填列。

⑨ "公允价值变动收益"项目,反映企业资产因公允价值变动而发生的损益。本项目应根据"公允价值变动损益"账户的发生额分析填列;如为净损失,以"-"号填列。

⑩ "投资收益"项目,反映企业以各种方式对外投资所取得的净收益。本项目应根据"投资收益"账户的发生额分析填列;如为投资净损失,以"-"号填列。

⑪ "资产处置收益"项目,反映企业出售划分为持有待售的非流动资产(金融工具、长期股权投资和投资性房地产除外)或处置组时确认的处置利得或损失,以及处置未划分为持有待售的固定资产、在建工程、生产性生物资产及无形资产而产生的处置利得或损失。债务重组中因处置非流动资产产生的利得或损失和非货币性资产交换产生的利得或损失也包括在本项目内。本项目应根据"资产处置损益"账户的发生额分析填列;如为处置损失,以"-"号填列。

⑫ "其他收益"项目,反映计入其他收益的政府补助等。该项目应根据"其他收益"科目的发生额分析填列。

⑬ "营业外收入"项目,反映企业发生的营业利润以外的收益,

主要包括与企业日常活动无关的政府补助、盘盈利得、捐赠利得等。本项目应根据"营业外收入"账户的发生额分析填列。

⑭ "营业外支出"项目，反映企业发生的营业利润以外的支出，主要包括公益性捐赠支出、非常损失、盘亏损失、非流动资产毁损报废损失等。本项目应根据"营业外支出"账户的发生额分析填列。

⑮ "所得税费用"项目，反映企业按规定从本期利润总额中减去的所得税。本项目应根据"所得税费用"账户的发生额分析填列。

⑯ "净利润"项目，分为"（一）持续经营净利润"和"（二）终止经营净利润"项目，分别反映净利润中与持续经营相关的净利润和与终止经营相关的净利润；如为净亏损，以"-"号填列。以上两个项目应按照《企业会计准则第42号——持有待售的非流动资产、处置组和终止经营》的相关规定分别列报。

⑰ "基本每股收益"和"稀释每股收益"项目，反映企业根据每股收益准则计算的两种每股收益指标的金额。

⑱ "其他综合收益的税后净额"和"综合收益总额"项目。"其他综合收益的税后净额"反映企业未在当期损益中确认的各项利得和损失扣除所得税影响后的净额。"综合收益总额"反映净利润和其他综合收益扣除所得税影响后的净额相加后的合计数额。"其他综合收益的税后净额"项目应根据"其他综合收益"科目及其所属明细科目的本期发生额分析填列；"综合收益总额"项目根据本表中相关项目计算填列。

3.现金流量表

（1）现金流量表的定义及内容

现金流量表是反映企业一定会计期间现金及现金等价物流入和流出情况的报表，属于动态报表。在现金流量表中，企业应当按照经营活动、投资活动和筹资活动的现金流量分类分项列示。经营活动的现金流量应当按照其经营活动的现金流入和流出的性质分项列示；投资活动的现金流量应当按照其投资活动的现金流入和流出的性质分项列示；筹资活动的现金流量应当按照其筹资活动的现金流入和流出的性质分项列示。

（2）现金流量表的编制基础

现金流量表是以现金及现金等价物为基础编制的。这里的现金包括库存现金、可以随时用于支付的存款。

（3）现金流量表的格式

现金流量表分为两部分：第一部分为表首；第二部分为正表。表首概括地说明报表名称、编制单位、报表所属年度、报表编号、货币名称、计量单位等。正表反映现金流量表的各项目内容。正表有五项：一是经营活动产生的现金流量；二是投资活动产生的现金流量；三是筹资活动产生的现金流量；四是汇率变动对现金及现金等价物的影响；五是现金及现金等价物净增加额。其中，经营活动产生的现金流量，是按直接法编制的。

4.所有者权益（或股东权益）变动表

所有者权益（或股东权益）变动表是反映企业年末所有者权益（或股东权益）增减变动情况的报表。通过该表，可以了解企业某一会计年度所有者权益（或股东权益）的实收资本（或股本）、资本公积、盈余公积和未分配利润等各项目的增加、减少及其余额的情况，分析其变动原因及预测未来的变动趋势。

所有者权益（或股东权益）变动表至少应当单独列示下列信息项目：①综合收益总额；②会计政策变更和差错更正的累积影响金额；③所有者投入资本和向所有者分配利润等；④按照规定提取的盈余公积；⑤所有者权益各组成部分的期初和期末余额及其调节情况。

5.附注

附注是对在资产负债表、利润表、所有者权益变动表和现金流量表等报表中列示项目的文字描述或明细资料，以及对未能在这些报表中列示项目的说明等。

本章的难点主要体现在以下几个方面：

一是利润表的计算与填列方法。在实际工作中，根据实际发生的经济业务来填列利润表的"本期金额"栏并非理论所述的那样简单，它需要根据大量的经济业务正确地计算各个项目的实际发生额。需要明确的是，利润表中"净利润"项目的计算正确与否，将直接关系到资产负债表等其他报表的准确性。

二是资产负债表的填列方法。相对其他会计报表而言，资产负债表的编制方法较为复杂。资产负债表中的很多项目均需要通过分析或计算来填列，因此必须很好地掌握其填列方法的基本原理。

三是现金流量表的基本原理及内容。基础会计中只是简单地介绍了现金流量表的基本定义与大体内容。在实际工作中，会计人员最为头疼的是现金流量表的编制。因为它的填制方法较为独特，不仅需要其他报表的数据资料及日常的账簿记录，还需要对某些重要的项目进行调整。在本章中，需要分清各种现金流量的分类，以及明确各自所包括的具体内容。

四、练习题

（一）单项选择题

1.在科目汇总表核算程序下，会计报表编制的根据是（　　）。

A.原始凭证　　　　　　　　B.记账凭证

C.账簿记录　　　　　　　　D.原始凭证汇总表

2.依照我国企业会计准则的要求，资产负债表采用的格式为（　　）。

A.单步报告式　　　　　　　B.多步报告式

C.账户式　　　　　　　　　D.混合式

3.依照我国企业会计准则的要求，利润表采用的格式为（　　）。

A.单步报告式　　　　　　　B.多步报告式

C.账户式　　　　　　　　　D.混合式

4.资产负债表是反映企业（　　）财务状况的会计报表。

A.某一特定日期　　　　　　B.一定时期内

C.某一年份内　　　　　　　D.某一月份内

5.在下列各个会计报表中，属于反映企业对外的静态报表的是（　　）。

A.利润表　　　　　　　　　B.成本报表

C.现金流量表　　　　　　　D.资产负债表

6.所有者权益变动表是（　　）。

A.利润表的附表　　　　　　B.资产负债表的附表

C.现金流量表的附表　　　　D.会计报表的主表

7.下列各项中，属于资产负债表中"流动资产"项目的是（　　）。

A."交易性金融资产"　　　　B."其他债权投资"

C."生产性生物资产"　　　　　　D."债权投资"

8.编制会计报表时，以"资产=负债+所有者权益"这一会计等式作为编制依据的会计报表是（　　　）。

A.利润表　　　　　　　　　　B.所有者权益变动表

C.资产负债表　　　　　　　　D.现金流量表

9.以"收入−费用=利润"这一会计等式作为编制依据的会计报表是（　　　）。

A.利润表　　　　　　　　　　B.所有者权益变动表

C.资产负债表　　　　　　　　D.现金流量表

10.在利润表中，对主营业务和其他业务合并列示，而将各项利润单独列示，这一做法体现了（　　　）。

A.真实性原则　　　　　　　　B.配比原则

C.权责发生制原则　　　　　　D.重要性原则

11.填列资产负债表"期末余额"栏各个项目时，下列说法中正确的是（　　　）。

A.主要是根据有关账户的期末余额记录填列

B.主要是根据有关账户的本期发生额记录填列

C.大多数项目根据有关账户的期末余额记录填列，少数项目则根据发生额记录填列

D.少数项目根据有关账户的期末余额记录填列，大多数项目则根据发生额记录填列

12.不能通过资产负债表了解的会计信息是（　　　）。

A.企业流动资产总额及其构成

B.企业资金的来源渠道和构成

C.企业所掌握的经济资源及其分布情况

D.企业在一定期间内现金的流入和流出的信息及现金增减变动的原因

13.按照会计报表反映的经济内容分类，资产负债表属于（　　　）。

A.财务状况报表　　　　　　　B.经营成果报表

C.对外报表　　　　　　　　　D.月报表

14.资产负债表的下列项目中，需要根据几个总账账户的期末余额

汇总填列的是（　　　）。

A."长期股权投资"　　　　　　　B."预计负债"

C."货币资金"　　　　　　　　　D."实收资本"

15.企业年度会计报表的保管期限为（　　　）。

A.5 年　　　　　　　　　　　　B.15 年

C.25 年　　　　　　　　　　　　D.永久保管

16.资产负债表中的"存货"项目，应根据（　　　）。

A."存货"账户的期末借方余额直接填列

B."原材料"账户的期末借方余额直接填列

C."原材料"、"生产成本"和"库存商品"等账户的期末借方余额之和再加或减相关"材料成本差异"及"存货跌价准备"账户余额后的金额进行填列

D."原材料"、"在产品"和"库存商品"等账户的期末借方余额之和填列

（二）多项选择题

1.在利润表中，应列入"税金及附加"项目中的税金有（　　　）。

A.增值税　　　　　　　　　　　B.消费税

C.城市维护建设税　　　　　　　D.资源税

E.教育费附加

2.利润表提供的信息包括（　　　）。

A.实现的营业收入　　　　　　　B.发生的营业成本

C.资产减值损失　　　　　　　　D.利润或亏损总额

E.企业的财务状况

3.企业的下列报表中，属于对外会计报表的有（　　　）。

A.资产负债表　　　　　　　　　B.利润表

C.所有者权益变动表　　　　　　D.制造成本表

E.现金流量表

4.下列各项目中，属于资产负债表中"流动资产"项目的有（　　　）。

A.货币资金　　　　　　　　　　B.预付款项

C.应收账款　　　　　　　　　　D.投资性房地产

E.预收款项

5.构成营业利润的要素主要包括（　　）。

A.营业收入　　　　　　　　B.营业成本

C.税金及附加　　　　　　　D.销售费用

E.管理费用

6.按照所反映的经济内容不同，会计报表可分为（　　）。

A.反映财务状况的报表　　　B.反映经营成果的报表

C.个别会计报表　　　　　　D.合并会计报表

E.反映费用成本的报表

7.会计报表的使用者包括（　　）。

A.债权人　　　　　　　　　B.企业内部管理层

C.投资者　　　　　　　　　D.潜在的投资者

E.国家政府部门

8.下列各项中，不属于资产负债表中"非流动资产"项目的有（　　）。

A.应收账款　　　　　　　　B.存货

C.在建工程　　　　　　　　D.油气资产

E.交易性金融资产

9.现金及现金等价物主要包括的内容有（　　）。

A.库存现金　　　　　　　　B.银行存款

C.其他货币资金　　　　　　D.现金等价物

E.商业汇票

（三）判断题

1.资产负债表是反映企业在一定时期内的资产、负债和所有者权益情况的报表。　　　　　　　　　　　　　　　　　　　　　（　　）

2.企业的财务会计报告分为年度、半年度、季度和月度财务会计报告。　　　　　　　　　　　　　　　　　　　　　　　　　（　　）

3.利润表是反映企业月末、季末或年末取得的利润或发生的亏损情况的报表。　　　　　　　　　　　　　　　　　　　　　　（　　）

4.所有者权益变动表是反映企业在一定期间内所有者权益变动情况的会计报表，是资产负债表的附表。　　　　　　　　　　　（　　）

5.目前国际上比较普遍的利润表的格式主要有多步式利润表和单步

式利润表两种。为简便明晰起见，我国企业采用的是单步式利润表格式。（　　）

6.资产负债表的"期末余额"栏各项目主要是根据总账或有关明细账期末贷方余额直接填列的。（　　）

7.资产负债表中"货币资金"项目反映企业库存现金、银行结算户存款、外埠存款、银行汇票存款和银行本票存款等货币资金的合计数，因此，本项目应根据"库存现金""银行存款"账户的期末余额合计数填列。（　　）

8.资产负债表中"应收账款"项目，应根据"应收账款"账户所属各明细账户的期末借方余额合计数填列。（　　）

9.利润表中"营业成本"项目，反映企业销售产品和提供劳务等主要经营业务的各项销售费用和实际成本。（　　）

10.现金流量表的现金净增加额应与资产负债表中的货币资金期末余额相等。（　　）

（四）业务处理及计算题

1.大华企业（一般纳税人）2×24年8月份发生下列经济业务：

（1）企业销售甲产品1 000件，每件售价80元，货款已通过银行收讫。

（2）企业同城销售给红星厂乙产品900件，每件售价50元，但货款尚未收到。

（3）结转已售甲、乙产品的生产成本。其中：甲产品生产成本65 400元；乙产品生产成本36 000元。

（4）以银行存款支付本月销售甲、乙两种产品的销售费用1 520元（按销售数量分摊）。

（5）根据规定计算应缴纳城市维护建设税8 750元。

（6）王××外出归来报销因公务出差的差旅费350元（原已预支400元）。

（7）以现金1 000元支付厂部办公费。

（8）企业收到红星厂前欠货款45 000元并存入银行。

（9）没收某单位逾期未退回的包装物押金6 020元（不考虑相关税费）。

（10）月初，用银行存款支付车间今明两年的材料仓库租赁费4 800元。

（11）摊销应由本月负担的预付材料仓库租赁费。

（12）根据上述有关经济业务，结转本期主营业务收入、其他业务收入。

（13）根据上述有关经济业务结转本月主营业务成本、销售费用、税金及附加、管理费用。

（14）根据本期实现的利润总额，按25%的税率计算应交所得税并结转。

要求：根据上述资料编制会计分录和利润表（简表）（见表11-1）。

表11-1 利润表（简表） 会企02表

编制单位：大华企业 2×24年8月 单位：元

项 目	本期金额
一、营业收入	
减：营业成本	
税金及附加	
销售费用	
管理费用	
研发费用	
财务费用	
其中：利息费用	
利息收入	
加：其他收益	
投资收益	
公允价值变动收益	
资产减值损失	
资产处置收益	
二、营业利润	
加：营业外收入	
减：营业外支出	
三、利润总额	
减：所得税费用	
四、净利润	
（一）持续经营净利润	
（二）终止经营净利润	

2. 鑫欣公司2×24年12月31日全部总账和有关明细账余额见表11-2。

表11-2　　　　　　鑫欣公司总账和有关明细账余额

2×24年12月31日　　　　　　　　　　单位：元

总账	明细账户	借方余额	贷方余额	总账	明细账户	借方余额	贷方余额
库存现金		6 000		短期借款			360 000
银行存款		90 000		应付账款			60 000
交易性金融资产		84 000			F企业		42 000
应收账款		138 000			H企业	30 000	
	A企业	60 000			W企业		48 000
	B企业		12 000	预收账款			6 000
	C企业	90 000			U企业		24 000
预付账款		28 200			V企业	18 000	
	D企业	30 000		其他应付款			72 000
	E企业		1 800	应付职工薪酬			208 200
其他应收款		60 000		应交税费			360 000
原材料		162 000		应付股利			120 000
生产成本		48 000		长期借款			384 000
库存商品		120 000		股本			1 680 000
长期股权投资		1 362 000		盈余公积			132 480
固定资产		2 400 000		利润分配	未分配利润		959 520
累计折旧			360 000				
无形资产		180 000					
长期待摊费用		24 000					

要求：根据相关资料填列资产负债表（简表）。

3.大橡公司2×24年8月份有关账户发生额数据如下：

主营业务收入	3 600 000元
其他业务收入	200 000元
主营业务成本	2 040 000元
其他业务成本	80 000元
税金及附加	120 000元
管理费用	288 000元
财务费用	72 000元
销售费用	180 000元
投资收益	240 000元
营业外收入	45 000元
营业外支出	28 500元
所得税费用	319 125元

该企业2×24年7月份利润表（简表）中"本期金额"栏内有关数据见表11-3。

表11-3 　　　　　　　　　　**利润表（简表）**　　　　　　　　　　会企02表
编制单位：大橡公司　　　　　　　　　　2×24年7月　　　　　　　　　　单位：元

项　目	本期金额
一、营业收入	6 150 000
减：营业成本	2 520 000
税金及附加	450 000
销售费用	390 000
管理费用	462 000
研发费用	0
财务费用	258 000
其中：利息费用	

项　目	本期金额
利息收入	
加：其他收益	0
投资收益	360 000
公允价值变动收益	0
资产减值损失	0
资产处置收益	0
二、营业利润	2 430 000
加：营业外收入	135 000
减：营业外支出	43 500
三、利润总额	2 521 500
减：所得税费用	630 375
四、净利润	1 891 125
（一）持续经营净利润	
（二）终止经营净利润	
五、其他综合收益的税后净额	
（一）不能重分类进损益的其他综合收益	
（二）将重分类进损益的其他综合收益	
六、综合收益总额	
七、每股收益：	
（一）基本每股收益	
（二）稀释每股收益	

要求：编制大橡公司 2×24 年 8 月份的利润表。

五、案例分析题

案例11-1

A企业按其预计营业额计算的业务招待费应列支12万元，否则其超支额须列入应纳税所得额中计算缴纳所得税。A企业在当年5月底业务招待费实际支出额已达10万元，为了达到少缴税的目的，将招待费压缩到12万元以内，经理和会计人员商定，以报销劳保用品为名套取现金，用于业务招待费支出。会计人员随即从某劳保用品商店拿到发票，共计18万元。会计人员依据这些伪造的发票，做了借记"制造费用"科目、贷记"银行存款"科目的会计分录。套取现金18万元，全部以个人名义存储，专门用于压缩业务招待费的超支。

案例要求：

清查人员对上述违法行为应怎样进行查处？

案例提示

清查人员应询问劳保用品保管员，对账面登记的劳保用品与仓库中的劳保用品的购进及发出进行核对。查出问题后，应责令A企业补缴所得税，调整账面盈余。

案例11-2

审计人员在查阅U企业2×24年10月份的会计报表时，发现利润表中"营业收入"项目较以前月份的发生额有较大的增加，资产负债表中的"应收账款"项目本期与前几期比较也发生了较大的变动。于是，审计人员查阅该企业的账簿，发现"应收账款"总账与明细账金额之和不相等，对总账所记载的一些"应收账款"数额，明细账中并未作登记。审计人员根据账簿记录调阅有关记账凭证，发现3张记账凭证后未附原始凭证。其中：

10月12日9#凭证编制的会计分录为：

借：应收账款		565 000
贷：主营业务收入		500 000
应交税费——应交增值税（销项税额）		65 000

10月17日15#凭证编制的会计分录为：

借：应收账款	113 000

　　　　　　　贷：主营业务收入　　　　　　　　　　　　　　　100 000

　　　　　　　　　应交税费——应交增值税（销项税额）　　　13 000

　　　10月23日20#凭证编制的会计分录为：

　　　借：应收账款　　　　　　　　　　　　　　　　　　　78 000

　　　　　贷：应交税费——应交增值税（销项税额）　　　　78 000

　　　经审查，U企业在上述10月份的3张会计凭证中虚列当期收入60万元，3笔业务中在"库存商品"明细账和"主营业务成本"明细账中均未作登记，准备于下年初作销货退回处理。

　　　案例要求：

　　　（1）U企业此举的目的是什么？说出你认为的几种可能性。

　　　（2）上述问题在年终结账前发现，U企业应如何调账？

　　　案例提示

　　　上述问题在年终结账前发现，U企业应作如下调整分录：

　　　借：主营业务收入　　　　　　　　　　　　　　　　600 000

　　　　　贷：应收账款　　　　　　　　　　　　　　　　　600 000

六、练习题参考答案

（一）单项选择题

1.C　2.C　3.B　4.A　5.D　6.D　7.A　8.C　9.A　10.D　11.A　12.D　13.A　14.C　15.D　16.C

（二）多项选择题

1.BCDE　2.ABCD　3.ABCE　4.ABC　5.ABCDE　6.AB　7.ABCDE　8.ABE　9.ABCD

（三）判断题

1.×　2.√　3.×　4.×　5.×　6.×　7.×　8.×　9.×　10.×

（四）业务处理及计算题

1.根据本期发生的经济业务编制的会计分录如下：

（1）借：银行存款　　　　　　　　　　　　　　　　90 400

　　　　　贷：主营业务收入　　　　　　　　　　　　　80 000

　　　　　　　应交税费——应交增值税（销项税额）　10 400

（2）借：应收账款　　　　　　　　　　　　　　　　50 850

　　　　　贷：主营业务收入　　　　　　　　　　　　　45 000

　　　　　　　应交税费——应交增值税（销项税额）　5 850

（3）借：主营业务成本　　　　　　　　　　　101 400
　　　贷：库存商品——甲产品　　　　　　　　　　　　　　65 400
　　　　　　　　　——乙产品　　　　　　　　　　　　　　36 000
（4）借：销售费用——甲产品　　　　　　　　　800
　　　　　　　　　——乙产品　　　　　　　　　720
　　　贷：银行存款　　　　　　　　　　　　　　　　　　　1 520
（5）借：税金及附加　　　　　　　　　　　　8 750
　　　贷：应交税费——应交城市维护建设税　　　　　　　　8 750
（6）借：管理费用　　　　　　　　　　　　　　350
　　　库存现金　　　　　　　　　　　　　　　50
　　　贷：其他应收款　　　　　　　　　　　　　　　　　　　400
（7）借：管理费用　　　　　　　　　　　　　1 000
　　　贷：库存现金　　　　　　　　　　　　　　　　　　　1 000
（8）借：银行存款　　　　　　　　　　　　　45 000
　　　贷：应收账款　　　　　　　　　　　　　　　　　　　45 000
（9）借：其他应付款　　　　　　　　　　　　6 020
　　　贷：其他业务收入　　　　　　　　　　　　　　　　　6 020
（10）借：长期待摊费用　　　　　　　　　　　4 800
　　　贷：银行存款　　　　　　　　　　　　　　　　　　　4 800
（11）借：管理费用　　　　　　　　　　　　　200
　　　贷：长期待摊费用　　　　　　　　　　　　　　　　　200
（12）借：主营业务收入　　　　　　　　　　125 000
　　　其他业务收入　　　　　　　　　　　6 020
　　　贷：本年利润　　　　　　　　　　　　　　　　　　131 020
（13）借：本年利润　　　　　　　　　　　　113 220
　　　贷：主营业务成本　　　　　　　　　　　　　　　　101 400
　　　销售费用　　　　　　　　　　　　　　　　　　　1 520
　　　税金及附加　　　　　　　　　　　　　　　　　　8 750
　　　管理费用　　　　　　　　　　　　　　　　　　　1 550
（14）借：所得税费用　　　　　　　　　　　　4 450
　　　贷：应交税费——应交所得税　　　　　　　　　　　　4 450
　借：本年利润　　　　　　　　　　　　　4 450
　　贷：所得税费用　　　　　　　　　　　　　　　　　　4 450

编制的大华企业 2×24 年 8 月份的利润表（简表）见表 11-4。

表 11-4 　　　　　　　　　　　**利润表（简表）**　　　　　　　　　会企 02 表

编制单位：大华企业　　　　　　　　2×24 年 8 月　　　　　　　　　单位：元

项 目	本期金额
一、营业收入	131 020
减：营业成本	101 400
税金及附加	8 750
销售费用	1 520
管理费用	1 550
研发费用	0
财务费用	0
其中：利息费用	0
利息收入	0
加：其他收益	0
投资收益	0
公允价值变动收益	0
资产减值损失	0
资产处置收益	0
二、营业利润	17 800
加：营业外收入	0
减：营业外支出	0
三、利润总额	17 800
减：所得税费用	4 450
四、净利润	13 350
（一）持续经营净利润	
（二）终止经营净利润	

2.编制的鑫欣公司2×24年12月31日的资产负债表（简表）见表11-5。

表11-5 资产负债表（简表） 会企01表

编制单位：鑫欣公司　　　　　　　　　　2×24年12月31日　　　　　　　　　　单位：元

资产	行次	期末余额	上年年末余额（略）	负债和所有者权益（或股东权益）	行次	期末余额	上年年末余额（略）
流动资产：				流动负债：			
货币资金		96 000		短期借款		360 000	
交易性金融资产		84 000		应付账款		91 800	
应收账款		168 000		预收款项		36 000	
预付款项		60 000		其他应付款		192 000	
其他应收款		60 000		应付职工薪酬		208 200	
存货		330 000		应交税费		360 000	
其他流动资产				其他流动负债			
流动资产合计		798 000		流动负债合计		1 248 000	
非流动资产：				非流动负债：			
债权投资				长期借款		384 000	
其他债权投资				应付债券			
投资性房地产				长期应付款			
长期股权投资		1 362 000		非流动负债合计		384 000	
固定资产		2 040 000		负债合计		1 632 000	
在建工程				所有者权益(或股东权益)：			
无形资产		180 000		股本		1 680 000	
长期待摊费用		24 000		资本公积			
其他非流动资产				盈余公积		132 480	
非流动资产合计		3 606 000		未分配利润		959 520	
				所有者权益（或股东权益）合计		2 772 000	
资产总计		4 404 000		负债和所有者权益（或股东权益）总计		4 404 000	

3.编制的大橡公司2×24年8月份的利润表（简表）见表11-6。

表11-6   **利润表（简表）**   会企02表

编制单位：大橡公司   2×24年8月   单位：元

项 目	本期金额	本期累计数
一、营业收入	3 800 000	9 950 000
减：营业成本	2 120 000	4 640 000
税金及附加	120 000	570 000
销售费用	180 000	570 000
管理费用	288 000	750 000
研发费用		
财务费用	72 000	330 000
其中：利息费用		
利息收入		
加：其他收益		
投资收益	240 000	600 000
公允价值变动收益		
资产减值损失		
资产处置收益		
二、营业利润	1 260 000	3 690 000
加：营业外收入	45 000	180 000
减：营业外支出	28 500	72 000
三、利润总额	1 276 500	3 798 000
减：所得税费用	319 125	949 500
四、净利润	957 375	2 848 500
（一）持续经营净利润		
（二）终止经营净利润		
五、其他综合收益的税后净额		
（一）不能重分类进损益的其他综合收益		
（二）将重分类进损益的其他综合收益		
六、综合收益总额		
七、每股收益：		
（一）基本每股收益		
（二）稀释每股收益		

第十二章 会计核算组织程序

一、学习目的与要求

本章重点研究会计核算方法的综合应用问题，目的是使初学会计者加深对所学七种会计核算方法的认识，提高综合运用这些核算方法的能力。在前面已经熟悉专用记账凭证有关知识内容的基础上，熟练掌握专用记账凭证、科目汇总表和汇总记账凭证的编制方法。

二、预习要览

（一）关键概念

1.会计核算组织程序　　　　2.会计循环

3.记账程序　　　　　　　　4.记账凭证核算组织程序

5.科目汇总表核算组织程序　6.汇总记账凭证核算组织程序

7.日记总账核算组织程序

（二）关键问题

1.什么是会计核算组织程序？设计会计核算组织程序的意义是什么？

2.设计会计核算组织程序应当遵循哪些原则？

3.什么是记账凭证核算组织程序？这种核算组织程序有哪些优点？

4.简述记账凭证核算组织程序的内容。

5.什么是科目汇总表核算组织程序？这种核算组织程序有哪些优点？

6.简述科目汇总表核算组织程序的内容。

7.怎样编制科目汇总表？科目汇总表的主要作用是什么？

8.什么是汇总记账凭证核算组织程序？简述其账务处理步骤。

9.怎样进行汇总收款凭证、汇总付款凭证和汇总转账凭证的编制？

三、本章重点与难点

会计核算组织程序，也称账务处理程序，或会计核算形式，它是指在会计循环中，会计主体采用的会计凭证、会计账簿、会计报表的种类和格式与记账程序有机结合的方法和步骤。

会计循环过程中的内容可概括为：①根据原始凭证填制记账凭证，即按照复式记账法为经济业务编制会计分录；②根据编制的记账凭证登记有关账户，包括日记账、明细分类账和总分类账；③根据分类账户的记录，编制结账（调整）前试算表；④按照权责发生制的要求，编制调整分录并予以过账；⑤编制结账分录并登记入账，结清损益类账户；⑥根据全部账户的数据资料，编制结账后试算表；⑦根据账户的数据资料，编制会计报表。

记账凭证核算组织程序是指根据经济业务发生后填制的各种记账凭证直接逐笔登记总分类账，并定期编制会计报表的一种账务处理程序。记账凭证核算组织程序是一种最基本的核算组织程序。

在记账凭证核算组织程序下，记账凭证可以采用"收款凭证""付款凭证""转账凭证"等专用记账凭证的格式，也可采用通用记账凭证的格式。会计账簿一般应设置借、贷、余（或收、付、余）三栏式"库存现金日记账"和"银行存款日记账"；各总分类账均采用借、贷、余三栏式；明细分类账可根据核算需要，采用借、贷、余三栏式，数量金额式或多栏式。会计报表主要有资产负债表、利润表和现金流量表等。

科目汇总表核算组织程序是指根据各种记账凭证先定期（或月末一次）按会计科目汇总编制科目汇总表，然后根据科目汇总表登记总分类账，并定期编制会计报表的账务处理程序。科目汇总表核算组织程序与记账凭证核算组织程序、汇总记账凭证核算组织程序相比，有一些共同之处，如需要使用各种专用记账凭证，但也存在较大差别，其比较独特的做法是要设置"科目汇总表"这种具有汇总性质的记账凭证。其使用的会计账簿、会计报表与前两种会计核算组织程序基本相同。

汇总记账凭证核算组织程序是指根据各种专用记账凭证定期汇总编制汇总记账凭证，然后根据汇总记账凭证登记总分类账，并定期编制会计报表的一种账务处理程序。

在汇总记账凭证核算组织程序下，采用的记账凭证与会计账簿种类很多。从记账凭证的角度看，除使用专用记账凭证外，还应使用各种汇总记账凭证，包括汇总收款凭证、汇总付款凭证和汇总转账凭证，这是该组织程序在记账凭证使用上的独特之处。其使用的会计账簿和会计报表与记账凭证核算组织程序基本相同。

日记总账核算组织程序是指设置日记总账，根据经济业务发生后填制的各种记账凭证直接逐笔登记日记总账，并定期编制会计报表的账务处理程序。

在日记总账核算组织程序下采用的记账凭证主要是各种专用记账凭证，也可采用通用记账凭证。其采用的会计报表和日记账及明细分类账与其他会计核算组织程序基本相同，不同的是，在这种核算组织程序下需要专门设置日记总账。

四、练习题

（一）单项选择题

1.记账凭证核算组织程序下，登记总分类账的根据是（　　）。

A.记账凭证　　　　　　　　B.日记账

C.报表　　　　　　　　　　D.原始凭证

2.在下列核算组织程序中，被称为最基本的会计核算组织程序的是（　　）。

A.记账凭证核算组织程序　　B.汇总记账凭证核算组织程序

C.科目汇总表核算组织程序　D.日记总账核算组织程序

3.科目汇总表的基本编制方法是（　　）。

A.按照不同会计科目进行归类定期汇总

B.按照相同会计科目进行归类定期汇总

C.按照借方会计科目进行归类定期汇总

D.按照贷方会计科目进行归类定期汇总

4.科目汇总表核算组织程序的特点是（　　）。

A.根据各种记账凭证直接登记总分类账

B.根据科目汇总表登记总分类账

C.根据汇总记账凭证登记总分类账

D.根据科目汇总表登记明细分类账

5.汇总收款凭证是按（　　　）。

A.收款凭证上的借方科目定期汇总的

B.收款凭证上的贷方科目定期汇总的

C.付款凭证上的借方科目定期汇总的

D.付款凭证上的贷方科目定期汇总的

6.汇总付款凭证是按（　　　）。

A.收款凭证上的借方科目定期汇总的

B.收款凭证上的贷方科目定期汇总的

C.付款凭证上的借方科目定期汇总的

D.付款凭证上的贷方科目定期汇总的

7.汇总转账凭证是按（　　　）。

A.收款凭证上的贷方科目设置的

B.付款凭证上的贷方科目设置的

C.转账凭证上的贷方科目设置的

D.转账凭证上的借方科目设置的

8.汇总记账凭证核算组织程序的特点是（　　　）。

A.根据各种汇总记账凭证直接登记明细分类账

B.根据各种汇总记账凭证直接登记总分类账

C.根据各种汇总记账凭证直接登记日记账

D.根据各种记账凭证直接登记总分类账

9.日记总账核算组织程序的特点是（　　　）。

A.根据各种记账凭证直接逐笔登记总分类账

B.根据各种记账凭证直接逐笔登记日记总账

C.根据各种记账凭证直接逐笔登记明细分类账

D.根据各种记账凭证直接逐笔登记日记账

10.所有核算组织程序在做法上的相同点是（　　　）。

A.根据各种记账凭证直接逐笔登记总分类账

B.根据各种记账凭证直接逐笔登记日记总账

C.根据各种记账凭证直接逐笔登记明细分类账

D.根据各种记账凭证上的记录编制会计报表

（二）多项选择题

1.会计循环的主要环节有（　　）。

A.设置账户　　　　　　　　　　B.填制会计凭证

C.成本计算　　　　　　　　　　D.登记账簿

E.编制会计报表

2.在会计循环中，属于会计主体日常会计核算工作内容的有（　　）。

A.根据原始凭证填制记账凭证

B.根据编制的记账凭证登记分类账

C.根据编制的会计报表进行报表分析

D.根据分类账记录编制结账前试算表

E.根据编制的会计报表进行盈利预测

3.在会计循环中，属于会计主体期末会计核算工作内容的有（　　）。

A.编制盈利预测　　　　　　　　B.编制调整分录并予以过账

C.编制结账后试算表　　　　　　D.编制结账分录并登记入账

E.编制会计报表

4.记账凭证核算组织程序的优点有（　　）。

A.在记账凭证上能够清晰地反映账户之间的对应关系

B.在总分类账上能够比较详细地反映经济业务的发生情况

C.总分类账登记方法易于掌握

D.可以减轻总分类账登记的工作量

E.账页耗用较少

5.科目汇总表核算组织程序的优点有（　　）。

A.可以进行账户发生额的试算平衡

B.可减轻登记总账的工作量

C.能够保证总分类账登记的正确性

D.适用性比较强

E.可清晰地反映账户之间的对应关系

6.汇总记账凭证核算组织程序的优点主要有（　　）。

A.在汇总记账凭证上能够清晰地反映账户之间的对应关系

B.不必再填制各种专用记账凭证

C.可以大大减少登记总分类账的工作量

D.定期编制汇总记账凭证的工作量比较小

E.能够及时发现汇总过程中存在的错误

7.汇总记账凭证核算组织程序的缺点主要有（　　）。

A.在汇总记账凭证上不能清晰地反映账户之间的对应关系

B.需要填制大量的各种专用记账凭证

C.不能够大大减少登记总分类账的工作量

D.定期编制汇总记账凭证的工作量比较大

E.难以及时发现汇总过程中存在的错误

8.为便于编制汇总收款凭证，日常编制收款凭证时，分录形式最好是（　　）。

A.一借一贷　　　　　　　　B.一借多贷

C.多借一贷　　　　　　　　D.多借多贷

E.多借两贷

9.为便于汇总转账凭证的编制，日常编制转账凭证时，分录形式最好是（　　）。

A.一借一贷　　　　　　　　B.一贷多借

C.一借多贷　　　　　　　　D.多借多贷

E.一借两贷

10.在以下各项中，所有核算组织程序在做法上的相同点有（　　）。

A.根据各种记账凭证直接逐笔登记总分类账

B.根据各种记账凭证直接逐笔登记库存现金日记账

C.根据各种记账凭证直接逐笔登记各种明细分类账

D.根据各种分类账簿的记录资料编制会计报表

E.根据各种记账凭证直接逐笔登记银行存款日记账

（三）判断题

1.每一个会计循环一般都是在一个特定的会计期间内完成的。

（　　）

2.记账凭证核算组织程序是一种最基本的会计核算组织程序。

（　　）

3.科目汇总表也是一种具有汇总性质的记账凭证。　　　（　　）

4.可以根据科目汇总表的汇总数字登记相应的总分类账。 （　　）

5.科目汇总表的汇总结果体现了所有账户发生额的平衡相等关系。

（　　）

6.汇总记账凭证是根据各种专用记账凭证汇总而成的。 （　　）

7.汇总收款凭证、汇总付款凭证和汇总转账凭证应每月分别编制一张。 （　　）

8.多借多贷的会计分录会使账户之间的对应关系变得模糊不清。

（　　）

9.编制汇总记账凭证的作用是可以对总分类账进行汇总登记。

（　　）

10.日记总账是一种兼具序时账簿和分类账簿两种功能的联合账簿。

（　　）

11.各种核算组织程序下采用的总分类账均为借、贷、余三栏式。

（　　）

12.填制记账凭证是各种核算组织程序所共有的账务处理步骤。

（　　）

（四）业务处理题

1.某企业在2×24年12月发生如下经济业务：

（1）2日，购入甲材料2 000千克，单价为14元/千克，买价为28 000元；购入乙材料5 000千克，单价为9元/千克，买价为45 000元。应交增值税进项税额9 490元。全部款项已经用银行存款支付。

（2）3日，用银行存款10 500元支付本月行政管理部门办公经费。

（3）5日，技术科张利民公出归来，报销差旅费1 420元。（注：张利民在公出前已从企业财务部门借款）

（4）5日，收到张利民退回的借款余款80元。

（5）6日，用银行存款购入需要安装的M设备1台，买价为100 000元，运费为3 000元。（假定运费不考虑增值税）

（6）6日，用银行存款7 000元支付购入上述甲、乙两种材料的运费。运费按材料的重量比例分配。

（7）8日，甲、乙两种材料按计划成本入库。其中，甲材料的计划成本为31 200元，乙材料的计划成本为52 000元。

（8）9日，计算并结转甲、乙两种材料的成本差异。

（9）10日，从银行提取现金85 000元，准备发放工资。

（10）10日，用现金85 000元发放工资。

（11）11日，安装M设备，用银行存款支付外聘技术人员的安装费9 800元。

（12）12日，材料仓库发出材料的计划成本为42 000元。其中，生产S产品耗用甲材料的计划成本为12 000元、乙材料的计划成本为18 000元，生产车间一般性耗用甲材料的计划成本为2 000元、乙材料的计划成本为6 000元，企业管理部门耗用乙材料的计划成本为4 000元。

（13）14日，用现金500元购买企业管理部门用办公用品。

（14）14日，企业管理部门发生邮费313元，用现金支付。

（15）15日，销售S产品一批，价款为280 000元，增值税销项税额为36 400元。货款尚未收到。

（16）15日，用银行存款为上述购买本企业S产品的单位代垫运费2 400元。（假定运费不考虑增值税）

（17）16日，销售S产品一批，价款为140 000元，增值税销项税额为18 200元。货款已收到并已存入银行。

（18）16日，从银行提取现金2 000元，以备零星开支。

（19）16日，用银行存款4 919元支付产品展销费。

（20）17日，M设备安装完毕，经验收合格后交付使用，结转实际成本112 800元。

（21）17日，经批准，将经过清查确认的确实无法收回的应收账款30 000元转作坏账损失。

（22）18日，提取本月固定资产折旧6 500元。其中，生产车间使用设备的折旧额为4 500元，企业管理部门使用设备的折旧额为2 000元。

（23）19日，分配本月职工工资79 200元。其中，生产S产品工人的工资为50 000元，生产车间管理人员的工资为18 000元，企业管理人员的工资为11 200元。

（24）19日，按以上各类人员工资总额的14%提取职工福利费。

（25）20日，应由本月负担的借款利息为1 500元，暂未支付。

（26）21日，假定本企业销售的S产品为应纳税消费品，税率为5%。

（27）23日，用银行存款5 500元支付水电费。其中，车间耗用3 000元，企业管理部门耗用2 500元。

（28）31日，经计算，本月发出材料应分担的成本差异为节约差1 220元。其中，生产S产品应负担900元，生产车间应负担200元，企业管理部门应负担120元。

（29）31日，将本月发生的制造费用35 820元转入产品生产成本。

（30）31日，本月完工的S产品的实际成本为121 920元，已办理验收入库手续。

（31）31日，结转本月的销售产品成本150 000元。

（32）31日，按规定提取坏账准备51 023元。

（33）31日，将本月实现的"主营业务收入"420 000元转入"本年利润"账户。

（34）31日，将本月发生的"主营业务成本"150 000元、"税金及附加"21 000元、"销售费用"4 919元、"管理费用"33 881元、"财务费用"1 500元、"信用减值损失"51 023元转入"本年利润"账户。

（35）31日，按照25%的税率计算出本月应交所得税为39 419.25元。

（36）31日，将计算出来的应交所得税39 419.25元转入"本年利润"账户。

（37）31日，按规定的比例10%提取法定盈余公积金11 825.78元。

（38）31日，经批准，向股东分配现金股利68 000元。

（39）31日，将"本年利润"账户中确认的净利润118 257.75元转入"利润分配——未分配利润"账户。

（40）31日，将"利润分配——提取盈余公积"账户的本年发生额

11 825.78元和"利润分配——应付现金股利"账户的本年发生额68 000元转入"利润分配——未分配利润"账户。

要求：

（1）为每一笔经济业务编制会计分录。在编制分录前，应先说明对该业务应填制何种专用记账凭证，并采用五种编号方法按业务发生顺序对专用记账凭证进行连续编号。

提示：例如以上业务1应填制付款凭证，编号为银付1。编制的会计分录为：

借：材料采购——甲材料　　　　　　　　　　　28 000

　　　　　　——乙材料　　　　　　　　　　　45 000

　　应交税费——应交增值税（进项税额）　　　 9 490

　　贷：银行存款　　　　　　　　　　　　　　　　　　82 490

（2）根据以上会计分录（记账凭证）登记"库存现金日记账"和"银行存款日记账"，见表12-1和表12-2。

表12-1　　　　　　　　　　　　　　库存现金日记账

2×24年		凭证号	摘要	对方科目	借方	贷方	余额
月	日						

表12-2 　　　　　　　　　　银行存款日记账

2×24年		凭证号	摘要	结算凭证		对方科目	借方	贷方	余额
月	日			种类	号数				

（3）根据以上会计分录（记账凭证）登记经济业务所涉及的"原材料"明细账户（采用数量金额式账页）和"利润分配"明细账户（采用借、贷、余三栏式账页），并进行结账。试说明"利润分配——未分配利润"明细账户月末余额的含义。有关明细账户的月初余额资料见表12-3至表12-5。

表12-3 **原材料明细账** 金额单位：元

材料名称：甲材料 数量单位：千克

2×24年		凭证号	摘要	借方			贷方			借或贷	余额		
月	日			数量	单价	金额	数量	单价	金额		数量	单价	金额
12	1		月初余额							借	8 300	15.60	129 480

表12-4 **原材料明细账** 金额单位：元

材料名称：乙材料 数量单位：千克

2×24年		凭证号	摘要	借方			贷方			借或贷	余额		
月	日			数量	单价	金额	数量	单价	金额		数量	单价	金额
12	1		月初余额							借	18 500	10.40	192 400

表12-5 **利润分配明细账**

会计科目：未分配利润 单位：元

2×24年		凭证号	摘要	借方	贷方	借或贷	余额
月	日						
12	1		月初余额			贷	50 000

（4）开设T形账户，根据以上会计分录（记账凭证）登记经济业务涉及的所有总账账户，并进行结账。有关总账账户的月初余额资料（单位：元）如下：

库存现金

月初余额	1 200	

银行存款

月初余额	482 500	

应收账款

月初余额	136 450	

预付账款

月初余额	19 000	

其他应收款

月初余额	2 000	

坏账准备

	月初余额	800

材料采购

月初余额	0	

原材料

月初余额	321 880	

材料成本差异

	月初余额	8 950

库存商品

月初余额	360 620	

生产成本

月初余额	124 500	

制造费用

月初余额	0	

固定资产

月初余额	726 800	

累计折旧

	月初余额	65 500

	在建工程		
月初余额	0		
	短期借款		
		月初余额	225 000
	应付账款		
		月初余额	146 000
	预收账款		
		月初余额	20 000
	应付职工薪酬		
		月初余额	85 000
	应交税费		
		月初余额	18 500
	应付股利		
		月初余额	0
	其他应付款		
		月初余额	4 000
	应付利息		
		月初余额	3 200
	实收资本		
		月初余额	1 000 000
	资本公积		
		月初余额	80 000
	盈余公积		
		月初余额	468 000
	主营业务收入		
		月初余额	0
	主营业务成本		
月初余额	0		
	税金及附加		
月初余额	0		

销售费用		
月初余额	0	

管理费用		
月初余额	0	

财务费用		
月初余额	0	

信用减值损失		
月初余额	0	

所得税费用		
	月初余额	0

本年利润		
	月初余额	0

利润分配		
	月初余额	50 000

（5）编制该企业 2×24 年 12 月的"总分类账户发生额及余额试算平衡表"（见表 12-6）。

表12-6　　　　　　总分类账户发生额及余额试算平衡表

会计科目	期初余额		本期发生额		期末余额	
	借方余额	贷方余额	借方金额	贷方金额	借方余额	贷方余额
库存现金						
银行存款						
应收账款						
预付账款						
其他应收款						
坏账准备						
材料采购						
原材料						

会计科目	期初余额		本期发生额		期末余额	
	借方余额	贷方余额	借方金额	贷方金额	借方余额	贷方余额
材料成本差异						
库存商品						
生产成本						
制造费用						
固定资产						
累计折旧						
在建工程						
短期借款						
应付账款						
预收账款						
应付职工薪酬						
应交税费						
应付股利						
其他应付款						
应付利息						
实收资本						
资本公积						
盈余公积						
本年利润						
利润分配						
主营业务收入						

会计科目	期初余额		本期发生额		期末余额	
	借方余额	贷方余额	借方金额	贷方金额	借方余额	贷方余额
主营业务成本						
税金及附加						
销售费用						
管理费用						
财务费用						
信用减值损失						
所得税费用						
合　计						

（6）试编制该企业2×24年12月的资产负债表（简表）（见表12-7，只列示"期末余额"）和利润表（简表）（见表12-8，只列示"本期金额"）。

表12-7　　　　　　　**资产负债表（简表）**　　　　　会企01表

编制单位：××企业　　　　　　　年　　月　　日　　　　　单位：元

资　产	期末余额	上年年末余额（略）	负债和所有者权益（或股东权益）	期末余额	上年年末余额（略）
流动资产：			流动负债：		
货币资金			短期借款		
应收账款			应付账款		
预付款项			预收款项		
其他应收款			应付职工薪酬		
存货			应交税费		

资　　产	期末余额	上年年末余额（略）	负债和所有者权益（或股东权益）	期末余额	上年年末余额（略）
其他流动资产			其他应付款		
流动资产合计			流动负债合计		
非流动资产：			非流动负债：		
长期股权投资			长期借款		
固定资产			非流动负债合计		
在建工程			负债合计		
无形资产			所有者权益（或股东权益）：		
长期待摊费用			实收资本（或股本）		
其他非流动资产			资本公积		
非流动资产合计			盈余公积		
			未分配利润		
			所有者权益合计		
资产总计			负债和所有者权益（或股东权益）总计		

表12-8　　　　　　　　　　　**利润表（简表）**　　　　　　　　　　会企02表

编制单位：××企业　　　　　　　　　年　月　　　　　　　　　　单位：元

项　　目	本期金额	上期金额（略）
一、营业收入		
减：营业成本		
税金及附加		
销售费用		

项　目	本期金额	上期金额（略）
管理费用		
财务费用		
其中：利息费用		
利息收入		
加：投资收益（损失以"－"号填列）		
信用减值损失（损失以"－"号填列）		
二、营业利润（亏损以"－"号填列）		
加：营业外收入		
减：营业外支出		
三、利润总额（亏损总额以"－"号填列）		
减：所得税费用		
四、净利润（净亏损以"－"号填列）		

2.资料见业务处理题1。

要求：

（1）编制专用记账凭证，并登记相关日记账、明细账。

（2）登记科目汇总表（见表12-9），根据科目汇总表的汇总数字登记所涉及的所有总账账户，说明在科目汇总表核算组织程序下总账的登记方法与记账凭证核算组织程序有什么不同。

表12-9　　　　　　　　　　**科目汇总表**

会计科目	本期发生额		总账页数
	借方金额	贷方金额	
库存现金			
银行存款			
应收账款			

会计科目	本期发生额		总账页数
	借方金额	贷方金额	
预付账款			
其他应收款			
坏账准备			
材料采购			
原材料			
材料成本差异			
库存商品			
生产成本			
制造费用			
固定资产			
累计折旧			
在建工程			
短期借款			
应付账款			
预收账款			
应付职工薪酬			
应交税费			
应付股利			
其他应付款			
应付利息			
实收资本			

会计科目	本期发生额		总账页数
	借方金额	贷方金额	
资本公积			
盈余公积			
本年利润			
利润分配			
主营业务收入			
主营业务成本			
税金及附加			
销售费用			
管理费用			
财务费用			
信用减值损失			
所得税费用			
合　计			

3.资料见业务处理题 1。假定该企业采用汇总记账凭证核算组织程序，每 10 天对各种记账凭证汇总一次编制汇总记账凭证。

要求：根据已由业务处理题 1 的经济业务填制的专用记账凭证（会计分录），编制该企业 2×24 年 12 月各种汇总记账凭证（简便起见，可只编制"库存现金""银行存款""原材料""材料成本差异""应交税费""应付职工薪酬"几个账户的汇总记账凭证）。

五、案例分析题

案例 12-1

某省的 LJ 集团有限公司是一家拥有相当知名度和规模的民营企业，

主要从事食品饮料的加工和销售。该集团的年度会计报表由集团本部及所属5家具有法人资格、实行独立核算的企业的会计报表汇编而成。2×23年，其合并会计报表反映出：该集团年末资产总计45 382万元，负债总计27 296万元，所有者权益为18 086万元，利润总额为217万元。当年的会计报表未经社会中介机构审计。

2×24年7月，税务部门派出检查组，对该集团及其下属4个子公司2×23年会计信息质量进行检查时发现：该集团财务管理混乱，会计核算不规范，基础工作薄弱，会计信息严重失真。检查后调整会计报表，该集团实际资产为20 098万元，负债为15 667万元，所有者权益为4 431万元，利润总额为-3 271万元。与实际相比，资产、负债、所有者权益分别虚增了126%、74%和308%，利润虚增达3 488万元。税务部门就检查结果发布了公告，在社会上引起了较大的反响。

造成该集团会计信息失真的原因是多方面的，其中一个很重要的原因是其会计基础薄弱，会计核算组织程序混乱，其主要表现是：

（1）会计主管无证上岗，会计人员水平低。会计工作是一项专业技术性很强的工作，但该集团时任财务部经理，既不具有中级以上会计专业技术资格，也不熟悉财会业务、政策。他说："我不懂会计业务，担任财务部经理只是起平衡和协调作用。"另外，该集团所有会计人员无人具有中级以上会计专业技术资格。

（2）基本不对账。该集团与子公司间多年以来基本未对账，母子公司账账不符情况严重。检查发现，该集团账面反映对某子公司投资1 761万元，对另一个子公司投资1 499万元，但两个子公司账面记载的投资数额却分别为1 260万元和1 784万元，差额分别为501万元和285万元，原因无法说清。

（3）未按规定核算现金资产。盘查发现，该集团超限额存放现金，在45万元的现金结存中有"白条抵库"32万元。另外，现金收支的原始凭证上未加盖现金收、付讫章，库存现金日记账未做到日清月结。银行存款日记账的会计凭证无编号，无法进行账证核对。

（4）账证不符。该集团公司和子公司均存在将发票复印件、自制收款收据和白条用作原始凭证的情况。有的记账凭证没有签章，有的凭证无从查找。如在检查该集团"应付职工薪酬"时，账上记载某年11月

26日从某子公司转入91万元，但检查人员要与相关会计凭证核对时，却找不到这份会计凭证。

（5）发票管理混乱。该集团既未设置发票领用登记簿，也未指定专人保管，以致部分发票存根联丢失。某年领购增值税发票7本，丢失存根联3本。

LJ集团财务会计工作薄弱的原因是多方面的，首要的一条是管理者不重视财务管理。他们往往将业务经营、市场开拓、品牌战略视为企业发展的头等大事，弱化了财务会计在企业中的地位，忽视了财务管理在企业发展中的重要作用。正如该集团董事长所言："市场，我摸爬滚打了几十年，如何经营，我有经验，但财务会计，我真的不懂，反正钱总是在自己的口袋里，出不了大事情，正所谓肉总烂在锅里嘛！"

对该集团会计信息质量的监督检查，促使该集团决策层痛定思痛。正如检查结束后该集团总经理所说："以前我们的工作重点放在经营上，这次检查让我们认识到了加强财务管理、规范会计核算的重要性。企业如果不抓财务管理、会计核算，最终要走向失败。我们要改变'只要能赚到钱，内部不管怎么管，钱总在自己的口袋里，出不了大事情'的观念，为企业发展拓展空间。"

案例要求：

这个案例使你得到怎样的启示？

资料来源　此案例根据网上资料整理，公司名称为虚拟。

案例12-2

学过"会计核算组织程序"一章的内容以后，小董基本掌握了记账凭证核算组织程序、汇总记账凭证核算组织程序和科目汇总表核算组织程序的内容。但将几种会计核算组织程序进行对比后，小董觉得最容易操作的还是第一种程序。这种程序依据填制好的记账凭证直接登记有关账户；而在另外两种程序下，都需要先对填制好的记账凭证进行汇总，之后才能根据汇总的数字登记有关总账账户，而编制汇总记账凭证和科目汇总表又比较繁琐，处理起来会增加不少工作量。

于是，小董产生了这样的想法：第一种核算组织程序既简便又适用，如果我毕业后从事会计工作的话，一定要选用这种会计核算组织程序。

案例要求：

请你利用所学的会计知识分析小董的想法。你认为一个企业应当怎样选择恰当的会计核算组织程序？

案例提示

可从会计核算组织程序的内容和适用范围等方面展开分析。

六、练习题参考答案

（一）单项选择题

1.A　2.A　3.B　4.B　5.A　6.D　7.C　8.B　9.B　10.C

（二）多项选择题

1.BDE　2.ABD　3.BCDE　4.ABC　5.ABCD　6.AC　7.DE　8.AB　9.AB
10.BCDE

（三）判断题

1.√　2.√　3.√　4.√　5.√　6.√　7.×　8.√　9.√　10.√　11.×　12.√

（四）业务处理题

1.根据所给资料编制专用记账凭证，并编制会计分录（注意：写明专用记账凭证及其编号）。

（1）对该项经济业务应填制付款凭证，编号为银付1。其会计分录为：

借：材料采购——甲材料　　　　　　　　　　　　　28 000

　　　　　　——乙材料　　　　　　　　　　　　　45 000

　　应交税费——应交增值税（进项税额）　　　　　 9 490

　　贷：银行存款　　　　　　　　　　　　　　　　　　　82 490

（2）对该项经济业务应填制付款凭证，编号为银付2。其会计分录为：

借：管理费用　　　　　　　　　　　　　　　　　　10 500

　　贷：银行存款　　　　　　　　　　　　　　　　　　　10 500

（3）对该项经济业务应填制转账凭证，编号为转1。其会计分录为：

借：管理费用　　　　　　　　　　　　　　　　　　 1 420

　　贷：其他应收款——张利民　　　　　　　　　　　　　 1 420

（4）对该项经济业务应填制收款凭证，编号为现收1。其会计分录为：

借：库存现金　　　　　　　　　　　　　　　　　　　　 80

　　贷：其他应收款——张利民　　　　　　　　　　　　　　 80

（5）对该项经济业务应填制付款凭证，编号为银付3。其会计分录为：

借：在建工程——M设备　　　　　　　　　　　　　103 000

贷：银行存款　103 000

（6）按材料的重量比例分配甲、乙两种材料的运费：

分配率=7 000÷（2 000+5 000）=1（元/千克）

甲材料应分配的运费=1×2 000=2 000（元）

乙材料应分配的运费=1×5 000=5 000（元）

对该项经济业务应填制付款凭证，编号为银付4。其会计分录为：

借：材料采购——甲材料　2 000

　　　　　　——乙材料　5 000

　　贷：银行存款　7 000

（7）对该项经济业务应填制转账凭证，编号为转2。其会计分录为：

借：原材料——甲材料　31 200

　　　　　——乙材料　52 000

　　贷：材料采购——甲材料　31 200

　　　　　　　　——乙材料　52 000

（8）计算甲、乙两种材料的成本差异：

甲材料的成本差异：（28 000+2 000）-31 200=-1 200（元）

乙材料的成本差异：（45 000+5 000）-52 000=-2 000（元）

对该项经济业务应填制转账凭证，编号为转3。其会计分录为：

借：材料采购——甲材料　1 200

　　　　　　——乙材料　2 000

　　贷：材料成本差异　3 200

（9）对该项经济业务应填制付款凭证，编号为银付5。其会计分录为：

借：库存现金　85 000

　　贷：银行存款　85 000

（10）对该项经济业务应填制付款凭证，编号为现付1。其会计分录为：

借：应付职工薪酬——工资　85 000

　　贷：库存现金　85 000

（11）对该项经济业务应填制付款凭证，编号为银付6。其会计分录为：

借：在建工程——M设备　9 800

　　贷：银行存款　9 800

（12）对该项经济业务应填制转账凭证，编号为转4。其会计分录为：

借：生产成本——S产品　30 000

　　制造费用　8 000

　　管理费用　4 000

贷：原材料——甲材料　　　　　　　　　　　　　　　　　14 000

　　　　　——乙材料　　　　　　　　　　　　　　　　　28 000

（13）对该项经济业务应填制付款凭证，编号为现付2。其会计分录为：

借：管理费用　　　　　　　　　　　　　　　　　　　　　500

　　贷：库存现金　　　　　　　　　　　　　　　　　　　　500

（14）对该项经济业务应填制付款凭证，编号为现付3。其会计分录为：

借：管理费用　　　　　　　　　　　　　　　　　　　　　313

　　贷：库存现金　　　　　　　　　　　　　　　　　　　　313

（15）对该项经济业务应填制转账凭证，编号为转5。其会计分录为：

借：应收账款　　　　　　　　　　　　　　　　　　316 400

　　贷：主营业务收入——S产品　　　　　　　　　　　280 000

　　　　应交税费——应交增值税（销项税额）　　　　　36 400

（16）对该项经济业务应填制付款凭证，编号为银付7。其会计分录为：

借：应收账款　　　　　　　　　　　　　　　　　　　2 400

　　贷：银行存款　　　　　　　　　　　　　　　　　　　2 400

（17）对该项经济业务应填制收款凭证，编号为银收1。其会计分录为：

借：银行存款　　　　　　　　　　　　　　　　　　158 200

　　贷：主营业务收入——S产品　　　　　　　　　　　140 000

　　　　应交税费——应交增值税（销项税额）　　　　　18 200

（18）对该项经济业务应填制付款凭证，编号为银付8。其会计分录为：

借：库存现金　　　　　　　　　　　　　　　　　　　2 000

　　贷：银行存款　　　　　　　　　　　　　　　　　　　2 000

（19）对该项经济业务应填制付款凭证，编号为银付9。其会计分录为：

借：销售费用　　　　　　　　　　　　　　　　　　　4 919

　　贷：银行存款　　　　　　　　　　　　　　　　　　　4 919

（20）计算M设备的实际成本：

103 000+9 800=112 800（元）

对该项经济业务应填制转账凭证，编号为转6。其会计分录为：

借：固定资产——M设备　　　　　　　　　　　　　112 800

　　贷：在建工程——M设备　　　　　　　　　　　　112 800

（21）对该项经济业务应填制转账凭证，编号为转7。其会计分录为：

借：坏账准备　　　　　　　　　　　　　　　　　　30 000

　　贷：应收账款　　　　　　　　　　　　　　　　　　30 000

（22）对该项经济业务应填制转账凭证，编号为转8。其会计分录为：

借：制造费用 4 500

 管理费用 2 000

 贷：累计折旧 6 500

（23）对该项经济业务应填制转账凭证，编号为转9。其会计分录为：

借：生产成本——S产品 50 000

 制造费用 18 000

 管理费用 11 200

 贷：应付职工薪酬——工资 79 200

（24）对该项经济业务应填制转账凭证，编号为转10。其会计分录为：

借：生产成本——S产品 7 000

 制造费用 2 520

 管理费用 1 568

 贷：应付职工薪酬——职工福利 11 088

（25）对该项经济业务应填制转账凭证，编号为转11。其会计分录为：

借：财务费用 1 500

 贷：应付利息 1 500

（26）计算该企业的税金及附加：

（280 000+140 000）×5%=21 000（元）

对该项经济业务应填制转账凭证，编号为转12。其会计分录为：

借：税金及附加 21 000

 贷：应交税费——应交消费税 21 000

（27）对该项经济业务应填制付款凭证，编号为银付10。其会计分录为：

借：制造费用 3 000

 管理费用 2 500

 贷：银行存款 5 500

（28）对该项经济业务应填制转账凭证，编号为转13。其会计分录为：

借：生产成本——S产品 900

 制造费用 200

 管理费用 120

 贷：材料成本差异 1 220

（29）对该项经济业务应填制转账凭证，编号为转14。其会计分录为：

借：生产成本——S产品 35 820

 贷：制造费用 35 820

（30）计算S产品实际成本：

30 000+50 000+7 000+35 820-900=121 920（元）

对该项经济业务应填制转账凭证，编号为转15。其会计分录为：

借：库存商品——S产品   121 920

  贷：生产成本——S产品   121 920

（31）对该项经济业务应填制转账凭证，编号为转16。其会计分录为：

借：主营业务成本   150 000

  贷：库存商品   150 000

（32）对该项经济业务应填制转账凭证，编号为转17。其会计分录为：

借：信用减值损失   51 023

  贷：坏账准备   51 023

（33）对该项经济业务应填制转账凭证，编号为转18。其会计分录为：

借：主营业务收入   420 000

  贷：本年利润   420 000

（34）对该项经济业务应填制转账凭证，编号为转19。其会计分录为：

借：本年利润   262 323

  贷：主营业务成本   150 000

     税金及附加   21 000

     销售费用   4 919

     管理费用   33 881

     财务费用   1 500

     信用减值损失   51 023

注："管理费用"账户结转金额的计算过程为：

10 500+1 420+4 000+500+313+2 000+11 200+1 568+2 500-120=33 881（元）

（35）计算该企业应交所得税：

（420 000-262 323）×25%=39 419.25（元）

对该项经济业务应填制转账凭证，编号为转20。其会计分录为：

借：所得税费用   39 419.25

  贷：应交税费——应交所得税   39 419.25

（36）对该项经济业务应填制转账凭证，编号为转21。其会计分录为：

借：本年利润   39 419.25

  贷：所得税费用   39 419.25

（37）应提取盈余公积金额的计算：

（420 000-262 323-39 419.25）×10%=11 825.78（元）

对该项经济业务应填制转账凭证，编号为转22。其会计分录为：

借：利润分配——提取法定盈余公积　　　　　　11 825.78

　　贷：盈余公积——法定盈余公积　　　　　　　　　　11 825.78

（38）对该项经济业务应填制转账凭证，编号为转23。其会计分录为：

借：利润分配——应付现金股利　　　　　　　68 000

　　贷：应付股利　　　　　　　　　　　　　　　　　68 000

（39）应结转"利润分配——未分配利润"账户金额的计算：

420 000-262 323-39 419.25=118 257.75（元）

对该项经济业务应填制转账凭证，编号为转24。其会计分录为：

借：本年利润　　　　　　　　　　　　　　118 257.75

　　贷：利润分配——未分配利润　　　　　　　　　118 257.75

（40）对该项经济业务应填制转账凭证，编号为转25。其会计分录为：

借：利润分配——未分配利润　　　　　　　　79 825.78

　　贷：利润分配——提取法定盈余公积　　　　　　11 825.78

　　　　　　　　——应付现金股利　　　　　　　　68 000

对就以上经济业务填制的各种记账凭证的统计见表12-10至表12-14。

表12-10　　　　　　　　　　库存现金日记账　　　　　　　单位：元

2×24年		凭证号	摘要	对方科目	借方	贷方	余额
月	日						
12	1		月初余额				1 200
	5	现收1	张利民交回余款	其他应收款	80		1 280
	10	银付5	从银行提取现金	银行存款	85 000		86 280
	10	现付1	发放工资	应付职工薪酬		85 000	1 280
	14	现付2	购办公用品	管理费用		500	780
	14	现付3	付邮费	管理费用		313	467
	16	银付8	从银行提取现金	银行存款	2 000		2 467
	31		本月合计		87 080	85 813	2 467

表12-11　　　　　　　　　　　　　**银行存款日记账**　　　　　　　　　　单位：元

2×24年 月	日	凭证号	摘 要	结算凭证 种类	号数	对方科目	借方	贷方	余额
12	1		月初余额						482 500
	2	银付1	付材料款			材料采购等		82 490	400 010
	3	银付2	付办公费			管理费用		10 500	389 510
	6	银付3	付设备款			在建工程		103 000	286 510
	6	银付4	支付运费			材料采购		7 000	279 510
	10	银付5	提取现金			库存现金		85 000	194 510
	11	银付6	付安装费			在建工程		9 800	184 710
	15	银付7	垫付运费			应收账款		2 400	182 310
	16	银收1	收取货款			主营业务收入等	158 200		340 510
	16	银付8	提取现金			库存现金		2 000	338 510
	16	银付9	付展销费			销售费用		4 919	333 591
	23	银付10	付水电费			制造费用等		5 500	328 091
	31		本月合计				158 200	312 609	328 091

表12-12　　　　　　　　　　　　　**原材料明细账**　　　　　　　　金额单位：元

材料名称：甲材料　　　　　　　　　　　　　　　　　　　　　　数量单位：千克

2×24年 月	日	凭证号	摘要	借方 数量	单价	金额	贷方 数量	单价	金额	借或贷	余额 数量	单价	金额
12	1		月初余额							借	8 300	15.6	129 480
	8	转2	入库	2 000	15.6	31 200				借			
	12	转4	发出						14 000	借			
	31		本月合计	2 000		31 200			14 000	借			146 680

表12-13　　　　　　　　　　　**原材料明细账**　　　　　　　　　金额单位：元

材料名称：乙材料　　　　　　　　　　　　　　　　　　　　　　　数量单位：千克

2×24年		凭证号	摘要	借方			贷方			借或贷	余额		
月	日			数量	单价	金额	数量	单价	金额		数量	单价	金额
12	1		月初余额							借	18 500	10.4	192 400
	8	转2	入库	5 000	10.4	52 000				借			
	12	转4	发出						28 000	借			
	31		本月合计	5 000		52 000			28 000	借			216 400

表12-14　　　　　　　　　　　**利润分配明细账**

会计科目：未分配利润　　　　　　　　　　　　　　　　　　　　　　　　单位：元

2×24年		凭证号	摘要	借方	贷方	借或贷	余额
月	日						
12	1		月初余额			贷	50 000
	31	转24	转入本月实现利润		118 257.75		
		转25	转入本月分配利润	79 825.78			
	31		合计	79 825.78	118 257.75	贷	88 431.97

"利润分配——未分配利润"明细账户的月末余额为这个企业本年已经实现但尚未分配的利润数。

登记以上业务涉及的所有总账账户如下：

库存现金

月初余额	1 200	现付1	85 000
现收1	80	现付2	500
银付5	85 000	现付3	313
银付8	2 000		
本月合计	87 080	本月合计	85 813
月末余额	2 467		

银行存款

月初余额	482 500	银付1	82 490
银收1	158 200	银付2	10 500
		银付3	103 000
		银付4	7 000
		银付5	85 000
		银付6	9 800
		银付7	2 400
		银付8	2 000
		银付9	4 919
		银付10	5 500
本月合计	158 200	本月合计	312 609
月末余额	328 091		

应收账款

月初余额	136 450	转7	30 000
转5	316 400		
银付7	2 400		
本月合计	318 800	本月合计	30 000
月末余额	425 250		

预付账款

月初余额	19 000

其他应收款

月初余额	2 000	转1	1 420
		现收1	80
本月合计	0	本月合计	1 500
月末余额	500		

坏账准备

转7	30 000	月初余额	800
		转17	51 023
本月合计	30 000	本月合计	51 023
		月末余额	21 823

材料采购

银付1	73 000	转2	83 200
银付4	7 000		
转3	3 200		
本月合计	83 200	本月合计	83 200

原材料

月初余额	321 880	转4	42 000
转2	83 200		
本月合计	83 200	本月合计	42 000
月末余额	363 080		

材料成本差异

		月初余额	8 950
		转3	3 200
		转13	1 220
本月合计	0	本月合计	1 980
		月末余额	10 930

库存商品

月初余额	360 620	转16	150 000
转15	121 920		
本月合计	121 920	本月合计	150 000
月末余额	332 540		

生产成本

月初余额	124 500	转15	121 920
转4	30 000		
转9	50 000		
转10	7 000		
转13	900		
转14	35 820		
本月合计	121 920	本月合计	121 920
月末余额	124 500		

制造费用

转4	8 000	转14	35 820
转8	4 500		
转9	18 000		
转10	2 520		
银付10	3 000		
转13	200		
本月合计	35 820	本月合计	35 820

固定资产

月初余额	726 800		
转6	112 800		
本月合计	112 800	本月合计	0
月末余额	839 600		

累计折旧

		月初余额	65 500
		转8	6 500
本月合计	0	本月合计	6 500
		月本余额	72 000

在建工程

银付3	103 000	转6	112 800
银付6	9 800		
本月合计	112 800	本月合计	112 800

短期借款

		月初余额	225 000

应付账款

		月初余额	146 000

预收账款

		月初余额	20 000

应付职工薪酬

现付1	85 000	月初余额	85 000
		转9	79 200
		转10	11 088
本月合计	85 000	本月合计	90 288
		月末余额	90 288

应交税费

银付1	9 490	月初余额	18 500
		转5	36 400
		银收1	18 200
		转12	21 000
		转20	39 419.25
本月合计	9 490	本月合计	115 019.25
		月末余额	124 029.25

应付股利

		转23	68 000
本月合计	0	本月合计	68 000
		月末余额	68 000

其他应付款

		月初余额	4 000

应付利息

		月初余额	3 200
		转11	1 500
本月合计	0	本月合计	1 500
		月末余额	4 700

实收资本

		月初余额	1 000 000

资本公积

		月初余额	80 000

盈余公积

		月初余额	468 000
		转22	11 825.78
本月合计	0	本月合计	11 825.78
		月末余额	479 825.78

主营业务收入

转18	420 000	转5	280 000
		银收1	140 000
本月合计	420 000	本月合计	420 000

主营业务成本

转16	150 000	转19	150 000
本月合计	150 000	本月合计	150 000

税金及附加

转12	21 000	转19	21 000
本月合计	21 000	本月合计	21 000

销售费用

银付9	4 919	转19	4 919
本月合计	4 919	本月合计	4 919

管理费用

银付2	10 500	转19	33 881
转1	1 420		
转4	4 000		
现付2	500		
现付3	313		
转8	2 000		
转9	11 200		
转10	1 568		
银付10	2 500		
转13	120		
本月合计	33 881	本月合计	33 881

财务费用

转11	1 500	转19	1 500
本月合计	1 500	本月合计	1 500

信用减值损失

转 17	51 023	转 19	51 023
本月合计	51 023	本月合计	51 023

所得税费用

转 20	39 419.25	转 21	39 419.25
本月合计	39 419.25	本月合计	39 419.25

本年利润

转 19	262 323	转 18	420 000
转 21	39 419.25		
转 24	118 257.75		
本月合计	420 000	本月合计	420 000

利润分配

转 22	11 825.78	月初余额	50 000
转 23	68 000	转 24	118 257.75
转 25	79 825.78	转 25	79 825.78
本月合计	159 651.56	本月合计	198 083.53
		月末余额	88 431.97

编制该企业 2×24 年 12 月的"总分类账户发生额及余额试算平衡表"(见表 12–15)。

表12–15 　　　　　　**总分类账户发生额及余额试算平衡表**　　　　　　单位:元

会计科目	期初余额		本期发生额		期末余额	
	借方余额	贷方余额	借方金额	贷方金额	借方余额	贷方余额
库存现金	1 200		87 080	85 813	2 467	
银行存款	482 500		158 200	312 609	328 091	
应收账款	136 450		318 800	30 000	425 250	

会计科目	期初余额		本期发生额		期末余额	
	借方余额	贷方余额	借方金额	贷方金额	借方余额	贷方余额
预付账款	19 000				19 000	
其他应收款	2 000			1 500	500	
坏账准备		800	30 000	51 023		21 823
材料采购			83 200	83 200		
原材料	321 880		83 200	42 000	363 080	
材料成本差异		8 950		1 980		10 930
库存商品	360 620		121 920	150 000	332 540	
生产成本	124 500		121 920	121 920	124 500	
制造费用			35 820	35 820		
固定资产	726 800		112 800		839 600	
累计折旧		65 500		6 500		72 000
在建工程			112 800	112 800		
短期借款		225 000				225 000
应付账款		146 000				146 000
预收账款		20 000				20 000
应付职工薪酬		85 000	85 000	90 288		90 288
应交税费		18 500	9 490	115 019.25		124 029.25
应付股利				68 000		68 000

会计科目	期初余额		本期发生额		期末余额	
	借方余额	贷方余额	借方金额	贷方金额	借方余额	贷方余额
其他应付款		4 000				4 000
应付利息		3 200		1 500		4 700
实收资本		1 000 000				1 000 000
资本公积		80 000				80 000
盈余公积		468 000		11 825.78		479 825.78
本年利润			420 000	420 000		
利润分配		50 000	159 651.56	198 083.53		88 431.97
主营业务收入			420 000	420 000		
主营业务成本			150 000	150 000		
税金及附加			21 000	21 000		
销售费用			4 919	4 919		
管理费用			33 881	33 881		
财务费用			1 500	1 500		
信用减值损失			51 023	51 023		
所得税费用			39 419.25	39 419.25		
合　计	2 174 950	2 174 950	2 661 624	2 661 624	2 435 028	2 435 028

编制的该企业 2×24 年 12 月的资产负债表（简表）和利润表（简表），见表 12-16 和表 12-17。

表12-16

资产负债表（简表）

编制单位：××企业　　　　　　　　2×24年12月31日　　　　　　　　单位：元

资产	期末余额	上年年末余额（略）	负债和所有者权益（或股东权益）	期末余额	上年年末余额（略）
流动资产：			流动负债：		
货币资金	330 558		短期借款	225 000	
应收账款	403 427		应付账款	146 000	
预付款项	19 000		预收款项	20 000	
其他应收款	500		应付职工薪酬	90 288	
存货	809 190		应交税费	124 029.25	
其他流动资产			其他应付款	76 700	
流动资产合计	1 562 675		流动负债合计	682 017.25	
非流动资产：			非流动负债：		
长期股权投资			长期借款		
固定资产	767 600		非流动负债合计	0	
在建工程			负债合计	682 017.25	
无形资产			所有者权益（或股东权益）：		
长期待摊费用			实收资本（或股本）	1 000 000	
其他非流动资产			资本公积	80 000	
非流动资产合计	767 600		盈余公积	479 825.78	
			未分配利润	88 431.97	
			所有者权益合计	1 648 257.75	
资产总计	2 330 275		负债和所有者权益（或股东权益）总计	2 330 275	

资产负债表有关项目填列说明："货币资金"项目期末余额是根据"库存现金"和"银行存款"账户余额合计数填列的；"应收账款"项目期末余额是根据"应收账款"和"坏账准备"账户余额之差填列的；"存货"项目期末余额是根据"原材料""库存商品""生产成本"账户余额的合计数再减去"材料成本差异"账户贷方余额的差额填列的；"固定资产"项目期末余额是根据"固定资产"和"累计折旧"账户余额之差填列的；"未分配利润"项目期末余额是根据"利润分配——未分配利润"账户余额填列的。

表12-17 　　　　　　　　利润表（简表）　　　　　　　　会企02表

编制单位：××企业　　　　　　　　2×24年12月　　　　　　　　单位：元

项　目	本期金额	上期金额（略）
一、营业收入	420 000	
减：营业成本	150 000	
税金及附加	21 000	
销售费用	4 919	
管理费用	33 881	
财务费用	1 500	
其中：利息费用	1 500	
利息收入	0	
加：投资收益（损失以"-"号填列）	0	
信用减值损失（损失以"-"号填列）	-51 023	
二、营业利润（亏损以"-"号填列）	157 677	
加：营业外收入	0	
减：营业外支出	0	
三、利润总额（亏损总额以"-"号填列）	157 677	
减：所得税费用	39 419.25	
四、净利润（净亏损以"-"号填列）	118 257.75	

2.根据所给资料编制专用记账凭证,登记科目汇总表及相关账户等。

编制专用记账凭证,登记有关日记账、明细账的内容同业务处理题1,略。

编制该企业2×24年12月的科目汇总表(见表12-18)。

表12-18 科目汇总表 单位:元

会计科目	本期发生额		总账页数
	借方金额	贷方金额	
库存现金	87 080	85 813	
银行存款	158 200	312 609	
应收账款	318 800	30 000	
预付账款			
其他应收款		1 500	
坏账准备	30 000	51 023	
材料采购	83 200	83 200	
原材料	83 200	42 000	
材料成本差异		1 980	
库存商品	121 920	150 000	
生产成本	121 920	121 920	
制造费用	35 820	35 820	
固定资产	112 800		
累计折旧		6 500	
在建工程	112 800	112 800	
短期借款			
应付账款			
预收账款			
应付职工薪酬	85 000	90 288	

会计科目	本期发生额		总账页数
	借方金额	贷方金额	
应交税费	9 490	115 019.25	
应付股利		68 000	
其他应付款			
应付利息		1 500	
实收资本			
资本公积			
盈余公积		11 825.78	
本年利润	420 000	420 000	
利润分配	159 651.56	198 083.53	
主营业务收入	420 000	420 000	
主营业务成本	150 000	150 000	
税金及附加	21 000	21 000	
销售费用	4 919	4 919	
管理费用	33 881	33 881	
财务费用	1 500	1 500	
信用减值损失	51 023	51 023	
所得税费用	39 419.25	39 419.25	
合　计	2 661 624	2 661 624	

以上各科目的汇总过程如下（在实际工作中，科目汇总表是按编制的专用记账凭证进行汇总的。本例假定按发生业务所编制的会计分录进行汇总。下面算式中各金额前面带括号的数字为业务顺序编号，以便于核对）：

（1）库存现金：

借方：（4）80+（9）85 000+（18）2 000=87 080（元）

贷方：（10）85 000+（13）500+（14）313=85 813（元）

（2）银行存款：

借方：（17）158 200元

贷方：（1）82 490+（2）10 500+（5）103 000+（6）7 000+（9）85 000+（11）9 800+（16）2 400+（18）2 000+（19）4 919+（27）5 500=312 609（元）

（3）应收账款：

借方：（15）316 400+（16）2 400=318 800（元）

贷方：（21）30 000元

（4）其他应收款：

借方：0

贷方：（3）1 420+（4）80=1 500（元）

（5）坏账准备：

借方：（21）30 000元

贷方：（32）51 203元

（6）材料采购：

借方：（1）73 000+（6）7 000+（8）3 200=83 200（元）

贷方：（7）83 200元

（7）原材料：

借方：（7）83 200元

贷方：（12）42 000元

（8）材料成本差异：

借方：（28）0

贷方：（8）3 200+（28）（-1 220）=1 980（元）

（9）库存商品：

借方：（30）121 920元

贷方：（31）150 000元

（10）生产成本：

借方：（12）30 000+（23）50 000+（24）7 000+（28）（-900）+（29）35 820=121 920（元）

贷方：（30）121 920元

（11）制造费用：

借方：（12）8 000+（22）4 500+（23）18 000+（24）2 520+（27）3 000+（28）（-200）=35 820（元）

贷方：（29）35 820元

（12）固定资产：

借方：（20）112 800元

贷方：0

（13）累计折旧：

借方：0

贷方：（22）6 500元

（14）在建工程：

借方：（5）103 000+（11）9 800=112 800（元）

贷方：（20）112 800元

（15）应付职工薪酬：

借方：（10）85 000元

贷方：（23）79 200+（24）11 088=90 288（元）

（16）应交税费：

借方：（1）9 490元

贷方：（15）36 400+（17）18 200+（26）21 000+（35）39 419.25=115 019.25（元）

（17）应付股利：

借方：0

贷方：（38）68 000元

（18）应付利息：

借方：0

贷方：（25）1 500元

（19）盈余公积：

借方：0

贷方：（37）11 825.78元

（20）本年利润：

借方：（34）262 323+（36）39 419.25+（39）118 257.75=420 000（元）

贷方：（33）420 000元

（21）利润分配：

借方：（37）11 825.78+（38）68 000+（40）79 825.78= 159 651.56（元）

贷方：（39）118 257.75+（40）79 825.78=198 083.53（元）

（22）主营业务收入：

借方：（33）420 000元

贷方：（15）280 000+（17）140 000=420 000（元）

（23）主营业务成本：

借方：（31）150 000元

贷方：（34）150 000元

（24）税金及附加：

借方：（26）21 000元

贷方：（34）21 000元

（25）销售费用：

借方：（19）4 919元

贷方：（34）4 919元

（26）管理费用：

借方：（2）10 500+（3）1 420+（12）4 000+（13）500+（14）313+（22）2 000+（23）11 200+（24）1 568+（27）2 500+（28）（-120）=33 881（元）

贷方：（34）33 881元

（27）财务费用：

借方：（25）1 500元

贷方：（34）1 500元

（28）信用减值损失：

借方：（32）51 023元

贷方：（34）51 023元

（29）所得税费用：

借方：（35）39 419.25元

贷方：（36）39 419.25元

根据科目汇总表的汇总数字登记该企业本月所有的总账账户。

库存现金

月初余额	1 200	科汇12	85 813
科汇12	87 080		
本月合计	87 080	本月合计	85 813
月末余额	2 467		

银行存款

月初余额	482 500	科汇12	312 609
科汇12	158 200		
本月合计	158 200	本月合计	312 609
月末余额	328 091		

应收账款

月初余额	136 450	科汇 12	30 000
科汇 12	318 800		
本月合计	318 800	本月合计	30 000
月末余额	425 250		

预付账款

月初余额	19 000		

其他应收款

月初余额	2 000	科汇 12	1 500
本月合计	0	本月合计	1 500
月末余额	500		

坏账准备

科汇 12	30 000	月初余额	800
		科汇 12	51 023
本月合计	30 000	本月合计	51 023
		月末余额	21 823

材料采购

科汇 12	83 200	科汇 12	83 200
本月合计	83 200	本月合计	83 200

原材料

月初余额	321 880	科汇 12	42 000
科汇 12	83 200		
本月合计	83 200	本月合计	42 000
月末余额	363 080		

材料成本差异

		月初余额	8 950
		科汇 12	1 980
本月合计	0	本月合计	1 980
		月末余额	10 930

库存商品

月初余额	360 620	科汇12	150 000
科汇12	121 920		
本月合计	121 920	本月合计	150 000
月末余额	332 540		

生产成本

月初余额	124 500	科汇12	121 920
科汇12	121 920		
本月合计	121 920	本月合计	121 920
月末余额	124 500		

制造费用

科汇12	35 820	科汇12	35 820
本月合计	35 820	本月合计	35 820

固定资产

月初余额	726 800		
科汇12	112 800		
本月合计	112 800	本月合计	0
月末余额	839 600		

累计折旧

		月初余额	65 500
		科汇12	6 500
本月合计	0	本月合计	6 500
		月末余额	72 000

在建工程

科汇12	112 800	科汇12	112 800
本月合计	112 800	本月合计	112 800

短期借款

		月初余额	225 000

应付账款

		月初余额	146 000

预收账款

		月初余额	20 000

		应付职工薪酬	
科汇 12	85 000	月初余额	85 000
		科汇 12	90 288
本月合计	85 000	本月合计	90 288
		月末余额	90 288

		应交税费	
科汇 12	9 490	月初余额	18 500
		科汇 12	115 019.25
本月合计	9 490	本月合计	115 019.25
		月末余额	124 029.25

		应付股利	
		科汇 12	68 000
本月合计	0	本月合计	68 000
		月末余额	68 000

		其他应付款	
		月初余额	4 000

		应付利息	
		月初余额	3 200
		科汇 12	1 500
本月合计	0	本月合计	1 500
		月末余额	4 700

		实收资本	
		月初余额	1 000 000

		资本公积	
		月初余额	80 000

		盈余公积	
		月初余额	468 000
		科汇 12	11 825.78
本月合计	0	本月合计	11 825.78
		月末余额	479 825.78

		主营业务收入	
科汇 12	420 000	科汇 12	420 000
本月合计	420 000	本月合计	420 000

主营业务成本

科汇12	150 000	科汇12	150 000
本月合计	150 000	本月合计	150 000

税金及附加

科汇12	21 000	科汇12	21 000
本月合计	21 000	本月合计	21 000

销售费用

科汇12	4 919	科汇12	4 919
本月合计	4 919	本月合计	4 919

管理费用

科汇12	33 881	科汇12	33 881
本月合计	33 881	本月合计	33 881

财务费用

科汇12	1 500	科汇12	1 500
本月合计	1 500	本月合计	1 500

信用减值损失

科汇12	51 023	科汇12	51 023
本月合计	51 023	本月合计	51 023

所得税费用

科汇12	39 419.25	科汇12	39 419.25
本月合计	39 419.25	本月合计	39 419.25

本年利润

科汇12	420 000	科汇12	420 000
本月合计	420 000	本月合计	420 000

利润分配

科汇12	159 651.56	月初余额	50 000
		科汇12	198 083.53
本月合计	159 651.56	本月合计	198 083.53
		月末余额	88 431.97

在科目汇总表核算组织程序下，总账是根据"科目汇总表"的汇总数字登记的；而在记账凭证核算组织程序下，总账是根据专用记账凭证上的数据直接登记的。这是两种核算组织程序在登记总账账户上的不同点。

3. 编制汇总记账凭证。

编制该企业 2×24 年 12 月部分汇总记账凭证（见表 12-19 至表 12-26，单位：元）。

表 12-19　　　　　　　　　　　**汇总收款凭证**　　　　　　　　借方科目：库存现金

贷方科目	金　额				总账页数	
	1—10 日凭证号—号	11—20 日凭证号—号	21—31 日凭证号—号	合　计	借方	贷方
其他应收款	80			80		
银行存款	85 000	2 000		87 000		
合　计	85 080	2 000		87 080		

表 12-20　　　　　　　　　　　**汇总付款凭证**　　　　　　　　贷方科目：库存现金

借方科目	金　额				总账页数	
	1—10 日凭证号—号	11—20 日凭证号—号	21—31 日凭证号—号	合　计	借方	贷方
应付职工薪酬	85 000			85 000		
管理费用		813		813		
合　计	85 000	813		85 813		

表12-21 **汇总转账凭证** 贷方科目：原材料

借方科目	金　额				总账页数	
	1—10日凭证号—号	11—20日凭证号—号	21—31日凭证号—号	合计	借方	贷方
生产成本		30 000		30 000		
制造费用		8 000		8 000		
管理费用		4 000		4 000		
合　计		42 000		42 000		

表12-22 **汇总收款凭证** 借方科目：银行存款

贷方科目	金　额				总账页数	
	1—10日凭证号—号	11—20日凭证号—号	21—31日凭证号—号	合计	借方	贷方
主营业务收入		140 000		140 000		
应交税费		18 200		18 200		
合　计		158 200		158 200		

表12-23 **汇总付款凭证** 贷方科目：银行存款

借方科目	金　额				总账页数	
	1—10日凭证号—号	11—20日凭证号—号	21—31日凭证号—号	合计	借方	贷方
材料采购	80 000			80 000		
应交税费	9 490			9 490		
管理费用	10 500			10 500		
在建工程	103 000	9 800		112 800		
库存现金	85 000	2 000		87 000		
应收账款		2 400		2 400		
销售费用		4 919		4 919		
制造费用			3 000	3 000		
管理费用			2 500	2 500		
合　计	287 990	19 119	5 500	312 609		

表12-24　　　　　　　　　**汇总转账凭证**　　　　　　贷方科目：材料成本差异

借方科目	金　额				总账页数	
	1—10日凭证号—号	11—20日凭证号—号	21—31日凭证号—号	合计	借方	贷方
材料采购	3 200			3 200		
生产成本			900	900		
制造费用			200	200		
管理费用			120	120		
合　计	3 200		1 220	1 980		

表12-25　　　　　　　　　**汇总转账凭证**　　　　　　贷方科目：应交税费

借方科目	金　额				总账页数	
	1—10日凭证号—号	11—20日凭证号—号	21—31日凭证号—号	合计	借方	贷方
应收账款		36 400		36 400		
银行存款		18 200		18 200		
税金及附加			21 000	21 000		
所得税费用			39 419.25	39 419.25		
合　计		54 600	60 419.25	115 019.25		

表12-26　　　　　　　　　**汇总转账凭证**　　　　　　贷方科目：应付职工薪酬

借方科目	金　额				总账页数	
	1—10日凭证号—号	11—20日凭证号—号	21—31日凭证号—号	合计	借方	贷方
生产成本		57 000		57 000		
制造费用		20 520		20 520		
管理费用		12 768		12 768		
合　计		90 288		90 288		

第十三章 会计软件应用基础

一、学习目的与要求

本章重点介绍了会计软件在应用中的基本问题。其目的是使初学者在掌握会计核算基本原理和基本方法的基础上，了解会计软件在会计核算中的应用情况。通过学习，其应了解会计软件核算与手工核算的区别、会计软件核算的意义、会计软件的种类、会计软件的功能结构和数据处理的基本流程，以及会计软件的取得、实施与维护管理。

二、预习要览

（一）关键概念

1.会计软件　　　　　　2.通用会计软件

3.会计软件功能结构　　4.账务处理模块

5.商品化会计软件　　　6.软件维护

7.系统初始化

（二）关键问题

1.什么是会计软件？会计软件可以分为几种类型？

2.简述ERP软件与会计软件的区别与联系。

3.简述会计软件核算与会计手工核算的区别与联系。

4.简述会计软件的功能结构。

5.账务处理模块的基本功能有哪些？

6.商品化会计软件有哪些特点？

三、本章重点与难点

本章主要介绍会计软件在会计核算中的应用。本章的重点是了解会计软件核算与手工核算的区别、会计软件的不同种类及特点，以及了解会计软件的功能结构及数据处理流程。

会计软件是专门用于完成各种会计核算和会计管理工作的计算机应用软件。

会计软件核算和手工核算存在很多差别，也有相同之处。其相同点包括：基本原理相同、目标相同、会计理论与方法相同、遵守的会计规范相同，且都必须妥善保管会计档案。其区别在于：核算工具、信息载体、簿记规则、账务处理程序、会计工作组织体制各不相同。

会计软件核算的作用在于减轻会计核算工作量，促进会计工作规范化，提高会计核算质量，促进会计职能的转变，提高企业管理水平。

会计软件按照提供信息的服务层次不同，可分为会计核算软件和会计管理软件；按照信息共享程度不同，分为单一用户软件和网络与多用户软件；按照适用范围不同，分为专业会计软件和通用会计软件。

会计软件由具有不同核算功能的模块组成，具体包括：账务处理、工资核算、固定资产核算、成本核算、存货核算、销售核算、应收应付账款核算、会计报表、财务分析等。

会计软件的操作流程一般包括系统初始化、日常账务处理、期末处理、会计报表生成、报表分析、系统维护等。

账务处理模块是会计软件的核心部分。账务处理模块的整个处理过程就是从凭证到记账、从记账到报表输出的过程。不同企业不同时期，账务处理模块的功能结构虽然有所区别，但其主要作用和核心内容基本一致，包括输入记账凭证、自动完成登账过程、输出各种会计账表等。

会计软件数据处理流程与手工核算流程的区别包括：数据处理起点不同、数据处理方式不同、数据存储方式不同、对账方式不同、资料查询方式不同。

会计软件的取得途径有3种：购买商品化会计软件，定点开发软件，购买与定点开发相结合。企业应在分析上述3种方式优缺点的基础上，结合企业会计业务特点及管理上的需求，决定采用哪一种方式取得会计软件。

企业应用会计软件应具备一定的条件，并做好实施前的准备工作，要按照合理的流程实施会计软件，以保证会计软件实施目标的实现。

会计软件的系统管理与维护是会计软件应用过程中必不可少的一项管理工作。

四、练习题

(一)多项选择题

1.会计软件系统的组成部分包括（　　　）。

A.模块　　　　　　　　　　B.数据库

C.会计软件档案　　　　　　D.计算工具

E.打印机

2.下列各项中，属于会计软件核算与手工核算区别的有（　　　）。

A.核算原理　　　　　　　　B.簿记规则

C.信息载体　　　　　　　　D.账务处理程序

E.核算目标

3.会计软件核算与手工核算的共同点有（　　　）。

A.基本原理相同

B.目标相同

C.所依据的会计理论和方法相同

D.应遵守的会计法规和准则相同

E.都必须妥善保存会计档案

4.在会计上，应用会计软件核算的主要意义有（　　　）。

A.促进会计核算手段的变革　　B.提高会计核算工作效率

C.促进会计核算工作的规范化　D.提高会计核算工作质量

E.促进会计职能转变

5.会计软件按照通用性水平分类，可以分为（　　　）。

A.专业会计软件　　　　　　B.通用会计软件

C.会计核算软件　　　　　　D.会计管理软件

E.单一用户软件

6.下列各项中，属于通用会计软件缺点的是（　　　）。

A.计算机资源浪费严重

B.适合使用单位的具体情况

C.会计软件中的会计核算规则固定

D.不能完全满足用户需要

E.系统初始化的工作量比较大

7.下列系统中，属于会计软件功能结构的是（　　　）。

A.账务处理模块　　　　　　　　B.固定资产核算模块

C.工资核算模块　　　　　　　　D.材料核算模块

E.销售核算模块

8.账务处理模块的基本功能包括（　　　）。

A.初始建账　　　　　　　　　　B.银行对账

C.凭证输入　　　　　　　　　　D.销售核算

E.期末结账

9.系统初始化的内容包括（　　　）。

A.账套初始化　　　　　　　　　B.设置操作员权限

C.设置会计科目　　　　　　　　D.计算折旧

E.录入科目期初余额

10.日常账务处理的内容包括（　　　）。

A.凭证处理　　　　　　　　　　B.账簿处理

C.期末结账　　　　　　　　　　D.生成会计报表

E.分析会计报表

11.期末处理的内容包括（　　　）。

A.登记账簿　　　　　　　　　　B.生成会计报表

C.银行对账　　　　　　　　　　D.期末转账

E.结账

12.会计软件的数据处理流程包括（　　　）。

A.编制原始凭证　　　　　　　　B.编制记账凭证

C.记账凭证审核　　　　　　　　D.登记账簿

E.结账和编制会计报表

13.会计软件的取得途径包括（　　　）。

A.购买商品化会计软件　　　　　B.自行开发会计软件

C.委托开发会计软件　　　　　　D.联合开发会计软件

E.借用其他单位的会计软件

14.定点开发会计软件的特点包括（　　　）。

A.不含或含有较少的会计核算规则

B.投资少，见效快

C.专用性、易用性强

D.初始化工作量大

E.开发费用高，应变能力弱

15.会计软件的实施需配备的人员包括（　　　　）。

A.凭证填制人员　　　　　　　B.记账人员

C.档案保管人员　　　　　　　D.凭证审核人员

E.电脑维护人员

（二）判断题

1.会计软件可以完成填制原始凭证、输入记账凭证、登记账簿、编制报表的工作。（　　　）

2.会计软件由模块、数据库和会计软件档案等三部分组成。（　　　）

3.1988年到20世纪90年代中后期，是我国会计软件迅速发展的时期。（　　　）

4.ERP软件是会计软件的一个组成部分。（　　　）

5.应用会计软件核算时，会计档案报告以磁介质为主，不需要定期打印。（　　　）

6.会计软件核算方式下，账簿打印输出不必区分订本式和活页式。（　　　）

7.会计软件核算方式下，凭证录入后的核算工作基本全部由系统自动完成。（　　　）

8.会计软件按照提供信息的服务层次不同，分为单一用户软件和网络与多用户软件。（　　　）

9.应用会计软件进行核算时，登账的时候仍有可能发生漏记。（　　　）

10.大部分会计软件按照会计核算功能可划分为若干个相对独立的模块。（　　　）

11.账务处理模块是整个会计软件系统的核心模块。（　　　）

12.在会计软件核算方式下，期末结账由计算机自动完成。（　　　）

13.账务处理模块期末不能自动完成试算平衡。（　　　）

14.会计软件的核算流程因单位规模、类型和使用软件的不同而截然不同。 （　　）

15.会计软件核算方式下，记账凭证只能在计算机上编制。 （　　）

16.会计软件的系统维护包括硬件维护和软件维护。 （　　）

五、案例分析题

案例13-1

2017年5月，国内首个财务机器人——德勤财务机器人，正式投入使用。德勤财务机器人是人工智能技术在财务数字化领域的初级应用，是基于机器人流程自动化（RPA）的技术实现的。紧跟德勤，毕马威、普华永道、安永也相继推出自己的财务机器人以及财务机器人解决方案。

RPA是在人工智能和自动化技术的基础上建立的，以机器人为虚拟劳动力，依据预先设定的程序完成预期任务的技术。其无须改造现有系统，是独立存在的第三方软件系统。虽然它有着机器人的名称，但与我们传统印象中的实体机器人不同，财务机器人是RPA流程自动化在财务领域中的应用，实际上还是一种软件。目前，财务RPA主要由3部分组成：机器人的眼睛——光学字符识别系统（OCR）；机器人的双手——机器人流程自动化（RPA）；机器人的账簿——电子账务记账系统。

RPA旨在代替人工处理大量复杂、重复性极高的各种事务，从而大量减少企业的人力资源成本，提升工作效率，其也可辅助完成工作流程当中的某些环节，实现业务流程的自动化。财务机器人能够替代财务人员完成大量重复性的业务处理，比如财务机器人可以代替应收类岗位的人员完成发票的处理、记账和收款等全流程的工作。

财务机器人不仅能够提高会计工作效率，还可以通过大数据分析发出财务风险信号并给出预警。2017年8月，"第一财经"在对德勤中国数据研究院院长赵文华先生及信息科技审计咨询合伙人朱灏先生的采访中提到，使用机器人流程自动化技术代替人类完成这些重复性的劳动将进一步解放人类的生产力，将人类工作中的机械属性剥离，使其去完成更多具有创造性、挑战性、战略性等需要用心用脑的工作，获取更大的价值提升。一个机器人的处理速度往往是人类员工的15倍以上，而且它可以7×24小时不间断地工作，可以完成接近80%的基于规则的流程，这使它成为一个超级员工。98%的负责IT业务的企业领导认为，业务流程自动化对驱动企业利益至关重要。

RPA技术并非财务领域专属，目前已经应用到银行、税务、客服、零售等多个行业，但作为RPA应用最广的领域之一，随着RPA市场的扩大，财务RPA的市场热情必将更加高涨，渗透到财务工作的方方面面。一场对传统财务行业的变革正在进行中，一个"机器人流程自动化"的时代正悄悄来临！

案例要求：

财务机器人来了，财务人员怎么办？

案例提示

财务人员的主要工作将从核算（记账、对账由财务机器人完成）转向管理，即利用会计信息参与企业管理，为管理决策提供支持。

案例13-2

会计信息化下的企业数据安全问题

伴随大数据时代的到来，大数据技术不断推动企业会计信息化发展的同时，会计信息化也给企业的发展带来了一定的风险，如财务数据安全。企业会计信息化风险主要与数据安全有关，具体来说，其主要包括会计信息化过程中的数据收集风险、数据维护风险、数据使用风险。

（1）数据收集风险。企业会计信息化过程中的数据收集风险，主要体现在两个方面：一方面，在企业会计信息化的过程中，选择的财务软件不合理或者财务人员使用过程中的操作方法不科学，会造成数据的产生和收集的源头出现问题，导致产生虚假的财务数据，或者错误的财务数据；另一方面，这些虚假或者错误的财务数据，又会对企业的会计信息管理产生一定的影响，并引发企业的财务风险。

（2）数据维护风险。企业会计信息化会产生大量的会计信息数据，这就需要企业对财务数据做好维护，确保数据安全可靠，使其能为企业的发展提供决策支持。在企业会计信息化的过程中，若对形成的财务数据维护不当，就会造成数据的丢失或受损害等情况，从而影响企业会计信息的管理。一方面，若维护能力不足，会使企业的财务数据不能得到专业的维护，出现无效数据被保存、有效数据丢失的情况，造成企业的会计信息管理效率下降，甚至还会出现财务风险；另一方面，互联网中若有黑客发动攻击，会增加财务数据维护的难度，如维护不到位，还会造成企业核心财务数据的丢失，严重影响企业的正常经营。

（3）数据使用风险。在数据安全的背景下，数据的使用风险主要体现在对会计信息数据的使用不科学，缺少专业的财务数据分析工具，不能深入挖掘会计信息数据的价值，造成会计信息数据资产的流失。

从数据安全的背景来看，企业的会计信息化风险对企业、国家都存在较大的危害：一方面，对企业来说，会计信息化风险会造成企业财务数据失真、泄漏，不利于企业对自身业务的会计信息进行监督，从而降低了企业会计信息的使用效率；另一方面，对国家和社会来说，企业会计信息化所形成的会计信息数据，既是对企业业务活动的反映，同时也部分反映了国家、社会的经济状况，这部分数据的泄漏会给国家的经济发展带来一定的危害，甚至会影响国家数字主权的完整。

资料来源　曾建军. 基于数据安全的企业会计信息化风险防控问题探讨［J］. 财会通讯，2022（8）. 本书采用时有一定删节。

案例要求：

随着数字经济的发展，数据安全的重要性日益凸显，企业必须采取有效的对策对其进行治理。你对数据安全问题的解决，有哪些想法？

六、练习题参考答案

（一）多项选择题

1.ABC　2.BCD　3.ABCDE　4.BCDE　5.AB　6.ADE　7.ABCDE　8.ABCE　9.ABCE　10.AB　11.CDE　12.BCDE　13.ABCD　14.CE　15.ABCDE

（二）判断题

1.×　2.√　3.√　4.×　5.×　6.√　7.√　8.×　9.×　10.√　11.√　12.√　13.√　14.×　15.×　16.√

第十四章　会计工作组织

一、学习目的与要求

本章重点介绍了会计工作的组织与管理问题。其目的是使初学者熟悉在实际工作中科学地进行会计工作组织的方法。通过学习，其应了解会计工作组织的基本内容、会计机构和会计人员的设置、会计职业道德和会计岗位责任制等。

二、预习要览

（一）关键概念

1. 会计工作　　　　　　2. 会计管理
3. 会计工作组织　　　　4. 会计机构
5. 会计人员　　　　　　6. 会计委派制
7. 会计规范　　　　　　8. 会计法律规范
9. 部门规章　　　　　　10. 会计准则
11. 基本准则　　　　　　12. 具体准则
13. 道德　　　　　　　　14. 职业道德
15. 会计职业道德　　　　16. 会计岗位责任制
17. 集中核算　　　　　　18. 非集中核算
19. 会计档案　　　　　　20. 会计交接

（二）关键问题

1. 企业会计工作组织包括哪些基本内容？

2. 会计人员有哪些职责和权限？

3. 《中华人民共和国会计法》对各单位会计机构的设置有哪些具体的规定？

4.我国的会计规范体系有哪些特征？

5.我国会计职业道德的基本内容有哪些？会计职业道德与经济发展的关系如何？

6.为什么要设置专门的会计机构来组织会计工作？

7.会计档案包括哪些基本内容？怎样保管会计档案？

8.有关会计凭证、会计账簿、会计报表等会计资料，为什么要建立会计档案，由专业档案管理机构进行管理，甚至永久保管？

9.单位会计人员调离为什么一定要做交接工作？

10.会计档案保管制度对反腐倡廉的作用有哪些？

三、本章重点与难点

本章是在学习会计的基本理论和基本方法的基础上，阐述会计工作组织的有关内容。会计工作组织是指根据会计工作的特点，制定会计法规制度，设置会计机构，配备会计工作人员，以保证合理、有效地进行会计工作。

会计工作组织的主要内容包括会计机构的设置、会计人员的配备、会计档案的保管等。通过本章的学习，要理解将各种会计核算方法付诸实施的条件，以便在实践中合理安排会计核算的组织工作。

会计是一项复杂、细致的综合性经济管理活动，科学地组织会计工作具有重要的意义：①科学地组织会计工作，有利于保证会计工作的质量和提高会计工作的效率；②科学地组织会计工作，有利于同其他经济管理工作保持协调一致，提高企业管理水平；③科学地组织会计工作，有利于加强企业单位的内部经济责任制；④科学地组织会计工作，有利于维护财经法纪，贯彻经济工作的方针政策。

组织会计工作应符合以下几项要求：①统一性要求；②适应性要求；③效益性要求；④内部控制及责任制要求。

会计机构是各单位内部直接从事、组织和领导会计工作的职能部门。财政部管理全国的会计工作，地方各级人民政府的财政部门管理本地区的会计工作。设置了会计机构，还必须配备会计人员。会计人员的主要职责包括：①进行会计核算；②实行会计监督；③编制业务计划及预算，并考核、分析其执行情况；④拟定本单位办理会计事务的具体办法。

为了保障会计人员更好地履行职责，赋予会计人员以下权限：①有权要求本单位各有关部门及相关人员认真执行国家、上级部门批准的计划和预算；②有权履行其管理职能，即参与本单位编制计划、制定定额、签订合同、有关会议等；③有权监督、检查本单位内部各部门的财务收支，资金使用，和财产保管、收发、计量、检验等情况。《中华人民共和国会计法》对"国有的和国有资产占控股地位或者主导地位的大、中型企业必须设置总会计师"的内容也作了明确的规定，并相应地明确了总会计师的具体职责和权限。

国有企业所有者主体的缺位，国有投资代表人的不具体，对经营者缺乏必要的监督和约束，导致国有资产流失严重。因此，一方面，为了解决经济生活中存在的某些问题，需要强化会计监督机制；另一方面，现行的会计管理体制使会计人员行使会计监督职能存在诸多困难。于是，人们提出要进行会计人员管理体制的改革。

会计委派制正是在这样的背景下应运而生。会计委派制是指由政府部门直接向独立核算的会计单位委派会计机构负责人或财务总监，为被委派单位会计业务服务，并代表所有者对经营者进行监督的制度。其实质是对会计人员管理体制的一种改革，即把现行的会计"单位所有制"改为"国家委派制"。

所谓会计规范，是指协调、统一会计处理的过程中，对不同处理方法作出合理选择的假设、原则、制度等的总和，它是会计行为的标准。

从我国目前的实际情况来看，我国会计规范体系主要由以下几个方面构成：①会计法律规范；②会计准则与制度规范；③会计职业道德规范；④会计理论规范。会计规范体系的特征包括权威性、统一性、科学性、相对稳定性等。

会计规范体系在一定时期、一定客观环境下是相对稳定的，但并不是一成不变的。随着社会政治经济条件的发展变化，一些会计规范可能不再适宜，因变得过时而被修正甚至被放弃，而一些新的会计规范逐渐被建立、被接受。因此，会计规范体系的建立和发展是一个动态的演进过程。

法律是由国家最高权力机关——全国人民代表大会及其常务委员会

制定的。在会计领域中，属于法律层次的规范主要指《中华人民共和国会计法》《中华人民共和国注册会计师法》。会计法律是会计规范体系中权威性最高、最具法律效力的规范，是制定其他各层次会计规范的依据，是会计工作的基本法。

行政法规是由国家最高行政机关——国务院制定的。会计行政法规是根据会计法律制定的，是对会计法律的具体化或对某个方面的补充，一般称为条例。

部门规章是指由国家主管会计工作的行政部门——财政部以及其他部委制定的会计方面的规范。制定会计部门规章必须依据会计法律和会计行政法规的规定。

会计职业道德贯穿于会计工作的所有领域和整个过程，其作用无所不在、无时不在。为了满足经济发展的需要，财政部在2019年修订的《会计基础工作规范》中对会计职业道德规范作了具体的规定。在新的历史时期，会计职业道德规范的主要内容可以归纳为以下几个方面：第一，爱岗敬业；第二，诚实守信；第三，廉洁自律；第四，客观公正；第五，坚持准则；第六，提高技能；第七，参与管理；第八，强化服务。

会计工作的岗位责任制，就是在财务会计机构内部按照会计工作的内容和会计人员的配备情况，进行合理的分工，使每项会计工作都有专人负责，每位会计人员都能明确自己的职责的一种管理制度。《会计基础工作规范》第十一条规定：会计工作岗位一般可以分为：①会计机构负责人或会计主管人员；②出纳；③财产物资核算；④工资核算；⑤成本费用核算；⑥财务成果核算；⑦资金核算；⑧往来结算；⑨总账报表；⑩档案管理；⑪稽核。

企业会计部门承担哪些会计工作，与企业的其他职能部门、车间、仓库等之间如何分工，这些都与会计工作的组织形式有关。为了科学地组织会计工作，必须根据企业规模的大小、业务的繁简以及企业内部其他各组织机构的设置情况，来确定企业会计工作组织形式。

会计工作组织形式一般包括集中核算和非集中核算两种。集中核算是指单位的主要会计工作都集中在会计部门进行，其他部门只对发生的经济业务进行原始记录并适当地加以汇总，然后送交会计部门，由会计部门进行总分类核算和明细分类核算。非集中核算是指企业单位内部各部门核算自身发生的经济业务,而会计部门根据内部各部门报来的资料进行总分类核算。

在实际工作中,企业可以单一地选择集中核算或非集中核算,也可以二者兼而有之。但一般来说,企业对外的现金往来、物资采购、债权债务的结算等业务都应由厂部财会部门集中办理核算。

会计档案是指会计凭证、会计账簿和财务报告等会计核算专业资料,是记录和反映单位经济业务的重要史料和证据。为了加强会计档案的科学管理,统一全国会计档案管理制度,做好会计档案的管理工作,财政部、国家档案局于2015年12月11日发布了《会计档案管理办法》,自2016年1月1日起执行。该办法统一规定了会计档案的立卷、归档、保管、调阅和销毁等具体内容。按照《会计档案管理办法》的规定,企业单位的会计档案包括以下具体内容:会计凭证、会计账簿、财务会计报告、其他会计资料。按照《会计档案管理办法》的规定,会计档案的保管期限分为永久保管和定期保管两类,其中定期保管期限又分为10年和30年两类,时间是从会计年度终了后的第一天算起。

会计工作交接是会计工作中的一项重要内容,办好会计工作交接,有利于保持会计工作的连续性,有利于明确各自的责任。会计人员工作调动或因故离职,必须与接替人员办理交接手续,并将本人所经管的会计工作,在规定期限内移交清楚;接替人员应认真接管移交的工作,并继续办理移交的未了事项;交接完毕后,交接双方和监交人要在移交清册上签名或者盖章,并在移交清册上注明单位名称、交接日期、交接双方以及监交人的职务和姓名、移交清册页数,以及需要说明的问题和意见等;单位撤销时,必须留有必要的会计人员,由其会同有关人员办理清理工作,编制决算,未移交前,不得离职。交接工作完成后,移交人员应当对所移交的会计资料的真实性、完整性负责。

四、练习题

(一)单项选择题

1.《中华人民共和国会计法》明确规定,管理全国会计工作的部门是( )。

A.国务院   B.财政部

C.全国人大   D.注册会计师协会

2.在国有大中型企业，领导和组织企业会计工作和经济核算工作的是（　　　）。

A.厂长   B.注册会计师

C.高级会计师   D.总会计师

3.按照库存现金内部控制制度的要求，下列工作出纳人员不得经办的是（　　　）。

A.会计档案的保管   B.现金结算业务

C.空白收据的保管   D.各种有价证券的保管

4.关于会计部门内部的岗位责任制，下列说法中错误的是（　　　）。

A.必须贯彻钱账分设、内部牵制的原则

B.人员分工可以一岗一人，也可以一岗多人或多岗一人

C.会计人员合理分工，能划小核算单位，缩小会计主体，简化会计工作

D.应保证每一项会计工作都有专人负责

5.会计人员的职责中不包括（　　　）。

A.进行会计核算   B.实行会计监督

C.编制预算   D.决定经营方针

6.会计人员对不真实、不合法的原始凭证，应（　　　）。

A.予以退回   B.更正补充

C.不予受理   D.无权自行处理

7.《中华人民共和国会计法》修正的时间是（　　　）。

A.2001年   B.2000年

C.2017年   D.1993年

8.行政法规的制定与颁布的部门是（　　　）。

A.全国人大   B.国务院

C.财政部   D.各级地方政府

9.企业年度财务会计报告的保管期限为（　　　）。

A.5年   B.10年

C.30年   D.永久

10.下列会计法规，属于国家会计法律层次的是（   ）。

A.《企业会计准则——基本准则》

B.《中华人民共和国会计法》

C.《企业财务会计报告条例》

D.《会计基础工作规范》

11.集中核算和非集中核算，在一个企业里（   ）。

A.可同时采用

B.必须区别采用

C.既可同时采用，又可分别采用

D.不能同时采用

12.企业的库存现金日记账和银行存款日记账的保管期限为（   ）。

A.15年　　　　　　　　B.10年

C.30年　　　　　　　　D.永久

13.会计职业道德是一种（   ）。

A.强制性规范　　　　　B.法律规范

C.非强制性规范　　　　D.职业道德

14.在我国，为了保证国有经济的顺利、健康、有序发展，在国有企事业单位中任用会计人员，应实行（   ）。

A.一贯制度　　　　　　B.回避制度

C.优先制度　　　　　　D.领导制度

15.会计人员办理交接手续，必须有监交人负责监交，其中会计机构负责人办理交接手续，其监交人是（   ）。

A.会计机构负责人　　　B.单位负责人

C.财政部门领导　　　　D.其他会计人员

16.下列不属于会计人员专业技术职务的是（   ）。

A.高级会计师　　　　　B.总会计师

C.会计师　　　　　　　D.助理会计师

17.由会计师事务所统一接受委托，依法独立执行审计业务、会计咨询业务和会计服务业务的人员是（   ）。

A.会计师　　　　　　　B.总会计师

C.注册会计师　　　　　D.助理会计师

18.运用一系列会计的专门方法，对会计事项进行处理的活动称为（　　）。

　A.会计工作　　　　　　　　B.会计方法

　C.会计目标　　　　　　　　D.会计职能

19.会计档案的保管期限起算日期为（　　）。

　A.会计年度结束的最后一天　B.会计年度的最后一天

　C.会计年度中的任意一天　　D.会计年度终了后的第一天

20.下列内容中，不属于廉洁自律基本要求的是（　　）。

　A.公私分明、不贪不占　　　B.遵纪守法、抵制不正之风

　C.熟悉准则、坚持准则　　　D.重视会计职业声望

（二）多项选择题

1.合理地组织企业的会计工作，能够（　　）。

　A.提高会计工作的效率

　B.提高会计工作的质量

　C.确保会计工作与其他经济管理工作协调一致

　D.加强各单位内部的经济责任制

　E.取代企业的计划、统计等部门的工作

2.会计工作的组织主要包括（　　）。

　A.会计机构的设置

　B.会计人员的配备

　C.会计法规、制度的制定与执行

　D.会计档案的保管

　E.会计工作的组织形式

3.会计工作的组织形式包括（　　）。

　A.科目汇总表核算形式　　　B.集中核算形式

　C.汇总记账凭证核算形式　　D.非集中核算形式

　E.记账凭证核算形式

4.非集中核算形式下，二级核算单位的核算内容包括（　　）。

　A.填制原始凭证　　　　　　B.进行明细分类核算

　C.进行总分类核算　　　　　D.编制内部报表

　E.编制对外会计报表

5.我国会计专业技术职务分别规定为（　　）。

A.高级会计师　　　　　　　B.会计师

C.注册会计师　　　　　　　D.助理会计师

E.会计员

6.在国有企业、事业单位的下列人员中，其任免应当经过上级主管单位同意，不得任意调动或者撤换的有（　　）。

A.会计机构负责人　　　　　B.会计人员

C.总会计师　　　　　　　　D.会计主管人员

E.高级会计师

7.我国会计规范体系的构成内容包括（　　）。

A.会计法律规范　　　　　　B.会计准则规范

C.会计制度规范　　　　　　D.会计理论规范

E.会计职业道德规范

8.会计规范体系的特征包括（　　）。

A.权威性　　　　　　　　　B.统一性

C.科学性　　　　　　　　　D.前瞻性

E.相对稳定性

9.会计档案的定期保管期限包括（　　）。

A.3年　　　　　　　　　　B.5年

C.10年　　　　　　　　　　D.15年

E.30年

10.会计人员和会计机构的主要职责包括（　　）。

A.进行会计核算

B.实行会计监督

C.拟订本单位的生产经营计划

D.编制预算和财务计划，并考核分析执行情况

E.制定本单位办理会计事项的具体办法

11.无论采用集中核算还是非集中核算，都应由厂部财务会计部门集中办理的业务有（　　）。

A.企业对外的现金往来　　　B.材料的明细核算

C.物资购销　　　　　　　　D.债权债务的结算

E.企业所有会计报表的编制

12.各单位制定内部会计管理制度时，应当遵循的原则包括（　　）。

A.应当执行法律、法规和国家统一的财务会计制度

B.应当体现本单位的生产经营、业务管理的特点和要求

C.应当全面规范本单位的会计工作，建立健全会计基础，保证会计工作的有序进行

D.应当科学、合理，便于操作和执行

E.应当定期检查执行情况

13.会计人员的主要权限包括（　　）。

A.督促本单位有关部门执行国家财务会计制度

B.参与本单位编制计划

C.参与对外签订经济合同

D.有权检查本单位有关部门的财务收支

E.参加有关的业务会议

14.下列内容中，属于会计档案的有（　　）。

A.会计凭证　　　　　　　　　B.会计账簿

C.生产计划　　　　　　　　　D.银行存款余额调节表

E.会计档案保管清册

15.下列人员中，应在会计档案销毁清册上签署意见的有（　　）。

A.单位负责人　　　　　　　　B.档案管理机构负责人

C.会计管理机构负责人　　　　D.生产车间负责人

E.行政管理部门负责人

（三）判断题

1.《中华人民共和国会计法》明确规定，国务院直接管理全国各地区的会计工作。　　　　　　　　　　　　　　　　　　（　　）

2.企业会计工作的组织形式是统一领导、分级管理。　（　　）

3.会计人员调动或者因故离职，必须将本人所经管的会计工作全部移交给接替人员。　　　　　　　　　　　　　　　　　（　　）

4.在企业会计准则中，对会计机构负责人和会计主管人员的任免，都作了若干特殊的规定。　　　　　　　　　　　　　　（　　）

5.我国的会计法规制度体系由三个层次构成，即会计法、会计准

则、企业财务通则。 （　　）

6.会计档案的保管期限分为永久保管和定期保管两种，其中定期保管又分为10年和30年。 （　　）

7.会计只对纸质会计资料建立会计档案，不对电子设备形成的会计资料建立电子会计档案。 （　　）

8.对于不具备设置会计机构条件的单位，应由代理记账机构完成其会计工作。 （　　）

9.我国会计规范体系的建立和发展是一个动态的演变过程。（　　）

10.《会计基础工作规范》要求各单位的会计机构、会计人员对本单位的经济活动进行会计监督。 （　　）

11.会计职业道德是一种强制性规范。 （　　）

12.会计工作交接之后，监交人员应当对所移交的会计资料的真实性、完整性负责。 （　　）

13.按照我国目前的管理体制的要求，基层企事业单位的会计工作受财政部门和单位主管部门的双重领导。 （　　）

14.银行对账单不属于会计凭证，因而也就不属于会计档案。

（　　）

15.国家经济档案是会计档案的重要组成部分，是企业日常发生的各项经济活动的历史记录。 （　　）

16.组织会计工作的统一性要求是指组织会计工作必须适应本单位经营管理的特点。 （　　）

17.《中华人民共和国会计法》规定，任何企业单位都必须设置总会计师，其任职资格、任免程序、职责权限由国务院统一规定。

（　　）

18.企业的会计核算组织程序包括集中核算和非集中核算。（　　）

19.对于不具备设置会计机构条件的单位，应由当地税务部门完成其相应的会计工作。 （　　）

20.所谓会计规范，是协调、统一会计处理过程中对不同处理方法作出合理选择的假设、原则、制度等的总和，它是会计行为的标准。

（　　）

（四）业务处理题

AB公司为增值税一般纳税人企业，2×24年7月31日有关账户的余额资料见表14-1。

表14-1　　　　　　　AB公司总分类账户余额表

2×24年7月31日　　　　　　　　　　单位：元

账户名称	期末余额		账户名称	期末余额	
	借方	贷方		借方	贷方
库存现金	18 000		短期借款		600 000
银行存款	91 800		应付账款		430 000
应收账款	360 000		应付利息		20 000
坏账准备		1 800	长期借款		1 260 000
预付账款	60 000		实收资本		1 500 000
其他应收款	36 000		资本公积		318 000
原材料	660 000		盈余公积		240 000
材料成本差异		60 000			
库存商品	420 000				
固定资产	3 060 000				
累计折旧		276 000			
合计	4 705 800	337 800			4 368 000

2×24年8月，AB公司发生下列经济业务：

（1）从D企业购买原材料120 000元，增值税进项税额为15 600元，通过预付账款抵付（该企业的预付账款均为从D企业购货而发生），不足部分尚未支付。

（2）上述购进的原材料验收入库，其计划成本为132 000元。

（3）2×23年7月已核销的坏账现又收回18 000元，并存入银行。

（4）本月计提管理部门使用的固定资产的折旧90 000元。

（5）公司销售一批商品，增值税专用发票上注明的价款为 600 000 元，增值税销项税额为 78 000 元，款项已收存银行。该批商品的成本为售价的 70%。

（6）用银行存款支付上月已预提的短期借款利息 20 000 元。

（7）本月使用银行存款归还长期借款 420 000 元。

（8）结转损益类账户余额。

要求：

（1）编制本月业务的会计分录。

（2）编制 AB 公司 2×24 年 8 月末的资产负债表（见表 14-2）。

表 14-2

资产负债表

会企 01 表

编制单位：

2×24 年 8 月 31 日

单位：元

资产	行次	期末余额	上年年末余额（略）	负债和所有者权益（或股东权益）	行次	期末余额	上年年末余额（略）
流动资产：				流动负债：			
货币资金				短期借款			
交易性金融资产				交易性金融负债			
衍生金融资产				衍生金融负债			
应收票据				应付票据			
应收账款				应付账款			
预付款项				预收款项			
其他应收款				合同负债			
存货				应付职工薪酬			
持有待售资产				应交税费			
一年内到期的非流动资产				其他应付款			
其他流动资产				持有待售负债			
流动资产合计				一年内到期的非流动负债			
非流动资产：				其他流动负债			
债权投资				流动负债合计			

资产	行次	期末余额	上年年末余额（略）	负债和所有者权益（或股东权益）	行次	期末余额	上年年末余额（略）
其他债权投资				非流动负债：			
长期应收款				长期借款			
长期股权投资				应付债券			
其他权益工具投资				其中：优先股			
其他非流动金融资产				永续债			
投资性房地产				长期应付款			
固定资产				预计负债			
在建工程				递延收益			
生产性生物资产				递延所得税负债			
油气资产				其他非流动负债			
无形资产				非流动负债合计			
开发支出				负债合计			
商誉				所有者权益（或股东权益）：			
长期待摊费用				实收资本（或股本）			
递延所得税资产				其他权益工具			
其他非流动资产				其中：优先股			
非流动资产合计				永续债			
				资本公积			
				减：库存股			
				其他综合收益			
				盈余公积			
				未分配利润			
				所有者权益（或股东权益）合计			
资产总计				负债和所有者权益（或股东权益）总计			

五、案例分析题

案例14-1

王勇是新达公司的销售员，其所售产品需要经过安装程序。新达公司设定了500 000元的销售限额，如果王勇的销售额超过了这一限额，就能得到奖金。为了对这一限额进行计量，新达公司为每个销售员开设了独立的账户，在销售员与客户签订安装合同时，贷记该销售人员的账户。在本月25日以前，王勇已经签订了380 000元的合同。

启隆公司处于破产的边缘，该公司在本月26日与王勇联系，希望能安装一台新达公司的产品。王勇预计这一合同能为公司带来160 000元的销售收入，而且加上这项销售之后，王勇就能获得超过限额的奖金。但是，王勇认识到启隆公司在安装本公司的产品后，将无法支付合同规定的款项，而且他还知道另外一家竞争对手为此已经拒绝给启隆公司安装这一产品。王勇经过一番考虑之后，他认为自己的任务就是销售产品，收款应当由其他人员负责，于是他与启隆公司签订了合同，并因此获得了奖金。王勇将有关凭据交给公司的会计，并就启隆公司的现状作了部分说明，而新达公司的会计则与王勇持同样的观点。

案例要求：

你认为王勇和公司的会计的做法符合会计职业道德要求吗？请予以说明，并为新达公司设计一套控制程序来阻止这种行为。

案例提示

在本案例中，销售员王勇与启隆公司签订销售合同属于不当行为，因为在已经确切了解到启隆公司即将破产，本公司（新达公司）无望收回货款的情况下，仅仅为了完成个人的销售任务以期获得奖金，而置公司的利益于不顾，与启隆公司签订销售合同，且金额高达160 000元，这是不符合销售人员职业道德要求的。

新达公司的会计人员在听了王勇对启隆公司现状的说明之后，应该立即制止王勇的签约行为，并尽力进行适当的补救。然而，公司的会计人员却与王勇持同样观点，这是错误的，其违背了会计职业道德中的"诚实守信"和"参与管理"要求，必然会给公司带来经济损失和其他损失。在本案例中，其直接经济损失就是无法收回160 000元的销货款，另外还会有其他经济损失，如已付给王勇的奖金等。

新达公司应在给每个销售人员制定销售限额时，确定相关的要求，包括客户信誉、收款时间、回款质量等，而不能仅仅以销售额的大小来衡量销售人员的业绩，并以此作为发放奖金的唯一标准。也就是说，在与销售额相关的款项没有收回之前，不应当兑现相关人员的奖金。

案例14-2

张明于2×23年1月1日投资开办了天利公司，经营房地产业务。公司在会计核算过程中采用权责发生制原则作为确认损益的基础。在2×23年末，公司出于业务发展的考虑，需要增加新的资金投入。于是，张明以天利公司的名义向当地一家银行申请贷款500万元，并让公司的会计编制了相关的财务报表。之后，银行对该公司报送的会计报表进行了全面的审查，认为这笔贷款风险过大，最终拒绝了张明的申请。

张明收到银行的拒绝贷款通知书之后，对拒绝的理由进行了研究，发现银行拒贷的主要原因是其财务报表所反映的公司财务状况、经营成果不是很好，而且公司债务大于债权600多万元，说明资产的流动性也不是很理想。

于是，张明要求公司会计以收付实现制原则为基础重新编制一份财务报表。一方面，这份报表将该公司以前已经收现（收款）但没有实现的预收款转为本年的收入，以改善公司的盈利状况，降低债务的额度；另一方面，将2×23年10月12日，公司在一次房展会上与客户签署的一项意向性协议所涉及的协议款列为债权（应收款），而这个协议所达成的意向在2×24年10月才有可能生效。经过这样的调整，重新编制的会计报表反映了比较理想的财务状况和经营成果。

张明拿着这份被粉饰了的会计报表又向另一家银行申请贷款，并且张明还在申贷会上声称，本公司在以往的贷款活动中，从来没有被拒绝过。

案例要求：

（1）运用所学的会计知识对张明及其公司的行为展开讨论，并发表自己的见解。

（2）你认为第二家银行会怎样处理天利公司的申贷要求？

案例提示

该案例是供大家讨论的，所以在此只给出分析思路。

（1）天利公司被第一家银行拒贷，其直接原因就是公司账面的债务过多，近期偿债能力又不强（资产的流动性弱）。除此之外，公司目前的经营状况直接影响其未来的发展潜力和获利空间，这些因素对第一家银行而言，都意味着风险。

（2）对于第二家银行而言，报表被粉饰或许不会被发现，这就要求银行的会计人员要有一定的专业知识和职业判断能力，特别是张明一再声称"从未被拒贷"，应引起注意（为何不继续在没被拒贷的银行贷款）。而且，还要从该公司的往来款项入手，进行仔细的审查，"收现"和"实现"在权责发生制假设下，意义绝不相同。另外，意向性的协议在会计上是不能作为原始凭证的，将未来的一种可能性等同于现实是错误的。

（3）本案例涉及"会计核算的基本前提（主要是权责发生制和收付实现制）""收入的确认、计量""会计凭证""会计报表""会计职业道德"等会计核算的相关知识。

案例14-3

某公司会计突然辞职了，假如会计专业本科毕业的你到该公司应聘，公司相关人员向你提供了下列资料，并要求你回答资料后面的问题：

该公司会计辞职时，留下一本账簿，数字已经登记过了，且确认的公司×月的净收益为392 700元。账簿中包括公司本月发生的详细的交易记录，根据账簿记录确定的公司×月月初、月末的账户（或项目）余额见表14-3。

表 14-3 公司×月各有关账户（或项目）余额表 单位：元

账户（或项目）名称	×月 1 日	×月 30 日
应付账款	163 140	426 300
应收账款	435 960	530 100
应付职工薪酬	39 480	44 040
累计折旧——建筑物	3 120 000	3 159 000
累计折旧——设备	106 080	118 560
应付票据	167 700	585 000
固定资产——建筑物	11 700 000	11 700 000
实收资本	7 800 000	7 800 000
库存现金（含银行存款）	699 660	1 333 200
固定资产——设备	258 000	733 200
无形资产——土地使用权	1 794 000	1 794 000
库存商品	596 700	530 400
应收票据	234 000	0
其他非流动资产	97 140	105 300
其他非流动负债	49 020	49 020
长期待摊费用（预付保险费）	63 000	56 520
留存收益	4 430 220	4 588 920
周转材料	111 180	132 600
应交税费	114 000	144 480

该公司的所有者（1人）拥有公司的全部股份。

案例要求：

（1）比较该公司×月月初和月末的财务状况，并对月末的财务状况进行评价。

（2）为什么该公司本月实现的净收益没有使公司的留存收益增加相同的金额？

（3）结合你在大学期间所学的会计专业知识，给该公司的账目设置和管理提供一些建议。

案例提示

首先，根据该公司有关账户余额的记录，可以计算出该公司月初和月末的资产、负债和所有者权益的金额。

月初的资产总额=435 960+11 700 000+699 660+258 000+1 794 000+596 700+
     234 000+97 140+63 000+111 180-3 120 000-106 080
     =12 763 560（元）

月末的资产总额=530 100+11 700 000+1 333 200+733 200+1 794 000+530 400 +
     105 300+56 520+132 600-3 159 000-118 560
     =13 637 760（元）

月初的负债总额=163 140+39 480+167 700+49 020+114 000
     =533 340（元）

月末的负债总额=426 300+44 040+585 000+49 020+144 480
     =1 248 840（元）

月初的所有者权益总额=7 800 000+4 430 220=12 230 220（元）

月末的所有者权益总额=7 800 000+4 588 920=12 388 920（元）

该公司月末的资产总额比月初增加了874 200元，其中，所有者权益引起资产增加158 700元，其余是负债增加引起的，即715 500元。公司本期实现净收益392 700元，导致所有者权益增加158 700元，其他的可能分配给投资人了。

案例14-4

几个校友亦是会计同行聚在一起，兴致突起，谈起会计职场初体验。

小王提到了工作心态。他认为做会计最好从基层做起，如库管、出纳之类，取得经验之后再去小企业当个全职会计练手。小王就是从出纳做起的。做出纳能与各种人打交道，而且又是个管钱的差事，因此心态十分重要，工作时要有平常心，不能急躁。小王的体会是：热情对人，冷静对事，谨慎稳重，遇事多请教、多请示。

小刘谈了新手应注意的问题：第一，不要怕吃苦，刚入行，领导会让做一些打杂的小事，要认真做好；第二，要对得起这份工作，将心比心，换位思考，这样领导及他人才会认可你；第三，和税务、市场监督管理部门要建立良好关系；第四，多尊重他人，工作中不要越权，凡事先小后大，按正常程序走；第五，做有心人，把工作中该记的记下来，该留的留下来，时间一长自然成行家；第六，经得起被人埋怨，心胸要宽广。

小张谈了自己的求职经历：如果到小单位做会计，单位成立的时间起码要两年以上，其才能有较齐全的会计资料可供参考。如果前任会计水平较高，你还能从中学到很多东西。应全方位地熟悉会计业务，三四年后你就是老会计了。最好到稍有规模的企业去做会计，业务复杂不怕，如果有人带就更好了。如小张的师傅就是一个非常厉害的老会计，领导也懂财务，而小张也非常好学，遇到问题随时请教。因此，小张的业务能力进步很快。

求职要学会灵活，具体问题具体分析、具体对待。求职简历应简洁务实，少用模棱两可的语言。刚毕业的学生求职的致命短处就是没有做会计的经验，问题的关键是如何使你的短处恰好被长处所掩盖，使对方觉得你的这个短处无关紧要。因此，应针对应聘单位对会计的具体要求，尽量展现你的才华，当然也要避免弄巧成拙。

案例要求：

（1）初做会计应注意些什么问题？

（2）如何处理与上司的关系？

（3）试着写一份求职简历，突出你的特长。

案例14-5

A公司和B公司均是两年前成立的，其经营的业务基本相同。2×24年8月初，两家公司均向银行提出为期6个月的贷款申请。为了了解两家公司的财务状况，银行要求两家公司提供最新的财务报表，B公司尚未完成会计报表的编制工作，只好暂时提供一张试算平衡表。A公司提供的资产负债表见表14-4，B公司提供的试算平衡表见表14-5。

表14-4   **资产负债表（简表）**   会企01表

编制单位：A公司   2×24年7月31日   单位：元

资产	行次	期末余额	上年年末余额（略）	负债和所有者权益（或股东权益）	行次	期末余额	上年年末余额（略）
流动资产：				流动负债：			
货币资金		562 500		短期借款			
交易性金融资产				交易性金融负债			
衍生金融资产				衍生金融负债			
应收票据				应付票据			
应收账款		1 625 000		应付账款		1 292 500	
预付款项		90 000		预收款项		125 000	
其他应收款				合同负债			
存货		2 797 500		应付职工薪酬			
持有待售资产				应交税费		207 500	
一年内到期的非流动资产				其他应付款			
其他流动资产				持有待售负债			
流动资产合计		5 075 000		一年内到期的非流动负债			
非流动资产：				其他流动负债			
债权投资				流动负债合计		1 625 000	
其他债权投资				非流动负债：			
长期应收款				长期借款			
长期股权投资				应付债券			
其他权益工具投资				其中：优先股			

资产	行次	期末余额	上年年末余额（略）	负债和所有者权益（或股东权益）	行次	期末余额	上年年末余额（略）
其他非流动金融资产				永续债			
投资性房地产				长期应付款			
固定资产		3 250 000		预计负债			
在建工程				递延收益			
生产性生物资产				递延所得税负债			
油气资产				其他非流动负债			
无形资产				非流动负债合计			
开发支出				负债合计		1 625 000	
商誉				所有者权益（或股东权益）：			
长期待摊费用				实收资本（或股本）		6 250 000	
递延所得税资产				其他权益工具			
其他非流动资产				其中：优先股			
非流动资产合计		3 250 000		永续债			
				资本公积			
				减：库存股			
				其他综合收益			
				盈余公积		200 000	
				未分配利润		250 000	
				所有者权益（或股东权益）合计		6 700 000	
资产总计		8 325 000		负债和所有者权益（或股东权益）总计		8 325 000	

表14-5 总分类账户发生额试算平衡表

编制单位：B公司　　　　　　　　　　2×24年7月31日　　　　　　　　　单位：元

账户名称	本期发生额	
	借　方	贷　方
库存现金	17 500	
银行存款	970 000	
应收账款	1 279 500	
原材料	875 000	
生产成本	315 000	
库存商品	880 000	
长期待摊费用	30 000	
固定资产	8 000 000	
累计折旧		2 117 000
应付账款		2 467 500
应交税费		282 500
应付利息		50 000
实收资本		7 000 000
盈余公积		200 000
本年利润		150 000
利润分配		100 000
合　计	12 367 000	12 367 000

假定A公司和B公司向银行申请贷款的金额相同。

案例要求：

根据上述资料，作为银行信贷员的你，应贷款给哪家公司？为什么？

案例提示

通过对比两家公司的资料可以看出：A公司的流动资产为5 075 000元，流动负债为1 625 000元，其流动资产是流动负债的3倍多，也就是说A公司有足够的流动资产用于偿还即将到期的债务；B公司的流动资产为4 337 000元，流动负债为2 800 000元，其流动资产是流动负债的1.5倍。显然，A公司的短期偿债能力要比B公司强，所以在其他条件相同的情况下，应该贷款给A公司。

六、练习题参考答案

（一）单项选择题

1. B 2. D 3. A 4. C 5. D 6. C 7. C 8. B 9. D 10. B 11. C 12. C 13. C 14. B 15. B 16. B 17. C 18. A 19. D 20. C

（二）多项选择题

1. ABCD 2. ABCD 3. BD 4. ABD 5. ABDE 6. ACD 7. ABCDE 8. ABCE 9. CE 10. ABDE 11. ACD 12. ABCD 13. ABCDE 14. ABDE 15. ABC

（三）判断题

1. × 2. × 3. √ 4. × 5. × 6. √ 7. × 8. √ 9. √ 10. √ 11. × 12. √ 13. √ 14. × 15. × 16. × 17. × 18. × 19. × 20. √

（四）业务处理题

（1）本月业务的会计分录如下：

① 借：材料采购　　　　　　　　　　　　　　120 000

　　　应交税费——应交增值税（进项税额）　　15 600

　　贷：预付账款——D企业　　　　　　　　　　　　135 600

② 借：原材料　　　　　　　　　　　　　　　132 000

　　贷：材料采购　　　　　　　　　　　　　　　　120 000

　　　材料成本差异　　　　　　　　　　　　　　　12 000

③ 借：应收账款　　　　　　　　　　　　　　18 000

　　贷：坏账准备　　　　　　　　　　　　　　　　18 000

同时：

借：银行存款	18 000	
贷：应收账款		18 000

④借：管理费用 90 000

　　贷：累计折旧 90 000

⑤确认收入：

借：银行存款	678 000	
贷：主营业务收入		600 000
应交税费——应交增值税（销项税额）		78 000

结转成本：

借：主营业务成本	420 000	
贷：库存商品		420 000

⑥借：应付利息 20 000

　　贷：银行存款 20 000

⑦借：长期借款 420 000

　　贷：银行存款 420 000

⑧期末结转损益类账户：

借：主营业务收入	600 000	
贷：本年利润		600 000
借：本年利润	510 000	
贷：主营业务成本		420 000
管理费用		90 000

计算本年应交所得税=（600 000–510 000）×25%=22 500（元）

借：所得税费用	22 500	
贷：应交税费——应交所得税		22 500

将所得税费用转入本年利润：

借：本年利润	22 500	
贷：所得税费用		22 500

结转本年利润：

借：本年利润	67 500	
贷：利润分配——未分配利润		67 500

（2）编制 AB 公司 2×24 年 8 月末的资产负债表，见表14-6。

表14-6

资产负债表

会企01表

编制单位：AB公司　　　　　　　2×24年8月31日　　　　　　　单位：元

资产	行次	期末余额	上年年末余额	负债和所有者权益（或股东权益）	行次	期末余额	上年年末余额
流动资产：				流动负债：			
货币资金		365 800	109 800	短期借款		600 000	600 000
交易性金融资产				交易性金融负债			
衍生金融资产				衍生金融负债			
应收票据				应付票据			
应收账款		340 200	358 200	应付账款		505 600	430 000
预付款项			60 000	预收款项			
其他应收款		36 000	36 000	合同负债			
存货		720 000	1 020 000	应付职工薪酬			
持有待售资产				应交税费			84 900
一年内到期的非流动资产				其他应付款			20 000
其他流动资产				持有待售负债			
流动资产合计		1 462 000	1 584 000	一年内到期的非流动负债			
非流动资产：				其他流动负债			
债权投资				流动负债合计		1 190 500	1 050 000
其他债权投资				非流动负债：			
长期应收款				长期借款		840 000	1 260 000
长期股权投资				应付债券			
其他权益工具投资				其中：优先股			
其他非流动金融资产				永续债			
投资性房地产				长期应付款			

続表

资产	行次	期末余额	上年年末余额	负债和所有者权益（或股东权益）	行次	期末余额	上年年末余额
固定资产		2 694 000	2 784 000	预计负债			
在建工程				递延收益			
生产性生物资产				递延所得税负债			
油气资产				其他非流动负债			
无形资产				非流动负债合计		840 000	1 260 000
开发支出				负债合计		2 030 500	2 310 000
商誉				所有者权益（或股东权益）：			
长期待摊费用				实收资本（或股本）		1 500 000	1 500 000
递延所得税资产				其他权益工具			
其他非流动资产				其中：优先股			
非流动资产合计		2 694 000	2 784 000	永续债			
				资本公积		318 000	318 000
				减：库存股			
				其他综合收益			
				盈余公积		240 000	240 000
				未分配利润		67 500	
				所有者权益（或股东权益）合计		2 125 500	2 058 000
资产总计		4 156 000	4 368 000	负债和所有者权益（或股东权益）总计		4 156 000	4 368 000

附录一

会计循环综合案例

写在前面的话：对"基础会计"课程内容的学习暂告一段落，你一定想知道自己对会计基本原理学习和掌握的程度。虽然这是一门介绍会计基础理论与基本方法的课程，但其也不乏实务操作的内容，况且任何理论都应付诸实践进而指导实践，这也正是我们学习理论的目的之一。

正是基于这样一种想法，我们精心设计了"会计循环综合案例"，旨在帮助初学者运用学过的会计理论知识解决某些实际问题，以达到进一步巩固、理解所学的会计理论知识的目的。这个案例综合了会计循环的大部分内容，从经济业务的确认、计量开始，到财务会计报告的编制为止。不仅如此，我们还将一些常见错误隐藏于案例内容之中，这就要求分析案例的你纠正所发现的错误，完成对案例的实际操作。

发现并改正错误是本案例不同于平时按部就班学习的独特之处。应该说，这个案例基本上将我们所学过的会计核算方法的主要内容作了一个整合，当你从容地将这个案例的各个要求完成之后，相信会有所收获。

目的：练习各种会计核算方法的运用以及会计循环综合业务的会计处理。

资料：利得股份有限公司为一般纳税人企业，公司采用权责发生制作为会计处理基础，对于原材料、产成品的收发核算均按照实际成本计价。公司适用的税率分别为：增值税税率13%，消费税税率5%，城市维护建设税税率7%，教育费附加提取率3%，企业所得税税率25%。发出存货采用月末一次加权平均法计价。从银行取得的临时借款的年利率为6%，利息按月计算提取。

2×24年11月，由于公司原会计王伟强发生工作调动（截至11月末的经济业务已全部处理完毕），直到12月末才找到合适的继任会计刘斌，因而公司12月所有的经济业务在月末之前都没有进行会计处理。而且，由于原会计王伟强走得比较匆忙，与新来的会计刘斌没有办理会计工作交接手续，所以刘斌来到公司之后，提出要将原会计王伟强临时叫回公司共同核对有关账目，并补办会计工作交接手续，以明确各自责任。

刘斌首先列出了公司11月30日总分类账户的余额，见表A-1。

表A-1

总分类账户余额表

2×24年11月30日　　　　　　　　　　单位：元

账户名称	借 方	贷 方
库存现金	14 400	
银行存款	3 740 000	
原材料	5 632 800	
其他应收款	25 208	
生产成本	930 000	
固定资产	18 203 600	
应收账款	3 840 000	
预付账款	2 500 000	
长期待摊费用	48 000	
累计折旧	3 160 000	
短期借款		1 600 000
应付账款		764 000
其他应付款		159 208
应付利息		19 200
预收账款		840 000
盈余公积		1 096 000
实收资本		20 000 000
资本公积		3 700 000
利润分配		2 700 000
本年利润		2 840 000

在对表A-1中有关账户余额进行核对的过程中，刘斌发现公司总账账户余额（11月末的余额，也就是12月初的余额）存在问题：借方余额合计不等于贷方余额合计。经过刘斌和王伟强的共同查找，初步确定问题在于出纳代为保管会计账簿的过程中，账簿中某些总账账户的记录受损，包括"库存商品"账户和"应交税费"账户（只有这两个账户受损）。于是，刘斌对与其相关的11月的有关资料进行整理，确定了下列内容：

① 公司11月初库存商品余额为2 450 000元。

② 公司11月该种商品的销售总收入为5 600 000元。

③ 公司按销售收入的70%结转销售成本。

④ 公司11月生产的产品（包括月初在产品和本月投产的产品）月末时有80%完工入库。

⑤ 公司11月按销售收入的5%计算税金，其他欠缴的税金合计25 600元（包括以前欠缴的税金）。

王伟强对所缺账簿的记录资料进行了处理，补齐了账簿记录，并按规定程序与刘斌办完了交接手续。

接下来，刘斌开始介入公司的会计核算工作。出纳王丽将她所保管的公司12月发生经济业务的有关凭据交给刘斌。经过整理，刘斌列出了利得股份有限公司12月的经济业务内容：

（1）12月1日，公司开出现金支票从开户银行基本户提取现金10 000元，以备零星开支。

（2）12月2日，公司预付银行存款200 000元向友谊工厂订购丙材料。

（3）12月3日，公司接受某投资人的法定资本投资10 000 000元，将其存入银行，并办好各种手续。

（4）12月3日，签发并承兑商业汇票以购入丁材料，发票上注明的价款为700 000元，增值税进项税额为91 000元。另外，公司用银行存款11 600元支付丁材料的运杂费（不考虑增值税）。材料尚未运达。

（5）12月4日，上述丁材料到货并验收入库，结转成本。

（6）12月4日，公司用银行存款购入下列材料：

甲材料12 000千克，单价为30元/千克，价款计360 000元；

乙材料 7 000 千克，单价为 20 元/千克，价款计 140 000 元。

材料尚未运达企业。

（7）12 月 5 日，公司用银行存款 14 400 元预付明、后两年的房屋装修费。

（8）12 月 6 日，公司的公出人员出差归来报销差旅费 3 360 元，余款补足现金（原借款 3 000 元）。

（9）12 月 8 日，公司从某商店购入一台需要安装的设备，其买价为 520 000 元，增值税税额为 67 600 元，包装运杂费等为 9 600 元（包装运杂费不考虑增值税），款项通过银行存款支付，设备投入安装。

（10）12 月 9 日，公司用银行存款 15 200 元支付本月购入的甲、乙材料的外地运杂费，按材料的重量比例进行分配。材料验收入库，结转入库材料成本。

（11）12 月 10 日，公司开出现金支票从银行提取现金 1 136 000 元，用于发放工资。

（12）12 月 12 日，公司向某客户销售一批产品，价款为 1 700 000 元，增值税销项税额为 221 000 元。另外，公司用银行存款代客户垫付运杂费 13 000 元。关于上述货款，收到一张已承兑商业汇票。

（13）12 月 12 日，公司本月购入的设备在安装过程中发生的安装费如下：消耗原材料 20 800 元，应付本企业安装工人的工资 96 000 元，福利费 13 440 元。设备安装完工交付使用，结转工程成本。（假设工程领用的原材料不涉及增值税）

（14）12 月 13 日，公司的仓库发出原材料，其用途如下：生产产品耗用甲材料的成本为 1 300 000 元，乙材料的成本为 760 000 元，车间一般性耗用甲材料的成本为 56 000 元，乙材料的成本为 72 000 元，行政管理部门耗用乙材料的成本为 28 000 元。

（15）12 月 14 日，公司用现金 2 400 元购买行政管理部门办公用品。

（16）12 月 16 日，公司职工报销市内交通费 1 200 元，付给现金。

（17）12 月 17 日，公司赊销一批产品，发票上注明的价款为 2 560 000 元，增值税税额为 332 800 元，款项未收到。另外，用银行存款 10 000 元代购买单位垫付运杂费。

（18）12 月 19 日，公司月初预付款（友谊工厂）的丙材料到货，随货附来的发票上注明的材料价款为 1 200 000 元，增值税进项税额为 156 000 元，不足款项当即通过银行支付，材料入库，并结转成本。

（19）12 月 20 日，公司对资产进行盘查，发现一台设备盘亏。该设备的账面取得成本为 250 000 元，累计已提折旧 56 280 元（未提减值准备）。

（20）12 月 21 日，公司收到开户银行转来的付款通知，本公司职工的住院费 7 360 元已全部支付。

（21）12 月 23 日，公司按合同的规定预收某商店订购本公司产品的货款 1 000 000 元，存入银行。

（22）12 月 25 日，公司接受某单位投资的一台设备，价值 1 760 000 元（均作为法定资本，假设不考虑增值税），设备直接投入使用。

（23）12 月 28 日，公司收到银行的通知，本月的水电费为 24 000 元。其中，车间的水电费为 16 400 元，行政管理部门的水电费为 7 600 元。

（24）12 月 30 日，公司将银行存款 40 000 元用于公益性捐赠。

（25）12 月 31 日，公司提取本月固定资产折旧，其中，车间设备折旧额为 49 000 元，行政管理部门设备折旧额为 24 000 元。

（26）12 月 31 日，公司分配本月职工工资。其中，生产工人的工资为 520 000 元，车间管理人员工资为 370 000 元，行政管理人员的工资为 150 000 元。

（27）12 月 31 日，公司本月提取的职工福利费为：生产工人福利费 72 800 元，车间管理人员福利费 51 800 元，行政管理人员福利费 21 000 元。

（28）12 月 31 日，公司按规定的税率计算本月的消费税、城市维护建设税和教育费附加。假如本公司销售的产品为应税消费品。城市维护建设税税额=（应交消费税税额+应交增值税税额）×税率。教育费附加与城市维护建设税的计算方法相同（假如公司以前月份的增值税尚有 53 600 元销项税额未抵扣完毕）。

（29）12 月 31 日，公司取得一笔与日常活动无关的政府补助收入 89 200 元，存入银行。

（30）12 月 31 日，公司将本月发生的制造费用转入产品生产成本。

（31）12月31日，公司本月生产的产成品完工成本为2 640 000元，验收入库，根据产品成本计算单结转其实际生产成本。

（32）12月31日，公司结转本月已销产品的成本2 982 000元。

（33）12月31日，公司董事会批准将本月盘亏的设备按常规方法进行处理。

（34）12月31日，公司确认应付某单位的货款160 000元已无法偿还，予以处理。

（35）12月31日，公司将本月实现的各项"收入"转入"本年利润"账户。

（36）12月31日，公司将本月发生的各项"支出"转入"本年利润"账户。

（37）12月31日，公司按照25%的税率计算本月的所得税并予以结转。

（38）12月31日，公司按照董事会的决议，根据全年净利润的10%提取法定盈余公积金。

（39）12月31日，公司董事会决定分配给股东现金股利1 160 000元。

（40）12月31日，公司年末结转本年净利润。

由于时间关系，公司的新任会计刘斌在对本月（12月）发生的经济业务进行处理之后，没有完成全部的结账工作（主要是按权责发生制会计处理基础应予调整的账项），其根据有关记录和计算编制了公司12月的利润表（简表），见表A-2。

表A-2　　　　　　　　　　　利润表　　　　　　　　　　　会企02表

编制单位：利得股份有限公司　　　　2×24年12月　　　　　　　　单位：元

项　　目	行次	本期金额	上期金额（略）
一、营业收入		4 260 000	
减：营业成本		2 982 000	
税金及附加		257 080	
销售费用			

项 目	行次	本期金额	上期金额（略）
管理费用		237 560	
研发费用			
财务费用			
其中：利息费用			
利息收入			
加：其他收益			
投资收益（损失以"-"号填列）			
公允价值变动收益（损失以"-"号填列）			
资产减值损失（损失以"-"号填列）			
资产处置收益（损失以"-"号填列）			
二、营业利润（亏损以"-"号填列）		783 360	
加：营业外收入		249 200	
减：营业外支出		233 720	
三、利润总额（亏损总额以"-"号填列）		798 840	
减：所得税费用		199 710	
四、净利润（净亏损以"-"号填列）		599 130	
（一）持续经营净利润（净损失以"-"号填列）			
（二）终止经营净利润（净损失以"-"号填列）			
五、其他综合收益的税后净额			
（一）不能重分类进损益的其他综合收益			
1.重新计量设定受益计划变动额			

项　目	行次	本期金额	上期金额（略）
2.权益法下不能转损益的其他综合收益			
3.其他权益工具投资公允价值变动			
4.企业自身信用风险公允价值变动			
（二）将重分类进损益的其他综合收益			
1.权益法下可转损益的其他综合收益			
2.其他债权投资公允价值变动			
3.金融资产重分类计入其他综合收益的金额			
4.其他债权投资信用减值准备			
5.现金流量套期储备			
6.外币财务报表折算差额			
六、综合收益总额			
七、每股收益：			
（一）基本每股收益			
（二）稀释每股收益			

另外，会计刘斌在编制资产负债表和其他报表之前，还编制了总分类账户的发生额及余额试算平衡表。恰逢税务专管员到本公司检查纳税情况，根据有关人士提供的资料，该公司本年度核定的计税工资为13 000 000元，其中12月为960 000元（不含工程人员工资）。

经过简单的核对和计算，税务专管员认为刘斌计算出来的本公司12月的所得税199 710元是错误的，利润表中的有关项目也存在错误。另外，由于时间比较匆忙，会计刘斌编制的试算平衡表也不平衡（由于刘斌发现试算平衡表中的期初余额和本期发生额合计数均不平衡，所以刘斌就没有填列试算平衡表中的期末余额栏目）。其不平衡的试算平衡表见表 A-3。

表A-3　　　　　　**总分类账户发生额及余额试算平衡表**

2×24年12月

单位：元

会计科目	期初余额		本期发生额		期末余额	
	借方	贷方	借方	贷方	借方	贷方
库存现金	14 400		1 146 000	1 139 960		
银行存款	3 740 000		11 674 200			
原材料	5 632 800		2 426 800	2 236 800		
其他应收款	25 208			3 000		
库存商品			2 640 000	2 982 000		
生产成本	930 000		3 268 000	2 640 000		
固定资产	18 203 600		2 419 840	250 000		
应收账款	3 840 000		2 902 800			
预付账款	2 500 000		200 000	200 000		
累计折旧	3 160 000		56 280	73 000		
短期借款		1 600 000				
应付账款		764 000	160 000			
应付利息		19 200				
应交税费			379600	1 010 590		
预收账款		840 000		1 000 000		
盈余公积		1 096 000		52 270		
资本公积		3 700 000				
利润分配		2 700 000	1 212 930	1 815 700		
本年利润		2 840 000	5 635 696	4509200		

会计科目	期初余额		本期发生额		期末余额	
	借方	贷方	借方	贷方	借方	贷方
在途物资			1 226 800	1 226 800		
长期待摊费用	48 000		14 400			
应付职工薪酬			1 143 360	1 295 040		
在建工程			659 840	659 840		
制造费用			615 200	615 200		
主营业务收入			4 260 000	4 260 000		
主营业务成本			2 982 000	2 982 000		
税金及附加			257 080	257 080		
营业外支出			233 720	233 720		
其他应付款		159 208				
营业外收入			249 200	249 200		
所得税费用			199 710	199 710		
应付股利				1 160 000		
实收资本		20 000 000		11 760 000		
管理费用			237 560	237 560		
合　计						

会计刘斌针对税务专管员提出的问题，对所得税的计算过程进行了全面的检查，在此基础上，又查找了试算平衡表不平衡的原因。

关于所得税的计算错误，有两个主要原因：一是计税依据的确定存在错误（提示：所得税的计税依据是应纳税所得额，而应纳税所得额是在会计利润的基础上结合各项调整因素确定的，利得股份有限公司涉及一项纳税调整因素）；二是在会计期末没有对下列需要调整的事项按照权责发生制会计处理基础进行全面的调整：

① 本月应付短期借款利息未入账；

② 上个月月末已付款的房屋装修费（房屋本月开始使用）本月未摊销入账；

③ 以前已经预收款的劳务 330 000 元本月已提供完毕，但未调整入账（为简化起见，该项收入不考虑税金问题）。

关于试算平衡表不平衡，刘斌怀疑是在对本月业务的处理过程中，对银行存款、应付账款、累计折旧等账户的记录、计算有误，而且试算平衡表中漏列了个别账户，如"应收票据"等。请你帮助刘斌确定毁损账簿的记录金额（"库存商品"账户和"应交税费"账户），然后找出所得税的计算错误，并予以更正。

另外，在对本月业务进行正确的处理、完成调整账项，并对发生的错误进行改正的基础上，帮助刘斌编制正确的试算平衡表（在前述试算平衡表中进行修改即可）。在将有关错误全部纠正完毕、完成试算平衡表中所缺项目的填列工作的情况下，编制利得股份有限公司12月的利润表（在前述利润表中进行修改即可）和12月末的资产负债表。资产负债表的格式见表A-4。

表A-4 　　　　　　　　　资产负债表　　　　　　　　会企01表
编制单位：　　　　　　　　　年　月　日　　　　　　　　单位：元

资产	行次	期末余额	上年年末余额（略）	负债和所有者权益（或股东权益）	行次	期末余额	上年年末余额（略）
流动资产：				流动负债：			
货币资金				短期借款			
交易性金融资产				交易性金融负债			
衍生金融资产				衍生金融负债			
应收票据				应付票据			
应收账款				应付账款			
预付款项				预收款项			

资产	行次	期末余额	上年年末余额（略）	负债和所有者权益（或股东权益）	行次	期末余额	上年年末余额（略）
其他应收款				合同负债			
存货				应付职工薪酬			
持有待售资产				应交税费			
一年内到期的非流动资产				其他应付款			
其他流动资产				持有待售负债			
流动资产合计				一年内到期的非流动负债			
非流动资产：				其他流动负债			
债权投资				流动负债合计			
其他债权投资				非流动负债：			
长期应收款				长期借款			
长期股权投资				应付债券			
其他权益工具投资				其中：优先股			
其他非流动金融资产				永续债			
投资性房地产				长期应付款			
固定资产				预计负债			
在建工程				递延收益			
生产性生物资产				递延所得税负债			
油气资产				其他非流动负债			
无形资产				非流动负债合计			
开发支出				负债合计			
商誉				所有者权益（或股东权益）：			

资产	行次	期末余额	上年年末余额（略）	负债和所有者权益（或股东权益）	行次	期末余额	上年年末余额（略）
长期待摊费用				实收资本（或股本）			
递延所得税资产				其他权益工具			
其他非流动资产				其中：优先股			
非流动资产合计				永续债			
				资本公积			
				减：库存股			
				其他综合收益			
				盈余公积			
				未分配利润			
				所有者权益（或股东权益）合计			
资产总计				负债和所有者权益（或股东权益）总计			

在完成了上述内容之后，对利得股份有限公司会计刘斌在整个会计处理过程中所发生的每一个错误进行详细的解答，告诉刘斌错误的原因以及对最终结果的影响，使刘斌在以后的会计工作中不要再犯同样的错误。

案例解答思路：

利得股份有限公司会计刘斌在进行会计处理的过程中所发生的错误、遗漏及需要纠正的内容应该包括以下几个部分：

（1）11月末（12月初）有关总账账户余额不平衡的原因是缺少对"库存商品"和"应交税费"两个账户的记录。这两个账户的余额可以根据11月的资料（题中已给出）分析确定：

①关于"库存商品"账户余额。对于每个账户而言，均存在等式"期末余额=期初余额+本期增加发生额-本期减少发生额"。这里的期初余额题中已给出，本期增加发生额可以根据"生产成本"账户的记录确定（结转完工入库的成本），本期减少发生额可以根据11月实现的收入及其结转比例确定。

②"应交税费"账户余额的确定比较简单，这里不再赘述。

（2）所得税的计算错误是由多个原因造成的：

首先，要明确所得税费用的计算原理。所得税费用是根据应纳税所得额与所得税税率计算出来的。而应纳税所得额是由利润总额加或减各项调整因素而得。

其次，在计算利润总额时，要注意各项收入的确认是否准确。本题中企业在本月实现的收入包括主营业务收入和营业外收入，内容比较简单，只是别忘了对月末应调整的"应计预收收入"进行调整；在确定利润总额时，更要注意各项支出的计算，包括营业成本、税金及附加、期间费用中的"管理费用""财务费用""销售费用"，以及营业外支出等，这些支出有的是由多项具体内容构成的，必须认真计算。特别是在月末结账时，需要按权责发生制会计处理基础对有关的收入、费用进行相应的调整。

最后，对于企业涉及的某些税费（影响损益额），在计算时也要慎重。利得股份有限公司本月业务涉及消费税、城市维护建设税和教育费附加，其中，消费税=应税收入×消费税税率，城市维护建设税=（应交消费税税额+应交增值税税额）×城市维护建设税税率，教育费附加=（应交消费税税额+应交增值税税额）×教育费附加提取率。

在消费税正确计算的基础上，只要保证应交增值税税额的计算正确，也就可以正确地计算城市维护建设税和教育费附加了。而应交增值税税额是由增值税的销项税额减去进项税额确定的，所以增值税进项税额、销项税额的准确确定是正确计算城市维护建设税和教育费附加的关键。

这里要注意：企业购入货物的增值税税额不一定都能作为进项税额去抵扣销项税额。如果利润总额的计算无误，接下来还要检查各项调整因素。本题中主要涉及的就是计税工资的问题。具体如下：

① 月末结账时的调整业务漏记。根据题中已给出的内容可以看出，"应计未付费用的调整"（利息=1 600 000×6%÷12＝8 000元）漏记；"应计预付费用的调整"（摊销额=48 000÷24=2 000元）漏记；"应计预收收入的调整"（劳务收入330 000元）漏记。

② 利得股份有限公司12月实际工资超过计税工资80 000元（1 040 000-960 000），应调增应纳税所得额。

（3）计算提取盈余公积金时，要考虑"本年利润"账户前11个月的内容。

（4）关于试算平衡表的不平衡，应该从以下各方面查找错误：

① 期初余额的方向填列错误，如"累计折旧"账户等。

② 本期发生额的记录和计算存在错误，需要对本月发生的全部经济业务进行正确的账务处理，也就是要保证编制的会计分录不出错误，并将这些会计分录正确地登记到账簿中去。在此基础上，正确地计算各个账户的发生额和余额，这样根据各个账户的余额（包括期初余额和期末余额）以及发生额编制的试算平衡表才是正确的。根据会计刘斌的怀疑，对银行存款、应付账款以及累计折旧等账户的记录（包括期初余额、期末余额和本月发生额）进行全面检查，观察是否存在漏记、重记、方向颠倒等错误，找出问题所在，并进行更正，就可以编制出正确的试算平衡表了。

（5）利润表错误的查找主要在于对本期业务的处理，即对本期各项收入和支出的确认、计量、记录是否正确。因而，要纠正利润表的错误，只要对前面的有关错误进行查找、改正，利润表也就自然可以修改了。

（6）计算盈余公积金时，不能仅仅按12月实现的净利润提取，而应该考虑全年实现的净利润。

特别提醒：

关于利得股份有限公司本期发生的各项经济业务的处理，需要注意以下内容：

（1）按照新的增值税条例的要求，一般纳税人企业购入固定资产（生产设备等）的增值税税额应作为进项税额抵扣销项税额。

（2）无法偿还的应付款、接受政府补助均属于企业的营业外收入。

（3）期末结账时，不仅要按照配比原则结清各损益类账户，还要按照权责发生制会计处理基础对预收款的收入、未收款的收入以及预付款的费用、应付款的费用进行调整。

（4）计入产品成本的费用和计入当期损益（期间费用）的费用要区分清楚。

（5）应纳税所得额的确定要准确。

（6）利润分配是对全年的净利润进行分配，而不仅仅是12月的净利润。

会计循环综合案例参考答案

本案例涉及的内容比较多，包括会计要素确认与计量的一般原则（如权责发生制会计处理基础、配比原则、划分收益性支出与资本性支出原则等）、账户结构（账户所记录的四个金额之间的等量关系、余额的方向等）、会计等式（资产=负债+所有者权益、收入-费用=利润）、成本的计算、财务成果的构成（形成、分配）、财产清查、会计报表的编制等一系列会计基础知识，需要把前后学习的基本内容（基础知识、基本理论和技术操作）连贯起来，逐步进行解答。具体如下：

1.关于"库存商品"和"应交税费"账户的缺失金额：

由于12月应结转的商品销售成本为3 920 000元（5 600 000×70%），12月完工入库的商品成本为3 720 000元（930 000÷20%×80%），所以"库存商品"账户12月初余额应为2 250 000元（2 450 000+3 720 000-3 920 000）；11月的销售税金为280 000元（5 600 000×5%），所以"应交税费"账户12月初余额应为305 600元（280 000+25 600）。

2.对公司12月发生的经济业务进行账务处理（包括未列出的调整账项）：

（1）借：库存现金   10 000

      贷：银行存款   10 000

（2）借：预付账款——友谊工厂   200 000

      贷：银行存款   200 000

（3）借：银行存款   10 000 000

      贷：实收资本   10 000 000

（4）借：在途物资——丁材料   711 600

        应交税费——应交增值税（进项税额）   91 000

      贷：应付票据   791 000

          银行存款   11 600

（5）借：原材料——丁材料　　　　　　　　　　711 600
　　　贷：在途物资——丁材料　　　　　　　　　　　　711 600
（6）借：在途物资——甲材料　　　　　　　　360 000
　　　　　　　　——乙材料　　　　　　　　140 000
　　　应交税费——应交增值税（进项税额）　　 65 000
　　　贷：银行存款　　　　　　　　　　　　　　　　565 000
（7）借：长期待摊费用　　　　　　　　　　　 14 400
　　　贷：银行存款　　　　　　　　　　　　　　　　 14 400
（8）借：管理费用　　　　　　　　　　　　　　3 360
　　　贷：其他应收款　　　　　　　　　　　　　　　　3 000
　　　　库存现金　　　　　　　　　　　　　　　　　　 360
（9）借：在建工程　　　　　　　　　　　　　529 600
　　　应交税费——应交增值税（进项税额）　　 67 600
　　　贷：银行存款　　　　　　　　　　　　　　　　597 200
（10）借：在途物资——甲材料　　　　　　　　9 600
　　　　　　　　 ——乙材料　　　　　　　　5 600
　　　贷：银行存款　　　　　　　　　　　　　　　　 15 200
　　借：原材料——甲材料　　　　　　　　　369 600
　　　　　　　——乙材料　　　　　　　　　145 600
　　　贷：在途物资　　　　　　　　　　　　　　　　515 200
（11）借：库存现金　　　　　　　　　　　 1 136 000
　　　贷：银行存款　　　　　　　　　　　　　　 1 136 000
　　借：应付职工薪酬——工资　　　　　　 1 136 000
　　　贷：库存现金　　　　　　　　　　　　　　 1 136 000
（12）借：应收票据　　　　　　　　　　　 1 934 000
　　　贷：主营业务收入　　　　　　　　　　　　 1 700 000
　　　　应交税费——应交增值税（销项税额）　　 221 000
　　　　银行存款　　　　　　　　　　　　　　　　 13 000
（13）借：在建工程　　　　　　　　　　　　130 240
　　　贷：原材料　　　　　　　　　　　　　　　　 20 800
　　　　应付职工薪酬——工资　　　　　　　　　 96 000
　　　　　　　　　 ——职工福利　　　　　　　　 13 440
　　借：固定资产　　　　　　　　　　　　　659 840
　　　贷：在建工程　　　　　　　　　　　　　　　659 840

（14）借：生产成本   2 060 000

    制造费用   128 000

    管理费用   28 000

    贷：原材料——甲材料   1 356 000

        ——乙材料   860 000

（15）借：管理费用   2 400

    贷：库存现金   2 400

（16）借：管理费用   1 200

    贷：库存现金   1 200

（17）借：应收账款   2 902 800

    贷：主营业务收入   2 560 000

      应交税费——应交增值税（销项税额） 332 800

      银行存款   10 000

（18）借：原材料——丙材料   1 200 000

    应交税费——应交增值税（进项税额）   156 000

    贷：预付账款——友谊工厂   200 000

      银行存款   1 156 000

（19）借：待处理财产损溢——待处理固定资产损溢 193 720

    累计折旧   56 280

    贷：固定资产   250 000

（20）借：应付职工薪酬——职工福利   7 360

    贷：银行存款   7 360

（21）借：银行存款   1 000 000

    贷：预收账款——某商店   1 000 000

（22）借：固定资产   1 760 000

    贷：实收资本   1 760 000

（23）借：制造费用   16 400

    管理费用   7 600

    贷：银行存款   24 000

（24）借：营业外支出   40 000

    贷：银行存款   40 000

（25）借：制造费用   49 000

    管理费用   24 000

    贷：累计折旧   73 000

（26）借：生产成本   520 000

      制造费用   370 000

      管理费用   150 000

         贷：应付职工薪酬——工资   1 040 000

（27）借：生产成本   72 800

      制造费用   51 800

      管理费用   21 000

         贷：应付职工薪酬——职工福利   145 600

（28）消费税=（1 700 000+2 560 000）×5%=213 000（元）

城市维护建设税=（213 000+174 200+53 600）×7%=30 856（元）

教育费附加=（213 000+174 200+53 600）×3%=13 224（元）

借：税金及附加   257 080

         贷：应交税费——应交消费税   213 000

                ——应交城市维护建设税   30 856

                ——应交教育费附加   13 224

（29）借：银行存款   89 200

         贷：营业外收入   89 200

（30）借：生产成本   615 200

         贷：制造费用   615 200

（31）借：库存商品   2 640 000

         贷：生产成本   2 640 000

（32）借：主营业务成本   2 982 000

         贷：库存商品   2 982 000

（33）借：营业外支出   193 720

         贷：待处理财产损溢   193 720

（34）借：应付账款   160 000

         贷：营业外收入   160 000

对于本月漏列的调整业务在此进行处理：

本月负担的借款利息为8 000元（1 600 000×6%÷12）：

借：财务费用   8 000

         贷：应付利息   8 000

本月应摊销的房屋装修费为2 000元（48 000÷24）：

借：管理费用   2 000

| 　　贷：长期待摊费用 | | 2 000 |

本月应确认的劳务收入为330 000元：

| 借：预收账款 | 330 000 | |
| 　　贷：其他业务收入 | | 330 000 |

（35）借：主营业务收入　　　　　　　　4 260 000

　　　　　其他业务收入　　　　　　　　　330 000

　　　　　营业外收入　　　　　　　　　　249 200

　　　　贷：本年利润　　　　　　　　　　　　　4 839 200

（36）借：本年利润　　　　　　　　　　3 720 360

　　　　贷：主营业务成本　　　　　　　　　　　2 982 000

　　　　　　税金及附加　　　　　　　　　　　　　257 080

　　　　　　管理费用　　　　　　　　　　　　　　239 560

　　　　　　财务费用　　　　　　　　　　　　　　　8 000

　　　　　　营业外支出　　　　　　　　　　　　　233 720

（37）本期应纳税所得额=4 839 200-3 720 360+80 000=1 198 840（元）

本期应纳所得税税额=1 198 840×25%=299 710（元）

借：所得税费用	299 710	
贷：应交税费——应交所得税		299 710
借：本年利润	299 710	
贷：所得税费用		299 710

（38）全年的净利润=2 840 000+（4 839 200-3 720 360-299 710）

　　　　　　　　　　=3 659 130（元）

提取的盈余公积金=3 659 130×10%=365 913（元）

| 借：利润分配——提取法定盈余公积 | 365 913 | |
| 　　贷：盈余公积——法定盈余公积 | | 365 913 |

（39）借：利润分配——应付现金股利　　1 160 000

　　　　贷：应付股利　　　　　　　　　　　　　1 160 000

（40）借：本年利润　　　　　　　　　　3 659 130

　　　　贷：利润分配——未分配利润　　　　　　3 659 130

　　由以上处理可以看出，公司会计刘斌计算的所得税之所以有错，有两个原因：一是纳税调整因素中的计税工资应调增会计利润80 000元，但会计刘斌在计算所得税时未予考虑；二是未提利息8 000元，未摊房屋装修费2 000元，未计劳务收入330 000元。合计影响应纳税所得额400 000元（330 000+80 000-2 000-8 000），因而少计所得税100 000元（400 000×25%）。

关于试算平衡表不平衡，其原因主要是其中的几个账户存在记录错误。另外，还要考虑"库存商品""应交税费"账户的期初余额未列以及相关账户期初余额列示错误。具体如下：

（1）"库存商品"账户的期初余额为2 250 000元；"应交税费"账户的期初余额为305 600元；"累计折旧"账户的期初余额应为贷方3 160 000元，而在试算表中将其方向弄颠倒了。

（2）关于本期发生额，在试算平衡表中的错误比较多，具体如下：

"银行存款"账户贷方发生额全部漏记，而且将贷方的585 000元错记入借方，导致借方多记585 000元，也就是"银行存款"账户的借方发生额应为11 089 200元，贷方发生额应为3 799 760元。

"应付利息"账户由于漏记调整业务（计提利息）而少记8 000元。

"应交税费"账户由于漏记几项调整业务导致所得税少记100 000元，进而"应交税费"账户贷方少记100 000元，即"应交税费"账户贷方发生额应为1 110 590元。

"预收账款"账户由于漏记调整业务而使其借方发生额少记330 000元。

"盈余公积"账户由于净利润计算错误使得其贷方发生额有误，应为365 913元。

"利润分配"账户同样由于净利润计算错误导致利润分配错误，进而"利润分配"账户的记录发生错误，即"利润分配"账户借方发生额为1 525 913元，贷方发生额为3 659 130元。

"本年利润"账户由于漏记调整业务使得贷方发生额少记330 000元，借方发生额的错误是多种原因造成的，包括漏记调整业务、所得税错误、年末结转净利润错误等，即"本年利润"账户的贷方发生额应为4 839 200元，借方发生额应为7 679 200元。

"长期待摊费用"账户由于漏记摊销房租业务使得其贷方发生额少记2 000元。

"财务费用"账户由于漏记调整业务使得其借方发生额少记8 000元（计提利息）。

"所得税费用"账户由于漏记调整业务（包括未提利息8 000元，未摊房租2 000元，未计收入330 000元）以及在计算所得税时未考虑调整因素（计税工资）等而少记所得税100 000元。

"管理费用"账户由于漏记调整业务（房租）而少记2 000元。

（3）由于本期发生的经济业务中，还涉及"应收票据"和"应付票据"两个账户，而会计刘斌未将其列入试算平衡表中，应将"应收票据"账户的借方发生额 1 934 000元、"应付票据"账户的贷方发生额791 000元列入试算表中的发生额栏。

（4）在将各个账户的期初余额填列正确，本期发生额计算正确的情况下，就可以依据"期末余额=期初余额+本期增加发生额-本期减少发生额"的计算公式确定各个账户的期末余额，编制正确的试算平衡表，见表A-5。

表A-5   **总分类账户发生额及余额试算平衡表**   单位：元

会计科目	期初余额		本期发生额		期末余额	
	借方	贷方	借方	贷方	借方	贷方
库存现金	14 400		1 146 000	1 139 960	20 440	
银行存款	3 740 000		11 089 200	3 799 760	11 029 440	
原材料	5 632 800		2 426 800	2 236 800	5 822 800	
其他应收款	25 208			3 000	22 208	
库存商品	2 250 000		2 640 000	2 982 000	1 908 000	
生产成本	930 000		3 268 000	2 640 000	1 558 000	
固定资产	18 203 600		2 419 840	250 000	20 373 440	
应收账款	3 840 000		2 902 800		6 742 800	
预付账款	2 500 000		200 000	200 000	2 500 000	
应收票据			1 934 000		1 934 000	
累计折旧		3 160 000	56 280	73 000		3 176 720
短期借款		1 600 000				1 600 000
应付账款		764 000	160 000			604 000
应付利息		19 200		8 000		27 200
应交税费		305 600	379 600	1 110 590		1 036 590
预收账款		840 000	330 000	1 000 000		1 510 000

会计科目	期初余额		本期发生额		期末余额	
	借方	贷方	借方	贷方	借方	贷方
应付票据				791 000		791 000
盈余公积		1 096 000		365 913		1 461 913
资本公积		3 700 000				3 700 000
利润分配		2 700 000	1 525 913	3 659 130		4 833 217
本年利润		2 840 000	7 679 200	4 839 200		
在途物资			1 226 800	1 226 800		
长期待摊费用	48 000		14 400	2 000	60 400	
应付职工薪酬			1 143 360	1 295 040		151 680
待处理财产损溢			193 720	193 720		
在建工程			659 840	659 840		
制造费用			615 200	615 200		
主营业务收入			4 260 000	4 260 000		
其他业务收入			330 000	330 000		
主营业务成本			2 982 000	2 982 000		
财务费用			8 000	8 000		
税金及附加			257 080	257 080		
营业外支出			233 720	233 720		
其他应付款		159 208				159 208
营业外收入			249 200	249 200		
所得税费用			299 710	299 710		

会计科目	期初余额		本期发生额		期末余额	
	借方	贷方	借方	贷方	借方	贷方
应付股利				1 160 000		1 160 000
实收资本		20 000 000		11 760 000		31 760 000
管理费用			239 560	239 560		
合　计	37 184 008	37 184 008	50 870 223	50 870 223	51 971 528	51 971 528

利得股份有限公司12月的利润表见表A-6。

表A-6　　　　　　　　**利 润 表**　　　　　　　　会企02表

编制单位：利得股份有限公司　　　　2×24年12月　　　　单位：元

项　　目	行次	本期金额	上期金额（略）
一、营业收入		4 590 000	
减：营业成本		2 982 000	
税金及附加		257 080	
销售费用			
管理费用		239 560	
研发费用			
财务费用		8 000	
其中：利息费用			
利息收入			
加：其他收益			
投资收益（损失以"-"号填列）			
公允价值变动收益（损失以"-"号填列）			

项　　目	行次	本期金额	上期金额 （略）
资产减值损失（损失以"-"号填列）			
资产处置收益（损失以"-"号填列）			
二、营业利润（亏损以"-"号填列）		1 103 360	
加：营业外收入		249 200	
减：营业外支出		233 720	
三、利润总额（亏损总额以"-"号填列）		1 118 840	
减：所得税费用		299 710	
四、净利润（净亏损以"-"号填列）		819 130	
（一）持续经营净利润（净损失以"-"号填列）			
（二）终止经营净利润（净损失以"-"号填列）			
五、其他综合收益的税后净额			
（一）不能重分类进损益的其他综合收益			
1.重新计量设定受益计划变动额			
2.权益法下不能转损益的其他综合收益			
3.其他权益工具投资公允价值变动			
4.企业自身信用风险公允价值变动			
（二）将重分类进损益的其他综合收益			
1.权益法下可转损益的其他综合收益			
2.其他债权投资公允价值变动			
3.金融资产重分类计入其他综合收益的金额			

项　　目	行次	本期金额	上期金额（略）
4.其他债权投资信用减值准备			
5.现金流量套期储备			
6.外币财务报表折算差额			
六、综合收益总额			
七、每股收益：			
（一）基本每股收益			
（二）稀释每股收益			

利得股份有限公司编制的资产负债表见表A-7。

表A-7　　　　　　　　　　　**资产负债表**　　　　　　　　　会企01表

编制单位：利得股份有限公司　　　　2×24年12月31日　　　　　　单位：元

资产	行次	期末余额	上年年末余额（略）	负债和所有者权益（或股东权益）	行次	期末余额	上年年末余额（略）
流动资产：				流动负债：			
货币资金		11 049 880		短期借款		1 600 000	
交易性金融资产				交易性金融负债			
衍生金融资产				衍生金融负债			
应收票据		1 934 000		应付票据		791 000	
应收账款		6 742 800		应付账款		604 000	
预付款项		2 500 000		预收款项		1 510 000	
其他应收款		22 208		合同负债			
存货		9 288 800		应付职工薪酬		151 680	

资产	行次	期末余额	上年年末余额（略）	负债和所有者权益（或股东权益）	行次	期末余额	上年年末余额（略）
持有待售资产				应交税费		1 036 590	
一年内到期的非流动资产				其他应付款		1 346 408	
其他流动资产				持有待售负债			
流动资产合计		31 537 688		一年内到期的非流动负债			
非流动资产：				其他流动负债			
债权投资				流动负债合计		7 039 678	
其他债权投资				非流动负债：			
长期应收款				长期借款			
长期股权投资				应付债券			
其他权益工具投资				其中：优先股			
其他非流动金融资产				永续债			
投资性房地产				长期应付款			
固定资产		17 196 720		预计负债			
在建工程				递延收益			
生产性生物资产				递延所得税负债			
油气资产				其他非流动负债			
无形资产				非流动负债合计			
开发支出				负债合计		7 039 678	
商誉				所有者权益（或股东权益）：			
长期待摊费用		60 400		实收资本（或股本）		31 760 000	
递延所得税资产				其他权益工具			

资产	行次	期末余额	上年年末余额（略）	负债和所有者权益（或股东权益）	行次	期末余额	上年年末余额（略）
其他非流动资产				其中：优先股			
非流动资产合计		17 257 120		永续债			
				资本公积		3 700 000	
				减：库存股			
				其他综合收益			
				盈余公积		1 461 913	
				未分配利润		4 833 217	
				所有者权益（或股东权益）合计		41 755 130	
资产总计		48 794 808		负债和所有者权益（或股东权益）总计		48 794 808	

附录二

基础会计模拟试题（一）

一、单项选择题（在下列每个小题的备选答案中，只有一个符合题意的正确答案，请将你选定的答案的字母填入题后的括号内，本类题共15个小题，每个小题1分，共15分。多选、错选、不选，均不得分）

1.某企业2×24年初未分配利润为200万元，2×24年实现的利润总额为800万元，按25%的税率计算所得税（没有纳税调整因素），按照10%的比例提取法定盈余公积金，并向投资人分配利润108万元，则年末结账后的未分配利润是（　　）。

A.432万元　　　　　　　　　B.632万元

C.592万元　　　　　　　　　D.692万元

2.下列项目中，能导致所有者权益总额发生变动的是（　　）。

A.提取法定盈余公积　　　　B.分派现金股利

C.以盈余公积弥补亏损　　　D.分派股票股利

3.某企业2×24年"应收账款"期初余额为560 000元，5月24日收回290 000元，11月18日发生应收账款400 000元，自此本年应收账款账户没有发生其他变化。2×24年末，"坏账准备"账户余额为67 000元，均为应收账款计提的坏账准备金，则2×24年末编制的资产负债表中，"应收账款"项目的"期末余额"栏内应为（　　）。

A.670 000元　　　　　　　　B.333 000元

C.203 000元　　　　　　　　D.603 000元

4.某公司2×24年初所有者权益总额为320万元，年内接受投资人的投资60万元（其中，计入实收资本45万元，产生的资本溢价15万元），当年实现利润总额200万元，按25%的税率计算所得税，按10%提取法定盈余公积金，分给投资人的现金股利为80万元，转作资本的股票股利为 30 万元，则年末的所有者权益总额是（　　　）。

　　A.420 万元　　　　　　　　　B.410 万元

　　C.390 万元　　　　　　　　　D.450 万元

5.账户的期末余额通常与该账户的减少额应记在（　　　）。

　　A.账户的同一方向　　　　　　B.账户的相反方向

　　C.账户的借方　　　　　　　　D.账户的贷方

6.企业获得的银行结算户存款利息应贷记的是（　　　）。

　　A."营业外收入"账户　　　　　B."其他业务收入"账户

　　C."投资收益"账户　　　　　　D."财务费用"账户

7.结算往来款项的清查一般采用（　　　）。

　　A.实地盘点法　　　　　　　　B.技术推算盘点法

　　C.余额调节法　　　　　　　　D.询证核对法

8.下列内容属于企业的留存收益的是（　　　）。

　　A.实收资本和资本公积　　　　B.实收资本和未分配利润

　　C.盈余公积和未分配利润　　　D.盈余公积和资本公积

9.某一般纳税人企业购买不需要安装的生产用设备一台，支付价款 50 000 元，增值税 6 500 元；另外支付运杂费 5 000 元（运杂费不考虑增值税），保险费 3 000 元，则该固定资产的取得成本为（　　　）。

　　A.50 000 元　　　　　　　　　B.61 500 元

　　C.58 000 元　　　　　　　　　D.64 500 元

10.下列内容中，不属于生产经营性收入的是（　　　）。

　　A.主营业务收入　　　　　　　B.其他业务收入

　　C.投资收益　　　　　　　　　D.营业外收入

11.下列会计方法中，根据账簿记录，对企业的财产物资进行盘点或核对，查明各项财产的实存数与账面结存数是否相符的是（　　　）。

　　A.设置账户　　　　　　　　　B.登记账簿

　　C.成本计算　　　　　　　　　D.财产清查

12.某商品流通企业 W 商品期初结存 150 件，单价为 80 元/件；2 日购进 W 商品 380 件，单价为 85 元/件；10 日销售 W 商品 230 件；15 日购进 W 商品 470 件，单价为 90 元/件；25 日销售 W 商品 430 件；30 日销售 W 商品 210 件。在月末一次加权平均法下，该企业本期期末结存 W 商品的成本是（　　　）。

A.11 700元　　　　　　　　　　B.11 258元

C.11 375元　　　　　　　　　　D.10 400元

13.下列内容中，不属于原始凭证的是（　　　）。

A.购货发票　　　　　　　　　　B.银行存款余额调节表

C.领料单　　　　　　　　　　　D.增值税专用发票

14.某企业自2×22年末开始计提坏账准备且采用应收账款余额百分比法。2×22年末应收账款余额为480万元，2×23年发生坏账4.4万元，2×23年末应收账款余额为360万元，2×24年1月收回上年已转销的坏账2万元，2×24年末应收账款余额为500万元。该企业各年坏账准备提取比例均为3%。2×24年应计提的坏账准备的金额为（　　　）。

A.150 000元　　　　　　　　　B.42 000元

C.22 000元　　　　　　　　　　D.50 000元

15.记账以后，发现据以登账的记账凭证中将3 180元误写为3 810元，应采用的更正错误的方法是（　　　）。

A.红字更正法　　　　　　　　　B.补充登记法

C.差额计算法　　　　　　　　　D.划线更正法

二、多项选择题（在下列每个小题的五个备选答案中，有二个至五个符合题意的正确答案，请将你选定的答案的字母按顺序填入题后的括号内，本类题共10个小题，每个小题1分，共10分。多选、少选、错选、不选，均不得分）

1.下列各项中，属于会计核算基本前提条件的有（　　　）。

A.会计主体　　　　　　　　　　B.实质重于形式

C.持续经营　　　　　　　　　　D.会计分期

E.货币计量

2.下列税费中，应在"税金及附加"账户列支的有（　　　）。

A.增值税　　　　　　　　　　　B.企业所得税

C.房产税　　　　　　　　　　　D.印花税

E.城镇土地使用税

3.下列内容中，应记入"制造费用"账户的有（　　　）。

A.生产车间管理人员工资　　　　B.厂部行政管理人员工资

C.生产车间一般耗费的原材料　　D.销售部门固定资产折旧费

E.生产车间水电费

4.资产负债表的下列项目中，根据有关总分类账户期末余额直接填列的有（　　）。

A."短期借款"项目　　　　　　B."固定资产"项目

C."实收资本"项目　　　　　　D."盈余公积"项目

E."应收账款"项目

5.对于盘亏的财产物资，经批准后进行账务处理，可能涉及的借方账户有（　　）。

A."管理费用"账户　　　　　　B."营业外支出"账户

C."营业外收入"账户　　　　　　D."其他应收款"账户

E."待处理财产损溢"账户

6.下列属于会计核算专门方法的有（　　）。

A.成本计算与财产清查

B.错账更正与评估预测

C.设置账户与填制、审核会计凭证

D.编制报表与登记账簿

E.复式记账

7.按照我国企业会计准则的要求，在永续盘存制下，发出存货的计价方法包括（　　）。

A.先进先出法　　　　　　　　B.月末一次加权平均法

C.后进先出法　　　　　　　　D.移动加权平均法

E.个别计价法

8.对财产清查的结果进行会计处理时，要通过"待处理财产损溢"账户进行核算的有（　　）。

A.库存现金长款　　　　　　　B.存货盘盈

C.应收账款发生坏账损失　　　D.固定资产盘亏

E.存货盘亏

9.对账的内容一般包括（　　）。

A.账证核对　　　　　　　　　B.证表核对

C.账账核对   D.账实核对

E.账表核对

10.资产负债表中的"存货"项目应根据（   ）期末余额的代数和进行填列。

A."生产成本"账户   B."在途物资"账户

C."库存商品"账户   D."原材料"账户

E."在建工程"账户

三、判断题（本类题共10个小题，每个小题1分，共10分。请将你的判断结果填入题后的括号中。你认为正确的，填"√"；你认为错误的，填"×"）

1.企业在对会计要素进行计量时，可以采用历史成本、重置成本、可变现净值、现值、公允价值中的任何一种。   （   ）

2.在复式记账法下，任何经济业务都必须通过两个账户进行记录。
                                                          （   ）

3.企业的所有者对企业的全部资产都具有要求权。   （   ）

4.一般纳税人企业材料采购成本中包括增值税进项税额。（   ）

5.借贷记账法的记账规则是"有借必有贷，借贷必相等"。（   ）

6.按照权责发生制的要求，企业收到货币资金必定意味着收入的增加。   （   ）

7."银行存款余额调节表"编制完成后，可以作为调整企业银行存款账面余额的原始凭证。   （   ）

8.记账后，若发现记账凭证所填的金额大于正确的金额，此时可以采用补充登记法更正。   （   ）

9.对于库存现金、银行存款之间的收付业务（亦称相互划转业务），一般只编制收款凭证，而不再编制付款凭证。   （   ）

10.企业按税后利润的一定比例提取的盈余公积金可以用来弥补亏损。   （   ）

四、简答题（本类题共2小题，每小题5分，共10分）

1.什么是资产负债表？资产负债表能提供哪些信息？

2.什么是对账？账账核对的主要内容有哪些？

五、计算题（本类题共3个小题，每个小题5分，共15分。凡要求计算的项目，均须列出计算过程；凡要求解释、分析、说明理由的项目，必须有相应的文字阐述）

1.某公司2×24年7月31日的资产负债表显示：公司流动资产为 1 750 000元，非流动资产为1 200 000元，流动负债为720 000元，非流动负债为380 000元，该公司8月发生如下经济业务：

（1）用银行存款购入全新机器一台，价值30 000元。

（2）投资者投入原材料，评估价值为100 000元。

（3）以银行存款偿还所欠供应单位账款50 000元。

（4）收到购货单位所欠账款80 000元，存入银行。

要求：根据上述资料，计算下列数据：

（1）7月末所有者权益总额=

（2）8月末流动资产=

（3）8月末资产总额=

（4）8月末负债总额=

（5）8月末所有者权益总额=

2.企业某年度有关资料如下：

（1）主营业务收入为320 000元，税金及附加为12 500元，销售费用为6 000元，主营业务成本为121 500元；

（2）其他业务收入为24 000元，其他业务成本为15 000元；

（3）营业外收入为3 800元，营业外支出为12 800元；

（4）管理费用为21 500元，财务费用为8 500元；

（5）所得税税率为25%，盈余公积金提取比例为10%，向投资者分配利润30 000元；

（6）年初未分配利润为50 000元（不参加本年利润分配）。

要求：根据上述资料，计算企业下列项目的金额：

（1）营业利润=

（2）利润总额=

（3）净利润=

（4）年末未分配利润=

3.某企业2×24年7月31日核对银行存款项目，当日银行对账单上显示的本企业存款余额为 681 600 元，经逐笔核对，没发现错账，只发现以下未达账项：

（1）7 月 26 日，企业开出转账支票 3 000 元，持票人尚未到银行办理转账，银行尚未登账。

（2）7 月 28 日，企业委托银行代收款项 4 000 元，银行已收款入账，但企业未接到银行的收款通知，因而未登记入账。

（3）7 月 29 日，企业送存购货单位签发的转账支票为 15 000 元，企业已登账，银行尚未登记入账。

（4）7 月 30 日，银行代企业支付水电费 2 000 元，企业尚未接到银行的付款通知，故未登记入账。

要求：根据以上有关内容，编制银行存款余额调节表（见表 B-1），计算企业 7 月 31 日银行存款日记账的账面余额，并分析调节后是否需要编制有关会计分录。

表 B-1　　　　　　　　　**银行存款余额调节表**

2×24 年 7 月 31 日

项　目	金　额	项　目	金　额
企业银行存款日记账余额 加：银行已收企业未收款项 减：银行已付企业未付款项		银行对账单余额 加：企业已收银行未收款项 减：企业已付银行未付款项	
调节后的存款余额		调节后的存款余额	

六、业务处理题（本类题共 20 个小题，每个小题 2 分，共 40 分）

要求：根据资料，编制本月业务的会计分录。

1.向银行申请取得期限为 6 个月的借款 1 000 000 元，款项存入银行结算户。

2.购置并投入使用生产设备一批，价款为 450 000 元，增值税税率为 13%，包装费等为 5 000 元，款项通过银行支付。

3.公出人员出差预借差旅费 5 000 元，支付现金。

4.企业购入甲材料 2 000 千克，单价为 30 元/千克，增值税税率为 13%，款项通过银行存款支付，材料未到。

5.根据发出材料汇总表分配材料费用。其中，生产 A 产品耗用材料

20 000元，生产B产品耗用材料30 000元，车间一般耗用材料4 000元，厂部一般耗用材料1 000元。

6.以现金2 000元购买办公用品，当即交付厂部职能科室使用。

7.本月初取得的借款年利率为6%，计算提取应由本月负担的借款利息。

8.公司向某单位转让商标使用权，获得收入600 000元存入银行（假设不考虑增值税）。

9.销售给友谊商店的B产品售价为2 000 000元，增值税销项税额为260 000元，价税款收到一张已承兑的商业汇票。

10.结转本月销售B产品的成本1 200 000元。

11.经计算，本月销售B产品的城市维护建设税为20 000元。

12.接受捐赠收入50 000元，存入银行。

13.以银行存款支付本月销售产品广告费60 000元。

14.分配本月职工工资，其中，生产工人工资为300 000元，车间管理人员工资为100 000元，行政管理人员工资为80 000元。

15.按各自工资额的20%计提社会保险费。

16.提取固定资产折旧。其中，车间提取3 000元，行政管理部门提取2 000元。

17.公出人员出差归来报销差旅费4 350元（原预借5 000元），余款退回现金。

18.将本月实现的各项收入转入"本年利润"账户。其中，主营业务收入为2 000 000元，其他业务收入为600 000元，营业外收入为50 000元。

19.将本月发生的各项费用转入"本年利润"账户。其中，主营业务成本为1 200 000元，销售费用为20 000元，税金及附加为20 000元，管理费用为150 000元，财务费用为10 000元，其他业务成本为250 000元。

20.假设本企业没有其他纳税调整事项，按25%的税率计算并结转所得税费用。

基础会计模拟试题（一）参考答案

一、单项选择题

1.B 2.B 3.D 4.D 5.B 6.D 7.D 8.C 9.C 10.D 11.D 12.B 13.B 14.C 15.A

二、多项选择题

1.ACDE 2.CDE 3.ACE 4.ACD 5.ABD 6.ACDE 7.ABDE 8.ABDE 9.ACDE 10.ABCD

三、判断题

1.× 2.× 3.× 4.× 5.√ 6.× 7.× 8.× 9.× 10.√

四、简答题

1.资产负债表是反映企业在某一特定日期财务状况的报表，属于静态报表。（2分）

资产负债表能够提供的信息包括：

（1）通过资产负债表，可以提供企业在某一特定日期的资产总额及其结构，表明企业拥有或控制的资源及其分布情况；（1分）

（2）通过资产负债表，可以提供企业在某一特定日期的负债总额及其结构，表明企业在未来需要用多少资产或劳务清偿债务；（1分）

（3）通过资产负债表，可以反映企业所有者在某一特定日期拥有的权益，据以判断资本保值、增值的情况以及对负债的保障程度。（1分）

2.所谓对账，简单地说就是核对账目。（1分）

账账核对的具体内容包括：

（1）总账中各账户的借、贷方发生额合计以及余额合计分别核对相符；（1分）

（2）库存现金、银行存款日记账的发生额合计以及余额合计分别与总账核对相符；（1分）

（3）总分类账户借、贷方发生额以及余额与所属明细账户发生额和余额核对相符；（1分）

（4）会计部门登记的财产物资明细账与保管或使用部门的保管账核对相符。（1分）

五、计算题

1.（1）7月末所有者权益总额=1 750 000+1 200 000-720 000-380 000

=1 850 000（元）（1分）

（2）8月末流动资产=1 750 000-30 000+100 000-50 000=1 770 000（元）（1分）

（3）8月末资产总额=1 750 000+1 200 000+100 000-50 000=3 000 000（元）（1分）

（4）8月末负债总额=720 000+380 000-50 000=1 050 000（元）（1分）

（5）8月末所有者权益总额=1 850 000+100 000=1 950 000（元）（1分）

或   =3 000 000-1 050 000=1 950 000（元）

2.（1）营业利润=（320 000+24 000）-（121 500+15 000）-12 500-6 000-

                       21 500-8 500=159 000（元）（2分）

（2）利润总额=159 000+3 800-12 800=150 000（元）（1分）

（3）净利润=150 000-150 000×25%=112 500（元）（1分）

（4）年末未分配利润=50 000+（112 500-11 250-30 000）=121 250（元）（1分）

3.编制的银行存款余额调节表见表B-2：

表B-2   **银行存款余额调节表**

2×24年7月31日

项　目	金　额	项　目	金　额
企业银行存款日记账余额	691 600（2分）	银行对账单余额	681 600
加：银行已收企业未收项	4 000	加：企业已收银行未收项	15 000
减：银行已付企业未付款项	2 000	减：企业已付银行未付款项	3 000
调节后的存款余额	693 600	调节后的存款余额	693 600（2分）

银行存款余额调节表只起对账的作用，不能作为调节账面记录的原始凭证，因此编制银行存款余额调节表之后，不需要编制会计分录。（1分）

六、业务处理题

1. 借：银行存款   1 000 000

    贷：短期借款   1 000 000（2分）

2. 借：固定资产   455 000

      应交税费——应交增值税（进项税额）   58 500

    贷：银行存款   513 500（2分）

3. 借：其他应收款   5 000

    贷：库存现金   5 000（2分）

4. 借：在途物资——甲材料   60 000

      应交税费——应交增值税（进项税额）   7 800

    贷：银行存款   67 800（2分）

5. 借：生产成本——A产品   20 000

            ——B产品   30 000

      制造费用   4 000

      管理费用   1 000

    贷：原材料   55 000（2分）

6. 借：管理费用   2 000
    贷：库存现金   2 000（2分）

7. 借：财务费用   5 000
    贷：应付利息   5 000（2分）

8. 借：银行存款   600 000
    贷：其他业务收入   600 000（2分）

9. 借：应收票据   2 260 000
    贷：主营业务收入   2 000 000
        应交税费——应交增值税（销项税额）   260 000（2分）

10. 借：主营业务成本   1 200 000
    贷：库存商品——B产品   1 200 000 （2分）

11. 借：税金及附加   20 000
    贷：应交税费——应交城市维护建设税   20 000（2分）

12. 借：银行存款   50 000
    贷：营业外收入   50 000 （2分）

13. 借：销售费用   60 000
    贷：银行存款   60 000 （2分）

14. 借：生产成本   300 000
      制造费用   100 000
      管理费用   80 000
    贷：应付职工薪酬——工资   480 000（2分）

15. 借：生产成本   60 000
      制造费用   20 000
      管理费用   16 000
    贷：应付职工薪酬——社会保险费   96 000（2分）

16. 借：制造费用   3 000
      管理费用   2 000
    贷：累计折旧   5 000 （2分）

17. 借：管理费用   4 350
      库存现金   650
    贷：其他应收款   5 000 （2分）

18. 借：主营业务收入   2 000 000
      其他业务收入   600 000
      营业外收入   50 000

　　　　　贷：本年利润　　　　　　　　　　　　　　　2 650 000（2分）
19. 借：本年利润　　　　　　　　　　　1 650 000
　　　　　贷：主营业务成本　　　　　　　　　　　1 200 000
　　　　　　　税金及附加　　　　　　　　　　　　　　20 000
　　　　　　　其他业务成本　　　　　　　　　　　　250 000
　　　　　　　管理费用　　　　　　　　　　　　　　150 000
　　　　　　　财务费用　　　　　　　　　　　　　　　10 000
　　　　　　　销售费用　　　　　　　　　　　　　　　20 000（2分）
20. 利润总额=2 650 000-1 650 000=1 000 000（元）
本期应交所得税=1 000 000×25%=250 000（元）
借：所得税费用　　　　　　　　　　　　250 000
　　贷：应交税费——应交所得税　　　　　　　　250 000（1分）
借：本年利润　　　　　　　　　　　　　250 000
　　贷：所得税费用　　　　　　　　　　　　　　250 000（1分）

基础会计模拟试题（二）

一、单项选择题（在下列每个小题的备选答案中，只有一个符合题意的正确答案，请将你选定的答案的字母填在题后的括号内。本类题共15个小题，每个小题1分，共15分。多选、错选、不选，均不得分）

1. 企业本年5月1日计划从兴业公司购买一台设备，交易完成时间为5月20日，则企业应当确认固定资产增加的日期是（　　）。

　　A.5月1日　　　　　　　　　B.5月15日

　　C.5月20日　　　　　　　　　D.5月31日

2. 某股份有限公司2×24年7月1日的负债总额为6 670万元，所有者权益总额为10 150万元，7月发生了以下几笔与权益有关的经济业务：（1）接受投资人投资145万元，款项存入公司账户；（2）从银行取得借款72万元，存入公司账户；（3）用银行存款偿还应付款1 015万元，则7月31日公司的资产总额为（　　）。

　　A.16 022万元　　　　　　　B.18 052万元

　　C.15 587万元　　　　　　　D.16 820万元

3. 某企业月末编制的试算平衡表中，全部账户的本月贷方发生额合计为2 700万元，除应收账款外的所有账户的借方发生额合计为1 890万元，下列关于应收账款账户的表述中，正确的是（　　）。

　　A.本月贷方余额为810万元　　B.本月借方余额为810万元

　　C.本月借方发生额为810万元　　D.本月贷方发生额为810万元

4. 某企业期初资产总额为300万元，当期期末负债总额比期初减少20万元，期末所有者权益总额比期初增加80万元，则该企业期末权益总额为（　　）。

　　A.280万元　　　　　　　　　B.300万元

　　C.360万元　　　　　　　　　D.380万元

5. 某企业银行存款日记账余额为112 000元，银行已收企业未收款项为20 000元，企业已付银行未付款项为4 000元，银行已付企业未付款项为15 000元，则调节后的银行存款余额为（　　）。

　　A.108 000元　　　　　　　　B.112 000元

　　C.117 000元　　　　　　　　D.124 000元

6.某企业期初负债总额为150 000元，所有者权益总额为2 000 000元，现以银行存款归还短期借款40 000元，则该企业此时的资产总额为（　　）。

A.2 190 000元　　　　　　　B.2 110 000元

C.2 040 000元　　　　　　　D.2 150 000元

7.企业购入一台生产用设备，价款为100 000元，不考虑增值税，设备投入使用，货款尚未支付。这项经济业务的发生会导致（　　）。

A.资产增加100 000元，负债减少100 000元

B.资产增加100 000元，负债增加100 000元

C.资产减少100 000元，负债减少100 000元

D.资产减少100 000元，负债增加100 000元

8.企业开设的下列账户中，本期减少额登记在借方的是（　　）。

A."固定资产"账户　　　　　　B."原材料"账户

C."生产成本"账户　　　　　　D."累计折旧"账户

9.下列会计处理方法中，符合权责发生制处理基础的是（　　）。

A.房屋租金只有在支付时计入当期费用

B.产品销售、货款未收也应确认收入

C.职工薪酬只有支付给职工时确认费用

D.销售产品收入只在收款时确认收入

10.企业发生的下列经济业务中，能引起本企业资产和负债同时增加的业务是（　　）。

A.企业赊购原材料一批　　　　B.通过银行偿还所欠货款

C.收到投资人的投资存入银行　D.签发商业汇票抵付应付账款

11.下列关于收入和利得的表述中，正确的是（　　）。

A.收入源于日常活动，利得源于非日常活动

B.收入会影响企业利润，利得不会影响企业利润

C.收入会导致经济利益的流入，利得不会导致经济利益的流入

D.收入会导致所有者权益增加，利得不会导致所有者权益增加

12.会计的基本职能包括核算和监督，下列内容不属于会计核算职能的是（　　）。

A.确定经济活动是否应该或能够进行会计处理

B.审查经济活动是否违背内部控制制度的要求

C.对已经记录的经济活动内容进行计算和汇总

D.编制财务会计报告并提供给有关信息使用者

13.对企业生产多种产品的生产车间使用的设备计提折旧，应记入的借方科目是（　　）。

A."制造费用"科目　　　　　　B."生产成本"科目

C."主营业务成本"科目　　　　D."累计折旧"科目

14.年末结账后，"利润分配"账户的借方余额表示企业（　　）。

A.未弥补的亏损额　　　　　　B.累计实现的利润总额

C.未分配的利润额　　　　　　D.累计的利润分配额

15.下列各项中，不属于企业职工薪酬核算内容的是（　　）。

A.职工福利费　　　　　　　　B.住房公积金

C.职工差旅费　　　　　　　　D.职工教育经费

二、多项选择题（在下列每个小题的备选答案中，有两个或两个以上符合题意的正确答案，请将你选定的答案的字母按顺序填在题后的括号内。本类题共10个小题，每个小题1分，共10分。多选、少选、错选、不选，均不得分）

1."坏账准备"账户贷方反映的内容包括（　　）。

A.发生坏账冲抵的准备金　　　B.首次计提的准备金

C.以后年度补提的准备金　　　D.以后年度冲销多提的准备金

E.收回已转销的坏账恢复的准备金

2.以下项目中，属于所有者权益的有（　　）。

A.实收资本　　　　　　　　　B.资本公积

C.应收股利　　　　　　　　　D.盈余公积

E.未分配利润

3.下列关于费用要素的表述中，正确的有（　　）。

A.费用是企业在日常活动中发生的

B.费用可能表现为资产的减少或负债的增加

C.费用必定表现为资产的减少和负债的增加

D.费用会导致所有者权益的减少

E.费用与向所有者分配利润无关

4.下列税种中，一般纳税人企业应通过"税金及附加"账户核算的有（　　）。

　　A.增值税　　　　　　　　　　B.消费税

　　C.印花税　　　　　　　　　　D.所得税

　　E.城市维护建设税

5.下列内容中，属于企业的原始凭证的有（　　）。

　　A.生产任务通知单　　　　　　B.材料入库单

　　C.经济合同　　　　　　　　　D.银行收付款通知单

　　E.购货发票

6.下列各项内容中，应填入资产负债表中的存货项目的有（　　）。

　　A.库存商品　　　　　　　　　B.原材料

　　C.生产成本　　　　　　　　　D.周转材料

　　E.发出商品

7.企业年内编制资产负债表时，需要根据几个总分类账户期末余额计算分析填列的项目有（　　）。

　　A."存货"项目　　　　　　　　B."货币资金"项目

　　C."应付账款"项目　　　　　　D."短期借款"项目

　　E."未分配利润"项目

8.一般纳税人企业购入一台不需要安装的生产用设备，价款为458 000元，增值税税率为13%，企业通过银行支付了350 000元，就余款开出了一张已承兑的3个月期限的商业汇票，对于该笔经济业务的会计处理，下列做法正确的有（　　）。

　　A.借记"固定资产"账户458 000元

　　B.借记"应交税费"账户59 540元

　　C.贷记"银行存款"账户350 000元

　　D.贷记"应付票据"账户108 000元

　　E.贷记"应付票据"账户167 540元

9.会计在记账过程中发生了错误，应采用专门的方法进行更正。可以采用的错账更正方法包括（　　）。

　　A.划线更正法　　　　　　　　B.蓝字更正法

　　C.红字更正法　　　　　　　　D.补充登记法

E.更换新账法

10.下列内容中，不可能是银行存款日记账登记依据的有（　　　）。

A.转账凭证　　　　　　　　　B.库存现金收款凭证

C.库存现金付款凭证　　　　　D.银行存款收款凭证

E.银行存款付款凭证

三、判断题（本类题共10个小题，每个小题1分，共10分。请将你的判断结果填入题后的括号中。你认为正确的，填"√"；你认为错误的，填"×"）

1.企业年初所有者权益总额为2 000万元，年内资本公积增加160万元，本年实现利润总额500万元，所得税税率为25%（假设该企业没有纳税调整项目），企业按10%提取法定盈余公积，企业决定向投资人分配利润100万元，则企业年末的所有者权益总额为2 345万元。（　　　）

2.基于谨慎性原则考虑，可以把购置的固定资产看作当期的收益性支出。（　　　）

3.资产与权益之间客观存在的恒等关系决定了不论发生何种经济业务，资产与权益总额都不会改变。（　　　）

4.企业"固定资产"账户的期末借方余额，反映期末企业拥有的固定资产的净值。（　　　）

5.谨慎性要求企业不高估资产和收益，不低估费用和负债，因此在实际工作中，企业可以随意估计费用。（　　　）

6.在借贷记账法下，账户的基本结构分为借、贷两方，借方登记增加额，贷方登记减少额。（　　　）

7.管理费用应作为期间费用直接计入当期损益，而不应计入产品生产成本。（　　　）

8.财务报表是会计人员对日常会计核算资料进行归集、加工、汇总而形成的结果，是对企业财务状况、经营成果和现金流量的结构性表述。（　　　）

9.企业的期间费用应于会计期末采用一定的方法分配计入产品的生产成本。（　　　）

10.由于有了持续经营这个会计核算前提条件，才产生了当期与其他期间的区别，从而产生了权责发生制与收付实现制的区别。（　　　）

四、简答题（本类题共2个小题，每个小题5分，共10分）

1.什么是负债？借贷记账法下，负债类账户的结构如何？

2.什么是账户？账户与会计科目的关系如何？

五、计算题（本类题共3个小题，每个小题5分，共15分。凡要求计算的项目，均须列出计算过程；凡要求解释、分析、说明理由的项目，必须有相应的文字阐述）

1.利得公司为商品流通企业，其某畅销商品的期初结存和本期购销情况见表B-3：

表B-3　　某畅销商品的期初结存和本期购销情况

日期	期初结存		本期购进		本期销售（件）
	数量（件）	单价（元/件）	数量（件）	单价（元/件）	
6月1日	150	83			
6月8日					75
6月12日			210	87	
6月19日					130
6月21日					60
6月25日			140	84	
6月30日					115

要求：

（1）采用先进先出法计算期末结存商品成本及本月发出商品成本：

发出商品成本＝

期末结存商品成本＝

（2）采用一次加权平均法计算期末结存商品成本及本月发出商品成本、单位成本：

月末一次加权平均单位成本＝

发出商品成本=

期末结存商品成本=

2.某企业本月"生产成本"账户期初余额为 158 000 元,其中,A 产品为 100 000 元,B 产品为 58 000 元;本月生产 A、B 产品耗用材料费 420 000 元,其中,A 产品耗用 280 000 元,B 产品耗用 140 000 元;本月生产工人薪酬为 260 000 元,其中,A 产品生产工人薪酬为 150 000 元,B 产品生产工人薪酬为 110 000 元;本月发生制造费用 100 000 元;月末,A、B 两种产品均全部完工入库;本月生产工时为 1 000 小时,其中,A 产品为 700 小时,B 产品为 300 小时。根据上述资料,计算下列各项:

(1)制造费用分配率(按生产工时比例计算)=

(2)A 产品应负担的制造费用=

(3)B 产品应负担的制造费用=

(4)A 产品的总成本=

(5)B 产品的总成本=

3.某公司 2×24 年 7 月有关损益项目的发生情况如下:主营业务收入为 5 880 000 元,主营业务成本为 3 200 000 元,其他业务收入为 1 500 000 元,其他业务成本为 800 000 元,税金及附加为 340 000 元,管理费用为 280 000 元,财务费用为 100 000 元,销售费用为 300 000 元,信用减值损失为 180 000 元,投资收益为 620 000 元,营业外收入为 285 000,营业外支出为 85 000 元,所得税税率为 25%,假设公司没有纳税调整项目。

要求:根据上述资料,计算下列数据:

(1)营业利润=

(2)利润总额=

(3)所得税税额=

(4)净利润=

六、业务处理题(本类题共20个小题,每个小题2分,共40分)

要求:根据资料,编制本月业务的会计分录。

1.企业购入甲材料 6 000 千克,单价为 48 元,乙材料 4 000 千克,单价为98元，增值税税率为13%，材料未到，款项未付。

2.企业通过银行支付上述购入甲、乙材料的外地运杂费20 000元，按材料重量比例分配。

3.上述甲、乙材料验收入库，结转其实际采购成本。

4.仓库发出材料，用途如下：生产A产品领用甲材料1 000千克，乙材料500千克；生产B产品领用甲材料600千克，乙材料200千克；车间一般耗用领用甲材料100千克。材料均为本期购入，按实际成本核算。

5.企业销售A产品，增值税专用发票上注明的价款为4 500 000元，增值税税率为13%，款项收到存入银行。

6.企业通过银行发放职工工资730 000元。

7.企业分配本期职工工资，其中，A产品生产工人工资340 000元，B产品生产工人工资260 000元，车间管理人员工资80 000元，行政管理人员工资50 000元。

8.企业按各自工资额的12%计提住房公积金，按18%计提社会保险。

9.企业通过银行支付A产品的广告费100 000元。

10.企业计提应由本期负担的银行临时借款的利息5 800元。

11.企业计提本期固定资产折旧，其中，车间设备折旧额为23 000元，行政管理部门折旧额为6 000元。

12.企业通过银行支付本期管理部门的办公用品费4 200元。

13.将本期发生的制造费用按生产工人工资比例分配计入A、B产品的生产成本。

14.本期投产的A产品全部完工，验收入库，结转其实际生产成本。

15.结转本期已销A产品成本3 000 000元。

16.将本期实现的各项收入转入"本年利润"账户。

17.将本期发生的各项费用支出转入"本年利润"账户。

18.假设企业没有纳税调整项目，按25%的税率计算所得税。

19.将所得税费用转入"本年利润"账户。

20.将本期实现的净利润转入"利润分配"账户。

基础会计模拟试题（二）参考答案

一、单项选择题

1.C 2.A 3.C 4.C 5.C 6.B 7.B 8.D 9.B 10.A 11.A 12.B 13.A 14.A 15.C

二、多项选择题

1.BCE 2.ABDE 3.ABDE 4.BCE 5.BDE 6.ABCDE 7.ABE 8.ABCE 9.ACD 10.AB

三、判断题

1.× 2.× 3.× 4.× 5.× 6.× 7.√ 8.√ 9.× 10.×

四、简答题

1.答：负债是指由过去的交易或事项形成的、预期会导致经济利益流出企业的现时义务。（1分）

由"资产=负债+所有者权益"的会计等式决定，负债类账户的结构与资产类账户的结构正好相反，其贷方登记负债的增加额，借方登记负债的减少额。由于负债的增加额与期初余额之和，通常要大于其本期减少额，所以这类账户期末如有余额，必定在贷方。（2分）该类账户期末余额的计算公式：负债类账户期末贷方余额=期初贷方余额+本期贷方发生额－本期借方发生额。（2分）

2.答：所谓账户，是对会计要素的增减变动及其结果进行分类记录、反映的工具。（1分）

会计账户与会计科目既有联系又有区别。它们的联系在于：它们都分门别类地反映某项经济内容，即两者所反映的经济内容是相同的。账户是根据会计科目开设的，账户的名称就是会计科目。（2分）它们的区别在于：会计科目通常由国家统一规定，是各单位设置账户、处理账务所必须遵循的依据，账户由各个会计主体自行设置；会计科目只表明某项经济内容，而账户不仅表明相同的经济内容，而且还具有一定的结构格式，并通过其结构反映某项经济内容的增减变动情况。在实际工作中，会计科目与账户互相通用，不加区别。（2分）

五、计算题

1.解答：

（1）

采用先进先出法计算期末结存商品成本及本月发出商品成本：

发出商品成本=150×83+210×87+（75+130+60+115-150-210）×84

＝32 400（元）（1分）

期末结存商品成本=（150+210+140-75-130-60-115）×84

　　　　　　　　=120×84=10 080（元）（1分）

（2）

采用一次加权平均法计算期末结存商品成本及本月发出商品成本：

月末一次加权平均单位成本=（150×83+210×87+140×84）÷（150+210+140）

　　　　　　　　　　　　=84.96（元/件）（1分）

发出商品成本=84.96×（75+130+60+115）=84.96×380=32 284.8（元）（1分）

期末结存商品成本=84.96×120=10 195.2（元）（1分）

2.解答：

（1）制造费用分配率（按生产工时比例计算）=100 000÷1 000

　　　　　　　　　　　　　　　　　　=100（元／小时）（1分）

（2）A产品应负担的制造费用=700×100=70 000（元）（1分）

（3）B产品应负担的制造费用=300×100=30 000（元）（1分）

（4）A产品的总成本=100 000+280 000+150 000+70 000=600 000（元）（1分）

（5）B产品的总成本=58 000+140 000+110 000+30 000=338 000（元）（1分）

3.解答：

（1）营业利润=（5 880 000+1 500 000）-（3 200 000+800 000）-340 000-

　　　　　　　（280 000+100 000+300 000）-180 000+620 000

　　　　　　　=2 800 000（元）（2分）

（2）利润总额=2 800 000+285 000-85 000=3 000 000（元）（1分）

（3）所得税税额=3 000 000×25%=750 000（元）（1分）

（4）净利润=3 000 000-750 000=2 250 000（元）（1分）

六、业务处理题

1.借：在途物资——甲材料　　　　　　　　　　　288 000

　　　　　　　——乙材料　　　　　　　　　　　392 000

　　　应交税费——应交增值税（进项税额）　　　88 400

　　贷：应付账款——××供应商　　　　　　　　　　　768 400（2分）

2.分配率=20 000÷（6 000+4 000）=2（元/千克）

甲材料负担的运杂费=2×6 000=12 000（元）

乙材料负担的运杂费=2×4 000=8 000（元）

　　借：在途物资——甲材料　　　　　　　　　　12 000

　　　　　　　——乙材料　　　　　　　　　　　8 000

　　贷：银行存款　　　　　　　　　　　　　　　　　20 000（2分）

3. 借：原材料——甲材料   300 000

          ——乙材料   400 000

     贷：在途物资——甲材料   300 000

               ——乙材料   400 000（2分）

4. A产品耗用材料费=1 000×50+500×100=100 000（元）

B产品耗用材料费=600×50+200×100=50 000（元）

车间一般耗用材料费=100×50=5 000（元）

借：生产成本——A产品   100 000

          ——B产品   50 000

    制造费用   5 000

    贷：原材料——甲材料   85 000

               ——乙材料   70 000（2分）

5. 借：银行存款   5 085 000

     贷：主营业务收入   4 500 000

       应交税费——应交增值税（销项税额）   585 000（2分）

6. 借：应付职工薪酬—工资   730 000

     贷：银行存款   730 000（2分）

7. 借：生产成本——A产品   340 000

          ——B产品   260 000

    制造费用   80 000

    管理费用   50 000

    贷：应付职工薪酬——工资   730 000（2分）

8. 借：生产成本——A产品   102 000

          ——B产品   78 000

    制造费用   24 000

    管理费用   15 000

    贷：应付职工薪酬——住房公积金   87 600

               ——社会保险   131 400（2分）

9. 借：销售费用——广告费   100 000

     贷：银行存款   100 000（2分）

10. 借：财务费用   5 800

     贷：应付利息   5 800（2分）

11. 借：制造费用   23 000

     管理费用   6 000

贷：累计折旧   29 000（2分）

12. 借：管理费用   4 200

贷：银行存款   4 200（2分）

13. 本期发生的制造费用=5 000+80 000+24 000+23 000=132 000（元）

制造费用分配率=132 000÷（340 000+260 000）=0.22

A产品负担的制造费用=0.22×340 000=74 800（元）

B产品负担的制造费用=0.22×260 000=57 200（元）

借：生产成本——A产品   74 800

        ——B产品   57 200

贷：制造费用   132 000（2分）

14. A产品生产成本=100 000+340 000+102 000+74 800=616 800（元）

借：库存商品——A产品   616 800

贷：生产成本——A产品   616 800（2分）

15. 借：主营业务成本   3 000 000

贷：库存商品——A产品   3 000 000（2分）

16. 借：主营业务收入   4 500 000

贷：本年利润   4 500 000（2分）

17. 借：本年利润   3 181 000

贷：主营业务成本   3 000 000

管理费用   75 200

销售费用   100 000

财务费用   5 800（2分）

18. 所得税税额=（4 500 000-3 181 000）×25%=329 750（元）

借：所得税费用   329 750

贷：应交税费——应交所得税   329 750（2分）

19. 借：本年利润   329 750

贷：所得税费用   329 750（2分）

20. 借：本年利润   989 250

贷：利润分配——未分配利润   989 250（2分）